THE
INTELLIGENT ENVIRONMENTAL FRIENDLY VEHICLE

智能环境友好型车辆

概念、技术架构与工程实现

李克强 边明远 罗禹贡 王建强

著

《智能环境友好型车辆：概念、技术架构与工程实现》全面阐述了智能环境友好型车辆这一新概念载运工具的理论基础、关键技术与工程应用等问题，是关于这一新兴车辆产品技术领域的学术专著，是作者团队对过去二十年的研究成果进行系统化整理的产物。本书从多学科融合、交叉的角度，比较完整、系统地讨论了环境友好型车辆的概念内涵、系统架构、基础理论、关键技术体系、典型工程应用与实现。本书适合汽车及相关行业的高校、科研院所和企业研发部门的师生和研究人员阅读，也可供相关领域的工程技术人员参考。

图书在版编目（CIP）数据

智能环境友好型车辆：概念、技术架构与工程实现 / 李克强等著. —北京：机械工业出版社，2020.12
　　ISBN 978-7-111-66817-6

Ⅰ.①智⋯　Ⅱ.①李⋯　Ⅲ.①环保汽车 – 研究　Ⅳ.① U469.79

中国版本图书馆 CIP 数据核字（2020）第 203692 号

机械工业出版社（北京市百万庄大街22号　邮政编码100037）
策划编辑：何士娟　　责任编辑：何士娟　徐　霆
责任校对：张　征　　责任印制：张　博
北京宝隆世纪印刷有限公司印刷
2021年1月第1版第1次印刷
184mm×260mm ・ 23.25 印张・2 插页・561 千字
0 001—1 500 册
标准书号：ISBN 978-7-111-66817-6
定价：168.00 元

电话服务　　　　　　　　　网络服务
客服电话：010-88361066　　机　工　官　网：www.cmpbook.com
　　　　　010-88379833　　机　工　官　博：weibo.com/cmp1952
　　　　　010-68326294　　金　书　网：www.golden-book.com
封底无防伪标均为盗版　　　机工教育服务网：www.cmpedu.com

前 言

汽车被称为"改变世界的机器",从其产生开始就极大地提高了交通效率和人类出行的便捷性,同时因它的出现也引发了诸如交通安全、能源消耗、排放污染、城市拥堵等一系列的社会问题。随着汽车智能化、电动化技术的不断发展,尤其是新兴的汽车电子、信息通信、大数据及云计算等技术的出现,"能源动力革命""智能化革命""互联网革命"正推动汽车技术和产业发生颠覆性变革。基于智能交通背景下的智能网联汽车技术与以电驱动为代表的清洁能源汽车技术是解决日益严重的交通事故、道路拥堵、环境污染、能源短缺等社会问题的两大技术主线。然而,纵观目前智能汽车与清洁能源汽车的研究,都主要致力于解决各自领域的突出问题,汽车动力革命与智能化虽然互有交叉,但缺乏深度的融合。如何从多系统集成优化及系统重构的角度,研究具有最优安全、舒适、节能与环保综合性能的新构型车辆,探索相关的共性基础理论,将是未来汽车发展所面临的重大机遇与挑战。

智能环境友好型车辆作为汽车动力革命和智能化革命融合集成的载体,是一种具有新架构形态、技术体系和应用特征的新概念载运工具平台,而并非传统意义上以电动汽车为载体的智能化汽车。围绕在汽车"新四化"发展背景下这一新兴物态与业态的理论基础、关键技术、工程应用等问题,亟待系统、深入地探索与研究。

针对现代汽车安全、舒适、节能与环保综合性能的需求,本书从多领域交叉融合、多系统综合设计的角度,对智能环境友好型车辆的基本概念、系统架构以及所涉及的关键基础技术进行了研究。全书以智能环境友好型车辆的体系架构及结构共用、信息融合与控制协同三大关键技术为主线,不但向下探讨了起支撑作用的智能环境友好型车辆的复杂机电系统多物理过程耦合机理,与广义机械系统动力学建模的基础理论方法,向上也分别以综合安全性、经济性与舒适性多目标,以智能混合动力汽车自适应巡航控制(ACC)系统、网联电动汽车的出行规划、行驶节能与充换电调度为案例,系统介绍了结构共用、信息融合与控制协同这三大关键技术的工程实现与应用实践。

本书第一作者李克强20世纪90年代在日本访学及工作期间,开始从事先进车辆系统动态设计与控制技术的研究,2000年回国后在清华大学汽车工程系建立了智能车辆科研课题组,多年来围绕汽车安全与节能环保的主题,系统并持续地开展了电动汽车节能控制、先进车辆驾驶辅助控制等智能汽车技术研究,在汽车电动化与智能化两大方向融合方面做了系统的探索。2005年,作者率先在国际上提出了"智能环境友好型车辆"(intelligent Environment-Friendly Vehicle,i-EFV)的概念,该车辆具有清洁能源动力、电控化底盘与智能信息交互三大系统,集成结构共用、信息融合与控制协同三大技术,可综合实现安全、舒适、节能与环保四大功能。作者在此后的十几年中不断研究深化,丰富与完善该新概念车辆的理论体系。本书全面阐述了智能环境友好型车辆这一新概念载运工具的理论基础、关键技术与工程应用等问题，是作者团队对过去 20 年来在智能车辆科研方向研究成果进行的系统化整理和总结。

《智能环境友好型车辆：概念、技术架构与工程实现》全书内容划分为 9 章，从多学科融合交叉的角度系统地阐述了智能环境友好型车辆的概念内涵、基础理论、系统架构、关键技术体系、典型工程应用与实现。本书撰写过程中，智能车辆科研组的陈涛、解来卿、刘力、邹广才、王肖、郑洋、黄彬、张书玮、曹坤、朱陶、边有钢、秦晓辉、徐彪等多位研究生和孔伟伟、黄晨等博士后研究人员为相应章节写作提供了有价值的资料，在此一并对他们的辛勤付出表示感谢。

作为一种跨领域深度交叉、融合集成的系统，智能环境友好型车辆的体系架构、理论基础和关键技术也会随着时代的变迁而不断演进和发展。本书的编写尚不能穷尽智能环境友好型车辆方方面面的科学、技术与工程问题，难免挂一漏万，希望能为行业提供一个豹斑管窥、抛砖引玉的样本案例。同时由于作者的知识水平有限，书中难免有不足之处，恳请广大同行和读者批评指正。

2020 年 6 月于北京清华园

目 录

前 言
第1章 智能环境友好型车辆概论 1
1.1 引言 1
1.2 智能环境友好型车辆的概念与内涵 3
1.3 智能环境友好型车辆的系统特点 7
1.4 智能环境友好型车辆的新型体系架构 8
    1.4.1 智能信息交互系统 10
    1.4.2 清洁能源动力系统 12
    1.4.3 电控化底盘系统 14
1.5 i-EFV 的典型系统应用 14
    1.5.1 基于行驶环境信息交互的智能混合动力汽车 14
    1.5.2 基于车-路-网交互的智能纯电动汽车 17
参考文献 20

第2章 智能环境友好型车辆关键技术体系 21
2.1 i-EFV 的难点问题 21
2.2 i-EFV 涉及的关键科学问题 22
    2.2.1 i-EFV 复杂机电系统的多物理过程耦合机理 22
    2.2.2 "人-车-路"广义机械动力学系统建模与协同控制方法 25
2.3 智能环境友好型车辆关键技术体系 28
    2.3.1 结构共用 29
    2.3.2 信息融合 29
    2.3.3 控制协同 29
参考文献 31

第3章 智能环境友好型车辆的结构共用技术 32
3.1 结构共用优化集成技术概述 32
    3.1.1 结构共用集成的概念 32
    3.1.2 结构共用集成的内涵 34
3.2 车辆系统的结构共用技术 36
    3.2.1 多传感系统的结构共用 36
    3.2.2 整车控制的结构共用 38
    3.2.3 执行系统的结构共用 39
    3.2.4 结构共用下的系统功能安全设计 41
3.3 基于结构共用的汽车智能驾驶系统集成架构设计 42
    3.3.1 架构设计原则与总体构成 42
    3.3.2 传感器信息共享架构设计 43
    3.3.3 控制器资源共用架构设计 45
    3.3.4 执行器操作共管架构设计 46
3.4 智能驾驶系统结构共用型集成架构特点分析 47
    3.4.1 评价指标与计算模型 47
    3.4.2 与功能叠加型集成方案对比分析 48
    3.4.3 结构共用集成架构特点总结 52
3.5 基于结构共用的车载环境感知传感器优选配置 53
    3.5.1 车载多传感器系统建模 55
    3.5.2 传感器配置多维评价指标体系 61
    3.5.3 传感器配置优化问题的建立 63
    3.5.4 多目标优化求解算法 68
3.6 i-EFV 驱动/制动系统结构共用技术 73
    3.6.1 基于混合动力的驱动系统结构共用技术 73
    3.6.2 基于电机制动和电控液压制动的制动系统结构共用技术 77
参考文献 79

第4章 智能环境友好型车辆的信息融合技术 80
4.1 多传感器信息融合技术及研究现状 80

4.2 智能环境友好型车辆的信息融合系统
　　架构 ·· 84
　　4.2.1 目标信息识别 ···················· 86
　　4.2.2 "人-车-路"特征提取 ········ 87
　　4.2.3 车辆状态预期 ······················ 88
　　4.2.4 多源信息融合系统的关键技术 ··· 88
4.3 基于信息融合的交通环境与车辆状态
　　感知技术 ·· 90
4.4 多源传感器信息的空间同步 ········ 93
　　4.4.1 多坐标系融合关系建立 ········ 93
　　4.4.2 改进的图像与摄像机坐标系之间的
　　　　　坐标转换公式 ························ 95
　　4.4.3 传感器的空间同步标定方法 ··· 98
　　4.4.4 空间同步方法的实验验证 ····· 99
4.5 基于多源信息的探测目标融合判别 ··· 101
4.6 基于信息融合的车辆参数特征集建立 ··· 103
4.7 基于信息融合的车辆特征数据提取与
　　处理 ·· 104
　　4.7.1 单目测距 ····························· 105
　　4.7.2 同车道可能性的 DCF 修正 ······ 107
　　4.7.3 卡尔曼跟踪预测 ·················· 108
参考文献 ·· 109

第 5 章　智能环境友好型车辆的控制协
　　　　同技术 ··· 111

5.1 车辆底盘一体化协同控制体系 ········· 111
5.2 基于顶层设计的车辆底盘系统协同控制
　　方法 ·· 116
5.3 基于顶层设计的 i-EFV 控制协同体系 ··· 119
　　5.3.1 i-EFV 分层式协同控制系统架构 ··· 119
　　5.3.2 i-EFV 多目标及多系统协同的综合
　　　　　控制 ·································· 123
5.4 i-EFV 控制协同技术的典型应用 ··· 124
　　5.4.1 混合动力车辆智能驾驶辅助协调
　　　　　控制技术 ···························· 124
　　5.4.2 混合动力多系统能源管理与协调
　　　　　控制技术 ···························· 142
　　5.4.3 分布式电驱动车辆纵-横-垂向轮胎
　　　　　力协同控制技术 ·················· 148
参考文献 ·· 150

第 6 章　基于结构共用的智能电动车辆
　　　　节能控制实现 ···················· 151

6.1 智能节能控制系统总体架构 ········ 151
　　6.1.1 控制系统设计的原则 ·········· 151
　　6.1.2 控制系统架构 ···················· 152
6.2 基于场景分析的节能模式决策与
　　切换 ·· 153
　　6.2.1 基于安全态势评估的行车场景
　　　　　划分 ·································· 153
　　6.2.2 基于场景变化的模式切换控制 ··· 155
　　6.2.3 基于驾驶意图的系统开启控制 ··· 156
6.3 各模式下的驱动电机转矩优化控制 ··· 156
　　6.3.1 各模式下的驱动电机转矩优化
　　　　　规则 ·································· 157
　　6.3.2 基于 MPC 的纵向跟车运动控制
　　　　　算法 ·································· 159
　　6.3.3 电机转矩优化系数表的提取与
　　　　　拟合 ·································· 162
6.4 电动车辆智能节能控制的仿真分析 ··· 164
　　6.4.1 仿真平台设计 ···················· 164
　　6.4.2 仿真方案设计 ···················· 167
　　6.4.3 车辆节能控制效果仿真分析 ··· 169
6.5 基于结构共用的智能电动车辆节能
　　控制实验研究 ······························ 174
　　6.5.1 实验方案设计 ···················· 174
　　6.5.2 城市拥堵路况车辆节能控制实验
　　　　　分析 ·································· 177
　　6.5.3 城市一般路况车辆节能控制实验
　　　　　分析 ·································· 185
　　6.5.4 不同城市路况车辆节能控制实验
　　　　　结果对比 ···························· 191
参考文献 ·· 191

第 7 章　基于控制协同的智能混合动力
　　　　汽车 ACC 实现 ···················· 192

7.1 i-HEV ACC 的控制系统结构 ········ 192
7.2 i-HEV ACC 的技术难点与重点 ····· 196
7.3 智能混合动力汽车 ACC 系统关键技术 ··· 198
　　7.3.1 多目标稳态优化 ·················· 198
　　7.3.2 多系统动态协调 ·················· 213

7.3.3 电池等效燃油消耗因子估算 …… 220
   7.4 智能混合动力汽车 ACC 仿真分析…… 223
       7.4.1 前向仿真平台结构设计 …… 223
       7.4.2 前向仿真平台模型 …… 224
       7.4.3 前向仿真平台验证 …… 227
       7.4.4 仿真对比工况 …… 228
       7.4.5 仿真对比评价指标 …… 229
       7.4.6 仿真对比策略及对比方法 …… 232
       7.4.7 i-HEV ACC 与 IV ACC 仿真结果对比分析 …… 234
       7.4.8 i-HEV ACC 与 HEV 仿真结果对比分析 …… 238
       7.4.9 i-HEV ACC 与简单叠加式 HEV ACC 仿真结果对比分析 …… 242
   7.5 智能混合动力汽车 ACC 实验研究…… 246
       7.5.1 i-HEV 车辆实验平台设计 …… 246
       7.5.2 i-HEV 整车控制系统 RCP 开发 …… 248
       7.5.3 i-HEV 硬件平台设计 …… 249
       7.5.4 i-HEV ACC 综合性能实验验证方案 …… 251
       7.5.5 i-HEV ACC 循环工况实验对比方案 …… 253
       7.5.6 总体实验结果分析 …… 253
       7.5.7 前车大加减速工况实验结果分析 … 256
       7.5.8 循环工况对比实验结果分析 …… 258
   参考文献 …… 266

第 8 章 基于多源信息融合的智能电动汽车充电、换电调度实现 … 268
   8.1 电动汽车充电、换电调度研究 …… 268
       8.1.1 电动汽车充电、换电流程设计 … 269
       8.1.2 充电、换电需求判断及驾驶员决策 …… 270
       8.1.3 电动汽车充电调度策略 …… 273
       8.1.4 电动汽车换电调度策略 …… 281
   8.2 电动汽车充电、换电调度仿真平台的搭建 …… 285
       8.2.1 仿真平台总体设计 …… 285
       8.2.2 电动汽车模型的建立 …… 285
       8.2.3 充电、换电站模型的建立 …… 291
       8.2.4 道路交通网模型及电网模型介绍… 293
   8.3 电动汽车充电、换电调度策略仿真验证 …… 295
       8.3.1 仿真方案设计 …… 295
       8.3.2 交通侧仿真结果分析 …… 303
       8.3.3 电网侧仿真结果分析 …… 311
   参考文献 …… 321

第 9 章 基于多网融合与车路协同的电动车辆智能出行规划 ……… 322
   9.1 应用背景 …… 322
   9.2 网联电动车辆出行规划与节能控制系统总体设计 …… 324
       9.2.1 系统架构设计 …… 324
       9.2.2 电动车辆出行规划方案设计 …… 326
       9.2.3 电动车辆智能节能控制 …… 328
       9.2.4 电动车队智能节能控制 …… 329
       9.2.5 技术难点与重点 …… 330
   9.3 网联电动车辆的多目标出行规划方法… 331
       9.3.1 出行规划方法系统模型 …… 331
       9.3.2 出行目标与出行约束定义 …… 337
       9.3.3 基于赋时多目标的蚁群优化算法求解 …… 341
       9.3.4 出行规划算法仿真分析 …… 351
   参考文献 …… 363

第1章 智能环境友好型车辆概论

1.1 引言

安全、节能、环保是汽车工业发展的永恒主题。多年以来，汽车工业的蓬勃发展给人类的交通带来了巨大便利，但随着汽车保有量增长的同时，也导致交通事故频发、能源消耗过度、环境污染严重等社会问题产生。基于交叉学科，融合多领域的新技术以解决上述问题已成为国内外研究机构及汽车企业的共识。

针对现代汽车行驶安全与舒适的需求，基于智能交通系统（Intelligent Transportation Systems，ITS）技术的智能汽车（Intelligent Vehicles，IV），可通过对车辆及环境状态的识别与智能化主动安全控制，预防事故发生，提高车辆主动安全性，改善驾驶舒适性，已成为汽车安全与舒适研究的一个重要方向。为解决车辆节能与环保的问题，基于天然气、氢能以及电能等非常规车用能源的清洁能源汽车（Clean Energy Vehicles，CEV），正成为国内外学者解决能源、环境问题的研究热点。

智能汽车是指通过搭载先进的车载传感器、控制器、执行器等装置，并融合现代通信与网络技术，实现车与X（人、车、路、云端等）智能信息交换、共享，运用大数据、云计算、人工智能等新技术，具备复杂环境感知、智能决策、协同控制等功能，可实现"安全、高效、舒适、节能"行驶，具有部分或完全自动驾驶功能，并最终可实现替代人来操作，逐步由单纯交通运输工具转变为智能移动空间和应用终端的新一代汽车。

目前，基于ITS的智能汽车技术的研究一般基于常规内燃机汽车开展，较难从根本上解决整车燃油经济性、排放性等问题，如何集成新的动力系统与新的车辆结构，实现其在节能、环保方面的突破，将成为未来智能汽车技术发展的重要方向。另一方面，目前对于主动安全系统的研究主要集中于车辆稳定性控制、基于智能化主动安全技术的纵向/横向辅助驾驶、行人保护等方面分别进行，如何全面考虑包含纵向、横向以及行人的行驶安全问题，实现车辆自身、车辆-道路与车辆-行人的一体化安全，将是基于ITS的智能汽车技术亟须解决的又一个难题。

清洁能源汽车，是指采用非常规的清洁燃料作为车用动力来源，综合车辆的动力控制和驱动方面的先进技术，形成的技术原理先进、具有新技术、新结构的汽车，主要包含混合动力电动汽车（Hybrid Electric Vehicle，HEV）、纯电动汽车（Battery Electric Vehicle，BEV）、燃料电池电动汽车（Fuel Cell Electric Vehicle，FCEV）、氢发动机汽车（Hydrogen

Internal Combustion Engine Vehicle，HICEV）、其他新能源（如高效储能器、二甲醚）汽车等各类产品。其中，纯电动汽车具有可利用最普遍的电能，以及车辆行驶零排放、低噪声等优点，已成为目前国内外普遍研究的热点[1]。基于电驱动结构的混合动力电动汽车，依靠电池提供的电能与发动机燃烧产生的机械能的耦合与协同优化，通过怠速停机、制动能量回收、发动机排量以及工作区间优化等技术降低整车燃油消耗，提高系统经济性，作为传统内燃机汽车与纯电动汽车发展的过渡，已逐渐进入产业化阶段。

对于电动汽车的研究，目前主要集中于整车能量优化与管理、低成本高能量密度电池、电机及其驱动技术等与车辆设计与控制相关的方面。相比常规内燃机汽车，电动汽车的重要特点之一体现在与环境联系得更加密切。对于混合动力电动汽车，其电能与机械能的优化分配，与车辆当前行驶的交通环境具有紧密关系，不同的工况下，最优的能量分配策略可能具有很大的区别[2]；对于纯电动汽车，由于电池充电以及电池能量密度限制等问题，使得大规模纯电动汽车的使用与电动汽车充电导航、电网的综合能量管理等系统设计相互影响[3]。因此，如何基于环境信息，从多系统的角度对电动汽车能量流动进行统一调度与优化分配，进一步提高电动汽车运行的经济性，是未来电动汽车研究的重要方向。另一方面，由于车载电池能量密度小、质量大，使得车辆节能、环保与车体轻量化设计矛盾突出。此外，电动汽车行驶安全、电池组高压使用安全与碰撞安全等问题，亦需要得到有效解决。如何通过有效手段提高电动汽车安全性，尤其是主动安全性，是它的大规模应用中迫切需要解决的问题。

纵观目前基于ITS的智能汽车与清洁能源汽车的研究，都主要致力于解决各自领域的突出问题，而如何从多系统集成优化的角度，研究具有最优安全、舒适、节能与环保综合性能的新型车辆，探索相关的共性基础理论，将是未来汽车设计开发所面临的一大挑战。

因此，未来汽车产业需着眼于优先发展安全、节能、环保的新型车辆技术和提供多层次、高效率的交通出行方式。随着汽车科技的进步和智能交通系统的快速发展，汽车产业面临着能源革命、智能革命和互联网革命的重新定义，绿色化（电动化）、智能化、网联化、共享化的发展趋势将对载运工具带来革命性变化，也是未来智能汽车发展的主要方向。智能化、网联化的清洁能源汽车可以提供更安全、更节能、更环保、更便捷的出行方式和综合解决方案，是国际公认的未来发展方向和关注焦点。

就未来汽车的产品结构形态而言，新能源汽车，尤其是电驱动汽车是智能汽车较为理想的技术载体平台。首先，由于燃料消耗、环境污染等一系列问题的影响，节能、环保已经成了未来交通方式的基本需求，清洁能源汽车及电驱动汽车已经是产业发展的方向。智能汽车技术的发展未来必然与新能源汽车尤其是电动汽车紧密结合，智能新能源汽车是未来发展的必然趋势，智能汽车和新能源汽车是我国汽车产业技术进步和转型升级的重要突破口。未来的智能汽车不但是载运工具，更是移动的能源存储载体。具备V2G/V2V能源交互功能的智能新能源汽车技术是未来主要发展方向。

其次，车联网是智能汽车重要的赋能工具，未来智能汽车借助借助于高速通信、大数据分析、云计算平台、智能基础设施等新一代信息革命技术，将作为智慧城市物联网络上的一个关键信息交互节点，在汽车全生命周期内扮演移动数据处理终端、个人商务空间和信息服务平台等角色。通过以汽车作为关键信息交互节点的车联网络建设和产业应用，汽车、信息、通信、交通、安防、金融、物流等多行业企业充分融合协作，作为汽车后市场和人们日常生活的服务内容提供商和技术支撑体而存在。未来智能汽车在功能形态上不但是移动的能源存储载体，同时也是移动的数据处理终端、个人商务空间和信息服务平台。智能网联化新能源汽车是中国汽车工业转型升级、实现由大变强的重要突破口。

目前，基于智能交通背景下的智能网联汽车技术与电动汽车技术是解决日益严重的环境污染、能源短缺、道路拥堵、交通事故等社会问题的两大技术主线。随着汽车智能化、电动化技术的不断成熟，尤其是新兴的汽车电子技术、通信技术、大数据平台等技术的进步和应用，融合智能化与电动化的新型先进车辆平台及相关技术得到了广泛的关注和研究。应用ITS技术，能够实现全面的车辆行驶环境识别、智能主动安全控制及交通的智能高效优化管理，提高车辆行驶安全性与舒适性；同时，基于识别的行驶环境信息，可进一步优化新能源汽车的能量分配策略，提高车辆燃油经济性[4]。近年来，国内外相关研究机构已开始电动汽车与ITS技术在信息共享及功能集成层面的初步技术探索。

纵观国内外研究，应用ITS解决纯电动汽车在行驶过程中的安全、舒适、节能与环保等方面的问题，提升电动汽车的综合性能，已成为国内外学者的共识，目前在系统整体结构设计、纵/横向辅助驾驶、交通系统调度等方面已经取得了部分成果。而如何从车辆、交通与电力多系统融合的角度，解决车辆行驶过程中系统部件安全、"人-车-路"一体化安全性、整车经济性、电池充电与寿命优化、驾驶舒适性和娱乐性与交通、电力系统协同优化等综合问题，在系统整体架构设计、关键理论技术体系等方面还有待进一步的研究。

现代汽车不仅是重要的机电产品，更是高新技术的载体，涉及多领域的基础科学及共性技术问题，其未来发展受到交通安全、能源节约与环境保护等社会要求的诸多制约。目前，国际上正分别从智能汽车（Intelligent Vehicles，IV）、新能源汽车（New Energy Vehicles，NEV）等研究开发领域寻求突破。但如何将智能汽车与新能源汽车有机结合，形成新型的智能汽车结构，这是一个值得探索的问题。

1.2　智能环境友好型车辆的概念与内涵

智能环境友好型车辆（intelligent-Environment Friendly Vehicle，i-EFV）是具有清洁能源动力、电控化底盘与智能信息交互三大系统，集成结构共用、信息融合与控制协同三大技术，能够综合实现安全、舒适、节能与环保四大功能的下一代先进汽车[5-7]。基于该新概念的汽车集成了机械、液压、电子、电力和通信等子系统，是一种典型的复杂机电系统。

其中涉及的关键术语描述包括：智能环境友好型车辆，智能信息交互，清洁能源动力，电控化底盘，结构共用，信息融合，控制协同，安全，舒适，节能与环保，下一代先进汽车。

"智能环境友好型"综合了智能交通系统（ITS）与电动化驱动系统的特点，不仅能针对自车进行能量优化与安全行驶，也可与交通系统、电力系统进行协同优化，实现车辆自身的安全、舒适与节能、环保的综合性能，并保证交通系统与能源系统的和谐运转。

"智能环境友好型车辆"："智能"代表其融合了常规智能汽车的技术，具备常规智能汽车的功能，着眼于应用ITS技术解决驾驶乐趣、行车安全等问题，提高整车舒适性与安全性，尤其是车辆的主动安全性；"环境友好"表示其融合了以电驱动为平台的清洁能源汽车技术，实现了车辆的节能与环保；"智能环境友好型"则意味着，融合多学科理论，综合应用ITS与电驱动系统在结构、信息及控制等方面的特点与优势，提高车辆综合性能，实现车辆与其行驶交通环境、能源供给系统的和谐与优化，解决车辆大规模应用所带来的能源紧缺、环境恶化、交通拥堵、事故频发，以及与其相关的电力供给等问题。

"智能信息交互"：着眼于应用 ITS 进行完整的车辆行驶环境的识别以及车 - 车、车 - 路的信息交换，实现以车为核心的环境信息感知、以路为核心的交通系统监控管理，以及相关系统的综合调度与管理。

"清洁能源动力"：主要以电驱动系统为平台，通过多能源系统的协同优化，实现车辆清洁、高效的行驶。

"电控化底盘"：强调以线控技术为基础，对制动、转向与悬架等系统进行快速、准确与协同的控制，实现车辆舒适与安全的行驶。

智能信息交互、清洁能源动力与电控化底盘三大系统，构成了 i-EFV 的硬件平台，是实现车辆最优行驶的基础。其中，智能信息交互实现了车辆及环境信息的感知还有车辆与环境的信息交互，是 i-EFV 实现智能化、最优化控制的前提。而清洁能源动力与电控化底盘均基于线控技术设计，构成相互耦合的车辆驱动、制动、转向以及悬架系统，支持车辆安全、高效和舒适的行驶。

在信息技术飞速发展的时代，车联网的概念首先被应用于汽车。随着电动车技术的成熟和民众对电动车智能系统的迫切需求，对于电动车辆而言，从长时间尺度的出行规划角度，通过获得前方路网的交通环境信息、道路地形信息，能够使电动车辆更为合理地优化出行策略，实现减少行驶时间、优化出行路径、降低出行能耗的目的；而在电动车辆行驶控制的过程中，通过获知前方与周围车辆在当前时刻的位置、速度、加速度、踏板信号等信息，电动车辆对周围车辆运动行为进行建模并预测，并结合前方道路坡度变化信息，合理优化车辆的功率输出与行驶速度，保证在安全行驶的同时，节约行驶过程中的能量消耗。因此，得益于多种智能交通系统信息的有效利用，电动车辆的出行策略优化和行驶过程控制的效果，均存在着进一步提升的潜力。对于纯电动车辆来说，考虑到当前电动车辆的诸多固有局限，如何通过合理利用智能交通系统的信息，进而提高电动车辆的使用性能，满足驾驶员的使用需求，是电动车辆的一个重要的研究课题与前沿研究方向。

从车际网来看，电动车车联网的一个重要特点就是车辆和车辆之间能够实现信息交换，所以每一辆车都可以被看成是一个不同节点。对于电动车车联网中的每个对象来说，仅仅识别车辆的身份是远远不够的，无线传感器网络可以获取车辆的动态特征，包括路径、位置等。根据电动车车联网的定义，其网络体系架构如图 1.1 所示[8]。

从网络上看，电动车车联网的整体结构也可以分为"端、网、云"三个层次。

第一层端系统是电动车车联网的硬件平台，由多种智能传感器和控制器组合而成。与电动车中控系统连接的传感器负责采集行车状态和环境，获取车辆状态和周围环境信息，并将其转换为控制中心可以识别和处理的电信号。端系统是车内通信、车际通信、车载移动互联网通信的基础。

第二层网系统是电动车车联网实现通信的基础。通过蜂窝通信技术以及 Wi-Fi、蓝牙等短距离无线通信技术，实现车与车（V2V）、车与路（V2I）、车与人（V2P）等的信息交换和数据通信，将车辆自组网和多种异构网络连接起来，保障对电动车车联网实时、有效的检测和控制。

图 1.1 电动车的车联网体系架构

第三层是云系统，电动车车联网必须是一个基于云架构进行管理的系统。主要结合不同用户的需求提供不同的服务，利用车云端与车辆的信息交互，实现真正的便捷出行。

车联网作为物联网技术在交通系统领域的延伸，结合车联网定义，我们将电动车车联网系统分为从低到高三层架构，分别是感知层、网络层和应用层，如图 1.1 所示。

最底层是感知层，是整个车联网体系的基础。感知层由部署在电动车内部的传感器、控制器等硬件设备与中控芯片，以及车辆行驶环境中的具备感知和数据传输功能的终端设备等连接组成，负责采集人、车、环境的相关信息，并可以通过接收和执行相关指令，实现对车辆的控制。

中间层是网络层,起到数据传递的作用。网络层为感知层提供统一接口,由于感知层设备复杂多样,网络层包含各类通信网络技术,如蜂窝移动通信网、无线局域网、蓝牙/射频等近距离无线通信技术以及互联网等。

最上层是应用层,提供各种类型的服务,实现对车辆获取数据的计算、处理、监控和管理。应用层的作用是为用户提供电动车车联网的可视化服务,降低操作的复杂度。

i-EFV融合了智能化、网联化汽车与新能源汽车两者的优势,立足于智能交通系统与电驱动系统两大系统,通过协同优化多个复杂机电系统与多性能目标,实现安全、舒适、节能与环保四大综合需求。结合i-EFV的系统结构组成与设计目标,对其各项内涵进行分析。从这个角度上看,智能环境友好型车辆是目前公认的未来汽车智能化、网联化、电动化等发展方向的集成载体和工程实现,如图1.2所示。

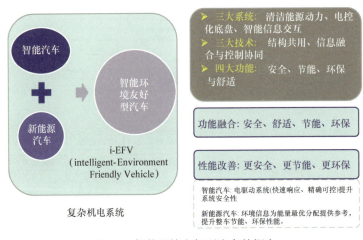

图 1.2 智能环境友好型汽车的概念

为实现智能环境友好型车辆体系,需要结构共用、信息融合与控制协同三大关键技术的支持。i-EFV系统涉及复杂的"机械-电子-液压-传感-通信"多系统耦合,需要利用"结构共用"理论指导结构优化,集成简化这个复杂的强耦合车辆系统。"信息融合"针对车载传感器与无线通信设备存在信息冗余的特性,应用多源信息融合理论与状态估计理论,对车辆的状态、行驶工况进行更准确的辨识与建模。"控制协同"体现利用多系统协调、多目标协同优化的概念,协调多个能源系统进行能量输出,控制包括制动、转向及悬架等系统,实现车辆行驶过程中对安全、节能、环保等多目标的综合优化。

"结构共用":面向智能信息交互、清洁能源动力与电控化底盘等复杂的"机械-电子-液压-传感-通信"系统,强调应用结构共用的结构优化设计理论,集成、优化具有复杂耦合结构的车辆系统。

"信息融合":针对具有冗余特性的车载传感信息与无线通信信息,应用多源信息融合与多尺度估计理论,实现对车辆状态、交通环境的识别及预测。

"控制协同":应用多系统动态协调、多目标协同优化等控制理论,协调控制多能源驱动、制动、转向以及悬架等系统,实现车辆行驶过程中"人-车-路"一体化的安全性、经济性与舒适性的协同优化。

"安全、舒适、节能与环保"等i-EFV四大功能,是现代汽车发展的综合需求。安全不仅包含车辆自身的操纵稳定性，还涉及车辆与相邻车辆、道路边界以及行人等的安全问题，而这些安全问题，往往耦合、同时产生，如车辆的稳定性和车辆与邻车、道路边界以及行人等的碰撞均可能同时出现。节能、环保的性能除与车辆的动力系统控制相关外，对于电驱动平台，其与上游的电能制备效率、综合调度与管理还存在一定关系。从车辆控制的角度，节能、环保的性能与车辆的安全性也存在一定联系。例如，对i-EFV自适应巡航控制，不同的纵向跟踪安全性能需求对于整车的经济性具有一定的影响。过于追求跟踪安全性，会使得车辆频繁加减速，不必要地损失能量，同时降低系统能量可优化的空间，进一步降低整车经济性，从而影响整车节能、环保的性能。而过于追求经济性，则会一定程度影响跟踪安全性。舒适性内涵广泛，一方面体现了驾驶员对车辆驾驶的乐趣性以及便捷性，另一方面还体现在车辆行驶过程中由于加速、减速、横摆、侧倾等运动传递给驾驶员的主观感受。同样以i-EFV自适应巡航控制为例，舒适性主要体现在车辆跟踪的效果、跟踪过程中车辆加速度、减速度的变化等方面，过大的跟踪加速度在提高跟踪安全性的同时，可能降低舒适性。因此，安全、舒适、节能与环保等车辆性能，其主要涉及的问题不同，具有一定的矛盾与冲突，在i-EFV整车综合控制过程中，需要根据实际的应用场景进行协同优化。

"下一代先进汽车"：代表所提出的"i-EFV"新概念系统，立足于解决车辆、交通及电力等多系统面临的安全、舒适、节能与环保的综合问题，着眼于车辆自身结构设计及其综合控制，而车辆以节点的方式融入交通及电力系统的协同与优化管理之中。这一理念以及所涉及的基础理论，将为未来汽车的设计提供有益的技术支撑。

1.3　智能环境友好型车辆的系统特点

i-EFV这种新概念车辆立足于车辆、交通与电力等多系统的协同优化，融合了基于ITS的智能汽车技术与以电驱动系统为平台的清洁能源汽车技术，具有综合实现安全、舒适、节能与环保的性能。从系统结构组成的角度，i-EFV具有以下几项特点。

（1）系统智能化

i-EFV的系统智能化主要体现在两方面：一方面是全面的环境信息识别，应用车载传感系统、短程与远程无线通信系统，实现对于车辆状态、车辆行驶环境的准确识别及预测；另一方面是系统智能优化的控制，通过对驱动、制动、转向与悬架等各系统的局部或全局的优化控制，能够实现车辆自身稳定性，与交通环境、行人及道路的安全性，以及行驶任务下的车辆节能、环保及驾驶员舒适性等方面的综合优化，同时通过与交通系统、电力系统的信息交互与综合调度，实现车辆、交通系统与电力系统的协同管理。

（2）系统线控化

i-EFV的驱动、制动、转向以及悬架等各系统，均通过电气连接实现控制，并以总线的方式实现各系统间的通信与协同工作。由于各系统均采用线控技术，具有系统响应速度快、便于扩展新的整车控制功能以及整车成本低等优点。

（3）系统结构化

现代汽车功能日益复杂，要求对多个部件进行协同控制才能实现一项车辆控制功能。具有系统分布式特点的i-EFV，以部件功能为标准设计执行系统结构，整车功能通过多执行系统协同控制的方式实现，这使得车辆系统具有模块化、柔性化的结构特点，便于进行新型车辆结构的集成以及新型控制功能的设计。

i-EFV 的智能化模拟人的行为反应，基于环境信息和车辆状态的感知及预测，实现车辆、交通和电力系统的综合优化。i-EFV 的线控化使得系统部件以电气连接的方式进行控制，便于智能控制系统通过总线或者电子芯片实现部件的控制，而 i-EFV 的结构化，使得各部件功能明确，便于智能控制系统直接控制部件，实现特定的功能。i-EFV 的线控化与结构化，有效支撑了 i-EFV 系统智能化的目标，综合利用这些特点，才能实现 i-EFV 最优的系统性能。

与基于 ITS 的常规智能汽车（IV）相比，i-EFV 考虑了现代车辆在节能、环保、安全与舒适等方面的综合需求，具有全面优化的系统性能。由于 i-EFV 采用线控化与结构化的系统设计，能够更便捷地实现整车综合的行驶功能。以 ACC 为例，为实现 IV ACC，需要对其加速踏板与制动踏板的结构与控制方式进行更改，且由于常规系统的驱动与制动通过加速/制动踏板实现，系统响应速度较慢[1]，而 i-EFV 采用线控的发动机、电机与液压制动系统，能够便捷地实现车辆的 ACC 功能，且响应速度更快。另一方面，常规智能汽车主要基于系统功能进行车辆结构的设计，以实现对于车辆纵向、横向安全性等的单独控制，而通过结构化线控化系统设计，i-EFV 能够更方便地实现车辆驱动、制动、转向以及悬架的协同控制，进一步实现综合车辆稳定性、与行人/车辆避撞安全性、与车道/道路横向安全性的一体化安全性能。此外，从系统组成来讲，由于 i-EFV 融合电驱动系统快速响应、精确可控的特点，通过协调控制电驱动系统，相比 IV 将具有更快的系统响应特性，可加快整车驱动、制动响应速度，提高整车安全性，尤其是紧急制动工况下的安全性。

相比基于电驱动系统的清洁能源汽车，i-EFV 在兼顾车辆节能与环保性能的基础上，集成了智能网联汽车技术，实现了车辆安全、舒适、节能与环保的综合性能。更进一步，i-EFV 针对电驱动系统与环境系统联系紧密的特点，从车辆、交通与电力多系统的角度进行优化管理，基于交通环境信息的有效识别及交互，能够进一步提高车辆的经济性，同时保障电力等支撑系统的安全、高效运行。

（4）运行体系化

传统意义上的汽车只是道路交通系统中一个独立运行的个体和信息孤岛，随着车联网技术的发展，新能源汽车与车联网技术的融合越来越成为汽车发展的一个重要方向。

在 i-EFV 的运行体系中，新能源汽车在其原有功能之上增加了信息处理和传递的功能，在成为道路交通系统网络单元的同时也具备了车路系统信息交互网络节点和能源网络中的移动存储单元的属性。车辆内部的各种电子和机械设备通过网络连接起来，而整车则依赖车载计算及控制平台、通信模块、传感器网络等的应用，支持用户和电动车以及电动车和环境之间的数据传递，实现用户和企业对车辆的智能管理和远程控制，从而为用户提供更加便捷、安全的出行方式。

1.4 智能环境友好型车辆的新型体系架构

从集成车辆集群、交通及电力等多系统综合管理、协同优化的角度，设计系统总体结构如图 1.3 所示。该系统中，i-EFV、ITS 中心以及电网调度中心是三个单独运行的子系统，其通过无线、光纤等通信方式进行信息的交互与共享，进而实现各系统的协同与优化控制。各子系统的任务各有侧重，电网调度中心通过与 ITS 中心的信息交互，对电能的制备和调度进行优化管理；ITS 中心基于车 - 路通信信息以及电网侧反馈信息，对交通系统中的车辆进行实时监控及引导；i-EFV 作为大规模交通运载的执行节点，基于车 - 车通信（Vehicle to Vehicle，V2V）、车 - 路通信（Vehicle to Infrastructure，V2I）、远程无线通信等交互信息以及车载传感系统感知行驶环境信息，优化控制各执行部件，综合实现车辆最优的安全、舒适、节能与环保的性能。

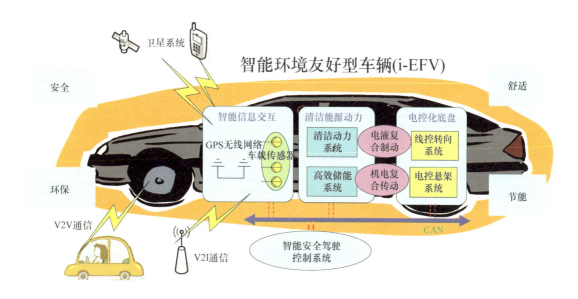

图 1.3　i-EFV 系统总体结构

i-EFV 系统立足于车辆、交通与电力等多系统的协同优化，融合基于 ITS 的智能汽车技术，与以电驱动系统为平台的清洁能源汽车技术，既要综合实现安全、节能、环保与舒适性能，也要保证大规模车辆、交通与电力系统的综合性能最优。为实现上述目标，i-EFV 系统包含智能信息交互、清洁能源动力及电控化底盘等三大关键系统。

对智能环境友好型车辆（i-EFV）动力学问题的研究，与智能汽车（IV）和新能源汽车（NEV）等不同对象相关，而其基础理论与共性关键技术的研究主要涉及复杂机电系统动力学机理分析、系统建模以及动力学控制等领域。

新能源汽车是解决日益严重的环境、能源问题的有效手段之一，已得到国内外深入研究；而智能交通系统（Intelligent Transportation Systems，ITS）作为用智能汽车技术解决交通安全和交通拥堵等问题的重要途径，也得到各研究机构和汽车厂商的重点关注。但是，目前两者的研究相互独立，无法实现相互之间的结构共用、信息共享和控制协同，以取得更加理想的多目标系统功能。近年来，国外相关研究机构已开展新能源汽车与 ITS 系统相结合的技术可能性探讨，但仅处于起步阶段，缺少对于融合新能源汽车与 ITS 的新概念汽车系统的研究。本书提出的 i-EFV 概念，具有在保障行驶安全前提下实现节能、环保与舒适的综合性能，同时又融合了新能源汽车与智能汽车技术各自优势，形成了全新的车辆架构和技术体系。图 1.4 为 i-EFV 车辆与国外现有的智能化、网联化新能源车辆的结构对比。

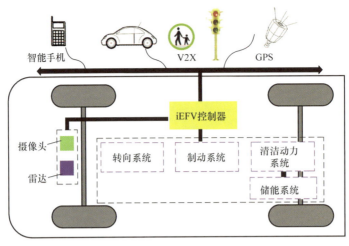

a) i-EFV结构

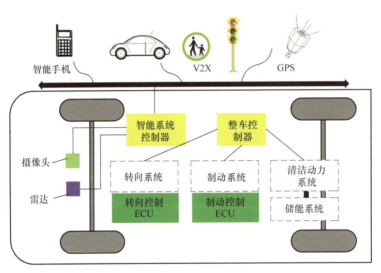

b) 国外现有结构

图 1.4　i-EFV 车辆与国外现有结构对比

1.4.1　智能信息交互系统

智能信息交互系统用于车辆状态与交通环境信息的识别、i-EFV 车辆与环境系统的信息交互，以及多源信息的综合处理及显示，其结构示意如图 1.5 所示。该系统包含车 - 车通信模块、车 - 路通信模块、远程无线通信模块、车载传感系统以及多源信号处理模块，各模块以及车载传感系统中各传感器在车内以总线方式进行交互。

车 - 车通信通过车载 V2V 通信模块实现，主要传递与车辆自身运动及部件工作相关的信息，包含车辆速度、加速度、加速踏板、制动踏板、车辆地理位置，以及车辆运行状态及故障信息等。

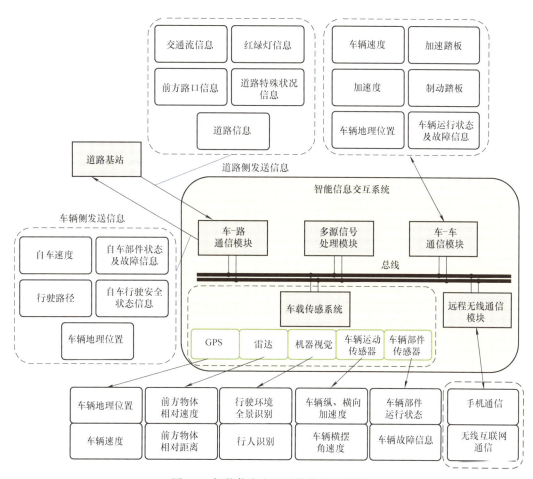

图 1.5 智能信息交互系统结构示意图

车-路通信通过车载 V2I 通信模块与道路基站的无线通信实现，其中车辆侧主要发送与自车运动及部件工作相关的信息，包含自车速度、行驶路径、自车部件状态及故障信息、自车行驶安全状态信息（与前车相对距离、相对速度、车辆行驶稳定状态等）以及车辆地理位置；道路侧主要发送与交通流以及道路相关的信息，包含交通流信息、红绿灯信息、前方路口信息、道路特殊状况信息（前方交通事故、施工、限速等提示信息），以及道路信息（估测路面附着系数、道路曲率、道路坡度）等。

远程无线通信模块主要用于车辆与手机、互联网等进行通信，交互的信息主要包含手机远程监控与远程控制相关信息，基于互联网的车辆系统更新信息、服务查询信息等。

车载传感系统装载 GPS、雷达、机器视觉、车辆运动传感器以及车辆部件传感器，用于采集车辆自身以及车辆行驶环境信息。其中 GPS 主要采集车辆地理位置以及车辆速度信息；雷达主要用于检测前方物体相对速度与相对距离信息；机器视觉主要用于行驶环境的识别（如车道线、道路曲率、邻车、道路标示牌等车辆与交通环境信息）和行人的识别，并根据系统功能提取相应的信息；车辆运动传感器主要采集纵向加速度、横向加速度以及横摆角速度等车辆运动信息；车辆部件传感器采集动力系统、传动系统、制动系统、悬架系统、转向系统以及相关附件的状态和故障信息。

多源信号处理模块主要基于车-车通信、车-路通信、远程无线通信以及车载传感系统等多源信息，进行相应的多源信号监控、管理以及综合处理，为车辆综合控制以及驾驶员操作提供准确的信息基础，其信号综合处理的理论基础是信息融合。

从以上智能信息交互系统结构组成与传输信息特点可以看出，其具有多网络异构与数据处理量庞大的特征。

一方面，网络系统集成了车内总线网、短程无线通信网与远程通信网。基于不同的应用场景，车内总线网络可能集成控制器局域网（Controller Area Network，CAN）、本地互联网络（Local Interconnect Network，LIN）、FlexRay 和 MOST（Media Oriented System Transport）等总线形式；车-车/车-路短程无线通信网络主要包含基于 IEEE802.11p 的专用短程通信（Dedicated Short Range Communications，DSRC）和基于 IEEE802.11a/b/g/n/p 的无线局域网络（Wireless Local Area Networks，WLAN）；而远程通信网络则基于 4G/5G 进行车辆与信息服务平台间的远程通信。另一方面，i-EFV 基于短程无线通信、远程无线通信以及车载传感系统识别等获取了全面的车辆状态、行驶环境以及交通系统的信息，这些信息具有数据量大、覆盖面广和冗余性高等特点。为准确地辨识车辆运动特征，重构完整的车辆运行环境，要求对这些信息进行快速、有效的综合处理，而多源信号处理模块的计算速度与内存容量将直接影响信息处理的准确性和实时性，也将进一步影响驾驶员操作以及车辆的实时控制性能。

针对以上异构网络集成与快速信号处理器设计的问题，智能信息交互系统的设计重点研究内容包含：①多天线电路集成（车-车通信、车-路通信、GPS、4G/5G 等）技术；②车载多网络协同的智能网关技术；③面向多样化需求的多网络信息交互标准和通信协议设计；④高运算速度、低成本的新型硬件及软件系统架构；⑤模块化、扩展性强的硬件计算平台。

1.4.2　清洁能源动力系统

清洁能源动力系统，将热能和电能转化为机械能，驱动 i-EFV 行驶，其系统结构包含清洁动力驱动系统以及高效储能系统。基于目前各类清洁能源动力系统发展的情况以及各自的优势，本节从系统综合性能优化的角度出发，给出了两类动力系统结构，如图 1.6 所示。其中，高效储能系统包含可外接充电的高压电池组以及超级电容，清洁动力驱动系统主要分为串联式与并联式两种系统结构。图 1.6a 为并联式动力结构，清洁动力驱动系统包含发动机与电机，通过机械连接进行动力耦合并输出。图 1.6b 为串联式动力结构，清洁动力驱动系统包含车载发电组与电机，其中清洁动力驱动系统与电池直接进行电能耦合，整车动力由电机输出。

从图 1.6 可以看出，超级电容通过逆变器与高压电池组连接。从兼顾车辆能量密度与功率密度的角度，高压电池组与超级电容的集成是一种优化的组合方式。高压电池组比容量大，能够为整车提供足够的驱动能量，而其存在瞬时充放电功率较小、低温工作性能差的缺点。超级电容具有瞬时充放电功率大、低温工作性能好的优点，可以弥补高压电池组的缺点。通过协调控制电池与超级电容，可以降低电池组瞬时充放电电流，提高电池组的循环寿命。此外，由于超级电容能够实现瞬时大功率充电，可进一步提高制动能量回收利用率，优化整车经济性。

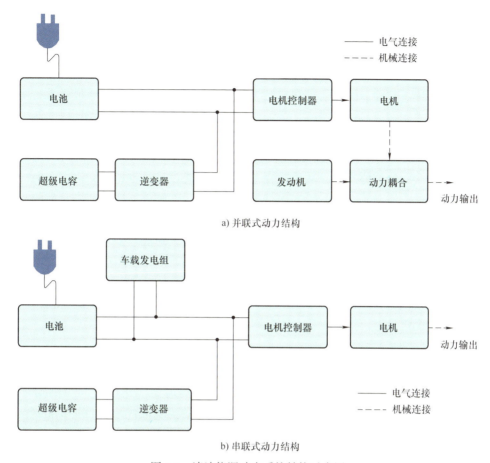

图1.6 清洁能源动力系统结构示意图

并联式动力结构中,清洁动力驱动系统包含电机及其控制器和发动机,其中发动机为基于节能、环保要求设计的清洁动力系统,如高效的柴油发动机、改进的汽油机、替代燃料发动机、氢燃料发动机等。串联式动力结构中,车载发电组通过内燃机/发电机组或者燃料电池发动机等动力系统产生电能,并与储能系统进行电能耦合。各类改进的发动机以及车载发电组主要解决目前电池成本高与续驶里程不足的问题。目前,从成本以及技术成熟性的角度,采用优化匹配后的传统内燃机作为驱动发动机或者发电机组是比较可行的方案。

目前,在以电驱动技术为基础的清洁能源动力系统设计方面,国内外已开展了大量的研究,但仍存在储能系统成本高、能量密度与功率密度低、系统匹配有待进一步优化等问题。为实现其大规模应用,重点研究内容必须包含:①基于新结构、新反应原理的高能量密度、低成本的电池;②具有高综合性能的电池管理系统;③高性能、低成本的超级电容;④具有高可靠性、低成本的超级电容与高压电池组的集成技术;⑤可应用于实车控制的稳定、效果优异的超级电容与高压电池组协同控制算法;⑥高压电池组与超级电容组合优化设计方法,实现系统成本与动力系统功率与能量密度的综合优化;⑦针对新型特性电池组与超级电容等多能源系统,设计新型的驱动形式与系统构型;⑧发动机与电机工作区间以及效率特性的匹配优化。

1.4.3 电控化底盘系统

电控化底盘系统,通过控制车辆纵向、横向以及垂向的运动,在满足车辆行驶目标的基础上,实现车辆安全与舒适的性能。电控化底盘主要包含电液复合制动系统、线控转向系统以及电控悬架系统。其中,电液复合制动系统结合电机以及液压制动,通过各系统协调控制实现制动压力的主动调节与快速响应,是综合满足汽车行驶安全、节能和环保的共用制动力调节结构;线控转向系统为主动转向系统,根据驾驶员需求与车辆及环境状态,主动调节转向角,是综合满足汽车行驶安全和舒适的共用转向力矩调节结构;电控悬架为主动悬架系统,用以调整车辆侧倾、俯仰姿态等,从而改变车辆运动姿态以及运动特性,提高车辆行驶稳定性及驾驶员舒适性。底盘系统是车辆实现行驶任务,满足驾驶员舒适性和安全性的重要执行系统。目前在传统线控转向、制动以及电控悬架等系统设计方面已经比较成熟,然而,引入电驱动系统所带来的整车新的电力平台及其电气系统特性,对底盘各系统的设计带来了新的变化和机遇:①车辆能够更容易实现24V或者42V的整车供电;②系统具有更大功率的动力源;③传统的液压制动、转向与电驱动系统存在某种程度的功能冗余(例如电机制动能量回收、电机直接横摆力矩转向等)。如何基于新的整车电气特性与新型动力系统分布形式,对底盘系统进行优化设计,将成为新一代车辆底盘系统结构设计的重点。

1.5　i-EFV 的典型系统应用

i-EFV 是一种融合 ITS 与清洁能源系统,利用车辆结构优化设计、车辆及环境信息融合识别,以及多目标、多系统协同控制等技术,最终实现最优综合性能的新概念车辆。其研究内涵广泛,涉及机械设计、数据处理以及优化控制等多方面的理论,也涉及智能混合动力汽车(intelligent-Hybrid Electric Vehicle,i-HEV)与智能纯电动汽车(intelligent-Battery Electric Vehicle,i-BEV)等不同车型产品在不同领域的广泛应用。

1.5.1　基于行驶环境信息交互的智能混合动力汽车

混合动力汽车能够提高车辆燃油经济性、降低排放性,在一定程度上解决当前能源与环境的问题,已逐渐进入产业化阶段。然而,目前混合动力汽车缺少有效的交通信息识别,仅基于当前车辆状态进行能量管理与分配,很难实现全工况下系统燃油经济性的优化。另一方面,综合车辆主动安全性与驾驶舒适性的混合动力系统智能主动安全控制技术有待进一步研究。基于以上混合动力汽车存在的问题,作者提出了融合混合动力系统与ITS各自优势与特点,设计智能混合动力汽车(i-HEV),以实现安全、舒适、节能与环保的车辆综合性能。

相比常规智能汽车,i-HEV 的特征在于:整车具有传统内燃机与电机电池动力组两个独立工作而又相互联系的动力系统;发动机、电机通过 CAN 总线进行转矩直接控制。因此,智能混合动力汽车更容易实现车辆的驾驶辅助控制,而不用单独设计加速、制动踏板等底层控制器与执行器[9]。相比常规智能汽车与传统混合动力汽车,i-HEV 具有更安全、更经济的特点,主要体现在以下两方面:与常规智能汽车相比,i-HEV 融合混合驱动系统的快速响应、精确可控等特点,可以进一步提高整车驱动、制动响应速度,提高整车安全性,尤其是紧急制动下的安全性;与传统混合动力汽车相比,i-HEV 在综合实现车辆主动安全控制的同时,依靠识别交通环境信息,优化动力系统能量分配策略,可进一步提高整车燃油经济性。

相比常规汽车，i-HEV 集成了耦合的发动机与电机电池多能源动力系统，其优势主要体现在纵向运动过程中的燃油经济性与动力性方面，故主要研究 i-HEV 纵向运动控制所涉及的关键技术。设计 i-HEV 系统整体结构如图 1.7 所示，其主要包含智能信息交互、清洁能源动力与电控化底盘等三大系统。其中，智能信息交互系统用于识别车辆运动状态、车间运动状态以及交通道路环境等信息，包含雷达、摄像头、GPS、GIS 以及 DSRC 车-路通信模块等。混合动力系统用于提供车辆运动所需动力，包含发动机、驱动电机 PM（Permanent Motor）、发电机 BSG（Belt Starter Generator）以及 5 档 AMT 自动变速器。发动机通过离合器与 AMT 连接，驱动电机布置在变速器后端，发电机通过传动带与发动机连接，系统可以工作在发动机单独工作、发动机驱动同时发电、发动机与驱动电机联合驱动、电机单独驱动等不同工作模式之下。电控化底盘在纵向运动控制中主要包含电子真空助力（Electronic Vacuum Booster，EVB）液压制动系统以及电机制动能量回收系统，将根据总需求制动转矩进行分配。

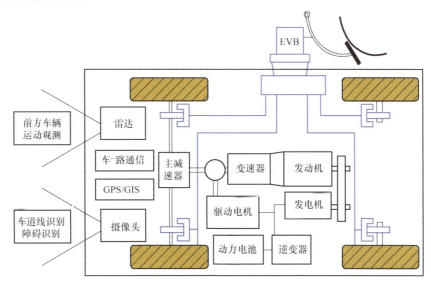

图 1.7　智能混合动力汽车系统结构

针对不同驾驶模式均要求对驱动、制动系统进行实时控制的问题，基于线控系统特点，作者提出了双 CAN 结构的 i-HEV 执行及控制系统架构，如图 1.8 所示。

基于双 CAN 网络通信结构，将 i-HEV 分为动力系统子 CAN 网以及传感系统子 CAN 网。其中动力系统子 CAN 网包含发动机、电机、液压制动、AMT 及其相关的动力系统节点；传感系统包含雷达、摄像头、GPS/GIS、DSRC 车-路通信，以及包含横摆角速度、侧向加速度、纵向加速度、方向盘转角及部件的传感器节点。

i-HEV 各系统部件采用分布式分层执行与集总控制结构，整车功能依靠三层协调工作实现。上层为多系统协调整车控制器，用于根据驾驶员操作、行驶环境以及车辆当前状态，制定最优控制命令。中层为分布式执行系统控制器，执行部件包含发动机执行部件、电机执行部件、液压制动执行部件以及 AMT 执行部件，执行系统控制器统一接受来自 CAN 总线控制指令，驱动执行系统动作。下层为各系统执行部件，采用统一接口定义，根据中层控制器指令进行相应操作。

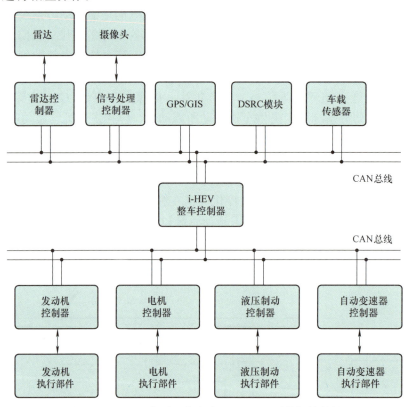

图 1.8　i-HEV "集总 - 分布式" 双 CAN 系统拓扑结构

为实现 i-HEV 综合的安全、经济与舒适的车辆性能，基于 i-HEV 系统功能，分出了以下三大子系统：考虑安全、经济与舒适多目标协调的 i-HEV 自适应巡航控制系统，基于实时交通环境信息的 i-HEV 整车控制系统，以及基于发动机、电机与液压制动多系统协调的车辆稳定性控制系统。

（1）考虑安全、经济与舒适多目标协调的 i-HEV 自适应巡航控制系统

对于 i-HEV 系统，其复合的动力系统为经济性的优化提供了足够的空间，融合巡航控制过程中车辆驱动 / 制动功率与多能源动力的能量分配的协同优化，i-HEV 自适应巡航控制可获取更优的系统安全、经济与舒适的综合性能。重点研究：基于雷达、摄像头多传感器融合的前车运动识别算法；考虑系统非线性动力学与车间动力学耦合特性的 i-HEV 自适应巡航广义纵向动力学建模；混合动力系统电池等效燃油消耗特性估算；考虑安全、经济与舒适多目标协调的 i-HEV 自适应巡航性能指标设计；i-HEV 自适应巡航多目标、多能源系统协调的非线性控制算法设计。

（2）基于实时行驶环境信息的 i-HEV 整车控制系统

基于实时的交通环境信息，可对 i-HEV 混合动力系统进行优化的能量分配，提高整车燃油经济性。重点研究：基于雷达、摄像头、GPS/GIS 及车载传感系统等多信息融合的交通运行工况与前车运动特征识别；基于局部车间相对运动信息与全局交通工况特征信息的 i-HEV 混合动力系统能量优化分配算法；混合动力系统发动机、电机、AMT 与液压制动模

式切换的多系统动态协调控制算法。

（3）基于发动机、电机与液压制动多系统协调的车辆稳定性控制系统

由于电机驱动系统具有响应快速、准确等特点，基于发动机、电机与液压制动多系统协调工作的车辆稳定性控制系统，能够提高车辆失稳情况下系统的控制效果，进一步优化车辆行驶稳定性。重点研究：基于发动机、电机与液压制动的 i-HEV 驱动防滑控制系统；基于发动机、电机与液压制动的 i-HEV 制动防抱死控制系统；基于发动机、电机与液压制动的 i-HEV 车辆电子稳定性控制系统。

1.5.2 基于车-路-网交互的智能纯电动汽车

纯电动汽车直接利用电池存储的电能驱动车辆，具有零燃油消耗与零排放的特点，在清洁发电技术日益成熟的时代，已成为下一代汽车的发展趋势。事实上，由于纯电动汽车采用电机进行驱动，其动力系统具有响应速度快、精度高、噪声低等特点，对于四轮独立电驱动车辆，更具有多轮驱动、制动力独立可控的优势，这为车辆提供了获取更加优异的加速性、操纵稳定性以及舒适性的潜在可能。目前，纯电动汽车的发展存在以下几个挑战：电池能量密度低，电池质量占整车质量比重较大，如果强制要求纯电动汽车进行轻量化，将使得整车安全性降低；由于电池存储容量有限，车辆行驶过程中迫切要求系统对于电池荷电状态、车辆行驶路径及车辆充电路径进行监控与规划，实现车辆行驶过程中优化的经济性与可持续性。

另一方面，将纯电动汽车的运动抽象为流动的能量点，交通系统内大规模的能量流与电力系统的供给能量流相互作用、相互影响，构成了密不可分的一个能量供给的整体。相比常规内燃机汽车，纯电动汽车的最大特点是车辆的运动不仅涉及车辆自身的控制问题，由此产生的大规模的电能流动对相应的电网配送、电网运行安全与运行效率，都将产生严重的影响。

综上所述，要实现大规模纯电动汽车安全、经济、舒适与可持续的行驶，必须从车辆集群、ITS 系统与电网系统整体的角度，对纯电动汽车行驶全过程进行综合管理与优化控制。基于此思想，提出基于车-路-网交互的智能纯电动汽车（i-BEV）。i-BEV 是融合大规模电动汽车集群、ITS 系统与电网系统，基于电网能量流与交通网能量流的时空分布及信息交互，协同电力系统能量调度，优化控制电动车辆智能驾驶，最终实现大规模电动汽车集群的安全、经济、舒适与可持续运行的系统。从以上对于 i-BEV 的定义可以看出，i-BEV 不仅包含车辆自身的控制，同时也要求从交通系统和电网系统电力管理协同的角度进行电动汽车的智能控制，这是纯电动汽车大规模应用后所带来的新的需求与挑战。

为对 i-BEV 涉及的关键技术进行全面的探索和研究，基于四轮独立电驱动结构，设计 i-BEV 总体结构如图 1.9 所示。其中，i-BEV 智能信息交互系统由包含雷达、摄像头的车载环境感知系统、GPS/GIS 交通道路感知系统，以及基于 DSRC 的车-路通信系统组成。通过车-路通信系统，行驶中的 i-BEV 集群、ITS 中心以及电网调度中心构成了交互协同的一体化系统。清洁能源动力系统由高压电池组以及由四轮独立驱动电机组成的分布式电驱动系统构成。电控化底盘系统主要由电控液压制动（Electro-Hydraulic Brake，EHB）系统以及用于制动的电机系统构成。智能信息交互系统、电机控制器、高压电池组、电控液压

制动系统（EHB）以及整车控制器通过 CAN 总线进行通信。

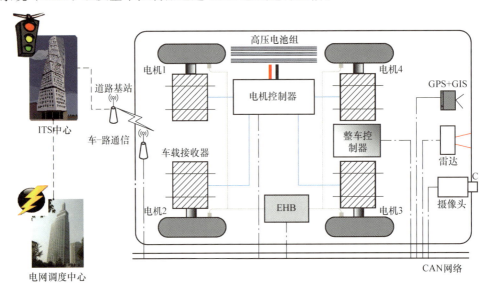

图 1.9　智能纯电动汽车系统结构

图 1.9 所示的 i-BEV 系统具有如下特点：电机驱动 / 制动系统结构共用，且具有响应快速、精确，四轮独立可控的特点；搭载全面的环境识别传感器与通信系统，能够实时获取交通环境以及局部行车环境信息。从系统控制功能的角度划分，i-BEV 综合控制主要包含以下三大系统。

（1）基于行车环境识别的 i-BEV 驾驶辅助系统

i-BEV 驾驶辅助系统主要包含纵向驾驶辅助与横向驾驶辅助。

1）i-BEV 纵向驾驶辅助系统。基于分布式电驱动底盘系统响应特性及驱动系统动力分布特性，综合考虑电动汽车纵向跟踪性、系统经济性以及驾驶舒适性，设计电动汽车协调式低速起 - 停控制、高速巡航控制以及自适应巡航控制系统。重点研究：基于纵向跟踪性、系统经济性以及驾驶舒适性的车辆期望加速度制定方法；基于分布式电驱动特性的车速跟踪动力学控制方法；电动汽车低速起 - 停、高速巡航及自适应巡航等多模式切换原理与方法。

2）i-BEV 车道保持驾驶辅助系统。基于智能信息交互系统多源信息融合，识别车辆与车道线位置，当车辆偏离目标车道时，向驾驶员提出预警；危险持续，协调控制前轮线控转向系统与分布式驱动系统，主动纠正驾驶员操作，保持车辆在车道内运动。重点研究：基于多源信息融合的车道线与车辆车道内位置识别方法；基于电动车动力学特性的车道偏离预警及主动干预模式切换特性；基于前轮线控转向及直接横摆力矩控制的分布式电驱动系统协调的车道保持控制方法。

（2）基于分布式电动化底盘的 i-BEV 主动安全控制系统

综合 ITS 智能主动安全控制、车辆动力学稳定性控制以及电动汽车高压安全控制，i-BEV 主动安全控制系统主要分为整车高压安全主动控制、纵向紧急防撞与综合"人 - 车 - 路"预期安全状态的主动控制等。

1）基于"人-车-路"状态信息的电池高压安全主动控制系统。基于智能信息交互系统获取的车-车、车-路相对运动信息，以及高压电池组状态信息，识别及预测车辆高压安全及碰撞风险，控制高压电池组与整车各动力部件，实现预期车辆碰撞与电池高压故障状态的车内高压安全控制。重点研究：高压电池绝缘、漏电等安全状态监测方法；基于车-行人、车-车、车-路相对运动信息的车辆碰撞安全状态识别及预测方法；基于车辆预期碰撞安全状态与高压安全状态的电池组、分布式电驱动系统协调的车辆主动安全控制。

2）基于分布式驱动电动化底盘的纵向防撞系统。基于车辆前后方物体及车辆相对运动信息，识别车辆碰撞危险，向驾驶员提出预警并控制驱动、制动系统，防止车与车、车与障碍物和倒车碰撞。重点研究：驾驶员纵向驾驶行为特征识别，包含纵向距离与纵向相对速度安全裕度；不同安全等级下预警及车辆干预措施以及驾驶员接受程度；紧急制动下，基于稳定性的电机与制动系统协调控制算法。

3）基于预期安全状态的车辆底盘一体化安全控制系统。基于前车运动状态、前方道路曲率、路面附着系数、车速、加速度、横摆角速度等车辆状态与行驶环境信息，预测未来车辆运动轨迹，预期车辆运动安全状态，并在出现危险状况时控制车辆驱动/制动/转向系统，实现车辆一段时间内的纵向和横向的行驶安全。重点研究：基于GPS、雷达、机器视觉与车载传感系统等多传感器信息融合的车辆状态与行车环境识别算法；基于车辆状态与驾驶员操作的车辆预期运动轨迹与安全状态监测方法；基于车辆预期安全状态的车辆运动目标优化计算；基于分布式电驱动底盘、线控转向与液压制动等多系统底盘一体化协调控制算法。

（3）基于大规模电动汽车集群、ITS交通网与智能电网等多网融合的综合管理与控制系统

随着电动汽车的大规模运行，所带来的充电需求将对电网的运行负荷、运行安全以及运行效率产生较大的影响。因此，需要将大规模电动汽车集群、ITS交通网与智能电网视为一个有机的整体，基于系统综合优化理论，进行大规模电动汽车集群、ITS交通网与智能电网的综合优化管理与实时控制。从车辆系统调度及动力学控制的角度，主要包含：车辆-路网-电网智能交互的一体化通信平台及信息交互系统设计；基于车辆-路网-电网信息交互的电动汽车充电管理系统设计。

1）车辆-路网-电网智能交互的一体化通信平台及信息交互系统设计。建立标准、可靠与柔性的车辆、路网与电网的通信平台，实现车辆、路网以及智能电网实时、快速与可靠的信息交互。重点研究：电动汽车与ITS系统、电网、充电站的一体化通信方式，各组成部分通信接口及协议标准；考虑信息冗余、信息传输安全的电动车辆、电网、ITS多源信息融合方法；基于人机交互的电动汽车车载智能综合信息管理系统。

2）基于车辆-路网-电网信息交互的电动汽车充电管理系统。通过实时车辆-路网-电网交互信息，实现ITS中心对大规模电动车辆行驶状态远程监控、管理和充电引导。重点研究：电动车辆行驶安全状态远程监测及预警技术；基于实时交通运行特征的电动汽车剩余里程估算；基于大规模电动汽车运行的能量流动及充电需求估算；考虑车辆可持续运行、电网安全以及交通效率的电动汽车充电引导。

参 考 文 献

[1] 王秉刚. 我国清洁能源汽车的发展 [C] // 中国汽车工程学会. 代用燃料汽车国际学术会议论文集. [出版地不详：出版者不详], 2004：90-98.

[2] BECK R, BOLLIG A, ABEL D. Comparison of Two Real-Time Predictive Strategies for the Optimal Energy Management of a Hybrid Electric Vehicle[J]. Oil & Gas Science and Technology, Rev. IFP, 2007, 62（4）：635-643.

[3] LI Z S, SUN H B, GUO Q L, et al. GPF-based Method for Evaluating EVs' Free Charging Impacts in Distribution System[C] // IEEE. 2012 IEEE Power and Energy Society General Meeting. San Diego：IEEE, 2012.

[4] MANZIE C, WATSON H, HALGAMUGE S. Fuel Economy Improvements for Urban Driving：Hybrid vs. Intelligent Vehicles[J]. Transportation Research Part C, 2007, 15（1）：1-16.

[5] 李克强, 陈涛, 罗禹贡, 等. 智能环境友好型汽车结构：200810223099[P]. 2009-02-04.

[6] 李克强, 陈涛, 罗禹贡, 等. 智能环境友好型车辆—概念、体系结构和工程实现 [J]. 汽车工程, 2010, 32（9）：743-748.

[7] 李克强, 张书玮, 罗禹贡, 等. 智能环境友好型车辆的概念及其最新进展 [J]. 汽车安全与节能学报, 2013, 4（2）：109-120.

[8] 李克强, 边明远. 电动汽车工程手册：第六卷　智能网联 [M]. 北京：机械工业出版社, 2019.

[9] BEIKER S A, VACHENAUER R C. The Impact of Hybrid-Electric Powertrains on Chassis Systems and Vehicle Dynamics [C] // SAE. SAE paper 2009-01-0442. [S.l.]：SAE, 2009.

第 2 章　智能环境友好型车辆关键技术体系

i-EFV 作为一种机动载运平台产品，本身集成了复杂的传感、通信以及"机械 - 电子 - 电气 - 液压"等系统耦合的结构及执行元件，体现为一种复杂的机电系统。同时，i-EFV 作为汽车智能化、网联化、电动化等跨领域技术结合的代表，其运行过程也体现为道路网、信息网、交通网、能源网多网融合的多智能个体相互协作的多层级、多目标、多系统优化配置的多物理过程耦合现象。探索复杂机电系统多物理过程耦合的机理与"人 - 车 - 路"大环境中多系统协同控制的问题，是实现 i-EFV 运行性能和运行目标的基础。

2.1　i-EFV 的难点问题

i-EFV 行驶过程中各系统的运行流程可以分为车辆执行与传感、车辆信号处理以及整车综合控制等三个层次。其中车辆执行与传感由 i-EFV 的动力系统、底盘系统、传感系统以及通信系统构成。动力与底盘系统通过各部件之间的能量流动实现车辆的运动；传感与通信系统基于车际短程通信、远程通信以及车载传感器之间的信息流动，获取并交互车辆与环境信息。车辆信号处理则基于传感与通信系统所获取的数据，进行多源信息的综合处理，实现对于车辆与环境的准确识别与预测。整车综合控制根据车辆与环境的识别及预期信息，进行车辆的一体化控制，实现安全、舒适、节能与环保的综合行驶性能。

结合 i-EFV 线控化、结构化以及智能化的特点，i-EFV 的设计与应用面临系统结构复杂、识别信息多样以及控制系统耦合的难点问题[1]。

（1）系统结构复杂

一方面，i-EFV 要求考虑"人 - 车 - 路"综合的安全、舒适、节能与环保的性能，其集成了复杂的车辆传感、通信以及"机械 - 电子 - 液压"耦合系统，各系统功能与结构存在相互的耦合与重叠，造成资源的浪费与系统成本的增加，需要应用结构优化的理论，进行系统的设计；另一方面，i-EFV 具有系统控制线控化与系统组成分布化等特点，使得多个部件的信息交互更加频繁、交换数据量更大，需要采用可靠的设计理论和方法，保证各部件协同工作的安全。

（2）识别信息多样

对于集成复杂机电系统、面向时变交通环境、实现多性能目标控制的 i-EFV，全面的车辆状态与环境信息识别主要存在以下三个问题：基于车 - 车通信、车 - 路通信、远程无线通信以及车载传感系统所获取的信息数据量大，存在重叠和冗余，需要一体化分析与处理，形成对车辆及环境的统一描述；车辆行驶环境复杂多变，现有传感系统获取的信息受干扰严重，需要综合多源传感器相互冗余的特性，获取准确的目标信息；准确的驾驶员-车辆-道路交通环境特征信息，无法通过传感器直接获取，需要融合多源信息，进行综合分析。因此，为有效利用多源、冗余的数据信息，实现对车辆状态和交通环境的准确识别和预测，需要采用系统的信号处理方法。

（3）控制系统耦合

一方面，i-EFV 要求综合实现安全、舒适、节能与环保的控制目标；另一方面，i-EFV 行驶模式多样，包含纵向/横向辅助驾驶、考虑车辆与行驶环境的"人-车-路"一体化安全控制等不同的行驶模式；同时，i-EFV 集成了复杂的"机械-电子-液压"耦合系统。针对上述 i-EFV 多目标、多模式与多系统协同控制的需求，要求建立 i-EFV 完整的控制系统架构和理论体系。

2.2　i-EFV 涉及的关键科学问题

对于 i-EFV 这样一个复杂机电系统，其物理结构更复杂、集成度更高、动力学耦合关系更多变。如何在复杂交通环境下，对由驾驶者、车辆和道路组成的广义机械动力学系统以及新型清洁能源动力系统、电控化底盘系统组成的耦合系统进行动力学特性与产生机理分析，寻找和建立不同领域统一、柔性的广义机械动力学系统模型，使其准确表达跨领域的耦合机制以及系统的全局特性，是智能环境友好型车辆研究的核心问题之一。

另外，目前车辆动力学问题的控制原理及决策，主要集中于对各重要性能的分别研究，如车辆行驶安全性、燃油经济性、排放性能控制以及行驶舒适性等，这些方法虽能较好地解决单一动力学问题，但难以合理解决复杂系统耦合下的行驶性能综合保障问题，如同时考虑驾驶员、车辆和道路的行驶安全性、燃油经济性与乘坐舒适性的多目标协同问题。如何将 i-EFV 的驾驶员-车辆-道路作为一个有机整体，考虑在多系统耦合下的系统动力学特性，并实现行驶协同控制，这也是复杂机电系统动力学性能动态匹配研究领域最具挑战性的问题之一。

2.2.1　i-EFV 复杂机电系统的多物理过程耦合机理

i-EFV 通过传感与通信系统基于车际短程通信、远程通信以及车载传感器之间的信息流动，获取并交互车辆与环境信息，基于传感与通信系统所获取的数据，进行多源信息的综合处理，实现对于车辆与环境的准确识别与预测。在此基础上根据车辆与环境的识别及预期信息，进行车辆的一体化控制决策，并通过动力与底盘系统各部件之间的能量流动控制车辆按照预期的目标运动，从而保证安全、舒适、节能与环保的运行性能。除了具备传统的新能源车辆平台的复杂机电系统的属性之外，i-EFV 作为智能化、网联化等新兴技术的集成体，同时又表现为泛在传感和信息交互网络的移动节点、道路交通网络的移动智能单元、能源网络的移动存储单元等特性。因此，从交通的层面看，i-EFV 的运行过程实际上是"人-车-路"耦合的复杂机电系统中多物理过程的耦合，其安全、舒适、节能与环保的运行性能，本质上是保障其运行环境及自身各系统中信息流、能量流、物质流的最佳流动。如图 2.1 所示，由驾驶员 -i-EFV- 道路所组成的"人-车-路"广义机械动力学系统，通过相互耦合、关联与反馈作用，形成一个有机的整体。基于其相互作用机制，"人-车-路"耦合广义机械动力学系统能够解耦为"人-车""人-路""车-路"交互作用的信息、能量耦合动力学系统。从相互作用的介质来区分，驾驶员与 i-EFV 实时进行能量与信息的双向交互，道路对驾驶员实时进行信息的单向交互，车辆对道路实时进行能量单向交互，而道路对 i-EFV 进行实时的能量、信息交互。

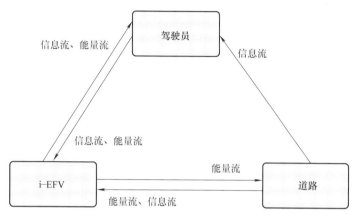

图 2.1 "人-车-路"大系统多物理过程广义耦合结构

从单车运行控制的层面，i-EFV 沿道路前进方向行驶的纵向运动、横向运动和垂向运动及绕车辆坐标轴的三个方向的转动（侧倾、俯仰、横摆运动）相互关联、相互影响，其最终运动体现为整车上驱动、制动、转向、悬架等"机-电-液-气"耦合的复杂零部件系统综合作用的结果，这也是信息流、能量流在 i-EFV 的多个机电系统中优化配置的相互耦合的多物理过程，如图 2.2 所示。

"人-车-路"系统中各要素间的耦合主要包含人-机（辅助驾驶系统）耦合、人-路耦合、车-路耦合及 i-EFV 各系统中的机电耦合、动力耦合等。i-EFV 本身作为机电系统集成的产品，其内部具有固有的智能辅助驾驶、多动力源混合驱动、机械传动、电液复合制动等各个阶段的多物理过程耦合特性，i-EFV 运动及其综合控制所涉及的"人-车-路"广义机械动力学系统中，系统综合效率与各部件效率特性也相互耦合，如图 2.3 所示。

在 i-EFV 运行的"人-车-路"大系统中，车辆、驾驶员及道路环境在构成及行为特征方面都具有复杂的非线性动力学特性，且相互之间存在非线性约束、耦合的特点。车辆操控和运动过程中驾驶员-车辆-道路系统存在能量传递耦合、信息交互关系等非线性动力学传递特性、信息交互关系以及受交互单元、介质和界面影响的运行规律和演变机制；因而体现为车辆、交通和通信层面的车辆系统动力学、交通流动力学和网络拓扑动力学复杂耦合的广义机械动力学系统，如图 2.4 所示。

探讨"人-车-路"系统的能量传递耦合机理，分析车辆与道路动力学状态及参数变化情况下驾驶员操作特性、反应特性及心理特性的变化，理解驾驶员特性变化对车辆动力学状态的影响规律；揭示车间相对距离、相对速度及加速度与外界环境因素之间的相互约束特性，以及由于车辆之间动力学耦合关系引发的"人-车-路"系统的非线性环节；探索驾驶员反应迟滞及车辆、道路不确定参数变化作用下"人-车-路"耦合动力学系统出现的分岔、突变等非线性动力演变机制，是 i-EFV 广义机械动力学复杂耦合系统的关键基础问题。

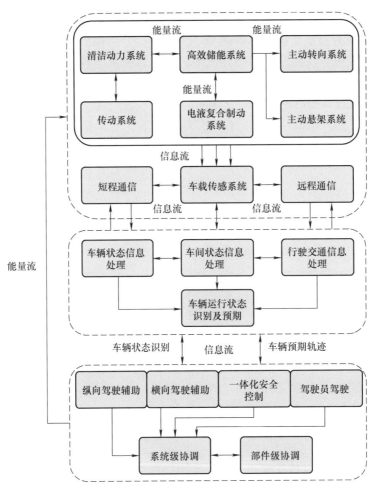

图 2.2 i-EFV 多机电系统多物理过程耦合结构

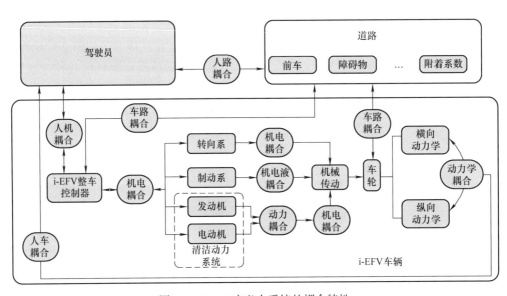

图 2.3 i-EFV 广义大系统的耦合特性

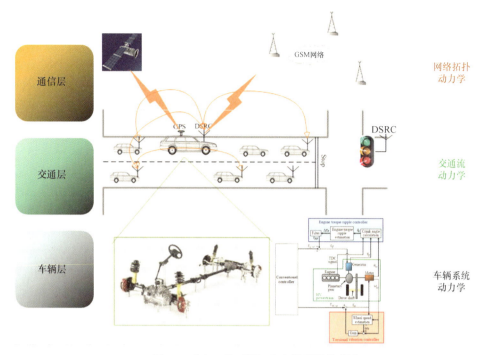

图 2.4 "人 - 车 - 路"动力学系统的耦合

2.2.2 "人 - 车 - 路"广义机械动力学系统建模与协同控制方法

现有常规车辆动力学行为的产生机理及特性研究,主要针对某个方面或单一系统的独立研究,虽然能对传统车辆整车和部件的动力学行为机理及特性进行深入了解,但对于"人 - 车 - 路"复杂多系统在多物理过程和多系统耦合机制下的动力学行为机理、特性,如图 2.5 所示,以及由此产生的新的动力学问题尚缺乏清楚的认识。因此,对于结构更复杂、集成度更高、耦合关系更多变的智能环境友好型车辆 i-EFV 而言,研究在复杂交通环境下,复杂机电系统的多领域统一建模理论与多系统多目标协同控制方法,使其具有能清晰表达系统的跨能域耦合机制并能描述系统的全局特性,是下一代汽车动力学研究的核心问题之一。

图 2.5 i-EFV 复杂多系统动力学行为产生机理

2.2.2.1 "人-车-路"广义机械动力学系统建模

现有传统车辆动力学行为的产生机理及建模技术研究,主要集中在动力系统、底盘系统和车身三大系统在行驶时的强度、刚度、可靠性和耐久性等的实验或CAD/CAE分析,车辆传动、转向、悬架、制动及车轮等动力学子系统的有限元建模及动态响应特性分析,以及整车动力学特性的研究等方面。这些针对某个方面或单一系统的独立研究,虽然能对传统车辆整车和部件的动力学行为机理及特性进行深入了解,但对于i-EFV复杂机电系统在多系统耦合下的动力学行为机理、特性以及由此产生的新的动力学问题尚缺乏清楚的认识。因此,对于系统结构更为复杂、集成度更高、车辆系统耦合度更高的i-EFV而言,如何在复杂交通环境下对驾驶员、车辆和道路组成的"人-车-路"广义机械动力学系统以及新型清洁能源动力系统与电控化底盘系统组成的"机-电-液"耦合系统进行动力学特性与产生机理分析,研究复杂机电系统的统一建模理论与方法,寻找和建立统一、柔性的车辆复杂机电系统模型,使其能清晰表达系统的耦合机制并描述系统的全局特性,是i-EFV汽车动力学研究的核心问题之一。

进行i-EFV的"人-车-路"广义机械动力学行为建模,首先要求针对驾驶员、i-EFV、道路特征及相互作用机理进行深入的分析,在此基础上才能进一步进行"人-车-路"广义机械动力学系统的一体化建模。因此,i-EFV的"人-车-路"广义机械动力学行为建模主要着眼于以下两个方面研究内容。

(1)"人-车-路"复杂系统的运动及相互作用机理分析

在复杂道路交通环境下行驶时,i-EFV可能存在智能辅助驾驶、整车一体化安全控制、电驱动、油电混合驱动及制动能量回收等多运动过程,驾驶员面对时变交通环境、多样车辆工作模式,会采取相应的驾驶操作甚至应激反应,同时驾驶员、车辆和道路等多个系统之间系统耦合且相互制约,研究复杂系统耦合的该类车辆行驶运动产生机理是实现车辆综合控制的基础。

综合分析与i-EFV车辆安全、舒适、节能与环保等性能相关的车辆行驶运动特性,需重点研究以下内容:①不同行驶工况下,i-EFV车辆多体动力学特性、多源能量系统综合效率特性;②多自由度车辆运动过程中驾驶员与车辆之间相互作用、影响下的i-EFV纵/横向动力学行为规律;③不同交通环境与车辆状态下,驾驶员纵向/转向行为特性;④车辆与道路交通环境状态参数变化引起的驾驶员行为反应特征,突变工况下驾驶员应激响应特性;⑤驾驶员操作与道路状态变化耦合作用下,i-EFV及车-车非线性纵/横向运动学耦合特点以及驾驶员-车辆-道路动力学闭环系统的信息、能量传递与转换机理。

(2)"人-车-路"广义机械动力学行为特性建模

由于i-EFV复杂系统动力学控制不仅涉及车辆行驶动力学的建模,还需考虑驾驶员的驾驶习惯、行为特性以及车辆行驶的道路状况和交通环境,因此,i-EFV系统综合建模涉及由驾驶员、车辆以及行驶交通环境三者所组成的闭环广义机械系统。

在研究其动力学耦合机理的基础上,开展"人-车-路"复杂耦合系统统一建模的研究,应重点包含以下研究内容:①探索"人-车-路"不同类型对象系统的融合体系框架及联合建模方法;②基于经验和实验数据的驾驶员行为特性建模方法;③考虑车辆动力学系统时滞、时变、耦合、多输入多输出及强非线性特性的复杂动力学行为状态空间方程描述;④"人-车-路"广义机械闭环耦合系统信息流及能量流传递与转换数学建模;⑤考虑微观道路及宏观交通分层及不确定性关系的"人-车-路"广义机械闭环耦合动力学系统模型全局数学描述方法。

2.2.2.2 多目标及多系统协同的动力学综合控制

普通的车辆动力学控制原理及决策主要集中于对各重要性能的分别研究，如车辆行驶安全性、燃油经济性、排放性能控制以及与行驶舒适性相关的行驶噪声和振动性能控制等，这些方法虽能较好解决相关单一动力学问题，但难以全面、协同地解决 i-EFV 复杂系统耦合下的动力学综合问题，如综合考虑驾驶员、车辆和道路的行驶安全性、燃油经济性与乘坐舒适性的多目标协同问题，以及整车驱动、制动、悬架与转向等多系统协同问题。

一方面，i-EFV 要求综合实现安全、舒适、节能与环保的控制目标；另一方面，i-EFV 行驶模式多样，包含如纵向/横向辅助驾驶、考虑车辆与行驶环境的"人-车-路"一体化安全控制等不同的行驶模式；同时，i-EFV 集成了复杂的"机械-电子-液压"耦合系统。

i-EFV 车辆具有被控对象耦合、控制功能多样、车辆对象复杂等特点，如何将 i-EFV 的"人-车-路"作为一个有机整体，综合考虑在多运动过程及多系统耦合下的复杂系统动力学特性，实现多目标及多系统协同的最优动力学控制，这是集成复杂机电系统的 i-EFV 动力学控制的另一重要研究课题。针对上述 i-EFV 多目标、多模式与多系统协同控制的需求，要求建立 i-EFV 完整的控制系统架构和理论体系。

针对"i-EFV 多物理过程系统耦合机制及其动力学行为产生机理与建模方法"与"复杂机电系统多目标及多系统协同控制理论与方法"这两大科学问题，有如下三项需重点研究的内容。

（1）i-EFV"人-车-路"复杂机电系统多物理过程及多系统耦合的行驶纵向运动产生机理

复杂道路交通环境下行驶时，智能环境友好型车辆包含智能辅助驾驶、电驱动、内燃机驱动、油电混合驱动及制动能量回收等多物理过程，同时驾驶员、车辆和道路等多个系统之间存在非线性耦合与制约关系，研究基于复杂系统多物理过程及多系统耦合的车辆行驶运动机理是实现车辆综合性能控制的基础。聚焦于行驶安全保障、燃油经济性、乘坐舒适性等重要性能，在研究不同行驶工况下车辆多体动力学特性、驾驶员操作行为、人-车和车-路耦合动力学特性的基础上，重点探索"人-车-路"广义机械动力学系统在考虑多自由度运动过程中驾驶员与车辆之间相互作用、影响下的行驶纵向动力学行为规律；车辆与道路动力学状态参数变化引起的驾驶员行为反应特征。

（2）i-EFV"人-车-路"广义机械动力学系统的运动状态识别与多领域统一建模理论及方法

i-EFV 中，"人-车-路"广义机械动力学系统状态的准确识别，是对 i-EFV 的驾驶员驾驶特性、车辆动力学状态、车间运动学状态以及路面状态的识别方法开展研究，探讨驾驶员稳态及动态跟车行为动力学特性、驾驶员接近前车行为以及异常行为特性的识别方法；研究多系统融合车速估计、车辆横摆角速度冗余估计及状态估计的模型参数自适应方法；探索实时性好、准确度高的路面附着系数、道路曲率等参数的辨识方法。

由于智能环境友好型车辆复杂系统动力学控制不仅涉及车辆行驶动力学单一领域建模，而且需考虑驾驶员的驾驶习惯和行为特性，以及车辆行驶的道路状况和交通环境，因此针对新概念车辆所涉及的由驾驶员、车辆以及行驶交通环境三者所组成的闭环广义机械系统，在研究其动力学耦合机理和辨识其动力学特性的基础上，需重点研究"人 - 车 - 路"复杂耦合系统多领域统一建模。探索"人 - 车 - 路"不同类型对象系统的体系融合、框架构建及联合建模方法；研究基于经验和实验数据的驾驶员行为特性建模方法；考虑车辆动力学系统时滞、时变、耦合、多输入多输出及强非线性特性的复杂动力学行为状态空间方程描述。

（3）考虑"人 - 车 - 路"耦合特性的车辆行驶纵向运动多性能目标协同控制方法

智能环境友好型车辆的行驶运动控制，需要同时满足安全、节能、环保及舒适等多个性能目标，然而上述不同类型的多个性能目标之间必定存在相互的约束条件和耦合关系。因此，在充分考虑驾驶员的行为特性，并结合车辆实时状态以及道路环境变化的基础上，智能环境友好型车辆控制系统能实现针对以上不同类型多性能指标的实时调度与协调优化。要达到这样的目的，需重点研究具有复杂耦合特性"人 - 车 - 路"集总和分散相结合的多系统、多物理过程和多目标的协同控制结构；探索行驶安全保障目标、加速性能目标、燃油经济性目标和驾驶员感受目标的数学量化方法和多性能优化目标协同设计，多性能目标协同控制优化方法。

2.3　智能环境友好型车辆关键技术体系[2-3]

智能环境友好型车辆系统包括多传感系统、混合电驱动系统、电控制动系统、复合传动系统、主动转向系统和主动悬架系统，以实现包括纵、横向驾驶辅助，一体化安全控制以及最优能量分配等功能，并最终达到安全舒适与节能环保的综合目标。相比于现有的智能汽车与新能源汽车，智能环境友好型车辆具有结构复杂、功能复杂和目标多样的系统特点。针对 i-EFV 所涉及的系统结构复杂、识别信息多样、控制系统耦合等难点问题，提出结构共用、信息融合与控制协同的 i-EFV 三大关键技术。其中，结构共用解决 i-EFV 复杂系统结构集成、优化及其功能安全的硬件设计问题，信息融合处理"人 - 车 - 路"复杂信息识别及预测的信号处理问题，控制协同解决安全、舒适、节能与环保多目标协调，纵向、横向驾驶辅助、一体化安全控制等多行驶模式协调以及复杂"机 - 电 - 液"耦合多系统动态协调的综合控制问题，如图 2.6 所示。

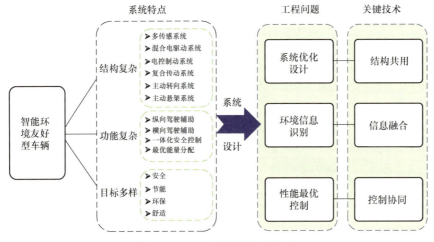

图 2.6　i-EFV 的关键技术体系

2.3.1 结构共用

结构共用是研究利用同一结构，实现多个系统功能的一项基础技术，是共用技术的重要研究内容之一。结构共用通过冗余结构的简化与整体系统方案的优化，以最少的结构和最低的成本实现最多的系统功能和最高的效率。智能环境友好型车辆复杂的执行与传感系统需要进行结构共用优化，关键技术包括：①针对 i-EFV 复杂的车辆执行部件结构，重点解决复杂"机-电-液"系统结构的集成及优化设计问题，需要进行执行部件的结构共用设计；②针对 i-EFV 多传感系统冗余特性，重点解决复杂传感系统组成、布置等优化设计问题，需要进行多传感系统的结构共用设计；③针对 i-EFV 整车多样的行驶任务，重点解决不同行驶任务下执行部件与传感系统的共用设计问题；④针对结构共用下的系统结构及组成特点，重点解决多系统协同工作时整车及其执行部件的安全与可靠性设计问题。

2.3.2 信息融合

信息融合是指将多源交互信息在空间和时间上的互补与冗余组合优化，产生对于观测环境的一致性描述。全面并且一致地对车辆状态与环境状态进行识别，是智能环境友好型车辆进行安全节能控制的必备信息基础。面向在信息提取及融合过程中的实际问题，综合考虑智能信息交互系统组成特点、整车优化控制的需求，智能环境友好型车辆的信息融合技术可分为三个层次，分别是目标信息识别、"人-车-路"特征提取，以及车辆状态预期。其中，目标信息识别重点解决在实际行驶过程中的复杂多变环境下，传感器系统对测量目标的识别准确性问题，包括自车信息、邻车信息、车-车与车-路通信获取的相关信息、前方交通信息等；"人-车-路"特征提取，是在已经识别目标信息后，进行数据分析并利用多传感器融合理论，实现对交通信息、邻车信息等运动数据分析以及对自车状态变量进行数据融合；车辆状态预期，基于对已采集的信息的分析结果，融合 i-EFV 系统模型，对整车的安全、舒适、节能与环保性能进行评估与预测，作为控制过程的目标输入，并对未来的行驶过程进行预测。

2.3.3 控制协同

控制协同旨在综合安全、节能、环保和舒适等多目标，协调整车驱动、制动、转向、悬架等多系统，实现 i-EFV 优化的车辆性能。其需要解决两个基本问题：i-EFV 复杂机电系统的耦合机理与"人-车-路"广义机械动力学行为建模分析；i-EFV 多目标及多系统协同的动力学综合控制。

"人-车-路"广义机械动力学行为建模，是为解决对于 i-EFV 复杂机电系统在多系统耦合下的动力学行为机理、特性以及对由此产生的动力学问题尚缺乏清楚的认识的问题。重点研究"人-车-路"复杂系统的运动及相互作用机理，以及在已有分析结果的基础上，对"人-车-路"广义机械动力学系统进行建模。

结构共用、信息融合与控制协同三大技术，构成了 i-EFV 系统设计、车辆及环境信息识别以及车辆综合优化控制的关键技术体系。这三项关键技术并不是独立存在的，而是相互联系、相互支撑，构成一个循环、优化的有机整体。如图 2.7 所示，结构共用技术着眼于执行系统、传感系统的结构优化设计，而设计的过程以信息融合所提供的识别信息需求、信息处理方法以及控制协同提供的车辆控制功能与控制方式等为基础；信息融合用于 i-EFV 复杂系统及环境信息的综合处理问题，而该过程需要结构共用提供优化的系统结构以及控制协同提供的"人-车-路"系统模型与整车控制特征等作为基础；控制协同着眼于系统的综合优化控制，需要结构共用提供的系统结构特征、信息融合提供的车辆及环境信息等作为支撑。

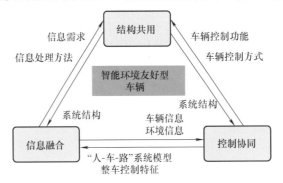

图 2.7　i-EFV 关键技术耦合关系示意图

要实现 i-EFV 安全、节能、环保、舒适的行驶目标，需解决其传感与执行等复杂机电系统的结构设计与优化、运行过程中复杂环境信息识别和整车性能优化控制等重点工程问题，而这需要依赖结构共用、信息融合与控制协同三大关键技术的支撑，而这三大关键技术的开发，则需要探索和解决 i-EFV "人-车-路" 广义机械动力学系统中多物理过程及多系统耦合的复杂系统动力学行为产生机理、复杂机电系统多系统、多目标协同控制理论和车辆传感与执行系统结构共用设计理论、车辆多源传感信息融合理论等多学科交叉融合的基础科学问题。i-EFV 的基础理论与关键技术体系架构如图 2.8 所示。

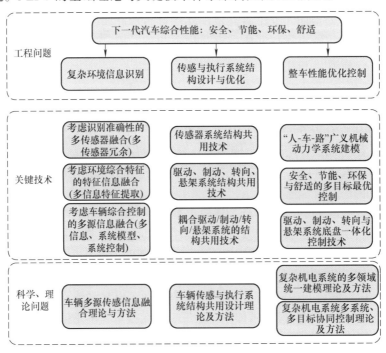

图 2.8　i-EFV 的基础理论与关键技术体系架构

参 考 文 献

[1] 陈涛. 智能环境友好型车辆及其自适应巡航控制 [D]. 北京：清华大学，2012.

[2] 李克强，陈涛，罗禹贡，等. 智能环境友好型车辆—概念、体系结构和工程实现 [J]. 汽车工程，2010，32（9）：743-748.

[3] 李克强，张书玮，罗禹贡，等. 智能环境友好型车辆的概念及其最新进展 [J]. 汽车安全与节能学报，2013，4（2）：109-120.

第 3 章 智能环境友好型车辆的结构共用技术

智能环境友好型车辆，集成了机械、液压、电子、电力、传感、通信和控制等子系统，是一种典型的复杂机电系统[1-2]。在系统集成方案上，采用传统的功能叠加集成方案，比如在电动汽车上直接叠加搭载智能驾驶系统，虽然设计简单，但在车辆智能驾驶功能不断升级的过程中，子系统不断增多，系统结构愈发复杂，各系统功能与结构存在相互的耦合与重叠，特别是随着关键零部件种类、型号、数量的增多，这种叠加式集成方法不仅容易造成结构冗余、资源浪费和系统成本增加，而且由于关键部件利用不充分，系统整体性能也难以进一步提升。为优化智能环境友好型车辆的结构组成，提高资源利用率，可基于结构共用的思想方法，开发智能环境友好型车辆的结构共用优化集成技术，着眼于传感、控制、执行的多功能集成协同优化和资源共用，从而实现智能环境友好型车辆的结构和功能优化。

3.1 结构共用优化集成技术概述

3.1.1 结构共用集成的概念

结构共用（structure sharing）的概念在早期研究中被定义为"利用同一物理结构体实现多个系统功能"，它反映了系统中结构数量与功能数量的对应关系，是产品开发概念设计中的四大共用技术之一[3-5]。其余三项分别为：功能共用（function sharing）、功能冗余（structure redundancy）和多模式集成（multi-mode integration）。其中，功能共用是指利用若干物理结构共同实现同一项功能；功能冗余是利用可互相替代的若干结构实现同一功能；多模式集成是指同一物理结构可分别实现可替换的不同功能。该四类技术的定义和区别可用图 3.1 表示。这里的结构是指由内部各要素组成的物理结构体，既包括单个零部件，也包括由多个零部件构成的复杂硬件装置或系统；功能是指系统作用于环境的能力，任何一个物理结构都需要在特定的使用环境中表现出其功能。从概念上理解，结构共用作为一种产品设计思想，具有优化系统硬件构成、降低系统硬件成本和提高系统资源利用率的作用，比较适用于复杂系统的总体设计和优化集成。

从结构共用的这一原始概念出发，不难发现我们在车辆系统的设计中有意识或无意识地用到了结构共用的思想。例如，在电动车辆中，驱动电机既可用于驱动车辆行驶，也可用于制动并实现能量回收；传统内燃机汽车中，发动机既可用于驱动，也可用于辅助制动，还可利用其散热为驾驶室供暖。在智能混合动力车辆中，利用前向雷达探测到前方车辆信息，既可用于车辆的主动安全控制，也可用于电动车辆的能量管理和节能优化控制。以上例子均反映了一个结构体实现多个系统功能的思想，属于结构共用概念的应用。从以上例子中也可以看出，无论是将电机的能量流共用于车辆的驱动和制动，还是将前向雷达的信息流共用于车辆的主动安全和节能控制，均没有改变所用硬件装置的结构，只是充分利用了该硬件装置在不同使用环境中表现出的不同功能和作用。

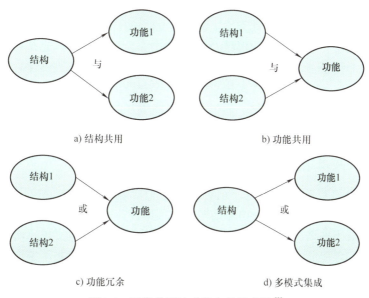

图 3.1　四类共用技术的定义示意图 [2]

将结构共用的概念引入到智能电动车辆领域，采用原始概念拓展与应用实例归纳的方法，提出智能电动车辆结构共用集成的如下定义：在智能电动车辆系统集成中，充分利用系统中某硬件结构蕴含的物理特性，包括信息流、能量流和机械本体，实现系统多个功能或拓展其功能在不同子系统中应用，进而优化系统结构组成、提高系统综合性能的一种优化集成过程与方法。该定义将结构共用集成的概念界定在了智能电动车辆系统集成的范围之内，避免了对原有底盘设计的重构；将结构共用定位为一种优化集成方法，回答了"结构共用是什么？"这一问题。该定义保留了结构共用原始定义中"利用同一结构，实现系统多个功能"的描述，又根据系统集成的特点，延伸了物理结构的含义，即不仅包括狭义上的机械结构，还包括机械本体（或硬件装置）产生的信息流和能量流，进而将"同一结构体在不同子系统中的不同功能表现"也归为结构共用。该定义涉及的关键词主要有智能电动车辆、功能集成、物理结构、信息流、能量流、结构优化、功能拓展、集成方法等。

结构共用在概念上与功能集成比较接近。集成是指一些孤立的事物或元素通过某种方式改变原有的分散状态集中在一起产生联系，从而构成一个有机整体的过程；功能集成就是多个孤立的功能单元集成在一起，形成一个多功能体。从这个意义上讲，结构共用与功能集成的共同点是：功能集成或结构共用集成后的系统都能实现多功能性，都能减小系统尺寸和质量，都能提高资源利用率。两者的区别在于：结构共用是充分利用现有硬件结构的物理特性，实现多个功能；功能集成是通过功能合并与功能互补，将多个硬件结构有机组合在一起实现多个功能。前者没有改变原有主体结构，是在原有功能基础上通过功能拓展实现的，因此原有功能基本不受影响，而后者由于在组合过程中有可能改变了原有的结构，会带来原单个功能特性的下降。结构共用与功能集成的关系可以概括为：功能集成的过程中包含了结构共用的思想，通过结构共用可以实现更为优化的系统集成。因此，结构共用集成是一种系统优化集成的方法。

结构共用与结构优化在实现目标上比较类似。结构优化设计是在给定的约束条件下，按照某种优化目标求出最好的设计方案。狭义上的结构优化一般是指结构本身的优化，复杂系统的结构优化还会考虑结构的形状及组合方式等。结构共用集成是在不改变系统中关键部件结构本体的前提下，通过优化组合各关键部件，合并重复的结构，减少结构冗余，实现系统的结构优化。因此，结构共用可以归类于一种广义上的结构优化方法。结构共用集成可应用于复杂系统的结构优化，通过合并功能重复的结构，实现系统构成的简化与优化，达到提高资源利用率、降低系统成本的目标。

3.1.2 结构共用集成的内涵

根据结构共用集成的概念界定，结构共用在智能电动车辆中的应用主要包含两个方面：一是通过不同子系统共用同一物理结构或关键部件，减少配置冗余，实现结构的优化；二是提取系统中某硬件结构的物理特性，复用至其他子系统中，实现不增加额外硬件的前提下，提升系统综合性能。据此提出在智能驾驶系统中实现结构共用集成的两种方法：组合优化法和功能拓展（延伸）法。

（1）基于组合优化的结构共用集成实现

组合优化又称组合规划，是在给定有限集的所有具备某些特性的子集中，按某种目标找出一个最优子集的一类数学规划，它是一种通过对数学方法的研究去寻找处理离散事件的最优编排、分组、次序或筛选等问题的优化方法。组合优化实质上就是从有限个离散状态中选取最好的状态，在有限个可行解集中找出最优解。组合优化方法已广泛应用于复杂系统的结构优化设计，同样可以应用到电动车辆智能驾驶系统的结构共用集成中。

电动车辆智能驾驶系统集成了复杂的控制功能。传统功能叠加集成设计中，各子系统均基于其各自的功能需要，独立进行硬件的选型、布置与方案设计，而随着系统功能的不断增加，系统结构日益复杂，各子系统在其各自的独立设计和叠加过程中不可避免会出现结构冗余。基于组合优化的结构共用集成实现方法，则可以有效地整合冗余资源，保障系统综合性能的同时实现最佳的性价比，如图3.2所示。

基于组合优化的结构共用集成实现基本思想是：从系统总体功能出发，运用"功能需求定义→功能分解→结构映射→结构组合优化→结构共用"的技术路线，在满足系统总体功能需求的前提下，将系统总体功能自上而下分解至各功能单元，通过优化组合各子功能模块对应的结构单元，合并功能重叠的结构，实现结构共用。在该过程中，功能分解并向结构映射后形成的大量结构单元可以看作有限个可行解集，于是可将结构共用问题转化为组合优化问题，利用组合优化数学方法，求解最优解，是结构共用集成后的系统组成。

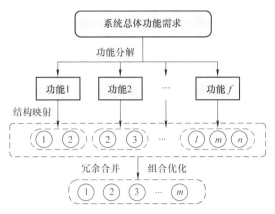

图 3.2　基于组合优化的结构共用集成实现方法

该方法适用于电动车辆智能驾驶系统的结构优化设计，能通过合并重复功能的结构，减少结构冗余，简化系统结构组成，降低系统成本。

（2）基于功能拓展的结构共用集成实现

功能拓展也可称为功能延伸，是指将原系统中的某一物理结构，复用至其他子系统或新的使用环境中，进而表现出新的功能或性能。此处的物理结构，不仅指机械硬件结构，还包括了物理结构产生的信息流和能量流。系统功能是系统在一定使用环境中所能表现出的作用和能力，是系统的外部联系，表现为物质流、信息流、能量流的输出和输入。因此，系统的功能与系统构成要素、系统结构、使用环境等密切相关。同一物理结构在不同的系统或使用环境中，可能会表现出不同的功能。充分利用系统中硬件结构的这一物理特性，复用至不同的子系统中，可以在复杂系统集成中实现结构共用。

电动车辆智能驾驶系统集成了大量的硬件结构和关键部件，在传统叠加集成设计中，这些物理结构分属于不同的子系统，并在其子系统中承担着一定的功能。提取其中某一硬件结构的物理特性，包括机械结构本体、能量流和信息流，应用到其他子系统中，就有可能表现出新的功能或用途，并以此来提高系统的性能。基于功能拓展的结构共用集成实现方法，如图 3.3 所示。

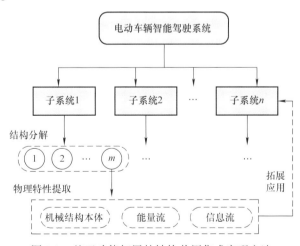

图 3.3　基于功能拓展的结构共用集成实现方法

基于功能拓展的结构共用集成实现方法基本思想是，以原系统为基础，采用"原系统结构分解→结构单元物理特性提取→新系统使用环境下功能拓展→结构共用"的技术路线，在不增加物理结构的前提下，充分利用原有系统硬件结构的物理特性，拓展、延伸应用至其他子系统，来提升系统集成后的总体性能。

该方法适用于电动车辆智能驾驶系统的功能集成优化，通过拓展物理结构的功能应用，提高系统综合性能。

3.2　车辆系统的结构共用技术

结构共用是研究利用同一结构，实现多个系统功能的一项基础技术，是共用技术的重要研究内容之一[3]。结构共用具有减少利用资源、减小系统尺寸与质量的作用，对于具有复杂结构的系统，能够有效提高硬件效率、降低大规模产品生产制造的成本，得到了国内外学者普遍的重视[4]。

结构共用的思想源于程序设计，其利用结构共用的方法对复杂算法代码进行精简，以压缩所占的内存空间，提高代码运行效率。之后，结构共用作为一种结构优化设计的方法，逐渐延伸到部分具有简单结构的产品设计当中，如压力传感器、加速度传感器等[6-8]。到目前为止，应用结构共用技术对结构复杂的机械系统进行优化设计的基础理论方法的研究还比较少。针对i-EFV综合的功能和复杂的系统集成需求，开展结构共用理论方法及其应用技术的研究，对车辆硬件系统进行简化与优化，实现以最少的结构和最低的成本达到最多的系统功能和最高的效率，对于降低整车成本并提高系统效率，推动未来汽车技术的进步，为其他制造产业的结构优化设计提供理论基础，具有非常重要的意义。

另一方面，从系统安全的角度，与具有简单结构的产品不同的是，对于涉及复杂结构的i-EFV，应用结构共用理论对不同部件或者相同部件下不同配件进行结构的优化设计，其对各子系统空间分布、工作方式以及控制模式均有较大的改变，随之带来的系统安全问题将更加突出。因此，还需要进一步研究结构共用理论下i-EFV系统功能安全的问题。

考虑i-EFV系统结构与控制功能组成的特点，i-EFV结构共用技术包含以下几方面研究内容：

1）多传感系统的结构共用设计。针对i-EFV多传感系统冗余特性，重点解决复杂传感系统组成、布置等优化设计问题。

2）整车控制的结构共用设计。针对i-EFV整车多样的行驶任务，重点解决不同行驶任务下执行部件与传感系统的共用设计问题。

3）执行系统的结构共用设计。针对i-EFV复杂的车辆执行部件结构，重点解决复杂"机 - 电 - 液"系统结构的集成及优化设计问题。

4）结构共用下的系统功能安全设计。针对结构共用下的系统结构及组成特点，重点解决多系统协同工作时整车及其执行部件的安全与可靠性设计问题。

3.2.1　多传感系统的结构共用

融合车 - 车通信、车 - 路通信、远程无线通信以及车载传感器的多传感及通信系统，存在大量冗余的信息，这为进一步减少传感器数量，优化传感系统组合，实现传感系统的结构共用，降低整车传感系统成本提供了可能。

多传感系统的结构共用设计流程与执行部件的结构共用设计类似，如图 3.4 所示，同样采用"综合 - 解耦 - 综合"的思想进行传感系统优化：①综合分析 i-EFV 对于车辆与环境的识别信息需求，包含车辆部件信息识别需求、车辆运动信息识别需求以及行驶环境信息识别需求；②将以上几大类信息解耦为原始采样信号，同时对应到车 - 车通信、车 - 路通信、远程无线通信以及所需的车载传感器；③依靠信息融合技术对传感及通信系统进行冗余性分析，同时结合可靠性分析与成本评估，进行传感系统的综合简化及优化。

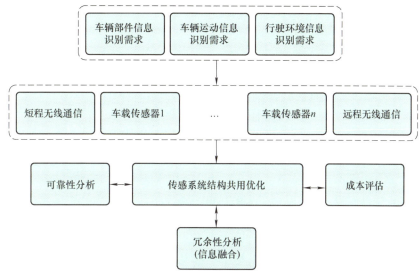

图 3.4　多传感系统结构共用设计流程

应用多传感系统结构共用设计的理论对 i-EFV 的传感器类型、数量以及位置分布等进行优化设计，能够有效提高传感信息利用率、降低传感系统成本，目前此类的研究还比较少。i-EFV 多传感系统结构共用优化技术，主要根据智能驾驶系统的功能需求和多传感器物理特性，并考虑传感器的成本和可靠性等，研究智能驾驶系统传感器的组成、选型、布置等优化配置问题，旨在优化整车传感系统的构成，减少冗余传感器的数量，降低整车传感系统成本。

多传感系统的结构共用优化重点研究内容如图 3.5 所示，在方法层主要包含：①信息感知需求生成方法；②传感系统建模与评价方法；③传感器优选配置方法；④传感器多功能集成方法。

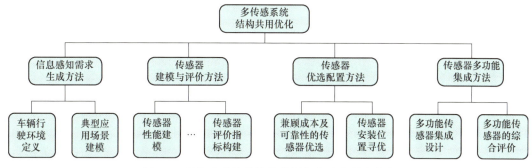

图 3.5　多传感系统的结构共用优化重点研究内容

在技术应用层，信息感知需求生成方法主要研究如何根据智能驾驶系统的功能及行驶场景描述所需要感知的环境信息；传感系统建模方法主要研究如何统一描述各种传感器的性能以及多传感器集成后系统的性能；传感系统评价方法主要研究如何从多个维度客观全面的评价传感系统，包括探测性能、系统成本、系统可靠性等；传感器优选方法主要研究如何根据系统功能需要，并考虑成本及可靠性等因素，优选所需要的传感器；传感器配置优化方法主要研究如何根据系统功能需要，对传感器的安装位置及参数进行优化；传感器多功能集成方法主要研究如何对两个甚至多个不同类型的传感器进行功能集成和一体化设计，使之兼具有多种传感器的功能。

3.2.2 整车控制的结构共用

i-EFV 要求实现包含纵向辅助驾驶、横向辅助驾驶以及实时"人-车-路"一体化安全控制等多样的行驶任务，而不同行驶任务均要求对驱动、制动、转向、悬架等执行系统进行控制。例如主动转向系统，一方面要求用于一体化安全控制，另一方面要求用于横向辅助驾驶控制；电液复合制动系统，既要满足车辆稳定性控制的制动需求，同时要求能够实现车辆自适应巡航控制的制动需求。因此，基于 i-EFV 系统复杂行驶任务与复杂的系统结构，兼顾系统运行可靠性，设计优化的整车部件运行及控制网络，满足整车多样化行驶对系统部件控制的需求，对于简化车辆结构、降低系统控制难度以及扩展系统功能具有非常重要的意义。

基于 i-EFV 线控系统的特点，提出整车"集总-分布式"执行及控制系统结构作为整车控制结构共用设计的参考，如图 3.6 所示。所设计的结构能够有效实现不同行驶任务下执行部件与传感系统的共用。

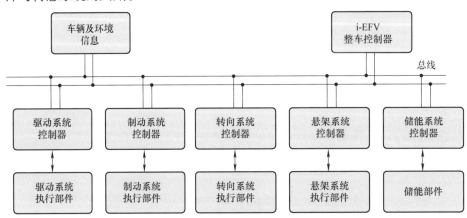

图 3.6 整车"集总-分布式"执行及控制系统拓扑结构

所设计的执行与控制系统中，整车行驶任务依靠分层控制的方式实现。上层为集中式整车控制器，根据驾驶员操作、行驶环境以及车辆状态信息，制定优化的整车控制指令。中层为分布式执行系统控制器，总体而言执行部件按照功能分为驱动、制动、转向、悬架以及储能共五大系统，应针对具体车辆需求对部件功能及部件结构进行进一步划分，执行系统控制器统一接受来自总线的控制指令，并控制各执行部件工作。下层为各系统执行部件，采用统一接口定义，根据中层各控制器指令进行相应操作。

目前，在应用图 3.6 所示的集中式整车控制、线控化及分布式的部件控制系统结构，实现整车控制系统不同行驶任务下对同一执行部件控制的研究方面，常规汽车的底盘一体化控制是一个典型的应用[9]，而针对 i-EFV 复杂的传感与控制系统结构，在考虑整车运行可靠性和安全性，进行整车各层部件及其控制系统设计方面，有待进一步深入研究。

针对 i-EFV 复杂行驶任务与综合控制需要，提出整车控制的结构共用优化技术，主要研究基于结构共用的整车控制网络的优化设计方法，研究不同功能下控制器资源共用的问题，研究执行器与传感系统的共用问题，以满足整车多样化行驶对系统部件控制的需求，并兼顾系统运行可靠性，提高控制资源利用率。整车控制的结构共用优化技术主要研究内容如图 3.7 所示，在方法层面主要包含：①整车控制系统网络结构优化设计方法；②控制器资源共用与优化分配方法；③面向传感信息共享的综合控制方法。

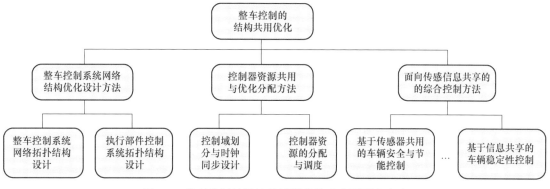

图 3.7　整车控制的结构共用优化技术主要研究内容

在技术应用层面，整车控制系统网络结构设计方法主要研究如何设计整车控制系统与执行部件控制器构成的拓扑结构，实现整车控制系统不同行驶任务下对分布式执行器的有效控制。控制资源共用与优化分配方法主要研究如何通过内存共享和时钟同步，使多个处理单元共用同一物理控制器，实现控制器资源的优化分配，提高资源利用率。共用架构下的电动车辆智能驾驶系统，其传感器信息是共享的，不仅能用于主动安全控制，也可用于电动车辆的能量优化与节能控制，这使充分利用系统信息资源来提高车辆综合性能成为可能。因此，面向信息共享的车辆综合控制方法主要研究如何将共享后的信息应用到车辆的安全、节能以及稳定性控制中，在不额外增加硬件成本的条件下，充分利用自车的信息资源，提高系统的综合性能。

3.2.3　执行系统的结构共用

由于 i-EFV 集成复杂的控制功能，"机械 - 电子 - 液压"等耦合结构已广泛应用于车辆各系统的设计之中。传统的车辆设计方法中，各系统均基于车辆行驶功能进行独立设计，而随着整车功能的增加，使得系统结构日益复杂，且各系统在其各自的设计以及叠加过程中出现了大量冗余结构。应用执行部件结构共用理论，通过系统的分析方法，对 i-EFV 所集成的驱动系统、制动系统、储能系统、转向系统、悬架系统和车身及附件等"机械 - 电子 - 液压"结构进行有效的设计与优化，实现基于底层部件执行功能的结构共用，可以有效降低车辆设计与生产制造的成本。

执行系统的结构共用设计,其基本思想是从整车系统功能出发,分解系统对应的功能以及功能对应的部件,分析各系统、部件以及部件子结构中的共性原理与共性结构,并由此进行统一的结构设计与优化。

按 i-EFV 系统基本功能进行划分,执行系统的结构共用设计可以分为驱动系统结构共用、制动系统结构共用、转向系统结构共用、悬架系统结构共用、车身及附件系统结构共用以及耦合驱动 / 制动 / 转向 / 悬架 / 车身及附件的结构共用技术。其设计遵循"综合 - 解耦 - 综合"的方法,基本设计流程如图 3.8 所示,包含以下几部分:①系统复杂功能的定义;②系统复杂功能的逐级分解;③单一功能的原理性建模;④单一功能的结构设计;⑤多功能耦合结构优化;⑥系统测试与评价;⑦循环修正。

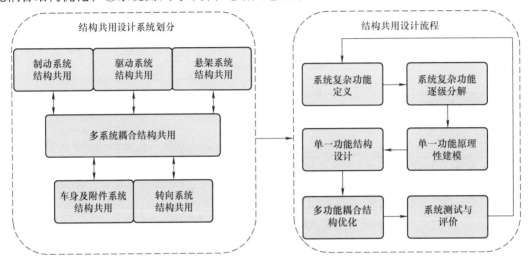

图 3.8 执行系统的结构共用设计流程

执行系统的结构共用对于降低系统成本,推动车辆产品化具有重要意义。图 3.8 仅给出了其设计的流程与基本思想,目前面向 i-EFV 复杂"机 - 电 - 液"耦合系统的结构共用优化设计理论研究还处于起步阶段。执行系统的结构共用优化设计,其基本思想是从整车系统功能出发,分解系统对应的功能以及功能对应的部件,分析各系统、部件以及部件子结构中的共性原理与共性结构,并由此进行统一的结构设计与优化。应用结构共用的思想,通过"综合 - 解耦 - 综合"方法,对电动车辆所集成的驱动系统、制动系统、储能系统、转向系统、悬架系统和车身及附件等"机械 - 电子 - 液压"结构进行有效的设计与优化,实现基于底层部件执行功能的结构共用,有效降低车辆生产制造的成本。

执行系统的结构共用优化设计主要研究内容如图 3.9 所示,在方法层面主要包含:①执行系统操作指令协调方法;②执行系统多功能协同优化方法;③执行系统信息流共用方法。

在技术应用层面,执行系统操作指令协调方法主要研究如何根据车辆多种行驶任务需要,对智能驾驶系统功能的操作指令进行协同,以消除可能出现的动作干涉;执行系统多功能协同优化方法主要研究智能驾驶系统与车辆原有主动安全系统的功能协同,分纵向、横向和垂向三个方向,研究如何实现多个功能的协同优化;执行系统信息流共用方法主要研究如何提取执行器中的信息资源并拓展其功能应用,使之具备传感器的功能,进一步优化执行系统结构。

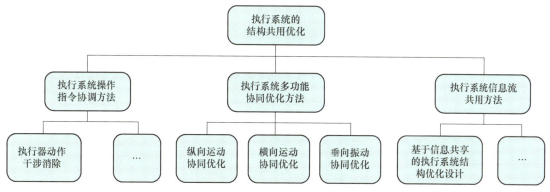

图 3.9　执行系统的结构共用优化设计主要研究内容

3.2.4　结构共用下的系统功能安全设计

基于传感、控制、执行系统结构共用设计的 i-EFV 系统，具有系统集成度高、耦合关系强以及系统结构化和线控化等特点，系统在结构利用率与共用度大大提高的同时，也对 i-EFV 每一部件的功能安全提出了更高的要求，任何一个微小部件的控制失误，都可能导致多个系统出现安全的问题，影响整车的安全性。为降低结构共用设计所带来的 i-EFV 系统安全性问题，要求对 i-EFV 系统进行结构共用下的系统功能安全（Functional Safety，FS）的设计。

功能安全作为系统整体安全的一部分，通过基于部件失效与系统安全隐患分析的系统结构、传感及控制系统软硬件设计，依靠部件自身的传感、诊断以及危险情况下的处理，实现部件在自身及外部环境错误下的功能安全。

功能安全的基本设计流程包含[10]：①应用失效树分析理论（Fault Tree Analysis，FTA）分解系统安全功能及失效模式；②评估系统安全完整性等级（Safety Integrity Level，SIL）；③基于功能安全及失效模式的系统设计；④通过平均故障间隔（Mean Time Between Failures，MTBF）以及安全故障失效比率（Safe Failure Fraction，SFF）综合评价系统的安全完整性等级；⑤功能安全测试。

目前，针对流程中的第 3 步，即基于功能安全及失效模式的系统设计方面，国外在航空航天、医疗设备、国防、核电、铁路、汽车等领域已建立了部分设计标准。其中，在欧洲功能安全标准 IEC 61508 基础上，国际标准委员会提出汽车领域功能安全的国际标准 ISO26262。尽管国外部分企业已逐渐将功能安全的设计应用到车辆系统的设计中，国内的汽车企业还没有掌握并应用该技术。此外，针对 i-EFV 复杂系统功能以及结构共用优化下的功能安全分析与相应的系统设计，还有待进一步深入的研究。结构共用下的系统功能安全设计的主要研究内容如图 3.10 所示，在方法层面主要包括：①系统功能安全及失效模式分析方法；②系统功能安全完整性等级评估方法；③系统功能安全设计与评价方法；④系统功能安全与可靠性测试方法。

在技术应用层，系统功能安全及失效模式分析方法主要研究应用失效树分析理论对系统安全功能及失效模式分解；系统功能安全完整性等级评估方法主要研究通过平均故障间隔时间和故障率等指标综合评价系统的安全完整性；系统功能安全设计与评价方法主要研究提高系统功能安全完整性的方法,并评价其效果;系统功能安全与可靠性测试方法主要研究如何对结构共用集成后的系统进行功能安全与可靠性测试,包括台架试验及实车试验标准等。

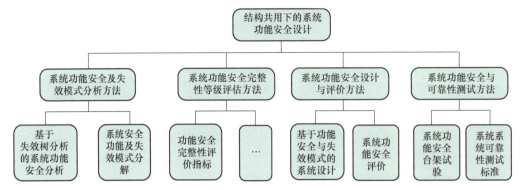

图 3.10　结构共用下的系统功能安全设计的主要研究内容

3.3　基于结构共用的汽车智能驾驶系统集成架构设计

车辆的智能驾驶系统架构设计的主要任务是界定系统的主要组成元素(部件)及其功能要求,规划各元素之间的逻辑关系。本节根据智能驾驶系统优化集成的需要,基于结构共用集成实现方法,首先确定系统架构设计的原则与总体构成,并采用"分解-综合-反馈"的思路,将整车智能驾驶系统进行功能划分和结构分解;然后,综合运用系统分析和演绎推理的方法,对各子系统架构进行设计,规划出子系统各元素之间的逻辑关系;最后,通过与现有架构对比,分析总结出该新型架构的特点。

3.3.1　架构设计原则与总体构成

系统架构设计的原则来源于人们对系统的总体需求。电动车辆智能驾驶系统由于集成了大量的机械、液压、电子、电力、传感、控制、通信和导航等子系统,各子系统之间存在相互的耦合与重叠,易造成系统成本增加、整体性能难以优化等问题,需要进行优化集成。根据这一需求,提出智能驾驶系统集成架构的如下设计原则:

1)整体性能最优的原则。系统的优化集成不是简单的子系统叠加,而是以系统整体性能最优为目标,通过优化组合各子系统元素,得到最优的系统结构。结构共用型的智能驾驶系统架构,就是通过系统资源的充分利用,提升系统整体性能。

2)资源成本最低的原则。降低成本是产品设计所追求的目标之一,也是智能驾驶系统产业化的前提。充分利用或重复利用系统中的现有资源,能够提高资源利用率,节约资源成本。基于结构共用集成的智能驾驶系统架构,就是通过共享的手段来提高资源利用率,使资源成本最低。

基于上述设计原则,采用"分解-综合-反馈"的思路,将整车智能驾驶系统按照不同的智能驾驶功能分解为各子系统,各子系统中包含有传感器、控制器、执行器等关键部件,将分解后的各元素和部件再根据功能综合为传感系统、控制系统和执行系统三大部分,分别对应于系统架构中的传感层、控制层和执行层。其中,将通信及导航设备看作虚拟传感器，而归类于传感层。由此设计结构共用型电动车辆智能驾驶系统架构，如图 3.11 所示。

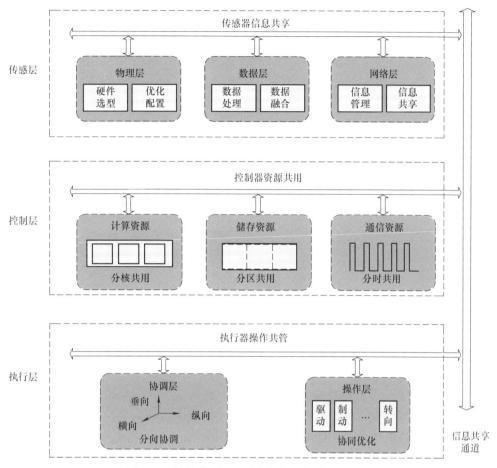

图 3.11 结构共用型电动车辆智能驾驶系统架构

从图 3.11 中可以看出，结构共用型智能驾驶系统集成架构包含有传感器信息共享、控制器资源共用和执行器操作共管三部分，所有传感器信息流通过信息共享通道与车辆的控制系统、执行系统相连，以便于系统资源的共享。下面分别对传感层、控制层和执行层的架构设计予以论述。

3.3.2 传感器信息共享架构设计

现有智能驾驶系统的叠加型架构中，传感器依据各自的子系统功能需求进行选型和布置，对多个传感器的信息共享考虑不足。随着智能驾驶功能需求的不断升级和增多，子系统逐渐增多，传感器的种类和数量也在不断增多，采用叠加的方式配置传感器不仅易出现功能重叠和结构冗余，而且由于大量传感器信息没有充分共享，造成信息资源利用率不高。

传感器信息共享架构设计的目标是优化传感系统的构成与配置，并通过共享各传感器的信息流，实现信息资源的最大化利用。对整个车载传感器系统而言，传感器资源主要包括传感器硬件资源、传感器探测的数据资源和传感器信息共享后形成的网络资源。为此，将基于信息共享的车载传感器系统架构划分为物理层、数据层和网络层，建立的架构如图 3.12 所示。

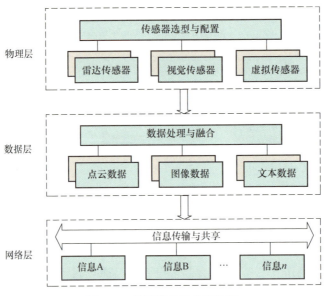

图 3.12 传感器信息共享架构

传感器物理层主要指传感器的硬件资源，包括传感器型号、硬件特征、功能及安装位置等。传感器物理层的主要功能是根据系统对环境信息的感知需要，通过传感器物理建模和综合指标评价，优选所需传感器的型号及位置，实现传感器的优化配置，降低硬件成本，提高硬件资源利用率。

传感器数据层主要指传感器输出的数据信息，包括传感器探测到的信息类型、数据特征及处理后的探测结果等。由于不同种类传感器输出的原始数据类型和数据格式不同，无法进行信息共享和数据融合，因此需要在数据层对原始或聚合数据值进行信息编码或数据结构标准化等处理，将原始或聚合数据值转化为统一的结构化或有意义的信息。

传感器网络层，也可称为信息传输层或信息共享层，主要功能是通过共用传输总线，将所有传感器组成一个网络，对传感器及其信息流进行统一管理和协同调度，并传输至车辆控制系统，其主要功能包括查看传感器硬件信息、访问传感器探测的数据和获取调度信息等。

智能驾驶系统传感器工作流程如图 3.13 所示。

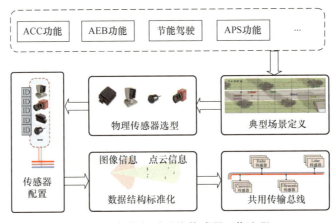

图 3.13 智能驾驶系统传感器工作流程

3.3.3 控制器资源共用架构设计

现有的叠加型架构中,各子系统的控制器是相对独立设计、分布式布置的。而在智能驾驶系统中,并非所有子系统都是全时工作的,各子系统根据行车场景的需要进行不断的切换,比如泊车辅助系统或自动泊车系统在低速场景中工作,而自适应巡航控制系统通常在高速场景中工作。这种叠加型架构中,各子系统的控制器独立设计与配置,不仅会造成系统结构复杂度的增加,还容易因部分控制器的长时间闲置,使得各控制器的资源均得不到充分利用。而且控制器之间存在信息传输延迟,功能模块之间不能资源共享,导致不同子系统中异频异步传感器也难以同步。为了充分利用控制器资源,设计智能驾驶系统控制资源共用架构,如图 3.14 所示。

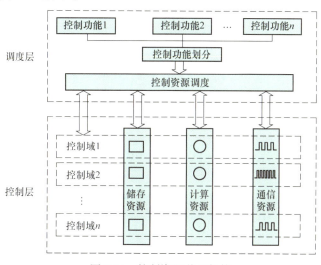

图 3.14 控制资源共用架构

控制器资源共用架构的设计目标是通过内存共享、时钟同步等,使多个处理单元共用同一物理控制器,实现处理资源的合理分配。结构共用型架构中,根据系统总体控制功能需要,选用一个或少量控制器,并对控制器进行控制域划分,使之成为一个个相对独立的虚拟处理单元,然后通过内存共享和时钟同步,实现处理资源的共用。控制器资源共用架构主要包括计算资源的分核共用、储存资源的分区共用和通信资源的分时共用。其工作流程如图 3.15 所示。

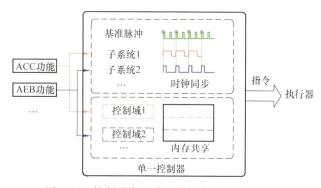

图 3.15 控制器资源共用架构工作流程示意图

3.3.4 执行器操作共管架构设计

现有智能驾驶系统功能叠加型架构中,各子系统的传感器和控制器都是独立设计的,各控制器根据其独自的功能需要,向执行器发送控制指令。当智能驾驶功能相对单一或控制目标为不同方向时,执行器根据控制指令即可顺利完成纵向或横向的运动控制。然而,随着智能驾驶系统功能的增加,叠加集成的智能驾驶系统中,多个控制指令传输至执行系统后,容易出现执行动作互相干涉的情况,造成系统功能和性能难以高效协同。为了消除动作干涉,协同各子系统的功能,设计执行器操作共管的架构,如图 3.16 所示。

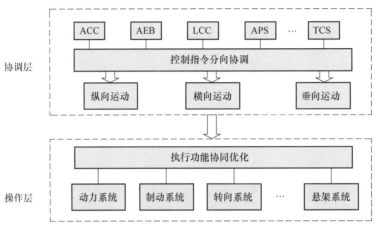

图 3.16 执行器操作共管架构

执行器操作共管架构的设计目标是对发往执行系统的控制指令进行统一管理,建立指令协调器,识别并协调各指令集,按照分级优先的原则,给执行器发送操作指令,消除可能出现的干涉动作,协同优化系统的整体性能。执行系统操作共管架构下,不仅便于对执行器操作进行协同优化,同时便于提取执行系统中的信息流,对其信息流进行充分利用,使之能起到部分传感器的作用,实现执行部件与传感器的共用,进一步简化系统的结构。智能驾驶系统执行操作共管架构的工作流程示意图如图 3.17 所示。

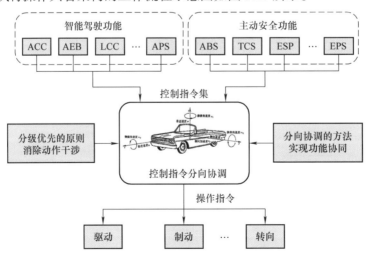

图 3.17 执行操作共管架构工作流程示意图

3.4 智能驾驶系统结构共用型集成架构特点分析

为了深入分析所建结构共用型智能驾驶系统架构的特点，本节从信息共享度和资源利用率两个方面建立系统架构的评价指标和计算模型，采用定性分析与定量计算相结合的方法，通过与现有的功能叠加型智能驾驶系统架构对比，分析总结出结构共用型架构的优点。

3.4.1 评价指标与计算模型

系统架构包含了一个系统的元素组成和各元素之间的逻辑关系。对智能驾驶系统而言，元素组成主要是指传感器、控制器、执行器等关键部件的选型与数量，各元素之间的逻辑关系可以用它们之间的信息交互关系来表示。共用型架构设计的目标是提高整体性能、降低资源成本。系统的整体性能是由各子系统的性能构成，除了与关键部件的配置有关外，还与部件之间的逻辑关系有关。系统的资源成本也主要由组成系统的各部件成本构成，由于影响部件成本价格的因素较多，价格变化与波动范围也很大，难以在架构设计阶段准确地计算，因此不宜采用成本作为系统架构的评价指标。但通常来讲，系统的资源利用率越高，资源成本就越少。为此，提出系统信息共享度和资源效率指标，分别用以量化评价系统的信息交互程度和资源利用率。

（1）信息共享度

系统的信息共享度（Degree of Information Sharing）反映了系统中各部件间信息交互、共享的程度（或共享能力），为量化这一程度，本文定义智能驾驶系统的信息共享度指标为系统中单位部件信息交互的数量，即

$$\text{DIS} = \frac{N_{\text{information}}}{N_{\text{component}}} \quad (3\text{-}1)$$

其中，DIS 表示信息共享度，$N_{\text{information}}$ 表示系统中部件之间信息交互的数量，$N_{\text{component}}$ 表示系统中部件的数量，这里的部件主要指汽车智能驾驶系统的传感器、控制器和执行器。

系统中部件之间信息交互的数量计算方法如下：系统中两个部件之间若没有信息流传递，则信息交互数为0；若有信息流传递，信息交互数则为1；系统中每增加一个部件间的信息传递，则系统中信息交互数量增加1。相同部件组成情况下，信息共享度大小在一定程度上反映了系统的性能潜力。

不失一般性，对于任何一个包含 n 个部件的系统而言，若 n 个部件之间全部联网，即相互之间均有信息交互，则信息交互数量为：

$$N_{\text{information}} = C_n^2 = n \cdot (n-1)/2 \quad (3\text{-}2)$$

此时的系统信息共享度为：

$$\text{DIS} = C_n^2 / n = (n-1)/2 \quad (3\text{-}3)$$

（2）资源效率

系统的资源效率（Resource Efficiency）是指单位资源所产生的经济、社会、生态和环境等有益效果的相对数量。对汽车智能驾驶系统而言，单位资源定义为单个部件，产生的有益效果定义为产生的智能驾驶功能。因此，定义汽车智能驾驶系统的资源效率指标为智

能驾驶功能数与部件数的比值，即

$$RE = \frac{N_{\text{function}}}{N_{\text{component}}} \quad (3-4)$$

其中，RE 为系统的资源效率，N_{function} 为系统的功能数量，$N_{\text{component}}$ 为系统组成部件的数量，这里的系统功能是指汽车智能驾驶功能，部件是指智能驾驶系统中的传感器、控制器与执行器等关键部件。

然而，在智能驾驶系统中，传感器、控制器与执行器等各关键部件的作用不同，资源成本差异较大，计算部件数量时不宜将三者的数量简单相加，而应分别计算，然后通过加权求和的方式得出系统的综合资源效率，即

$$RE = \delta_1 \cdot RE_s + \delta_2 \cdot RE_c + \delta_3 \cdot RE_a \quad (3-5)$$

其中，RE_s、RE_c、RE_a 分别为传感器、控制器和执行器的资源效率，满足：$RE_s = \frac{N_{\text{function}}}{N_s}$，$RE_c = \frac{N_{\text{function}}}{N_c}$，$RE_a = \frac{N_{\text{function}}}{N_a}$，$N_s$、$N_c$、$N_a$ 分别为系统中传感器、控制器和执行器的数量，δ_1、δ_2、δ_3 为权重系数。

3.4.2　与功能叠加型集成方案对比分析

3.4.2.1　结构共用型架构评价指标计算

汽车智能驾驶系统结构共用型架构中，将系统分为传感层、控制层和执行层，各层通过组合优化和功能拓展，实现传感器信息共享、控制器资源共用和执行器操作共管，如图 3.18 所示。

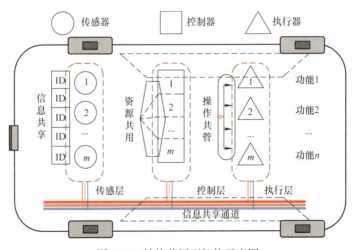

图 3.18　结构共用型架构示意图

图 3.18 所示是具有 n 个智能驾驶子系统结构共用集成后的智能驾驶系统的架构，传感器、控制器与执行器的数量分别为 N_{s1}、N_{c1}、N_{a1}，下面分别计算该系统的信息共享度指标和资源效率指标。

系统中所有传感器、控制器与执行器之间实现信息共享，系统的信息共享度为：

$$\text{DIS}_1 = \frac{C_{m_1}^2}{m_1} = \frac{m_1 \cdot (m_1-1)}{2} \cdot \frac{1}{m_1} = \frac{m_1-1}{2} \quad (3\text{-}6)$$

其中，$m_1 = N_{s1} + N_{c1} + N_{a1}$。

对系统中的传感器、控制器和执行器资源效率指标分别计算，加权求和，系统硬件资源效率指标为各类部件资源效率加权和，即

$$\text{RE}_1 = \delta_1 \cdot \frac{n}{N_{s1}} + \delta_2 \cdot \frac{n}{N_{c1}} + \delta_3 \cdot \frac{n}{N_{a1}} \quad (3\text{-}7)$$

3.4.2.2 功能叠加型架构评价指标计算

目前的汽车智能驾驶系统中，传感器、控制器、执行器多依赖各系统功能进行独立设计开发。系统功能集成时，通常在原有智能驾驶系统基础上，直接叠加新的系统，产生新的功能。该种"结构分离设计、功能叠加产生"的系统构型方案，可归类为功能叠加型架构，如图3.19所示。

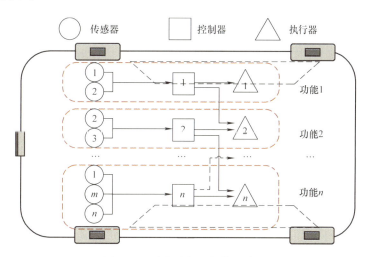

图 3.19 功能叠加型架构示意图

图3.19所示的系统是由 n 个智能驾驶子系统叠加而成，传感器、控制器与执行器的数量分别为 N_{s2}、N_{c2}、N_{a2}，功能数为 n，下面分别计算该型架构下系统的信息共享度指标和资源效率指标。

系统中信息流传递存在于各子系统中传感器与控制器及控制器与执行器之间。传感器与控制器之间的信息交互数量与传感器数量相同，则系统中信息交互数量可表示为：

$$N_{\text{information}} = N_{s2} + N_2 \quad (3\text{-}8)$$

其中，N_2 表示控制器与执行器之间的信息流交互数量，与控制器数量及单个控制器对应的被控执行器数量有关。

令 $N_0 = N_{c2} + N_{a2} - N_2$，表示控制器与执行器的总数量与它们之间信息流交互数量的差，反映信息交互的复杂程度，则系统信息共享度指标可表示为：

$$\text{DIS}_2 = \frac{N_{s2} + N_{c2} + N_{a2} - N_0}{N_{s2} + N_{c2} + N_{a2}} = 1 - \frac{N_0}{m_2} \quad (3\text{-}9)$$

其中，$m_2 = N_{s2} + N_{c2} + N_{a2}$。

对系统中的传感器、控制器和执行器资源效率指标分别计算，加权求和，得到系统的硬件资源效率指标为：

$$\text{RE}_2 = \delta_1 \cdot \frac{n}{N_{s2}} + \delta_2 \cdot \frac{n}{N_{c2}} + \delta_3 \cdot \frac{n}{N_{a2}} \quad (3\text{-}10)$$

3.4.2.3 定性比较与分析

根据所建立的信息共享度和资源效率指标计算模型，对比两种架构的特点。用 Δ_D 表示两种架构信息共享度之差，可求得：

$$\Delta_D = \text{DIS}_1 - \text{DIS}_2 = \frac{m_1 - 1}{2} - (1 - \frac{N_0}{m_2}) = \frac{m_1 - 3}{2} + \frac{N_0}{m_2} \quad (3\text{-}11)$$

对于智能驾驶系统而言，部件包括传感器、控制器与执行器，上式中 $m_1 \geq 3$，故 $\Delta_D \geq 0$，且 Δ_D 值随着部件数量的增加而增大。式（3-11）表明：随着智能驾驶功能数的增多和部件数量的增加，结构共用型架构在信息共享度上的优势将更加明显。

用 Δ_R 表示两种架构资源效率之差，可求得：

$$\Delta_R = \text{RE}_1 - \text{RE}_2 = \delta_1 \cdot (\frac{n}{N_{s1}} - \frac{n}{N_{s2}}) + \delta_2 \cdot (\frac{n}{N_{c1}} - \frac{n}{N_{c2}}) + \delta_3 \cdot (\frac{n}{N_{a1}} - \frac{n}{N_{a2}}) \quad (3\text{-}12)$$

由于共用架构下的传感器、控制器、执行器等关键部件数量均有所减少，即上式中 $N_{s1} \leq N_{s2}, N_{c1} \leq N_{c2}, N_{a1} \leq N_{a2}$，显然 $\Delta_R \geq 0$。

式（3-12）表明：相同功能数的两种智能驾驶系统架构，结构共用型架构的资源效率指标明显高于功能叠加型架构。

根据上述比较分析，并结合图3.18与图3.19中两种架构示意图的对比，可以看出：功能叠加型架构相对简单，容易实现，对于功能相对简单的系统比较实用。然而，随着智能驾驶系统功能数量的不断增多，子系统不断增多，系统结构愈发复杂，各系统功能与结构存在相互的耦合与重叠，易造成结构配置冗余、资源利用率不高与系统成本的增加，且由于关键部件之间缺乏共享，利用不充分，不便于系统整体性能的进一步优化提升。

结构共用型智能驾驶系统架构，通过关键部件的组合优化与功能拓展，从顶层设计层面解决了上述功能叠加型架构中存在的问题。首先，在传感层，系统中所有传感器信息流经过处理后，通过信息共享通道与车辆的控制系统、执行系统相连，这使得信息共享更加充分；其次，在控制层，各子系统通过共用少量的控制器，提高了硬件资源利用率；最后，在执行层，通过操作共管和执行动作协调，便于多功能的协同优化。

3.4.2.4 定量比较与分析

为了定量分析结构共用架构的特点,以典型智能驾驶辅助系统 AVM、APS、AEB、ACC 的功能集成为例,量化对比两种架构的信息共享度与资源效率。

采用功能叠加型系统架构的智能驾驶系统关键部件配置及连接关系如图 3.20 所示。四个子系统通过叠加集成的方式组合在一起,各子系统传感器、控制器数量及相关指标计算结果见表 3.1。

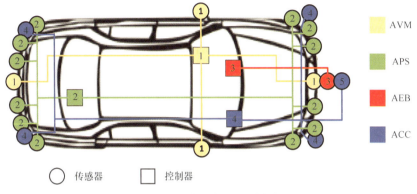

图 3.20 功能叠加型系统架构

表 3.1 功能叠加型系统架构相关指标计算结果

功能	传感器数量	控制器数量	传感器资源效率	控制器资源效率	信息共享度
AVM	4	1	1/4	1	4/5
APS	12	1	1/12	1	12/13
AEB	1	1	1	1	1/2
ACC	5	1	1/5	1	5/6
功能叠加	22	4	4/22	1	22/26

采用结构共用型系统架构的智能驾驶系统关键部件配置及连接关系如图 3.21 所示。共用集成后的传感器与控制器数量减少,系统信息充分共享,系统的信息共享度与资源效率指标计算结果见表 3.2。

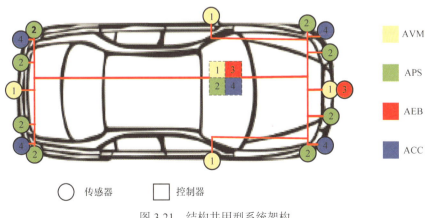

图 3.21 结构共用型系统架构

表 3.2　结构共用型系统架构相关指标计算结果

功能	传感器数量	控制器数量	传感器资源效率	控制器资源效率	信息共享度
AVM+APS+AEB+ACC	19	1	4/19	4	10

表 3.1 与表 3.2 中的计算结果显示：结构共用型系统架构在信息共享度与硬件资源效率上均明显优于功能叠加型系统架构，其中的系统信息共享度指标提高了 10 倍以上。

为了进一步量化分析结构共用架构下系统信息共享度及资源效率提高比例与系统功能数量的关系，分别计算不同功能组合后的系统在两种架构下的相关指标，结果见表 3.3。

表 3.3　不同功能组合后的系统相关指标计算结果

功能	叠加型架构			共用型架构		
	传感器数量	控制器数量	信息共享度	传感器数量	控制器数量	信息共享度
AVM	4	1	4/5	4	1	2
AVM+APS	16	2	16/18	14	1	7
AVM+APS+AEB	17	3	17/20	15	1	7.5
AVM+APS+AEB+ACC	22	4	22/26	19	1	10

与功能叠加型架构相比，不同功能组合后的系统在结构共用型架构下的相关指标提高比例计算结果见表 3.4（表中计算系统综合资源效率时传感器与控制器的计算权重均取 1）。

表 3.4　不同功能组合的结构共用型系统相关指标提高比例计算结果

功能	资源效率提高百分比（%）			信息共享度提高倍数
	传感器	控制器	综合	
AVM	0	0	0	1.50
AVM+APS	14.3	100	90	6.87
AVM+APS+AEB	13.3	200	172	7.82
AVM+APS+AEB+ACC	15.8	300	256	10.8

表 3.4 中的对比结果显示：多种功能组合的汽车智能驾驶系统结构共用型架构在资源效率与信息共享度上均明显优于功能叠加型架构，且随着系统功能数增加，这种优势愈加明显。与功能叠加型架构相比，结构共用型架构的资源效率提高比例最高可达 256%，信息共享度提高比例最高可达 10.8 倍。

3.4.3　结构共用集成架构特点总结

综合上述对比与分析，与现有的功能叠加型智能驾驶系统集成架构相比，结构共用型架构具有以下特点与优势。

（1）信息共享度提高，更便于整体功能协同优化

结构共用型汽车智能驾驶系统架构，通过部件共用和信息共享，提高了系统的信息共享度。传感器之间信息共享，便于通过多传感器数据融合，提高探测精度；多个子系统共用同一控制器，便于消除延迟和实现同步；执行部件共用后，执行操作得以简化，便于操作共管和执行动作协调，且执行器中的信息流得以利用，起到部分传感器的作用。系统中

的所有部件信息共享，为提高系统整体性能提供了信息基础，更便于整体功能的协同优化。

（2）资源利用率提高，更便于降低系统资源成本

结构共用型汽车智能驾驶系统架构，通过关键部件的组合优化与功能拓展，从顶层设计层面解决了现有功能叠加型架构中易存在的结构配置冗余、资源利用率不高的问题。结构共用型架构下，汽车智能驾驶系统的传感器、控制器等关键部件分别通过结构共用集成，优化系统的结构组成，提高硬件的资源效率；系统中所有传感器信息流经过处理后与车辆的控制系统、执行系统相连，这使得信息共享更加充分，便于实现资源的最大化利用，从而更有利于降低智能驾驶系统的资源成本。

3.5 基于结构共用的车载环境感知传感器优选配置

车载环境感知传感器是车辆智能驾驶系统的关键部件，对其进行合理选型与布置，是实现结构共用型电动车辆智能驾驶系统优化集成的重要内容，也是获得高性能、低成本智能驾驶系统的硬件基础。在智能驾驶发展的初级阶段，因智能驾驶功能单一，传感器种类也不多，往往采用基于定性分析或工程经验的叠加配置方法，即可获得较好的配置方案。然而，随着车辆智能驾驶系统功能的增多，特别是随着传感器种类、型号的增多，可选的传感器配置方案也会激增，单纯依赖工程经验和定性分析，难以获得最优的传感器配置方案。因此，需要一种基于优化算法量化求解的传感器优选配置方法，实现对智能驾驶系统传感器型号及布置方案的快速寻优。

综合考虑传感器配置中的传感器建模、多维度评价指标与多目标优化求解等问题，本节基于结构共用的思想和组合优化理论，构建了车辆环境感知传感器优选配置方法，总体框架如图 3.22 所示。

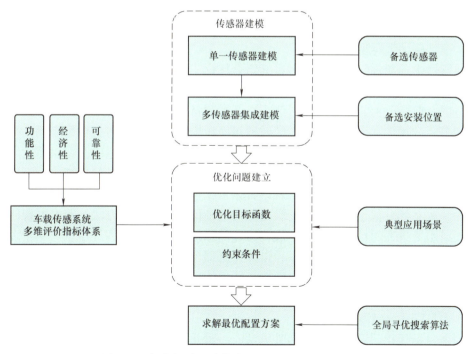

图 3.22　智能驾驶系统传感器优选配置方法总体框架

从图 3.22 可以看出，所提方法主要包括备选传感器建模、多维评价指标体系构建、多目标组合优化问题的建立和全局寻优搜索算法求解等内容，主要步骤如下：首先，建立车载多传感系统的探测性能模型和可靠性模型，量化描述多个传感器集成在车上后的探测范围、探测精度和可靠性；其次，从功能性、经济性和可靠性等维度构建车载多传感器系统的评价指标体系，用以量化评价传感器配置方案；再次，根据汽车智能驾驶系统功能定位，选取典型应用场景，对系统所需感知的环境信息进行统一描述，根据评价指标体系设计优化目标函数和约束条件，进而建立多目标优化问题；最后，采用多目标全局寻优算法，对备选传感器及其安装位置进行综合寻优，实现传感器配置方案优选的计算机求解。下面具体介绍所提方法的关键步骤。

（1）车载多传感器系统建模

传感器探测性能模型是量化传感器探测功能及性能的数学描述，是利用计算机优选传感器的前提。如前所述，车辆上常用的环境感知传感器种类较多，感知机理也不尽相同，如何统一描述传感器的感知功能与性能，是传感器优选与配置优化的关键。本文以超声波雷达、毫米波雷达和激光雷达为研究对象，忽略不同传感器探测机理及检测算法带来的影响，从传感器探测性能表现层面，建立单体传感器的探测性能模型，考虑多传感器在车上的不同安装位置与集成方式，建立传感器集成在车上的探测性能模型与可靠性模型。

（2）多维评价指标体系构建

为了量化评价传感器配置方案的优劣，需要建立传感器配置的评价指标体系。从车辆智能驾驶系统实际规模化应用的角度考虑，环境感知传感器的成本在智能驾驶系统中所占比重较大，也是制约其在低端车辆上规模应用的瓶颈，对传感器配置方案的评价，不仅仅追求其功能和性能，还要考虑系统的成本价格和可靠性等。因此，本文将从功能性、经济性、可靠性等多个维度出发，考虑传感器系统的功能表现、购置成本、使用寿命等因素，构建车辆智能驾驶系统传感器配置的评价指标体系。

（3）多目标优化问题的建立

将传感器优选配置问题转化为多目标组合优化问题，就是要根据智能驾驶系统对环境信息的需求建立传感器优选配置的优化目标函数和约束条件。环境信息包括需要探测的目标区域范围、需要识别的交通参与者信息以及被测目标的相对运动信息。其中，目标区域范围可用车辆运动场景中的前后感知区域覆盖面积描述；交通参与者包括车辆、行人、障碍物及交通标志等；被测目标的相对运动信息包括目标的方位信息以及相对速度、相对距离等信息。传感器系统对环境信息感知的需求来自于智能驾驶系统的功能定位，但仅依据开发者对智能驾驶系统的功能定位，难以具体量化描述环境信息需求，也不便于验证与评价。因此，本文提出基于典型应用场景匹配的环境信息需求描述方法，即根据智能驾驶系统在典型应用场景下的功能实现，生成传感器的感知目标区域范围等信息。基于多传感器系统探测范围与目标区域的几何关系，设计传感器配置的探测覆盖率等目标函数，然后在所建的传感系统多维评价指标体系中选取若干性能或成本指标作为配置的约束条件，进而建立带约束的多目标优化问题。

（4）多目标优化问题的求解

针对多目标优化问题的求解有两种方法，一种是通过加权求和的方式将多目标问题转化为单目标问题求解，这不仅需要对各目标值进行归一化处理，还需要提供目标之间的相对重要程度作为各目标的权重系数；另一种方法就是利用多目标优化算法求解多目标问题的 Pareto 前沿解，所求结果为一组由众多 Pareto 最优解组成的解集。前一种方法比较简单，容易得到唯一的最优解，但所求结果过于依赖权重系数，难以满足不同用户的需要。由于不同的设计者所关心的性能有所不同，采用多目标分别优化的方法，可以依据要求在 Pareto 前沿选择不同的优化结果。因此，本章采用的是多目标优化的方法，即运用多目标优化算法搜索求解兼顾多个优化目标的 Pareto 前沿解，供不同用户根据各自需要选择，增强了设计的灵活性。

3.5.1 车载多传感器系统建模

雷达传感器，包括超声波雷达、毫米波雷达和激光雷达，其感知环境的机理是利用机械波或电磁波对目标进行照射并接收其回波，由此获得目标至发射点的距离（或相对速度）和方位信息。雷达传感器的数学模型，按照关注的层面不同分为三种[11-16]：一是基于有限元计算的传感器模型，通过模拟脉冲发射和接收计算时间差，仿真声波或电磁波的传播、反射特性，精确地定位反射点，属于微观层面的建模；二是基于探测机理的传感器模型，包含反射距离计算、信号衰减模型、有效目标物检测算法三部分，能够对误差来源进行分类模拟，属于系统层面的建模。三是基于探测性能的传感器模型，用几何参数或概率描述传感器的探测范围、探测精度和探测率，通常基于实验数据建立，属于表现层面的建模。为了统一描述不同传感器的感知功能和性能，本节将忽略不同传感器感知机理及检测算法带来的影响，从探测功能表现层面，建立多个传感器集成在车上的探测性能模型。同时，建立多传感器系统的可靠性模型。

3.5.1.1 车载多传感器系统的探测性能模型

传感器的建模目的是描述传感器的感知功能和探测性能。本文采用分层次建模的方法，根据场景需要选择不同层次的模型。最简单的是真值层，模型直接输出探测范围内的目标距离和方位信息，属于几何模型，只考虑探测的覆盖范围；第二个层次是性能层，除了输出探测范围内的目标距离方位外，还输出探测误差范围及探测率，属于性能参数模型；最复杂的层次是能量模型，描述传感器探测到目标物后反射回来的能量值，是与发射能量、探测距离、天线增益、探测目标形状、反射面积、探测目标反射率及天气衰减有关的函数，不同种类传感器的能量模型差别也较大。本节对传感器配置的研究基于良好天气场景，因此没有对雷达的能量模型进行探讨。单纯从选型使用角度看，不考虑天气衰减影响的情况下，几何模型和性能模型能够满足要求。

由于不同传感器探测机理的差异性，实际表现出的探测性能描述不完全统一，因此在建模中做了以下简化和假设：

1）不考虑各传感器实际探测覆盖区域的形状差异，假定各传感器在水平方向的探测覆盖区域均近似为一扇形，探测范围均用有效探测距离和水平方向的探测视角（Field Of View，FOV）表示。

2）不考虑传感器感知机理和不同检测算法给探测性能带来的影响，只从性能表现层面描述传感器的探测精度、探测率等。

3）不考虑恶劣天气下传感器能量衰减的影响，建模所用参数为理想天气情况下的性能参数。

基于以上简化和假设,并考虑传感器在车上的不同安装位置,分别建立车载多传感器的探测范围模型、探测精度模型和探测率模型。

(1)探测范围模型

多个传感器集成在车上时,不同的安装位置和方位会影响集成后多传感器系统的探测范围。当各传感器安装在车上不同位置和不同方位,各传感器探测范围在被测目标区域没有重叠时,集成后的传感系统探测范围即为各传感器探测范围之和。当两个传感器安装在同一位置用以探测同一方位的目标时,探测范围是两个传感器探测范围的并集。同样,如果两个传感器安装在车上相邻位置且存在重叠区域,也会存在类似的情况。因此,对多个传感器集成在车上的探测范围模型,需要分情况讨论。

1)传感器分布式布置,不存在重叠区域。各传感器安装在不同位置和方位,探测覆盖范围没有重叠时,如图 3.23 所示,集成后的多传感器系统探测范围为各传感器的探测范围之和,对被测目标的探测精度及探测率与该位置单体传感器的探测精度及探测率一致。由此建立 m 个传感器集成后的探测范围模型:

$$S_{\text{total}} = \sum_{i=1}^{m} S_i = \sum_{i=1}^{m} \pi \cdot \theta_i \cdot d_i^2 / 360 \qquad (3\text{-}13)$$

其中,S_{total} 为集成后传感系统的探测覆盖面积,S_i、d_i、θ_i 为各单体传感器的探测覆盖面积、探测距离和探测视角。

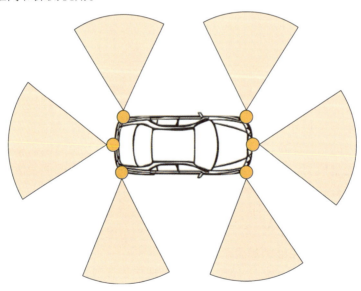

图 3.23 各传感器安装在不同位置的示意图

2)传感器分布式布置,存在重叠区域。各传感器安装在不同位置和方位,相邻传感器在探测目标区域有重叠的情况,如图 3.24 所示,集成在车上后,传感系统探测范围为两个传感器探测范围的并集,即:

$$S_{\text{total}} = S_1 + S_2 - S_{1,2} \qquad (3\text{-}14)$$

$$S_{1,2} = \begin{cases} 0, & \text{如果} \quad d_1 \cdot \sin\frac{\theta_1}{2} + d_2 \cdot \sin(\frac{\theta_2}{2} - \alpha) \leq l \\ \pi \cdot (\frac{\theta_1 + \theta_2}{2} - \alpha) \cdot r_{1,2}^{\ 2} / 360 & \end{cases} \quad (3\text{-}15)$$

$$r_{1,2} = d_2 - \frac{l}{\sin(\frac{\theta_2}{2} - \alpha) + \cos(\frac{\theta_2}{2} - \alpha) \cdot \tan\frac{\theta_1}{2}} \quad (3\text{-}16)$$

式中，S_{total} 为集成后传感系统的探测覆盖面积；S_1、S_2、d_1、d_2、θ_1、θ_2 分别为各单体传感器的探测覆盖面积、探测距离和探测视角；l、α 分别为两个传感器的相对距离和相对方向角；$r_{1,2}$ 为重叠区域近似扇形的半径；$S_{1,2}$ 为重叠区域面积。

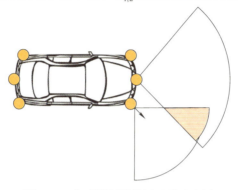

图 3.24　传感器探测范围重叠示意图

3）传感器集中式布置，探测同一方位目标。当两个传感器安装在同一位置，用以探测同一方位的目标时，如图 3.25 所示，集成在车上的多传感系统探测范围为两个传感器探测范围的并集，即：

$$\begin{cases} S_{\text{total}} = S_1 + S_2 - S_{1,2} \\ S_{1,2} = \pi \cdot \theta_{\min} \cdot d_{\min}^{\ 2} / 360 \\ \theta_{\min} = \min(\theta_1, \theta_2) \\ d_{\min} = \min(d_1, d_2) \end{cases} \quad (3\text{-}17)$$

式中，S_{total} 为集成后传感系统的探测覆盖面积；S_1、S_2、d_1、d_2、θ_1、θ_2 分别为各单体传感器的探测覆盖面积、探测距离和探测视角。

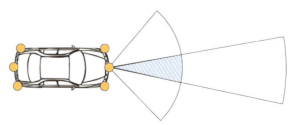

图 3.25　两个传感器安装在相同位置的示意图

（2）探测精度模型

传感器探测精度模型描述传感器探测距离（或速度、方位）的误差，理论上传感器的探测精度与其硬件内部的固有误差以及检测算法有关，且实际误差在其探测覆盖区域中的分布并非完全均匀的。传感器产品说明书提供的探测精度为系统固有误差，没有考虑探测精度受探测距离和探测目标影响。参照实车实验数据，对于同一探测目标，通常在一定范围内探测误差随探测距离增大而增加，近似呈线性关系，由此建立探测率模型：

$$\varepsilon = \pm(\varepsilon_u + k \cdot d_t) \tag{3-18}$$

其中，ε 为传感器的探测误差，ε_u 为传感器固有误差，d_t 为被测目标物的距离，k 为误差随探测距离的增益，可通过实验数据拟合得到。但实际使用中，k 可忽略不计，雷达传感器的探测精度直接用测距精度参数来表示，为一定值常数。

当两个传感器安装在同一位置用以探测同一方位的目标时，就要考虑两传感器探测范围重叠区域的数据融合问题，融合后的探测精度与探测率比单体传感器的探测精度与探测率都要高。同样，如果两个传感器安装在车上相邻位置且存在重叠区域，也会存在类似的情况。

两个传感器探测覆盖范围的重叠区域，要考虑数据融合后的探测误差减小，探测精度模型如下：

$$\varepsilon_{1,2} = \pm\sqrt{\frac{\varepsilon_1^2 \cdot \varepsilon_2^2}{\varepsilon_1^2 + \varepsilon_2^2}} \tag{3-19}$$

其中，$\varepsilon_{1,2}$ 为集成后传感系统的探测误差，ε_1、ε_2 分别为安装在同一位置两个传感器的探测误差，为便于计算，统一取绝对值。

（3）探测率模型

传感器的探测率模型描述传感器探测到目标物的概率，除了与被测目标物的反射截面积、反射率有关外，还与传感器探测频率、发射功率及能量衰减有关。文献[17]中相关研究表明，雷达传感器探测率在其有效探测范围与最大探测范围的过渡区域，具有快速下降的特点，呈四次函数关系，由此设计传感器对同一目标的探测率模型：

$$P_s = \begin{cases} 1, & d \leq r_0 \\ \dfrac{(r_m - d)^4}{(r_m - r_0)^4}, & r_0 < d \leq r_m \\ 0, & d > r_m \end{cases} \tag{3-20}$$

其中，P_s、d、r_0、r_m 分别代表探测率、探测目标的距离、传感器有效探测量程和传感器最大探测距离。实际使用中，为简化计算，不考虑过渡区域，则传感器的探测率模型简化为（0，1）二元概率模型。

两个传感器探测范围的重叠区域，同样要考虑数据融合后的探测概率增大，探测率模型如下：

$$P_{s\_X} = P_{s1} + P_{s2} - P_{s1} \cdot P_{s2} \tag{3-21}$$

其中，P_{s_X} 为集成后传感系统的探测率，P_{s1}，P_{s2} 分别为安装在同一位置的两个传感器的探测率。

3.5.1.2 车载多传感器系统的可靠性模型

可靠性是指系统在规定的条件下和规定的时间内完成规定功能的能力，反映系统平均使用寿命和使用过程中发生故障的概率，通常与系统组成部件的可靠性及集成安装工艺有关。建立车载多传感器系统的可靠性模型，目的是定量计算和评价系统的可靠性。忽略传感器在车上集成安装工艺的差异性，传感器可靠性的模型主要包括：可靠度模型、故障密度模型、平均故障率模型、平均使用寿命模型与平均故障间隔时间模型等[18]。

（1）可靠度模型

传感器的可靠度是指传感器在规定的条件下和规定的时间内完成规定功能的概率。假如传感器规定的工作时间为 t_0，出现故障的时间为 T，若 $T \geq t_0$，则称该传感器在 t_0 时刻前无故障，此时可靠度函数 $R(t)$ 为：

$$R(t) = P(T \geq t_0) \tag{3-22}$$

设有 N_0 个（N_0 相当大）传感器，从 t_0 时刻开始试验，到时刻 t 有 $r(t)$ 个传感器发生故障，有 $N_S(t)$ 个产品未发现故障，则该传感器的可靠度为：

$$R(t) = \frac{N_S(t)}{N_0} = \frac{N_0 - r(t)}{N_0} \tag{3-23}$$

（2）故障密度模型

故障密度也称为不可靠度，与可靠度相反，不可靠度是指传感器在规定的条件下和规定的时间内没有完成规定功能的概率，可靠度与不可靠度的总和为 1。不可靠度 $F(t)$ 为：

$$F(t) = P(T < t_0) \tag{3-24}$$

（3）平均故障率模型

传感器的平均故障率是指已工作到时刻 t 的传感器，在时刻 t 后平均单位时间内发生的故障数，也称为失效率，用 $\bar{\lambda}(t)$ 表示，定义为：

$$\bar{\lambda}(t) = \frac{\Delta r(t)}{N_S(t) \cdot \Delta t} \tag{3-25}$$

（4）平均使用寿命模型

平均使用寿命（Mean Time To Failure，MTTF）是不可修复产品的一种基本可靠性参数，也可称为平均故障前时间。在智能驾驶系统中，传感器作为外购件，可以假定为不可修复产品。传感器的平均使用寿命定义为在规定的条件下和规定的时间内，传感器寿命单位总数与故障产品总数之比。若已知 N 个传感器的故障时间为 t_1，t_2，…，t_N，则

$$\text{MTTF} = \frac{1}{N} \sum_{i=1}^{N} t_i \tag{3-26}$$

若已知传感器的故障密度（不可靠度）函数 $F(t)$，则

$$\text{MTTF} = \int_0^\infty t \cdot F(t) \mathrm{d}t \quad (3\text{-}27)$$

当传感器的故障率为 λ 时，即 $F(t) = \lambda \cdot \exp(-\lambda \cdot t)$，则

$$\text{MTTF} = \int_0^\infty t \cdot \lambda \cdot \exp(-\lambda \cdot t) \mathrm{d}t = \frac{1}{\lambda} \quad (3\text{-}28)$$

（5）平均故障间隔时间模型

平均故障间隔时间（Mean Time Between Failure，MTBF）为两次故障间隔时间的数学期望，该指标主要是针对可修复产品而言，计算公式为：

$$\text{MTBF} = \frac{T(t)}{r(t)} \quad (3\text{-}29)$$

其中，$T(t) = \sum_{i=1}^{N} t_i$ 为总工作时间，$r(t)$ 为在时间 t 内传感器发生的故障总数。对于车辆智能驾驶系统而言，在假定传感器为不可修复产品的情况下，平均故障间隔时间等同于平均寿命时间。

由 n 个传感器组成的多传感器系统集成在车上后，不考虑由于集成安装工艺带来的机械可靠性问题，系统的可靠性取决于这 n 个传感器的集成方式。当 n 个传感器分别集成在车上不同位置，用于对不同方向目标进行探测时，则多传感器系统为可靠性串联系统。假设第 i 个传感器的平均使用寿命为 MTTF_i，其可靠度为 $R_i(t)$。由定义可知，多传感器系统的使用寿命 MTTF 等于各传感器使用寿命 MTTF_i 的最小者，即：

$$\text{MTTF} = \min(\text{MTTF}_1, \text{MTTF}_2, \cdots, \text{MTTF}_n) \quad (3\text{-}30)$$

多传感器系统的可靠度模型为：

$$\begin{aligned} R(t) &= P(\text{MTTF} \geq t) = P[\min(\text{MTTF}_1, \text{MTTF}_2, \cdots, \text{MTTF}_n) > t] \\ &= \prod_{i=1}^n P(\text{MTTF}_i > t) = \prod_{i=1}^n R_i(t) \end{aligned} \quad (3\text{-}31)$$

即：多传感器系统的可靠度是串联成该系统的各传感器可靠度的乘积。

设第 i 个传感器的失效率为 $\lambda_i(t)$，对上式两边求导，得：

$$R'(t) = \prod_{i=1}^n R_i(t) \sum_{i=1}^n \frac{R'_i(t)}{R_i(t)} = -R(t) \sum_{i=1}^n \lambda_i(t) \quad (3\text{-}32)$$

从而系统的失效率为：

$$\lambda(t) = -\frac{R'(t)}{R_i(t)} = \sum_{i=1}^n \lambda_i(t) \quad (3\text{-}33)$$

由此可知，多传感器系统的失效率是串联成该系统的各传感器失效率之和。

当有 m 个传感器集成在车上同一位置，用于对同一方向的目标进行探测时，则此 m 个传感器可认为是可靠性并联系统。同理，可推出所并联多传感器系统的使用寿命、可靠度和失效率分别为：

$$\text{MTTF} = \max(\text{MTTF}_1, \text{MTTF}_2, \cdots, \text{MTTF}_m) \tag{3-34}$$

$$R(t) = 1 - \prod_{i=1}^{n}[1 - R_i(t)] \tag{3-35}$$

$$\lambda(t) = \prod_{i=1}^{m} \lambda_i(t) \tag{3-36}$$

3.5.2 传感器配置多维评价指标体系

电动车辆智能驾驶系统传感器的选型与配置，不仅要考虑配置方案所能实现的感知功能，还要考虑配置的成本及系统可靠性等。因此，从功能性、经济性和可靠性三个维度，构建传感器配置的评价指标体系，并对每一维度下的具体指标进行设计。

3.5.2.1 功能性指标

系统功能是系统作用于环境的能力，是系统最基本的评价指标之一，它反映系统满足使用需求的物理属性。雷达等车载环境感知传感器主要是用来探测周边车辆或障碍物信息，其功能主要表现在传感器的探测性能上，包含了探测覆盖率、探测精度、探测频率等评价指标。

（1）探测覆盖率

探测范围指标描述传感器系统所能探测覆盖的空间范围。在特定应用场景中，传感器的配置需要考虑其探测覆盖区域与被测目标区域的匹配。车载传感系统的探测覆盖区域落在被测目标区域中的空间范围属于有效覆盖，其余则为无效覆盖。为了量化传感器探测的有效覆盖范围，定义探测覆盖率（Proportion of Detection Coverage，PDC）为目标区域中被传感器探测覆盖的区域面积占比，用下式表示：

$$\text{PDC}(X) = S(X) / S_R \tag{3-37}$$

其中，X 为所配置的传感器集合，为一个含有 n 个元素的向量，每一个元素值代表所选的传感器编号，其在向量中的位置代表在车辆上的安装位置；$S(X)$ 为该传感器配置下的探测有效覆盖面积，S_R 为所需要探测的目标区域面积。同理，盲区占比（proportion of blind area，PBA）为：

$$\text{PBA}(X) = 1 - S(X) / S_R \tag{3-38}$$

（2）探测精度

探测精度指标描述传感器对被测目标探测结果的测量误差。从感知机理上讲，超声波雷达由于发射的是机械波，探测精度较低；激光雷达发射的是光波，探测精度较高。为便于量化比较，忽略各型雷达传感器探测机理的差异性及探测误差随探测距离的增益，选用传感器的测距误差指标来量化评价传感器对目标的探测精度。

（3）探测频率

探测率是描述雷达传感器探测性能的重要参数，包括单次探测率和单位时间的探测次数，前者为一次连续探测所能探测到目标的概率，而后者是单位时间内探测到目标的次数。

雷达的单次探测率跟雷达电路中的信噪比和门限值有关，而单位时间的探测次数除了跟雷达单次探测率有关外，还跟雷达探测频率（探测周期）有关。不考虑雷达探测率在最大探测范围与有效探测范围之间的过渡区域，雷达单位时间内探测到目标的次数只与探测频率相关。因此，选用雷达的探测频率来量化评价传感器对目标的探测率。

3.5.2.2 经济性指标

考虑经济性指标是优选出低成本传感器配置方案的前提。传感器配置的成本包含了传感器本身的成本和传感器配置在车上的安装成本，评价指标可通过所配置传感器的成本价格和安装成本来量化。

（1）传感器成本

对于一个配置好的传感器集合 X，若已知所配置在车上 n 个位置上的传感器的成本价格分别为 $Pr_{X(1)}$，$Pr_{X(2)}$，…，$Pr_{X(n)}$，则集成在车上的多传感器系统成本为：

$$C_S(X) = \sum_{i=1}^{n} Pr_{X(i)} \tag{3-39}$$

其中，$X(i)$ 表示第 i 个位置的传感器编号，$i = 1, 2, …, n$。

（2）传感器安装成本

传感器的安装成本除了与所选传感器（尺寸、重量）有关外，还与其在车辆上的安装位置有关，同一传感器在不同位置上的安装成本是不尽相同的。若已知第 j 个传感器在车上第 i 个安装位置的安装成本为 L_{ij}，则对于一个配置好的传感器集合 X，多传感器系统集成在车上的安装成本为：

$$C_L = \sum_{i=1}^{n} L_{iX(i)} \tag{3-40}$$

（3）传感器功率（使用成本）

考虑传感器系统的能耗，传感器功率也可以作为评价传感器系统使用成本的一个指标。若已知所配置在车上 n 个位置传感器的成本价格分别为 $P_{CX(1)}$，$P_{CX(2)}$，…，$P_{CX(n)}$，则集成在车上的多传感器系统总功率 P_{CT} 为：

$$P_{CT} = \sum_{i=1}^{n} P_{CX(i)} \tag{3-41}$$

3.5.2.3 可靠性指标

可靠性指标反映传感器系统平均使用寿命和使用过程中发生故障的概率，与系统组成部件的可靠性及集成安装工艺有关。根据上节中所建多传感系统可靠性模型，可靠性评价指标主要有可靠度、故障密度、平均故障率、平均使用寿命和平均故障间隔时间等。对于智能驾驶系统而言，传感器作为外购部件，不考虑其可修复性，也不考虑由于集成安装工艺带来的机械可靠性问题，车载多传感系统可靠性量化评价指标主要有可靠度和平均使用寿命。

综上所述，建立车载环境感知传感器三维评价指标体系，如图 3.26 所示。

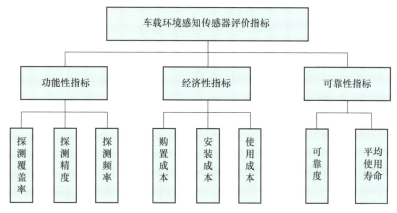

图 3.26 车载环境感知传感器三维评价指标体系

3.5.3 传感器配置优化问题的建立

为了量化评价传感器配置方案的优劣,建立了传感器配置的评价指标体系。根据传感器系统模型,并结合应用场景,设计目标函数和约束条件,将传感器的优选配置问题转化为了多目标组合优化问题。

3.5.3.1 目标函数设计

传感器配置优化的目标是使配置后的车载多传感器系统在满足基本探测功能和可靠性条件下,尽可能地提高探测覆盖率和探测精度,并降低配置成本。根据所建立的多传感器系统多维评价指标体系,结合应用场景,建立优化目标函数和约束条件。

为了便于对传感器的选型与配置方案进行函数表示,将车辆上可供传感器安装的位置划分为图 3.27 所示的若干区域,分别是前、后、左、右 4 个区域,车辆的 4 个角以及车顶部,对每个区域等距离或等角度划分为若干份,作为传感器备选安装位置,其中车顶部为 360° 多线激光雷达的备选安装位置。然后,对备选安装位置进行编号,分别为 $1 \sim n$;对备选的传感器进行编号,分别为 $1 \sim m$;则传感器配置方案可表示为 $m \times n$ 的矩阵,矩阵中每一个元素值代表所选的传感器编号,其在向量中的位置代表在车辆上的安装位置,若该元素值为 0 时,则表示该位置没有布置传感器。

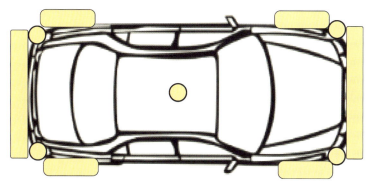

图 3.27 传感器备选安装位置划分

在所建的车载传感系统评价指标体系中,选取传感器探测覆盖率、正前方的测距精度和传感器成本作为优化目标,根据所需探测的目标区域,设计目标函数。其中,目标区域跟智能驾驶系统应用场景密切相关,低速场景下需要探测的目标区域为车辆周围安全距离范围内;在高速场景下,需要探测的目标区域与车辆的最高车速相关。为此,考虑智能驾驶系统典型应用场景,将车载传感器系统需要探测的目标区域简化为图 3.28 所示的一个长方形。其中,车前方需要探测的距离为 d_f,后方需要探测的距离为 d_r。需要探测的目标区域面积为:

$$S_R = W_R \times L_R = W_R \times (d_f + d_r + L_V) \tag{3-42}$$

式中,W_R 为目标域宽度(车道总宽);L_R 为目标域长度;L_V 为车辆长度。

图 3.28 车辆与需要探测的目标区域示意图

(1)探测覆盖率目标函数

根据传感器探测范围与目标区域的几何关系,分区域推导出传感器探测有效覆盖面积,进而求出探测覆盖率目标函数。

1)正前方/正后方区域传感器探测有效覆盖面积。车辆正前方传感器探测有效覆盖范围如图 3.29 所示,根据图中传感器探测范围与目标区域的几何关系,推导出该位置传感器探测有效覆盖面积 S_1 为:

$$S_1 = \begin{cases} \pi\theta r^2/360, & r\sin\dfrac{\theta}{2} < \dfrac{W_R}{2} \\ \left(d_f - \dfrac{W_R}{4}\cot\dfrac{\theta}{2}\right)W_R, & \dfrac{W_R}{2}\cot\dfrac{\theta}{2} < d_f \\ \dfrac{W_R}{2}\dfrac{W_R}{2}\cot\dfrac{\theta}{2}, & 其他 \end{cases} \tag{3-43}$$

式中,r、θ 分别为传感器的探测距离与水平视角。

正后方传感器探测有效覆盖面积与式(3-42)类似,只是将式中的 d_f 换成 d_r,因此不再单独列出。

2)前/后侧方传感器探测有效覆盖面积。车辆左前侧位置传感器有效探测范围如图 3.30 所示,根据图中传感器探测范围与目标区域的几何关系,推导出该位置传感器探测有效覆盖面积 S_2 为:

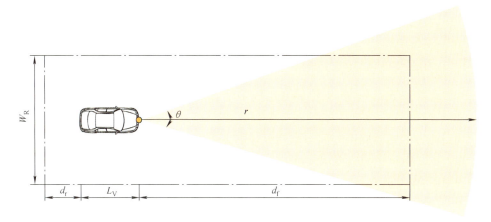

图 3.29 车辆正前方位置的传感器探测有效覆盖范围示意图

$$S_2 = \begin{cases} \pi \cdot \theta \cdot r^2 / 360, & r \cdot \sin(\dfrac{\theta}{2} + \alpha) < \dfrac{W_R}{2} \\ \dfrac{1}{2} \cdot d_L^2 \cdot [\cot(\alpha - \dfrac{\theta}{2}) - \cot\alpha], & r \cdot \sin(\alpha - \dfrac{\theta}{2}) \geqslant d_L \\ \pi \cdot r^2 \cdot (\arcsin\dfrac{d_L}{r} - \alpha + \dfrac{\theta}{2})/360 + \dfrac{1}{2} \cdot d_L^2 \cdot [\cot(\arcsin\dfrac{d_L}{r}) - \cot(\dfrac{\theta}{2} + \alpha)], & 其他 \end{cases} \quad (3\text{-}44)$$

式中，$d_L = \dfrac{W_R - W_V}{2}$ 为传感器到目标区域侧向边缘的距离；W_V 为车辆宽度；α 为前侧方传感器安装方向与车辆纵轴的夹角。

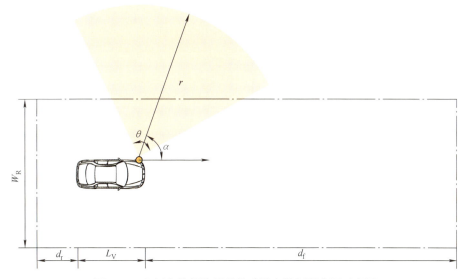

图 3.30 车辆左前侧位置的传感器有效探测范围示意图

车辆右前侧位置传感器探测有效覆盖面积与上式一致。同理，可求得车辆后侧位置（包括左后、右后）传感器探测有效覆盖面积，为：

$$S_3 = \begin{cases} \pi \cdot \theta \cdot r^2 / 360, & r \cdot \sin(\frac{\theta}{2} + \beta) < \frac{W_R}{2} \\ \frac{1}{2} \cdot d_L^2 \cdot [\cot(\beta - \frac{\theta}{2}) - \cot\beta], & r \cdot \sin(\beta - \frac{\theta}{2}) \geq d_L \\ \pi \cdot r^2 \cdot (\arcsin\frac{d_L}{r} - \beta + \frac{\theta}{2})/360 + \frac{1}{2} \cdot d_L^2 \cdot [\cot(\arcsin\frac{d_L}{r}) - \cot(\frac{\theta}{2} + \beta)], & \text{其他} \end{cases} \quad (3\text{-}45)$$

式中，β 为后侧方传感器安装方向与车辆纵轴的夹角。

3）车顶部传感器探测有效覆盖面积。考虑到 360° 多线激光雷达的安装需要，车顶部传感器有效探测范围如图 3.31 所示。根据图中传感器探测范围与目标区域的几何关系，推导出该位置传感器探测有效覆盖面积 S_7 为：

$$S_7 = \begin{cases} 2r \cdot W_R, & r < d_r \\ (r + L + d_r) \cdot W_R, & d_r < r < d_f \\ (d_f + L + d_r) \cdot W_R, & \text{其他} \end{cases} \quad (3\text{-}46)$$

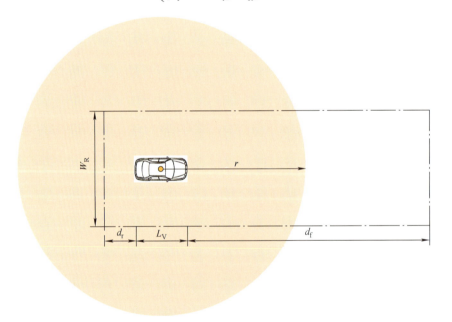

图 3.31　车辆顶部位置的 360° 传感器有效探测范围示意图

综合上述公式，以探测覆盖盲区占比最小为优化目标，设计探测覆盖率目标函数如下：

$$J_1(X) = 1 - S(X)/S_R \quad (3\text{-}47)$$

其中，$S(X)$ 为各位置传感器探测有效覆盖面积的并集，根据上节中多传感器系统建模中的相关公式求解。

（2）探测精度目标函数

以正前方目标的探测精度为目标函数之一，目的是提高正前方测距的精度，以保证精准的纵向运动控制（自适应巡航控制、紧急制动控制等）。设计探测精度目标函数如下：

$$J_2(X) = \varepsilon_{X(1)}{}^2 \quad (3\text{-}48)$$

其中，$\varepsilon_{X(1)}$ 为正前方位置传感器的测距误差。

（3）传感器成本目标函数

多传感器系统集成在车上的总成本包括了所配置传感器的成本与安装成本。由于各传感器的安装成本主要与传感器类型有关，为便于统一量化，忽略传感器在不同安装位置上的安装成本差异，将传感器的安装成本考虑在传感器价格中，建立传感器成本目标函数为：

$$J_3(X) = \sum_{i=1}^{n} \text{Pr}_{X(i)} \quad (3\text{-}49)$$

3.5.3.2 约束条件设计

将传感器优选配置问题转化为多目标优化问题，除了建立目标函数外，还要考虑传感器选型中对性能、成本及可靠性的限值要求和传感器配置中的限制条件，并据此设计多目标优化问题的约束条件。传感器在车上配置的约束条件主要考虑某方向（如正前方）的最短探测距离要求以及某种传感器对备选安装位置的特殊要求等，也可以将评价指标体系中一项或若干指标的限值作为约束条件，以满足基本的探测性能或可靠性。

首先，对于智能驾驶系统而言，正前方和正后方的探测距离是首先要保证的，为此设立该位置传感器有效探测距离的约束条件：

$$d_{X(1)} \geqslant d_\text{f} \quad (3\text{-}50)$$

$$d_{X(2)} \geqslant d_\text{r} \quad (3\text{-}51)$$

式中，$X(1)$、$X(2)$ 分别表示车辆正前方和正后方位置（位置编号分别为 1 和 2）处传感器编号；$d_{X(1)}$、$d_{X(2)}$ 分别表示该位置传感器的探测距离；d_f、d_r 表示车辆正前方和后方需要探测的距离。

其次，超声波雷达、毫米波雷达和激光雷达传感器的外形尺寸差别较大，其在车辆上的备选安装位置各不相同，需要设定各传感器的安装位置约束条件：

$$b \geqslant X(i) \geqslant a; \quad i \in 1, 2, ..., n \quad (3\text{-}52)$$

式中，i 表示车辆上传感器位置编号；$X(i)$ 表示该位置的传感器编号；a、b 分别表示某种类传感器的编号范围。

再次，为保证多传感器系统的可靠性水平，以传感器系统平均使用寿命时间为约束条件：

$$\text{MTTF}(X) \geqslant t_{\min} \quad (3\text{-}53)$$

式中，向量 X 表示所配置的传感器集合，其元素值代表该位置所选的传感器序号；$t_{\min}$ 表示系统所允许的最小使用寿命。

另外，为缩小求解时的搜索范围，还可以考虑对所选单个传感器的探测频率、测距精度、成本价格设定约束条件，例如，所选传感器单价不应超过所允许的最大值，该约束条件为：

$$\Pr_{X(i)} \leqslant \Pr_{\max}; \quad i = 1, 2, \ldots, n \quad (3\text{-}54)$$

式中，$\Pr_{X(i)}$、$\Pr_{\max}$ 分别为第 i 个位置传感器成本价格和系统所允许的单个传感器最高价格。

综合上述分析，建立传感器配置优化问题的约束条件：

$$\text{s.t.} \begin{cases} [d_{X(1)} \ d_{X(2)}] \geqslant [d_f \ d_r] \\ b \geqslant X(i) \geqslant a, \ i \in 1,2,\ldots,n \\ \text{MTTF}(X) \geqslant t_{\min} \\ \Pr_{X(i)} \leqslant \Pr_{\max}, \ i = 1, 2, \ldots, n \end{cases} \quad (3\text{-}55)$$

3.5.4 多目标优化求解算法

对于多目标优化问题的求解，比较简单的是通过对各目标值加权组合的方式，将多目标问题转化为单目标问题，所求结果为唯一解，这种方法比较简单实用，但是对于权重系数的确定需要人为选取，所求结果过于依赖权重系数。另外常用的方式为，通过启发式搜索算法求解多目标问题的 Pareto 前沿，所求结果为一组最优解集，供不同用户根据各自的需要选择。本节分别采用 NSGA-II 多目标优化算法和 GA-PSO 组合算法求解了传感器配置优化问题。

3.5.4.1 基于 NSGA-II 的多目标优化算法

Pareto 最优解集及 Pareto 前沿的定义如下：对于式（3-56）所示的一个多目标优化问题，设 $\bar{x} \in X$，若不存在 $x \in X$，使得 $f(x) \leqslant f(\bar{x})$，则称 $\bar{x}$ 为该多目标优化问题的 Pareto 最优解（非劣解）；所有 Pareto 最优解的集合称 Pareto 最优解集；Pareto 最优解集在目标空间的成像称为 Pareto 前沿。

$$\begin{aligned} \min f(x) &= [f_1(x), f_2(x), \cdots, f_m(x)]^T \\ \text{s.t.} & \begin{cases} g_i(x) \geqslant 0, i \in I \\ h_j(x) = 0, j \in E \end{cases} \end{aligned} \quad (3\text{-}56)$$

多目标遗传算法，通过在每一代遗传操作时构造并保留当前进化群体的非支配解个体，使每一代所构造的非支配解集逐步逼近 Pareto 最优边界，比较适合求解这种多目标组合优化问题。非支配排序遗传算法（Non-dominated Sorting Genetic Algorithm，NSGA）是目前常用的多目标遗传算法，该算法可以得到非劣解的集合 Pareto 前沿，但存在构造 Pareto 最优解集的计算复杂度太高、缺少最优个体保留机制以及共享参数难以确定等问题。NSGA-II 算法是 Deb 等人[19]针对 NSGA 算法上述缺陷而提出的改进算法，算法引入了精英策略、快速非支配解排序和拥挤度比较算子，提高了优化结果的精度，降低了 NSGA 的复杂性，使得 Pareto 最优解分布更均匀，进一步提高了计算效率和算法的鲁棒性。

基于传感器优选配置求解，主要步骤包括：初始种群配置、遗传操作、Pareto 非支配解排序分级、拥挤度计算、新个体选择、更新父代种群并循环迭代等。

（1）初始种群的配置

对备选传感器进行编号，读入传感器参数后，随机配置传感器的选型与安装位置，作为初始种群。初始种群为一组向量，每一个向量代表一个初始的传感器配置方案。为了保证种群的多样性，初始种群尽可能选择多种传感器，分别布置在不同位置。

（2）遗传操作

遗传操作主要包括：选择、交叉、变异。遗传操作的目的是把优选的传感器配置直接遗传到下一代，或通过配对交叉、变异运算产生新的传感器配置方案，再遗传到下一代。其选择算子、交叉算子和变异算子与普通遗传算法没有区别。遗传操作是基于个体适应度的评估进行的，个体适应度函数即传感器配置的优化目标函数。

（3）Pareto 排序分级

经遗传操作后得到子代种群，连同父代种群一起进行 Pareto 排序分级。分级的主要步骤[20]如下：

1）计算种群中每一个体 p 的参数 n_p 与 S_p，n_p 代表种群中支配个体 p 的个体数，S_p 代表种群中被 p 支配的个体集合。

2）搜索种群中 $n_p = 0$ 的个体，并将结果保存在当前集合 R_1 中。

3）对于当前集合 R_1 中的每一个体 i，其所支配的个体集合为 S_i，遍历 S_i 中所有的个体，执行 $n_l = n_l - 1$，若 $n_l = 0$，则将个体 l 保存至集合 L 中。

4）将 R_1 中的个体记为第一非支配层个体，表示为 Rank=1，然后以 L 为当前集合，重复以上步骤，直至整个种群被分级。

（4）拥挤度计算

NSGA-Ⅱ算法中，种群拥挤度计算是保证种群多样性的一个重要环节。对于每一目标函数，首先基于该目标函数对种群进行排序，然后按照式（3-57）计算各个体的拥挤度：

$$\begin{cases} D_1 = \infty \\ D_n = D_n + [f(n+1) - f(n-1)], n = 2, 3, \cdots, N-1 \\ D_N = \infty \end{cases} \quad (3-57)$$

其中，D_n 表示第 n 个个体的拥挤度，其初始值均为 0；$f(n)$ 表示第 n 个个体的目标函数值。

（5）个体选择与更新种群

通过 Pareto 排序分级和拥挤度计算后，种群中每个个体都有两个属性：Pareto 非支配级 Rank_n 和拥挤度 D_n，据此就可以区分种群中任何两个个体的支配与非支配关系。按照 Pareto 分级小和拥挤度小优先的原则选择个体，组成新的父代种群，更新上一代种群。

（6）循环迭代

重复上述第（2）~（5）步骤，循环迭代直至完成设置的最大代数或满足设置的其他终止条件。

综合上述步骤，设计基于 NSGA-Ⅱ算法的传感器优选配置求解基本流程，如图 3.32 所示。

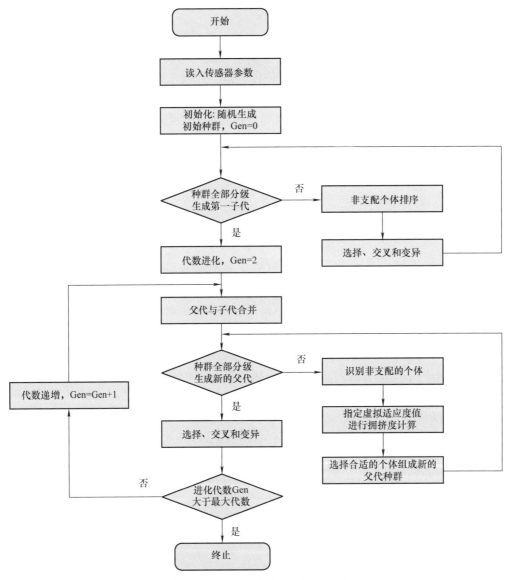

图 3.32 NSGA-Ⅱ算法的基本流程

3.5.4.2 基于 GA-PSO 的多目标加权组合优化算法

PSO 算法是一种基于群体的随机搜索进化算法,具有群体智能、内在并行性、迭代格式简单和收敛速度快等优点,在工程中应用较广。PSO 算法与 GA 算法等其他进化算法类似,采用"群体"和"进化"的思想,根据个体的适应度值大小进行操作;但 PSO 中没有进化算子,是将每个个体看作搜索空间中没有重量和体积的微粒,并在搜索空间中以一定的速度飞行,该飞行速度根据个体飞行经验和群体飞行经验进行动态调整。因此,PSO 算法存在种群多样性较差、搜索范围较小、容易陷入局部最优值出现早熟等缺点,在高维复杂问题寻优时更为明显。而 GA 算法采用选择、交叉和变异算子,直接以目标函数作为搜索信息,种群多样,全局搜索能力较强;但 GA 算法中由于个体没有记忆,是以一种概率的方式进行，遗传操作盲目无方向，所需要的收敛时间长。GA 与 PSO 的混合算法，能够克服单一 PSO 算法易陷入局部最优的缺点，改善单一 GA 算法收敛速度低的问题，提高算法的性能。GA 算法与 PSO 算法的组合有串行式、并行式、嵌入式等多种方式，本节采用的是将 GA 算法的遗传操作嵌入到 PSO 算法中的嵌入式 GA-PSO 算法。GA-PSO 算法充分利用 GA 算法的种群多样、随机全局搜索的能力和 PSO 算法有记忆、收敛速度快等特性进行优势互补，增强了粒子群优化算法的全局寻优能力，提高了收敛精度。

采用 GA-PSO 算法对本文所提传感器优选配置问题求解包括如下步骤。

（1）确定适应度函数

NSGA-II 算法为多目标优化算法，其适应度函数即为多目标优化问题的目标函数。而 GA-PSO 算法为单目标算法，需要首先将多目标优化问题转化为单目标问题，才能确定粒子群个体适应度函数。多目标优化问题转化的方法有很多种，本节采用对各目标函数加权组合的方式，即将各目标函数值归一化后，采用线性加权和法，确定个体适应度函数。为了减少权重系数的个数，将 3.5.3 节所提三个目标函数中的一个，如传感器探测精度 $J_2(X)$ 作为约束条件，仅对传感器的探测覆盖率与传感器配置成本两个目标函数进行加权组合，作为适应度函数：

$$\text{fitness}(X) = (1-\delta) \cdot \overline{J_1(X)} + \delta \cdot \overline{J_3(X)} \tag{3-58}$$

其中，δ 为成本的权重系数，取值在 0~1 范围内，由客户根据需要自行选择；$\overline{J_1(X)}$、$\overline{J_3(X)}$ 分别为归一化后的传感器探测覆盖率函数与配置成本函数。

（2）初始粒子群生成

对备选传感器进行编号，初始化算法中的粒子群规模、惯性权重、学习因子、迭代步数等相关参数。读入传感器参数，随机配置传感器的型号与安装位置，作为粒子群初始位置，并设定粒子群初始速度。

（3）计算适应度值并选择个体极值与群体极值

基于个体适应度函数，计算每个粒子的适应度值。选择当前粒子所能获得的最优适应度值，称该值为个体最优，记为 p_{best}；选择所有粒子截至目前的最优适应度值，称该值为群体最优，记为 g_{best}。

（4）粒子个体速度更新与位置更新

采用式（3-47）对粒子进行进化操作，更新粒子个体的飞行速度与位置：

$$\begin{aligned} v_i^{t+1} &= wv_i^t + c_1 \times \text{rand} \times (p_{\text{best}} - x_i^t) + c_2 \times \text{rand} \times (g_{\text{best}} - x_i^t) \\ x_i^{t+1} &= x_i^t + v_i^{t+1} \end{aligned} \tag{3-59}$$

其中，v_i^t 为粒子 i 在第 t 个迭代下的速度；w 为惯性权重；x 表示粒子的位置；rand 为介于 0 和 1 之间的随机数；c_1 和 c_2 是学习因子。

（5）对粒子群进行遗传操作

GA 算法中的遗传操作主要包括：选择、交叉、变异。由于 GA-PSO 算法中的进化操作已相当于对下一代的粒子群进行了选择，因此本步骤中只对粒子群进行交叉和变异操作，即通过粒子配对交叉、变异运算产生新的传感器配置方案，以增加种群多样性，扩大搜索范围。

（6）参数越线检验

根据所求优化问题的约束条件，设置粒子群的搜索空间范围，参数越线检验就是检验粒子群经过更新和遗传操作后是否在搜索空间范围，以保证搜索到的最优解满足优化问题约束条件的要求。

（7）计算适应度值并更新个体极值与群体极值

根据个体适应度函数，计算所有粒子的适应度值。更新当前粒子个体所能获得的最优适应度值 p_{best}；更新粒子群截至目前的最优适应度值 g_{best}，则该群体极值 g_{best} 对应的粒子位置即为当前迭代的最优传感器配置方案。

（8）循环迭代

重复上述第（4）～（7）步骤，循环迭代直至完成设置的最大代数或满足设置的其他终止条件。

综合上述步骤，设计基于 GA-PSO 算法的传感器优选配置求解基本流程，如图 3.33 所示。

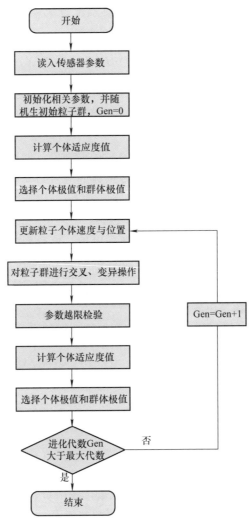

图 3.33　GA-PSO 算法的基本流程

3.6　i-EFV 驱动/制动系统结构共用技术

智能环境友好型车辆是集成智能车辆和新能源车辆各自先进技术的未来新概念车辆，因此在系统构成上也融合了目前智能车辆与新能源车辆各自的优势。作者团队开展了整车系统结构共用技术的研究，包括通过智能环境友好型车辆系统构成和整车分层控制系统的分析，对各子系统执行机构的原理、功能、适用范围和动态特性进行了整理和分析，并分别对驱动系统和制动系统的工作状态进行了研究。在此基础上，结合系统协调控制技术，最终实现对整车驱/制动系统的集成、优化。

3.6.1　基于混合动力的驱动系统结构共用技术

智能环境友好型车辆主要包括智能混合动力汽车和智能纯电驱动车辆，由于纯电驱动车辆只包括单纯的电驱动系统，因此本节主要讨论基于混合驱动的驱动系统结构共用技术。

在驱动系统控制方式上，传统智能车辆中，由于传统内燃机系统普遍采用电子节气门控制方式，因此为了实现对驱动力矩的有效控制，必须基于电子节气门控制技术开发电子节气门下层控制器，将期望驱动转矩转换为期望电子节气门开度传递给发动机控制单元。而在传统混合动力汽车中，由于驱动系统采用双动力源，其动力耦合为转矩耦合方式，因此驱动系统控制时已采用发动机及电机的转矩控制方式，直接将发动机和电机的期望转矩传递给发动机及电机控制单元，实现混合驱动状态下的驱动力控制。

另一方面，在驱动系统控制结构上，传统智能车辆中为了实现手动驾驶与辅助驾驶的控制切换，还需增加一套电子节气门辅助控制机械装置。而智能混合动力汽车中，由于驱动系统采用线控技术，无需增加任何机构就能容易实现各种控制状态的切换。

智能混合动力汽车的驱动系统采用了发动机和电机的双动力源系统，驱动系统的控制系统时采用了先进的分布式控制系统架构、转矩控制方式和线控技术，并采用了分层式控制系统框架。在此基础上，对驱动系统的各个子系统的原理、功能、适用范围和动态特性进行了研究分析，并对手动驾驶状态和智能辅助驾驶状态下的驱动总成工作状态进行了设计。

（1）驱动总成动态特性分析

智能混合动力车辆中，包含有发动机及电机两大动力总成。其中发动机具有响应较慢（响应时间在 100ms 以上）、响应精度较低的动态特性。而电机具有响应快（响应时间在 10ms 以内）、响应精度高的动态特性。

1）发动机动态过程特点。加速、减速、制动、冷机起动和暖机都属于发动机动态工况。以汽油机为例，在加大节气门开度使发动机加速和关小节气门开度以减速的过程中，发动机吸气量会随着节气门开度的变化而立即发生变化，但进入气缸的燃料量却不能立即相应改变。原因有二：一是电控喷油器喷出的油量由于获得变油量的信息滞后而落后于吸气量的变化；二是由于进气管壁上凝聚油膜的影响。从喷油器喷出的汽油，并不是立即全部蒸发并立即全部进入进气管气流中随空气一起进入气缸的，而是只有小部分汽油颗粒进入气流，大量汽油则落到进气管壁上，形成油膜，沿管壁运动直至进气门。

因此，发动机吸进的汽油包括三部分：从喷油器出来后直接进入气流的油粒及其蒸气、从附壁油膜蒸发的油蒸气，以及在进气门处还残留的为数很少的油膜。这就使得在同一单位时间内吸进气缸的燃油量不等于喷油器的出油量。

图 3.34 是在 Matlab /Simulink 平台上进行仿真计算的发动机转矩响应的结果，发动机初始转速为 1600r/min。仿真结果中共有三条曲线，实线为瞬态空燃比完全控制的仿真结果，虚线和点画线均为瞬态空燃比控制不足的仿真结果，如图 3.34e 所示。从图 3.34b 和图 3.34c 中可以看出，三种情况下节气门开度和进气歧管压力的变化基本一致，说明进入气缸的空气量的变化规律是相同的，而引起瞬态空燃比变化的原因是对燃油量的控制问题，其中虚线为燃油补偿不足，而点画线为燃油补偿过多。最理想的情况是瞬态空燃比完全控制的情况，从图 3.34a 的仿真结果中可以看出，经过瞬态空燃比完全控制时，实际发动机转矩响应目标转矩阶跃上升阶段的时间大约在 200 ms 左右，而且很快就收敛了。当瞬态空燃比控制不足时，如果燃油补偿过多，发动机转矩响应产生超调，如果燃油补偿不足，则发动机转矩响应速度过慢，都影响了发动机转矩的动态响应特性。此外，从图 3.34a 中还可以看出：①当目标转矩阶跃上跳变时，无论哪种控制方式下，发动机转矩都出现先下降再上升的情况；②目标转矩阶跃下跳变时，三种控制方式下的发动机转矩响应速度与阶跃上跳变相比要低一些。这样的转矩响应结果也将会影响到动力系统的动力传递平稳性。

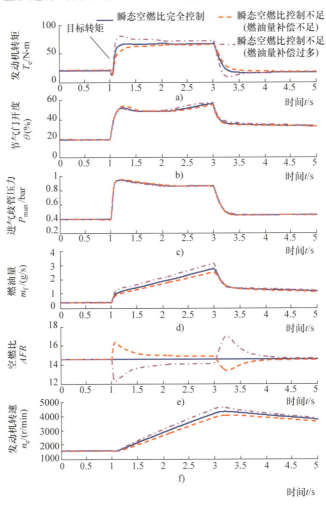

图 3.34 不同瞬态空燃比控制的发动机转矩动态响应的仿真结果

2）电机动态过程特点。智能混合动力车辆中采用的是永磁异步电机。对于定子侧的电流 i、磁动势 ψ 和电压 u 有如下关系式：

$$\begin{cases} i = i_d + ji_q \\ \psi = \psi_d + j\psi_q \\ u = u_d + ju_q \end{cases} \quad (3-60)$$

d-q 坐标系中的永磁同步电机定子磁链方程和电压方程分别为：

$$\begin{cases} \psi_d = L_d i_d + \psi_r \\ \psi_q = L_q i_q \end{cases} \quad (3-61)$$

$$\begin{cases} u_d = r_s i_d + p\psi_d - \omega\psi_q \\ u_q = r_s i_q + p\psi_q + \omega\psi_d \end{cases} \quad (3-62)$$

其中 ψ_r 为转子磁钢在定子上的耦合磁链；L_d、L_q 为永磁同步电机的 d、q 轴主电感；i_d、i_q 为定子电流矢量的 d、q 轴分量；u_d、u_q 为定子电压矢量的 d、q 轴分量；ω 为转子角频率；r_s 为定子内阻；p 为微分算子。

将式（3-61）代入式（3-62），得：

$$\begin{cases} u_d = r_s i_d + L_d \dfrac{\mathrm{d}i_d}{\mathrm{d}t} - \omega L_q i_q \\ u_q = r_s i_q + L_q \dfrac{\mathrm{d}i_q}{\mathrm{d}t} + \omega L_d i_d + \omega\psi_r \end{cases} \quad (3-63)$$

永磁同步电机的转矩方程为：

$$\begin{aligned} T_m &= P \cdot \mathrm{Im}(\psi \cdot i^*) = P \cdot \mathrm{Im}[(i_d - ji_q)(\psi_d + j\psi_q)] \\ &= P \cdot [\psi_r i_q + (L_d - L_q)i_d i_q] \end{aligned} \quad (3-64)$$

其中 P 为极对数。永磁同步电机的矢量控制中采用 PWM 变频控制，使得定子的三相电流 i_A，i_B 和 i_C 的合成电流矢量 i 位于 q 轴，$i_d = 0$，从而保证电动机输出转矩 T_m 与定子相电流的幅值 I_m 成正比，即：

$$T_m = P\psi_r i_q = P\psi_r(1.5 \times I_m) = K_m I_m \quad (3-65)$$

其中 K_m 为转矩系数。由此可知，从定子电流变化到永磁同步电机输出转矩的变化基本是同步的，而定子电流与 PWM 变频器控制电压之间的时间常数为：

$$\tau_{iu} = \frac{L_q}{r_s} \quad (3-66)$$

结果大约在毫秒级别，是非常短的，因此可以认为，永磁同步电机转矩的时间常数大约是在毫秒级别。图 3.35 给出了在 Matlab/Simulink 平台上进行仿真计算的结果。仿真计算是在图 3.35a 和图 3.35b 给定的阶跃上跳变和下跳变的目标转矩变化轨迹进行的，永磁同步电机的电流变化速度非常快，如图 3.35c 和图 3.35d 所示，从而导致永磁同步电机转矩很快就能跟随目标转矩曲线，响应的时间只有几毫秒，而且电机转矩并没有如发动机转矩一般出现明显的超调或者滞后现象。与汽油机转矩几百毫秒的响应时间相比，永磁同步电机几毫秒的转矩响应时间是非常短的，因此，永磁同步电机的转矩可以被看成瞬变量。

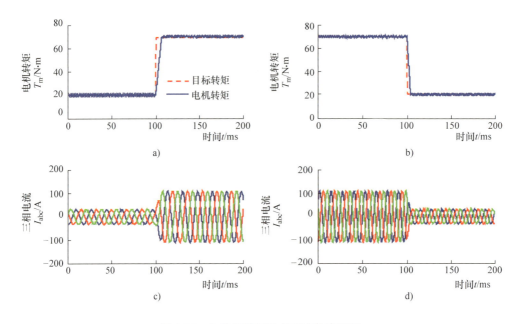

图 3.35 电动机转矩动态响应仿真结果

（2）驱动总成工作状态设计

对驱动总成工作状态的设计，应按照尽量优化驱动系统效率的原则进行。对车辆工作模式进行判断，并在各模式下对各驱动总成的功率进行优化分配。

当车辆起步或低速运行时，需求转矩较低，这时由电机单独提供车辆运行所需转矩。关闭发动机，避免了发动机在低转速、低转矩的非经济区域运行。

当车辆处于小加速或中等匀速等工况时，需求转矩增加，这时起动发动机。同时令电机处于发电状态，使得发动机的转矩输出在驱动车辆的同时用来发电，通过调节电机发电转矩，两大动力总成协调工作，可以保证发动机工作在高转矩的经济区域内。

当车辆处于中等加速或高速行驶等工况时，需求转矩进一步增加，这时由发动机单独驱动车辆，可以保证其在高效区域内运行。

当车辆处于大加速或爬坡等工况下，需求转矩进一步增大，这时需要电机参与助力，与发动机共同驱动车辆行驶。

图 3.36 为驱动总成工作状态示意图。

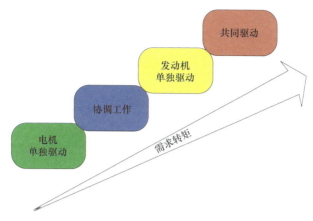

图 3.36　驱动总成工作状态示意图

3.6.2　基于电机制动和电控液压制动的制动系统结构共用技术

在制动系统控制方式上，传统智能车辆中，由于采用基于 ESP/EHB/EVB 的电控液压制动系统或附加的电控液压制动系统，因此为了实现对制动转矩的有效控制，必须基于液压系统逆模型开发制动控制下位控制器，将期望制动转矩转换为控制电磁阀的 PWM 控制信号传递给液压电控单元。而在传统混合动力汽车中，由于制动系统的复杂程度不同，分为液压制动受控与不受控两种方式。对于液压系统受控方式，由于电机制动与液压制动为转矩耦合方式，因此制动系统控制中电机制动和液压制动都已采用了转矩控制方式，可直接对电机控制单元和液压控制控制单元发送转矩指令，实现对制动系统的有效控制。对于液压系统不受控方式，电机仍然采用转矩控制方式，而液压系统完全由驾驶员操作。

在制动系统控制结构上，为了实现手动驾驶与辅助驾驶两种模式，传统智能车辆普遍采用两种方式，可利用已有的 ESP/EHB/EVB 系统进行软件更改，或是在原有的 ABS/TCS/ESP 液压制动系统基础上增加一套单通道/多通道液压制动系统。而传统混合动力汽车，如液压制动系统受控，一般利用已有的 EHB/EVB 系统进行软件更改；如果液压制动不受控，则为保持传统液压制动系统。

因此，智能混合动力汽车的制动系统采用了电机和基于 EHB/EVB 的液压制动的双制动源系统，制动系统的控制系统也采用了先进的分布式控制系统架构、转矩控制方式和线控技术，并采用了分层式控制系统框架。在此基础上，对制动系统的各个子系统的原理、功能、适用范围和动态特性进行了研究分析，并对手动驾驶状态和智能辅助驾驶状态下的制动总成工作状态进行了设计。

（1）两大制动总成动态特性分析

对两种制动系统的动态特性分析如下：

1）电控液压制动系统动态特性。液压制动系统可产生的最大制动力远大于电机制动系统，但受液压系统与机械摩擦部分的非线性影响，其大小难以进行准确的控制。且液压制动系统有一定的响应延时，其延时主要来自两个方面：一是电磁阀的动作滞后，这个时间大约是 10ms；二是电磁阀与轮缸间的液压管路产生的迟滞。这两个原因造成了从目标压力指令发出到轮缸真实压力建立有 10~40ms 的延时以及 50~100ms 的一阶延迟。

表3.5比较了几种不同制动力调节机构的时间响应特性，其中执行机构的传递函数见式（3-67），其中 q 为拉普拉斯算子。由表3.5可见，相比于电机制动系统，所列的各类型液压制动系统的响应时间均较慢。

$$\tau_{iu} = \frac{L_q}{r_s} \tag{3-67}$$

表3.5　不同类型制动执行器的响应时间比较

类　型	τ_D	τ_m
类型Ⅰ（电机制动）	100μs	1ms
类型Ⅱ（液压制动）	5ms	50ms
类型Ⅲ（液压制动）	10ms	50ms
类型Ⅳ（液压制动）	20ms	100ms
类型Ⅴ（液压制动）	30ms	100ms

2）电机制动系统动态特性。永磁异步电机在制动过程中作为发电机使用，将车辆的动能回收为电能储存在电池中，其系统转矩方程与驱动过程中相同，同样可以对制动力矩指令进行快速、精确的响应。

但作为制动系统，电机制动具有以下缺点：①能提供的制动功率及制动力有限；②电机制动性能动态波动性较大；③受限制因素较多，运行可靠性低于一般机械制动系统。

（2）正常制动状态下两大制动总成工作状态设计

在正常制动状态下，电机制动力与液压制动力之和应等于驾驶员的制动需求。在制动过程中，由于电机的恒功率特性及电池容量的影响，电机能提供的最大制动力随车速、电池SOC等参数变化，如图3.37所示。这就需要在制动过程中对回馈制动力与摩擦制动力进行同步协调控制，使二者之和等于驾驶员的制动需求。

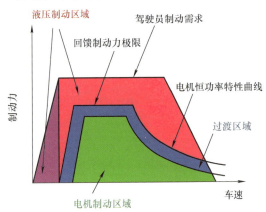

图3.37　正常制动状态下两大制动总成工作状态

当车辆速度很低时，电机无法提供足够的制动力矩，此时由液压制动系统单独工作，提供车辆所需的制动力矩。

当车速较高后，如果所需制动力矩较小，则由电机制动系统单独提供。

当所需制动力矩增大时，进入电机制动系统与液压制动协调控制状态。

当所需制动力矩继续增大,超出电机制动系统最大制动力矩时,由液压制动系统和电机制动系统共同提供制动力矩,保证驾驶员的制动需求得到满足。

参 考 文 献

[1] LI K Q, CHEN T, LUO Y G, et al. Intelligent Environment-Friendly Vehicles: Concept and Case Studies[J]. IEEE Transactions on Intelligent Transportation Systems, 2012, 13(1): 318-328.

[2] 李克强, 陈涛, 罗禹贡, 等. 智能环境友好型汽车结构: 200810223099[P]. 2009-02-04.

[3] CHAKRABARTI A. Sharing in Design: Categories, Importance and Issues[C] // Anon.Proc. Intl. Conf. Glasgow: [s.n.], 2001.

[4] CHAKRABARTI A. A New Approach to Structure Sharing [J]. Journal of Computing & Information Science in Engineering, 2004, 4(1): 11-19.

[5] CHAKRABARTI A. A Method for Structure Sharing to Enhance Resource Effectiveness[J]. Journal of Engineering Design, 2007, 18(1): 73–91.

[6] ULRICH K. Computational and Pre-Parametric Design[D]. Cambridge: MIT, 1988.

[7] SESSLER G M. Silicon Microphones[C] // Anon.Proc. 27th Meeting Acoustical Society of America. Cambridge: MIT, 1994.

[8] CHAKRABARTI A, JOHNSON A, KIRIYAMA T. An approach to Automated Synthesis of Solution Principles for Micro-Sensor Designs[C] // Anon.International Conference on Engineering Design. Tampere: [s.n.], 1997.

[9] MOOKHIAMAR O, ABE M. How the Four Wheels Should Forces in an Optimum Cooperative Chassis Control[J]. Control Engineering Practice, 2006, 14(3): 295-304.

[10] 刘建候. 功能安全技术基础 [M]. 北京: 机械工业出版社, 2008.

[11] 俞佳莹. 车辆侧向目标的超声波传感器阵列感知研究 [D]. 北京: 清华大学, 2016.

[12] LIU Z, DENG W, LI Y, et al. Physical Modeling Method on Ultrasonic Sensors for Virtual Intelligent Driving[C]//SAE. SAE Technical Paper 2016-01-1901, doi: 10.4271/2016-01-1901.[S.l.]: SAE, 2016.

[13] DENG W, DAI J, ZHAO Q, et al. Modeling of Range Sensing and Object Detection for Vehicle Active Safety[C] // IEEE. Proceedings of the 12th International IEEE Conference on Intelligent Transportation Systems, St. Louis: IEEE, 2009.

[14] DENG W, ZENG S, ZHAO Q, et al. Modelling and Simulation of Sensor-guided Autonomous Driving[J]. Int. J. Vehicle Design, 2011(56): 341-326.

[15] LI Y, WANG Y, DENG W, et al. LiDAR Sensor Modeling for ADAS Applications under a Virtual Driving Environment[C] // SAE. SAE Technical Paper 2016-01-1907, doi: 10.4271/2016-01-1907. [S.l.]: SAE, 2016.

[16] 王昶. 传感器网络最优感知问题研究 [D]. 西安: 西安电子科技大学, 2014.

[17] 周广涛, 蔡金涛. 雷达的探测概率和信噪比 [J]. 系统工程与电子技术, 1986(12): 45-60.

[18] 万谦, 杨晓军, 严循如. 军用车载电子装备集成设计概论 [M]. 北京: 国防工业出版社, 2015.

[19] DEB K, PRATAP A, AGARWAL S, et al. A Fast and Elitist Multiobjective Genetic Algorithm: NSGA-II [J]. IEEE Transactions on Evolutionary Computation, 2002, 6(2): 182-197.

[20] ARROYO J E C, ARMENTANO V A. Genetic Local Search for Multi-objective Flowshop Scheduling Problems [J]. European Journal of Operational Research, 2005, 167(3): 717-738.

第 4 章 智能环境友好型车辆的信息融合技术

对车辆状态与复杂的行驶环境状态进行准确的识别，是智能环境友好型车辆进行安全节能控制的必备信息基础。对于集成复杂机电系统、面向时变交通环境、实现多性能目标控制的 i-EFV，全面的车辆状态与环境信息识别主要存在以下三个问题：基于车 - 车通信、车 - 路通信、远程无线通信以及车载传感系统所获取的信息数据量大，存在重叠和冗余，需要一体化分析与处理，形成对车辆及环境的统一描述；车辆行驶环境复杂多变，现有传感系统获取的信息受干扰严重，需要综合多源传感器相互冗余的特性，获取准确的目标信息；准确的驾驶员 - 车辆 - 道路交通环境特征信息，无法通过传感器直接获取，需要融合多源信息，进行综合分析。因此，为有效利用多源、冗余的数据信息，实现对车辆状态和交通环境的准确识别和预测，需要采用系统的信号处理方法。

智能信息交互系统通过车载通信模块实现了"人 - 车 - 路"的信息交互，使得 i-EFV 不再是道路交通体系的信息孤岛，对于车辆和行驶环境状态的感知依据除了传统的车载传感系统数据，更增加了全方位的多源传感信息流，这极大地拓展了其环境感知的能力外延，也提出了多源异质数据融合处理与应用的工程问题。

4.1 多传感器信息融合技术及研究现状

信息融合又称数据融合，也可称为传感器信息融合或多传感器信息融合，是指将多源交互信息在空间和时间上的互补与冗余组合优化，产生对于观测环境的一致性描述。它是一个对从单个和多个信息源获取的数据和信息进行关联、相关和综合，以获得精确的位置和身份估计，以及对态势和威胁及其重要程度进行全面及时评估的信息处理过程。

信息融合技术是指利用计算机技术对来自多传感器（同类或不同类）探测的多源信息按一定规则进行自动分析和综合后自动生成人们所期望的合成信息的信息处理技术。它包括多类型、多源、多平台传感器所获得的各种情报信息（如数据、照片、视频图像等信息）进行采集、传输、汇集、分析、过滤、综合、相关及合成，快速进行情报处理和自动图形标绘。按照这一定义，多传感器系统是信息融合的硬件基础，多源信息是信息融合的加工对象，协调优化和综合处理是信息融合的核心。

采用信息融合技术有以下优点：

1) 提供稳定的工作性能。系统中各传感器彼此独立地提供目标信息，任一传感器失效、受到外界干扰而探测不到某目标时,并不影响其他传感器的工作性能。

2)提高空间分辨力。利用多传感器可以用几何方法形成一个传感器孔径,以获得比任何单一传感器更高的分辨力。

3)获得更准确的目标信息。多传感器提供的不同信息减少了关于目标或事件的假设集合。此外,对同一目标或事件的多次(同一传感器的不同时序)或多个(同一时刻不同传感器)独立测量进行有效综合可以提高可信度,改进检测性能。

4)获得单个传感器不能获得的目标信息。传感器之间的互补性可以扩大空间、时间的覆盖范围,增加测量空间的维数,减少电子对抗措施(隐蔽、欺骗、伪装)和气象、地形干扰而造成的检测盲点。多传感系统固有的冗余度,将改进系统工作的可靠性和容错性。

在智能环境友好型车辆应用信息融合技术能综合 i-EFV 车载传感系统与无线通信等多源信息,依据某种原则优化组合各信息在空间和时间上的互补与冗余信息,获取对目标及其变化特征的准确描述[1]。

在智能化车辆的环境感知技术中,传感器扮演着采集周围环境信息的重要角色。常见的车载传感器主要有单目相机(Monocular camera)、双目相机(Binocular camera)、毫米波雷达(Millimeter-wave Radar,简称 Radar)、激光雷达(Light Detection And Ranging,LiDAR)、超声波雷达(Ultrasonic Radar)和红外传感器(Infrared sensor)等。不同的传感器有各自的优缺点和适用条件。

以单目相机为主的视觉传感器,因其高性价比的特性,是目前自动驾驶领域最主流的车载传感器之一。基于视觉传感器的目标识别技术主要分为传统方法和基于深度学习的方法。前者包括基于尺度不变特征变换(Scale-invariant Feature Transform)、梯度直方图(Histogram of Oriented Gradient)、颜色相似度(Color Self-Similarity)等特征提取方法和支持向量机(Support Vector Machine,SVM)等分类方法,后者主要基于卷积神经网络(Convolution Neural Network)、稀疏自动编码器(Sparse Autoencoder)、循环神经网络(Recurrent Neural Networks)等模型来识别目标。视觉传感器具有目标分类能力强、横向运动探测能力强等优点,但对恶劣环境条件,如雨雾天气、光照条件不佳等情况的适应度较差。且单目相机的测距精准性不高,对目标纵向运动不敏感。Mobileye 公司提供了业界顶尖的机器视觉解决方案,但其产品说明中也明确表示,产品不能保证在光照条件差的情况下可以有效工作。

毫米波雷达在一定程度上能够解决视觉传感器的固有缺陷。其主要应用于 ADAS 中的自适应巡航控制(Adaptive Cruise Control)、自动紧急制动(Autonomous Emergency Braking)等系统,也在自动驾驶汽车中扮演着检测动态目标的重要角色。但毫米波雷达的感知视野较窄,在弯道和邻车切入的行驶工况下不易及时检测到前方车辆,且对目标的横向运动不敏感。

激光雷达由于在目标识别与跟踪方面具有视野宽广、测距精度高、目标分类能力强等优势,在自动驾驶方案中占据重要的地位。但激光在恶劣天气(如雨雪天、雾天)的衰减率下降,会导致激光雷达的感知距离受到影响,且其速度测量的原理是对距离进行微分,测速性能一般。

单一传感器各有优缺点,不能完全胜任自动驾驶环境感知的任务。多传感器融合技术是一种实现不同传感器优势互补、提高自动驾驶环境感知性能的主流方法。多传感器信息融合（Multi-sensor information fusion）指的是利用计算机对多源感知信息进行处理，以实现综合利用感知信息的理论与方法[2]。总的来说，利用信息融合方法对各传感器所产生的环境感知数据进行合理的整合与使用，再根据各传感器的感知模型（包括识别范围、精度等）和依据一些优化方法，将所有量测数据进行时间和空间上的统一描述，能有效解决单一传感器感知视野窄、感知目标类型少的固有缺陷，从而获得更为稳定和精准的环境感知结果。

根据不同的数据抽象层次，多传感器信息融合方法可分为三类：数据级融合、特征级融合和决策级融合[2-3]。图4.1所示为三类融合方法的结构示意图。

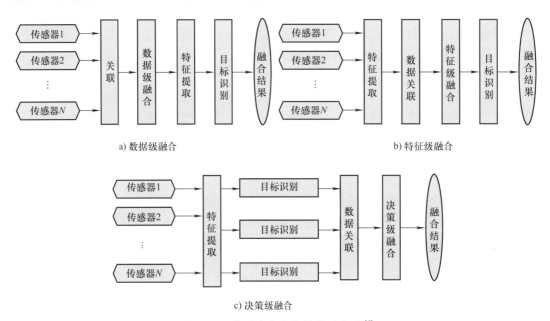

图 4.1　三类融合方法的结构示意图 [4]

这三种融合方法的特点如下：

1）数据级融合，亦称低层次融合。在数据级融合中，不同传感器的原始量测数据得到了直接的利用，被整合为新的量测信息进行特征提取和目标识别的决策判断。其信息利用率最高，但处理数据量最大，处理时间也最长。

2）特征级融合，亦称中层次融合。中层次融合首先从不同传感器提供的原始数据中提取出各自的特征元素，然后将其结合得到新的特征元素以供后续的决策判断。该方法能实现一定的数据压缩，也能保证不损失过多的融合精准度。

3）决策级融合，亦称高层次融合。在高层次融合中，首先由各个传感器单独处理原始数据并做出决策判断，如判断道路目标属于哪种类型，然后将这些决策结合以做出系统的整体决策。该处理方法的信息损失率最高，但计算量小，且便于处理异质的传感器数据。

传统的估计理论和统计推理理论为多传感器融合技术奠定了良好的基础，其主要包括卡尔曼滤波（Kalman Filter，KF）、扩展卡尔曼滤波（Extended Kalman Filter，EKF）、无迹卡尔曼滤波（Unscented Kalman Filter，UKF）、基于随机采样的粒子滤波（Partical Filter，PF）、马尔科夫链蒙特卡洛法（Markov Chain Monte Carlo，MCMC）以及基于统计推理的证据理论（Evidence theory）、随机集（Random set）等。除此之外，一些应用于多传感器融合领域的新方法也涌现出来，成为助力多传感器融合技术发展的重要力量，其中包括人工神经网络（Artificial Neural Network，ANN）、遗传算法（Genetic Algorithm）等人工智能方法和最大熵方法等信息论方法。例如，文献 [5] 基于激光雷达和车载相机的特征级融合信息，采用 ANN 和 SVM 的方法对自动驾驶汽车提供可通行道路区域的检测，适用于结构化和非结构化道路。另外，文献 [6] 提出了一种基于无监督式学习（Unsupervised learning）的多传感器融合方法，利用一种可靠的主要传感器观测来训练另一种辅助传感器的观测模型，并通过理论推导得出了在目标信息的先验知识充足或辅助传感器足够准确时，这种基于自监督式学习的传感器融合的性能优于仅依靠其中任何一个传感器的结论。

在自动驾驶的环境感知技术中，国内外已有相当多成熟的研究成果，包括车辆自定位、静态环境地图构建和动态目标检测与跟踪等。

在车辆自定位方面，全球定位系统（Global Positioning System，GPS）和惯性测量单元（Inertial Measurement Unit，IMU）相结合的解决方案是最主流和最成熟的[7-10]。其中前者可定频率地获取自车准确的经纬度位置信息，后者在前者信号受干扰或阻截时为车辆定位提供精准的空间各向的角加速度和线加速度，并对它们积分得到位姿变化量。将这两种信息源融合起来的方法主要是基于估计理论的 KF、EKF 或动态卡尔曼滤波（Adaptive Kalman Filtering），融合的层级属于数据级融合。

在静态环境地图构建方面，自动驾驶汽车在不依靠高精度地图和 GPS 定位的情况下，在未知环境移动时对自车位姿进行估计和对周围静态环境进行增量式地图构建，一般采用的技术为基于激光雷达或视觉传感器的即时定位与地图构建（Simultaneous Localization And Mapping，SLAM）技术。而融合激光雷达和相机的 SLAM 技术由于能同时获得充分的颜色信息和精准的深度信息而受到关注。为提高基于点云 SLAM 的闭环检测效果，Newman P. 等人采用图像信息辅以检测建图的闭环[11]，此二者的结合属于决策级融合。随后，Danelljan M. 等人提出了一种相机和激光雷达融合的 SLAM 方法，基于两者特征的统计特性来实现数据帧间关联，这属于特征级融合方式[12]。另外，参加美国国防部先进研究项目局（Defense Advanced Research Projects Agency）无人车挑战赛的麻省理工学院（Massachusetts Institute of Technology）参赛车辆 Talos，结合不同感知范围的激光雷达检测非结构化道路上可能存在的危险区域，采用的是数据级融合方式[13-14]。同样，布伦瑞克工业大学（Technical University of Braunschweig）的参赛车辆 Caroline，通过处理立体相机（Stereo camera）、单目相机和激光雷达的数据得到车辆周围环境的栅格化地图，其中立体相机用以判断前方路面是否有障碍物及其类型和位置，激光雷达用以得到障碍物的精确位置，单目相机通过颜色分析来辅助前两者判断路面障碍物的类型[15]。这三个传感器均分别输出栅格化地图的占据概率，其融合方式为决策级融合。

在动态目标检测与跟踪方面，多数研究采用的是特征级融合或决策级融合的多传感器融合方法。Steux B. 等人采用 4 个车载单目相机和 1 个前向毫米波雷达进行特征级融合的目标识别方法研究，以解决使用单一传感器时的目标漏检问题[16]。而对于决策级融合方式，动态目标跟踪的多传感器融合方法一般分为轨迹级融合（track-level fusion）与检测级融合（detection-level fusion）[17-18]。其中，轨迹级融合指的是各传感器的目标跟踪器将各自的跟踪轨迹发送给融合中心进行整合处理，以提高融合中心的计算和通信效率；检测级融合指的是各传感器将其每帧的检测目标量测直接发送给融合中心来生成融合后的跟踪轨迹，以提高传感器的信息利用率。

在应用层面，由美国 Tesla 公司升级的 Autopilot 8.0 系统相较于其过去的系统，大大增加了车载摄像头、超声波雷达和毫米波雷达的数量，以实现动态目标检测的冗余和容错功能。这体现出将来自动驾驶传感器布置方案的趋势是多个数、多类型传感器的结合。图 4.2 所示为 Tesla 公司 Autopilot 系统传感器布置方案和探测范围。

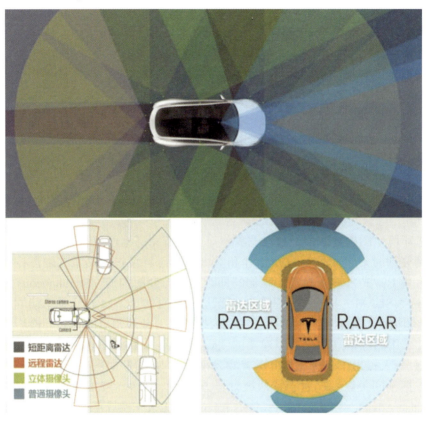

图 4.2　美国 Tesla 公司 Autopilot 系统传感器布置方案和探测范围

4.2　智能环境友好型车辆的信息融合系统架构

目前，多传感器信息融合技术在 ITS 中已得到了部分研究和应用，如基于雷达与摄像头融合的前车识别等。然而，常规智能汽车对于环境信息、车辆运动状态的识别，主要是针对单一的应用功能，如自适应巡航、车道保持、车辆稳定性控制等，且其主要依靠某一种或两种传感器进行融合识别，以获取特定的目标信息。由于传感信息源仅为一个或者两个，使得其对传感器信息尤其是潜在的特征信息综合利用率较低，无法实现对于驾驶员 - 车辆 - 道路形成的"人 - 车 - 路"道路信息及特征信息的全面识别。同时，由于现有信息融合方法仅是针对特定控制功能，无法形成应用于车辆多目标、多模式与多系统综合控制的环境信息识别支撑体系。因此，对于集成车 - 车通信、车 - 路通信、远程无线通信以及车载传感系统的 i-EFV 智能信息交互系统，如何建立集成多传感及多通信系统的多源信息融合体系架构，综合多传感系统冗余信息，克服环境变化干扰，获取准确的"人-车-路"状态信息，提取"人-车-路"特征信息，预期"人-车-路"安全、舒适、节能与环保状态，为 i-EFV 的综合优化控制提供信息基础及有效参考，是车辆获取综合优化性能的关键之一。

基于 i-EFV 对车辆状态与交通环境信息、特征信息及预期状态的识别需求，提出 i-EFV 信息融合系统整体架构，如图 4.3 所示。与单纯基于车载传感器的传统信息融合不同，i-EFV 信息融合系统是集成了 i-EFV 车辆、邻车、道路基站以及远程基站等为一体的实时通信及信号综合处理系统。其中，邻车系统用于车-车信息交互，道路基站及后台系统用于车-路信息交互及相关数据处理，远程基站则基于远程无线通信模块与手机及互联网连接，为车辆的实时运动与控制提供相关的信息服务，而 i-EFV 直接和自车行驶与综合控制相关。

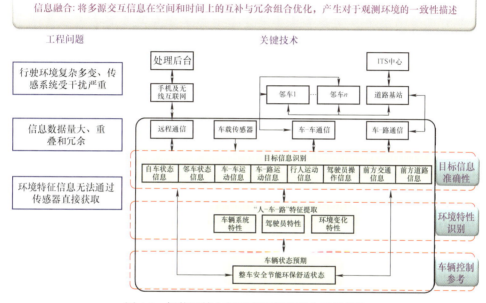

图 4.3　智能环境友好型车辆信息融合系统架构

在该 i-EFV 信息融合系统中，车-车交互主要用于传递车辆状态以及车间状态信息，不涉及相应的信号处理；道路基站及后台的 ITS 中心为集成车-路信息交互与信息处理的综合系统，接收附近车辆运动信息以及故障状态信息，并结合 GPS/GIS，通过信息融合处理，获取当前交通流信息以及前方道路状态等信息；远程基站与互联网连接，基于用户需求进行实时查询，实现相关信息的上传和下载，同时应用互联网处理后台的云计算等方式实现大规模数据的分析与计算，进一步支撑 i-EFV 的多任务行驶；i-EFV 则根据车-车交互、车-路交互、远程通信以及车载传感信息，应用分层信息融合方法，对车辆运行状态以及交通环境信息进行实时的识别与预测。

综合考虑 i-EFV 智能信息交互系统组成特点、整车优化控制的需求以及 i-EFV 信息识别存在的主要问题，将 i-EFV 信息融合分为以下三个层次：

1）目标信息识别。重点解决复杂时变环境因素所引起的传感系统目标识别准确性问题，获取全面的"人-车-路"多目标信息，包含自车状态信息、邻车状态信息、车-车运动信息、车-路运动信息、行人运动信息、驾驶员操作信息、前方交通信息和前方道路信息等。

2)"人-车-路"特征提取。基于上一级获取的多目标信息，利用特征分析与融合，构造"人-车-路"特征信息，包含车辆系统特性信息、驾驶员特性信息以及环境变化特性信息等。

3）车辆状态预期。基于"人-车-路"多目标信息与"人-车-路"特征信息，融合i-EFV系统模型、系统控制模型，对整车安全、舒适、节能与环保状态进行评估及预测，作为车辆综合控制的参考。

4.2.1 目标信息识别

每一种传感器以及通信设备都具有自身特定的适用环境，在i-EFV行驶环境复杂变化的情况下，其传感系统以及通信系统易受环境变化的干扰，如车辆运动姿态、光照、噪声、建筑物、天气等，实现全工况下环境信息的准确识别不能单纯依靠同一传感器获取的信息。目标信息识别融合方法，就是通过对同一传感器不同时空信息的联合估计、多传感器相同目标的特征关联等方法，实现对于i-EFV车辆部件状态与运动状态的准确辨识，重构i-EFV与行驶道路、局部范围内行驶车辆、行人的相互关系。基于多源信息的目标识别融合，是实现车辆对于自身及行驶环境准确感知及预测的基础，其识别是基于各传感系统的原始信息，具有处理数据量大，涉及信息面广（包含"人-车-路"信息的全面识别）的特点，是i-EFV信息融合的核心内容。

为实现对于车辆以及行驶环境信息的重构，基于多源信息融合的目标信息识别主要涉及以下三项关键技术：①"人-车-路"环境元素特性分析与建模；②基于特定环境元素的目标信息辨识；③大地坐标下的车辆与环境系统建模。

"人-车-路"环境元素特性分析与建模，主要分析车辆行驶环境下行人、运动车辆、固定物体、道路标识等元素的轮廓与运动特性，建立用于传感器识别的元素特征分类及其模型数据库，这是实现对于车辆与环境信息重构的基础，目前此方面的探讨还很少，迫切需要从系统的角度对各元素特性进行深入的分析与研究。

基于特定环境元素的目标信息识别，采用分布式数据融合结构，如图4.4所示。对于传感器 i（i=1,2,…,N）所获取信息，首先进行信号预处理，根据观测时间、传感器类型与属性进行数据的筛选与归并，实现信号的分选与误差补偿等。其次，基于每一传感器信息，在时间、空间以及时空上进行数据的位置级融合，包括数据校准、数据互联、目标跟踪与状态估计等，获取基于单一传感器的准确目标信息[4]。最后，进行多传感器融合，基于多传感器信息、车-车通信信息以及车-路通信信息的属性及适用性，进行数据组合、联合估计，以获取适应复杂交通环境的目标信息。

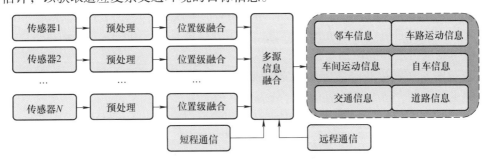

图4.4 目标信息识别结构示意图

针对 i-EFV 车辆及环境信息识别的需求，基于特定环境元素的目标信息辨识，主要包含以下研究内容：①基于雷达、摄像头、无线通信与车辆传感系统多源信息融合的自车-邻车相对运动、自车-行人相对运动以及自车-道路相对运动信息识别，包含自车-前车相对距离和相对速度、自车-旁车相对距离和相对速度、自车-行人相对距离和相对速度、车辆所处车道位置和车道线位置等；②基于无线通信、GPS、GIS 与车辆传感系统多源信息融合的车辆运动姿态及道路状况识别，包含车辆纵向/横向加速度、车辆纵向/横向速度、横摆角速度、质心侧偏角、路面附着系数等；③基于车载传感系统多源信息融合的车辆部件工作状态识别，包含发动机、电机、电池、控制器工作状态等。

目前，国内外在基于车载多传感器信息融合的目标识别等方面已经开展了部分研究。而随着通信技术的不断成熟及应用，综合利用车-车、车-路以及远程无线通信的信息融合方法亟须进一步研究。

在获取车辆与环境各元素识别信息后，要求基于大地坐标系，对车辆与环境系统进行统一的建模，以获取对于车辆及其运行交通环境的统一数学描述。目前已有针对部分环境元素的车辆系统建模的研究，如基于车-车通信的十字路口车辆建模。而以"人-车-路"系统为对象，面向车辆实时动力学优化控制，兼顾模型完整性、准确性以及精简性的建模方法，还有待进一步研究。

4.2.2 "人-车-路"特征提取

尽管车辆行驶环境复杂多变，但固定对象的变化具有一定的连续性，且不同的目标信息之间总是存在内在的联系，i-EFV 要实现优化的综合控制，需要综合考虑"人-车-路"系统的特征信息。多信息特征提取的算法基本结构如图 4.5 所示，首先对于识别的目标信息 i，进行特征向量的提取；针对各特征向量，进行特征数据关联，基于关联后的特征信息进行特征层的融合以获取"人-车-路"特征信息。

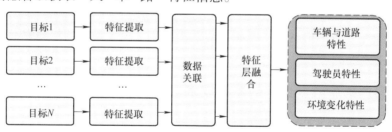

图 4.5 "人-车-路"特征提取结构示意

目前已有基于部分传感器信息对交通统计特征、驾驶员特征以及车辆部分特性参数等车辆及环境特征进行提取的研究，而基于完整的"人-车-路"多目标信息，综合进行环境变化特性、驾驶员纵向/横向行为特性以及车辆特性参数的识别方面，有待进一步的研究。"人-车-路"特征提取的主要研究内容包含：①基于交通信息、邻车信息与车间运动多源特征融合的前车运动统计特性（速度、加速度）、行人行为特性、旁车运动特性（换道、超车、速度及加速度）等环境变化特性信息；②基于交通信息、自车信息、车间运动信息、邻车信息多源特征融合的驾驶员纵向/横向驾驶行为特性信息；③基于自车信息、道路信息等多源特征融合的车辆及道路特性参数，如车重、悬架刚度、地面滚动阻力、道路坡度、路面附着系数等。

4.2.3 车辆状态预期

车辆状态预期通过综合目标识别信息与"人-车-路"特征信息，对整车当前与预期安全/节能/环保/舒适状态进行评估，作为车辆综合协调控制参考，如图 4.6 所示。对于车辆预期状态的估计，要求综合考虑各类目标信息以及"人-车-路"特性参数，同时结合 i-EFV 系统模型及控制策略模型，以估计车辆预期状态，包含车辆基本运动、部件工作以及相应产生的整车效率及驾驶员感受等预期状态参数，而后考虑系统环境约束、驾驶员特性等进行综合评估，获取车辆预期的安全、舒适、节能与环保状态。

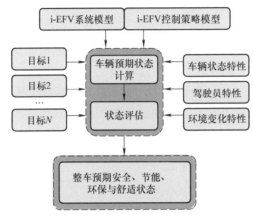

图 4.6 车辆状态预期结构示意

目前基于多源信息的系统状态评估及预期方法，主要应用于军事领域，且此类方法主要依靠专家系统、实际经验等进行设计。在汽车领域，融合全面的"人-车-路"信息，评价并预期车辆安全、舒适、节能与环保的综合运行状态的研究还比较少。开展此类研究，对于有效地识别车辆及环境状态、准确估计车辆当前及未来潜在的行驶安全性、提高系统运行经济性具有重要的意义。

4.2.4 多源信息融合系统的关键技术

作为一种本身表现为复杂机电耦合系统，同时又具备交通网、能源网、车联网运行节点特征的新概念车辆，智能环境友好型车辆的信息来源具有多源、异构、变尺度的特点。多源是指传感器类型多，有视觉、雷达、V2X 等多种传感器；异构是指不同传感器的输入数据结构不完全相同，有目标点数据、地图数据、自身 GNSS 坐标等；变尺度指的是对于某些相同的数据结构，不同的传感器的分辨率和时空基准是不一样的，比如视觉和毫米波雷达的测量精度就不一样，而且由于它们摆放位置以及工作时钟不同，导致其时空基准是不一样的，如图 4.7 所示[19]。

智能环境友好型车辆的信息融合涉及单车多传感器信息融合和多车多传感协同定位两个维度，均采用目标级融合的信息融合感知方法，涵盖的关键技术主要包括：时空基准对齐技术、多目标关联技术、参数融合技术、多目标跟踪与预测技术和目标的分类识别技术等，如图 4.8 所示[19]。

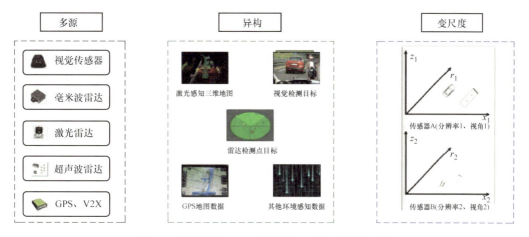

图 4.7 智能环境友好型车辆信息融合的数据特征

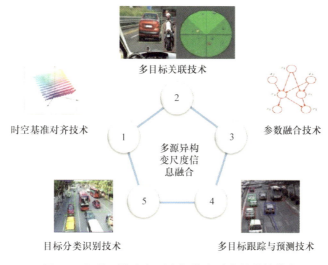

图 4.8 智能环境友好型车辆信息融合的关键技术

1）时空基准对齐技术：因为不同传感器安装位置不一样，时钟基准不一样，进行目标级融合前需要通过空间旋转变换和时间外推来实现时空基准对齐。

2）多目标关联技术：智能汽车多传感环境感知中存在多个相同目标，需要通过时空距离和轨迹相关进行多目标关联，保证后续的目标级融合顺利进行。

3）参数融合技术：对于目标的一个参数，有多个传感器的观测，比如毫米波雷达和视频都可以得到目标的距离，此时通过最大似然估计等融合方法可以提高对目标参数的估计精度。

4）多目标跟踪与预测技术：在得到目标的点迹后，就可以通过运动方程对目标的轨迹进行跟踪和预测，从而得到形成局部环境的交通态势图，由此进一步可以估计出本车的可行驶区域。

5）目标分类识别技术：通过多传感器的目标关联，可以获得目标的多个特征，因此可以大大提高对目标的识别概率。例如，视频只能通过图像来识别，但是融合了雷达以后，还可以获得目标的速度信息和 RCS 信息，将这些信息结合起来，可以大大提高目标的识别率。

4.3 基于信息融合的交通环境与车辆状态感知技术

智能环境友好型车辆是集感知、决策、控制、执行等功能于一体的智能体，随着汽车智能化程度的日益提高，车辆需要获取的信息不断拓展，探测范围逐步从自车状态到车辆周边环境，再到整个交通网动态运行的相关要素信息。在上述诸多功能中，车辆运行的状态和行驶环境的感知系统是智能环境友好型车辆其他功能得以实现的信息入口和基础，感知系统获取周围环境和车辆状态信息时的实时性和稳定性，直接关系到后续决策的成败。为了满足其对感知范围和感知精度的要求，智能汽车环境感知一直在不断完善和进步，从单车单一传感器感知周围车辆和障碍物位置、运动状态正逐步走向单车多传感器融合感知技术阶段，并进一步发展到利用车车/车路通信技术实现多车多传感器协同感知的技术阶段。

基于多源信息融合的环境与车辆状态感知系统的总体框架如图 4.9 所示。系统主要采用了多传感器融合技术以及多信息源、多特征融合的方法，根据汽车实际行驶过程中环境感知的特点，合理安排了各子算法模块的执行顺序和中间识别结果的信息流向，并且通过对算法的优化处理，使得系统在满足横、纵向环境感知需要的同时符合实时性要求。

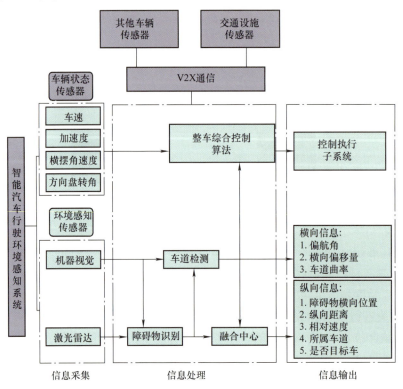

图 4.9　环境与车辆状态感知系统总体框架

系统分为信息采集、信息处理及信息输出三个部分。要实现系统的预定功能，首先需要获得实时、准确的行驶环境信息和自车状态信息，本系统采用单目视觉与激光雷达获取车行驶过程中的环境信息。

在信息处理部分,主要利用车道检测、障碍物识别算法对车辆行驶过程中的车道线及路面行驶的其他车辆进行识别,根据车道及车辆的识别结果对前方行驶的车辆划分了其所属的车道并从中挑选出目标车以用于前撞报警或作为巡航系统的跟车目标。同时,根据本车状态信息以及车道、车辆识别结果,结合车道保持控制算法,生成横向控制指令以用于车道保持功能。本系统的特色主要体现在信息处理环节对横、纵向环境信息以及中间识别结果的融合利用。在现有的环境感知技术研究中,出于纵向及横向主动安全功能的不同需求,往往将车辆及车道的识别割裂开,没有进行综合的考虑。本系统定位于同时感知智能车横、纵向环境信息,一方面使得设计的系统能应用于多种智能车主动安全功能,另一方面,通过控制子算法的执行流程以及系统内部的信息流向,提高了系统的性能和环境感知的效果。系统子算法的融合流程如图 4.10 所示。

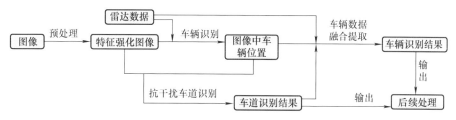

图 4.10　系统子算法的融合流程

在行驶环境感知系统的总体算法框架内,首先通过对图像进行预处理操作完成了系统的数据准备工作,经过车辆、车道线特征增强之后的图像与雷达数据、本车状态信息共同组成系统的数据源,并提供给后续的算法进行进一步的处理。随后,算法融合雷达数据以及图像信息进行车辆的识别,由于系统定位于前方多车的识别与跟踪,并没有局限于本车道的车辆识别,因此在车辆识别的过程中不需要车道位置的先验知识。为了能够提高车道检测算法在多车行驶路面上的抗干扰性能,结合车辆识别结果设计了基于点集优化的车道识别方法,有效提高了算法的鲁棒性。最后,车辆及车道的识别结果同时输送给融合中心,根据前方多个车辆的特征参数完成目标车的识别。

经过信息处理后的数据将提供给后续的控制或报警模块以完成特定的主动安全功能。对于车道检测的结果,将直接把车道线参数以及本车与车道之间的位置关系数据输出给横向主动安全系统的功能模块,在车道保持系统中,车道信息就是控制器的输入参数。作为纵向的主动安全应用,没有把车辆识别结果直接作为输入,而是在融合中心综合利用车道及车辆识别结果提取了车辆的位置信息、相对速度信息以及所属车道信息,并且对车辆是否是目标车进行了判断,最后将车辆的这几项特征数据作为纵向系统的输入参数。在系统的中采用了图 4.11 所示的开发流程。

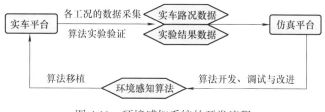

图 4.11　环境感知系统的开发流程

为提高车辆识别算法的准确性及实时性，融合激光雷达获取的障碍物数据以及视觉信息对前方行驶的车辆进行探测，算法的整体结构如图 4.12 所示。

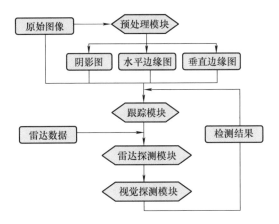

图 4.12 车辆识别算法结构图

算法主要由 4 个模块构成。预处理模块负责对摄像机拍摄到的原始图像进行处理，从而得到后续识别所需要的图像，包括车辆下方的阴影图像、抽取出的水平边缘图像以及垂直边缘图像。跟踪模块根据上一轮车辆识别结果对这些目标进行跟踪，如果确认目标依然存在，则划定为本轮探测到的车辆；如果确认目标已消失，则将此目标从跟踪档案中删除，使用车辆跟踪技术可以降低算法的执行时间。雷达探测模块将雷达数据和跟踪模块检测到的车辆位置进行对比，对于雷达新探测到的目标物，雷达探测模块负责在图像中进行确认，如果目标物得到确认，则加入本轮识别结果中。视觉探测模块则对图像进行补充检测，对于跟踪模块和雷达探测模块已检测到的图像区域，视觉模块不再进行重复检验，因此大大缩小了需要检测的图像范围。

作为信息融合技术的一项重要应用，检测融合能够为判别候选目标是否为真实目标提供冗余信息并增强判别的可信度。为了更加有效地综合利用提取到的车辆在图像中的多种特征以及雷达数据，设计了一种应用模糊逻辑的多级融合车辆识别判决算法，其层级结构如图 4.13 所示。

融合判决算法分为三个层次，第一个层次是候选车辆目标的假设生成，在这个部分通过对雷达数据、车辆阴影特征以及车辆边缘特征的综合分析，提取出符合可变模型的车辆可能存在区域，作为车辆识别的候选目标。由于路面阴影、路边栏杆以及道路上方高架桥等的干扰，在第一个层次识别得到的候选目标当中，车辆占据区域的边界界定可能是不准确的，因此在第一个层级之后进行了对于候选目标的形状规整，通过能量密度检验、形状检验以及重叠性检验，提高了车辆边界界定的准确性，而这种准确性的提高对于后续的假设验证是非常有益的。形状规整层级对车辆候选目标的判决不起决策作用，仅仅是为后续检验服务。对于假设生成的那些车辆目标，其中一些目标的置信度非常高，可以直接作为获取的车辆结果，但是有一些目标的置信度不够高，需要进一步经过假设验证，才能作为识别结果，在假设验证层级利用零高度假设检验、熵值检验以及对称性检验，对经过形状规整的车辆区域进行验证。

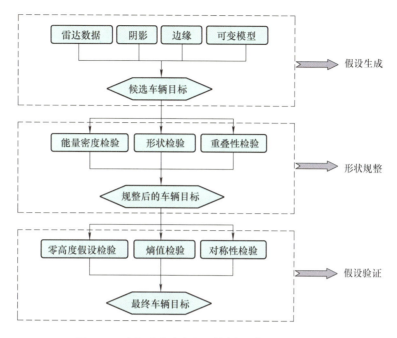

图 4.13 多级融合车辆识别判决的算法层次结构

4.4 多源传感器信息的空间同步

利用单一传感器进行智能车前方行驶区域的障碍物识别常常面临误检率、漏检率较高的问题,对雷达与机器视觉获取的行驶环境信息进行融合并应用于智能车的障碍物规避,能够极大地提升系统对障碍物识别的正确性,但是对两种传感器获取的数据必须进行空间同步,才能使得雷达与机器视觉获取的信息相匹配,否则将会影响融合结果的准确程度。

本节提出了对激光雷达和摄像机这两种传感器信息进行空间同步的"四点"标定方法,与现有同步方法相比,该方法具有三个优点:①该方法只需利用汽车前方 10m 区域即可完成标定与同步,能够满足未来产业化时需要在狭小的车间内完成传感器标定工作的要求;②只需要对两种传感器光轴的水平夹角以及摄像机的俯仰角进行标定,需要标定的参数少,标定方法简单易行,并且准确度较高;③在智能车行驶过程中,该方法能够利用车道线平行假设对摄像机俯仰角度的变化做出实时的补偿,从而提高了该同步方法的实用性。

4.4.1 多坐标系融合关系建立

在对雷达和机器视觉信息进行空间同步之前,首先要建立两种传感器的坐标系关系。定义雷达坐标系 O_L-X_L-Y_L:坐标原点为汽车上雷达安装位置在地面上的投影点,Y_L 轴方向为雷达中心轴(即光轴)的方向;定义摄像机坐标系 O_C-X_C-Y_C:坐标原点为摄像机在地面上的投影点,Y_C 轴方向为摄像机光轴的方向;定义图像坐标系 O_I-X_I-Y_I:坐标原点为摄像机拍摄图像的中心像素点,Y_I 轴方向为图像的高度方向。

雷达坐标系和摄像机坐标系之间的关系如图 4.14 所示。

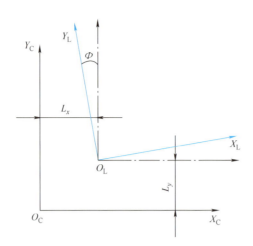

图 4.14　雷达坐标系和摄像机坐标系之间的关系

其中 L_x 为两个坐标系的横向偏移，L_y 为两个坐标系的纵向偏移，Φ 为两个坐标系 Y 轴之间的水平角。

雷达坐标系与摄像机坐标系之间的转换关系见式（4-1）和式（4-2）。

$$\begin{cases} X_C = X_L \cos\Phi - Y_L \sin\Phi + L_x \\ Y_C = Y_L / \cos\Phi + (X_C - L_x)\tan\Phi + L_y \end{cases} \quad (4\text{-}1)$$

$$\begin{cases} Y_L = (Y_C - L_y)\cos\Phi - (X_C - L_x)\sin\Phi \\ X_L = (X_C - L_x)/\cos\Phi + Y_L \tan\Phi \end{cases} \quad (4\text{-}2)$$

式（4-1）是从雷达坐标系到摄像机坐标系的转换关系，式（4-2）是逆转换关系。两个坐标系的平移关系 L_x、L_y 可以测量获得，两个坐标系 Y 轴之间的水平角 Φ 需要通过标定获取。由于这个转换过程仅涉及两个坐标系之间的平移和旋转，因此转换公式的推导不在这里赘述。

摄像机坐标系与图像坐标系之间的坐标转换关系见式（4-3）和式（4-4）。

$$\begin{cases} P_y = \dfrac{h(H\tan\gamma_0 + 2p_y \tan\alpha_0)}{H - 2\tan\gamma_0 \tan\alpha_0 p_y} \\ P_x = \dfrac{2p_x \tan\beta_0 \sqrt{h^2 + P_y^2}\cos(\arctan\dfrac{2p_y \tan\alpha_0}{H})}{W} \end{cases} \quad (4\text{-}3)$$

$$\begin{cases} p_y = \dfrac{P_y H - Hh\tan\gamma_0}{2P_y \tan\gamma_0 \tan\alpha_0 + 2h\tan\alpha_0} \\ p_x = \dfrac{P_x W}{2\tan\beta_0 \sqrt{h^2 + P_y^2}\cos(\arctan\dfrac{2p_y \tan\alpha_0}{H})} \end{cases} \quad (4\text{-}4)$$

其中：(P_x, P_y) 是摄像机坐标系中任意一个点的坐标；(p_x, p_y) 是图像坐标系中对应点的坐标；H 是图像的高（单位为像素）；W 是图像的宽度（单位为像素）；h 是摄像机的安装高度；$2\beta_0$ 是摄像机的水平视场角；$2\alpha_0$ 是摄像机的垂直视场角；γ_0 是摄像机的俯仰角。式（4-3）是从图像坐标系到摄像机坐标系的转换公式，式（4-4）为逆映射公式。本系统所使用的摄像机参数为：$H=480$，$W=640$，$h=1.195$m，$2\beta_0=42.5°$，$2\alpha_0=32.4°$。俯仰角 γ_0 需要进行标定。

式（4-3）和式（4-4）的推导过程将在下一小节进行详细的介绍。

4.4.2 改进的图像与摄像机坐标系之间的坐标转换公式

在文献 [20-21] 推导的图像坐标系与摄像机坐标系之间坐标转换公式的基础上进行了改进，主要是去除了光心到图像成像平面距离恒定的假设，从而进一步提高了坐标转换的准确性，具体推导过程如下所述。

坐标系的定义和上一小节一致，首先推导 Y 轴方向的成像模型，如图 4.15 所示。

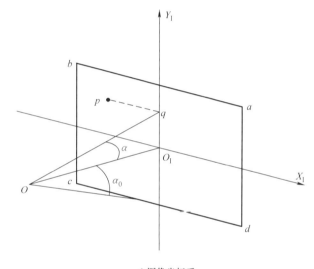

a) 图像坐标系

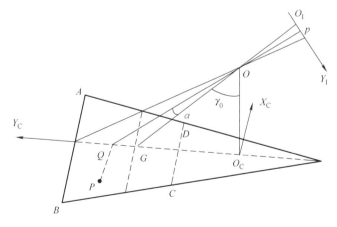

b) 摄像机坐标系

图 4.15 Y 轴方向的成像模型

图 4.15 中，O 点是摄像机的光心，矩形 $abcd$ 是图像的成像平面，其宽度为 W，高度为 H，矩形 $abcd$ 所对应的路面区域是梯形 $ABCD$，OO_C 即为摄像机的安装高度 h。在路面上任取一点 P，其坐标为 (P_x, P_y)，P 点在图像中的对应点为 p，其坐标为 (p_x, p_y)，推导两个坐标系转换公式的过程可以等同于推导 (P_x, P_y) 和 (p_x, p_y) 之间的对应关系。

根据图 4.15 中的几何关系，可以推导出如下公式：

$$\tan\alpha = \frac{qO_1}{OO_1} = \frac{p_y}{OO_1} \tag{4-5}$$

$$\tan\alpha_0 = \frac{H/2}{OO_1} \tag{4-6}$$

$$\alpha = \arctan\frac{2p_y \tan\alpha_0}{H} \tag{4-7}$$

$$\begin{aligned}P_y &= QO_C \\ &= h\tan(\alpha + \gamma_0) \\ &= h\frac{\tan\alpha + \tan\gamma_0}{1 - \tan\alpha \tan\gamma_0}\end{aligned} \tag{4-8}$$

将式（4-7）代入式（4-8），经过整理可以得到两个坐标系纵坐标之间的关系，见式（4-9）。

$$\begin{cases}P_y = \dfrac{h(H\tan\gamma_0 + 2p_y \tan\alpha_0)}{H - 2\tan\gamma_0 \tan\alpha_0 p_y} \\ p_y = \dfrac{P_y H - Hh\tan\gamma_0}{2P_y \tan\gamma_0 \tan\alpha_0 + 2h\tan\alpha_0}\end{cases} \tag{4-9}$$

下面来推导两个坐标系横坐标之间的关系，如图 4.16 所示。

根据图 4.16 中的几何关系，可以推导出如下公式：

$$\tan\beta_0 = \frac{W/2}{OO_1} \tag{4-10}$$

$$\begin{aligned}\tan\beta_2 &= \frac{W/2}{Oq} \\ &= \tan\beta_0 \frac{OO_1}{Oq} \\ &= \tan\beta_0 \cos\alpha \\ &= \tan\beta_0 \cos(\arctan\frac{2p_y \tan\alpha_0}{H})\end{aligned} \tag{4-11}$$

$$\tan\beta_1 = \frac{pq}{Oq} = \frac{2p_x \tan\beta_2}{W} \tag{4-12}$$

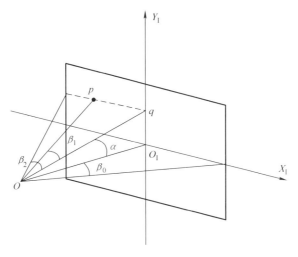

a) 图像坐标系

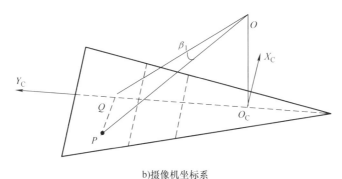

b) 摄像机坐标系

图 4.16　X 轴方向的成像模型

在图 4.16b 中有如下关系：

$$OQ = \sqrt{OO_C^2 + QO_C^2} = \sqrt{h^2 + P_y^2} \tag{4-13}$$

$$P_x = PQ = OQ \tan \beta_1 \tag{4-14}$$

把式（4-12）和式（4-13）代入式（4-14），经过整理可以得到两个坐标系横坐标之间的转换公式，见式（4-15）。

$$\begin{cases} P_x = \dfrac{2 p_x \tan \beta_0 \sqrt{h^2 + P_y^2} \cos(\arctan \dfrac{2 p_y \tan \alpha_0}{H})}{W} \\ p_x = \dfrac{P_x W}{2 \tan \beta_0 \sqrt{h^2 + P_y^2} \cos(\arctan \dfrac{2 p_y \tan \alpha_0}{H})} \end{cases} \tag{4-15}$$

式（4-9）和式（4-15）共同组成了摄像机坐标系和图像坐标系之间的坐标转换公式。

4.4.3 传感器的空间同步标定方法

为完成激光雷达和摄像机两种传感器的空间同步,在汽车前方 10 m 区域内选取 4 个标定点,布置如图 4.17 所示。

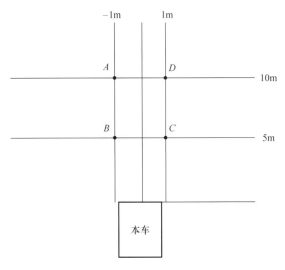

图 4.17 标定点的选取

A、B、C、D 4 个标定点在图像中的对应点是 A_1、B_1、C_1、D_1,如图 4.18 所示。

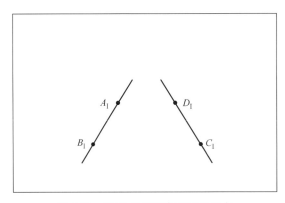

图 4.18 标定点在图像中的对应点

利用式(4-9)和式(4-15)将 A_1、B_1、C_1、D_1 的图像坐标系坐标转换为摄像机坐标系坐标之后,线段 A_1B_1 和线段 C_1D_1 应该是平行的,并且如果雷达坐标系与摄像机坐标系的 Y 轴之间不存在水平角度(即水平角为零)的话,这两条线段应该和摄像机坐标系的 Y 轴平行。给定摄像机俯仰角的可能变化范围,在此范围内以一定的步长改变俯仰角度值,当在某一俯仰角下,线段 A_1B_1 和线段 C_1D_1 最接近平行时,则此俯仰角为所求。同理,给定雷达与摄像机坐标系纵轴之间水平角的可能变化范围,在此范围内以一定的步长改变水平角度值,当在某一水平角下,线段 A_1B_1、线段 C_1D_1 与摄像机的光轴最接近平行时,则此水平角为所求。定义 S_{pitch} 为求解俯仰角的指标函数。

$$S_{\text{pitch}} = (k_1 - k_2)^2 \quad (4\text{-}16)$$

$$k_1 = (X_A - X_B)/(Y_A - Y_B) \quad (4\text{-}17)$$

$$k_2 = (X_C - X_D)/(Y_C - Y_D) \quad (4\text{-}18)$$

其中，(X_A, Y_A)、(X_B, Y_B)、(X_C, Y_C)、(X_D, Y_D) 为利用式（4-9）和式（4-15）对 A_1、B_1、C_1、D_1 的图像坐标系坐标进行转换后得到的摄像机坐标系坐标。

定义 S_{yaw} 为求解水平角的指标函数。

$$S_{\text{yaw}} = (X'_A - X'_B)^2 + (X'_C - X'_D)^2 \quad (4\text{-}19)$$

其中，X'_A、X'_B、X'_C、X'_D 是利用式（4-2）对 (X_A, Y_A)、(X_B, Y_B)、(X_C, Y_C)、(X_D, Y_D) 进行旋转后得到的坐标值。水平角度的求解需要利用俯仰角的标定结果，即这里使用的 (X_A, Y_A)、(X_B, Y_B)、(X_C, Y_C)、(X_D, Y_D) 是将标定后得到的俯仰角度代入式（4-9）和式（4-15），然后对 A_1、B_1、C_1、D_1 的图像坐标系坐标进行转换。

求解俯仰角和水平角即为求解在给定的俯仰角和水平角范围内令指标函数 S_{pitch} 和 S_{yaw} 最小的俯仰角和水平角度值。

智能车行驶中，颠簸等因素会造成摄像机俯仰角的变化，可以利用车道线平行的假设条件对俯仰角的变化进行实时补偿，即首先对车道线进行识别，然后利用满足两条车道线平行的摄像机俯仰角度值去更正最初标定的俯仰角度，以提高雷达和机器视觉融合系统的动态空间同步准确性。

4.4.4 空间同步方法的实验验证

为验证空间同步方法的准确度，在汽车前方 10~100m 区域内选取了 25 个位置，在这些位置上放置障碍物，进行静态验证实验。获取的雷达数据以及摄像机检测数据见表 4.1。

表 4.1 传感器空间同步静态验证实验数据

序号	Y_L/m	X_L/m	$Y_{L(I\text{-}L)}$/m	$X_{L(I\text{-}L)}$/m	Y_{error}/m	X_{error}/m
1	9.6	0	9.58	−0.16	−0.02	−0.16
2	9.6	−0.96	9.52	−1.07	−0.08	−0.11
3	9.65	−1.76	9.46	−1.95	−0.19	−0.19
4	9.6	0.8	9.63	0.89	0.03	0.09
5	9.6	1.76	9.70	1.80	0.10	0.04
6	29.75	0	29.24	−0.09	−0.51	−0.09
7	29.75	−0.96	29.31	−1.09	−0.44	−0.13
8	29.75	−1.92	28.44	−1.93	−1.31	−0.01
9	29.73	0.8	29.17	0.92	−0.56	0.12
10	29.73	1.6	29.10	1.81	−0.63	0.21
11	49.65	−0.16	47.52	−0.07	−2.13	0.09
12	49.65	−1.12	47.59	−1.08	−2.06	0.04
13	49.7	−1.92	47.64	−1.79	−2.06	0.13
14	49.7	0.64	47.46	0.88	−2.24	0.24

（续）

序号	Y_L/m	X_L/m	$Y_{L(I-L)}$/m	$X_{L(I-L)}$/m	Y_{error}/m	X_{error}/m
15	49.7	1.6	47.40	1.71	−2.30	0.11
16	69.65	−0.16	63.68	−0.14	−5.97	0.02
17	69.7	−1.12	63.75	−1.09	−5.95	0.03
18	69.65	−1.92	63.79	−1.72	−5.86	0.20
19	69.7	0.64	73.49	0.94	3.79	0.30
20	69.65	1.6	73.42	1.94	3.77	0.34
21	99.7	−0.16	95.69	−0.16	−4.01	0
22	99.9	−1.28	95.75	−1.10	−4.15	0.18
23	99.7	−1.92	95.80	−1.80	−3.90	0.12
24	99.7	0.48	95.61	0.90	−4.09	0.42
25	99.7	1.44	86.88	1.56	−12.8	0.12

在表 4.1 中，(X_L, Y_L) 是从雷达获取的障碍物位置数据；$(X_{L(I-L)}, Y_{L(I-L)})$ 是利用式（4-2）、式（4-9）和式（4-15）对障碍物在图像坐标系中的坐标进行转换后得到的其在雷达坐标系下的位置；X_{error} 和 Y_{error} 是空间同步的误差值。在 10~50m 区域内，空间同步的横向偏差在 0.25m 之内，纵向偏差在 2.30m 之内。超过 50m 之后，误差加大，横向偏差最大为 0.42m，纵向偏差最大为 12.82m。在较远距离空间同步偏差大的原因在于，图像中越远的地方，像素间代表的距离越大，同样的图像误差转化到雷达坐标系之后，带来的距离误差也会加大。

在机器视觉的实际应用中，超过一定距离的障碍物在图像中很小，识别会很困难，较为合适的使用距离通常在 60m 之内（针对普通焦距范围的摄像机）。通过静态验证实验证明，本章提出的空间同步方法能够在智能车的实际应用距离范围内满足两种传感器的同步精度要求。

为进一步验证空间同步方法的实际应用效果，进行了多次动态实验。实验的道路为高速路和城市道路，路面情况较好，本车速度在 50km/h 到 80km/h 之间，抽取部分实验结果如图 4.19 所示。

a) 工况1

b) 工况2

图 4.19 传感器空间同步动态实验结果

图中的黑线即为将雷达探测到的车辆位置投射到图像后的结果。从动态实验结果来看,利用本节所提出的空间同步方法能够较好地将两种传感器的空间信息匹配在一起,利于下一步进行基于信息融合的障碍物识别。

由于本章使用了单目视觉系统通常采用的道路平面假设,当处于上坡或者下坡的路段时,不再符合该假设条件,会对两种传感器的空间同步引入误差,下一步的工作应考虑如何降低道路坡度变化所带来的影响。

4.5　基于多源信息的探测目标融合判别

为提高车辆识别算法的准确性及实时性,本节融合激光雷达获取的障碍物数据以及视觉信息对前方行驶的车辆进行探测,算法的整体结构如图4.20所示。前文已有介绍,在此不再赘述。

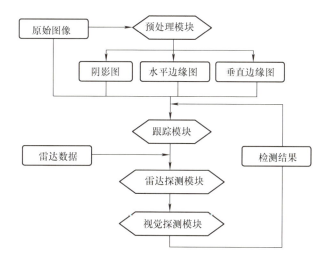

图 4.20　车辆识别算法结构图

由于车辆各项特征存在不精确性,因此在融合算法中引入了模糊逻辑来描述车辆特征,即对每项特征设定了该特征对于目标可信度的权值和隶属度函数,当计算得到的目标可信度超过设定的阈值才认为目标存在。由于雷达数据和车辆阴影特征的可信度比车辆边缘信息更高,因此设雷达数据的权值 W_{lidar} 以及车辆阴影特征的权值 W_{shade} 等于1.2,车辆两条纵向边缘特征的权值 W_{edge} 均等于0.8;雷达数据、阴影特征以及边缘特征的隶属度函数 M_{lidar}、M_{shade}、M_{edge} 的计算见式(4-20)~式(4-22)。

$$M_{lidar} = \begin{cases} 0 & \text{雷达未发现目标} \\ 1 & \text{雷达发现目标} \end{cases} \quad (4\text{-}20)$$

$$M_{shade} = \frac{N_{shade}}{\frac{3}{4}W_{model}} \quad (4\text{-}21)$$

$$M_{\text{edge}} = \frac{N_{\text{edge}}}{\frac{3}{4}H_{\text{model}}} \quad (4-22)$$

式中，W_{model} 和 H_{model} 是利用可变模型规划的车辆的宽和高；N_{shade} 和 N_{edge} 是在可变模型规划区域内检测得到的阴影特征像素点和边缘特征像素点的数目。对于雷达数据的隶属度而言，当雷达发现目标的时候，即把隶属度设定为 1。在隶属度计算中，当隶属函数大于 1 时，将该数值设为 1。在车辆识别算法中，对于初始探测到的车辆并不将其确定为车辆目标，该车被第二次连续探测到的时候，才确定其目标身份，并把它列入跟踪档案之中。当跟踪档案中的车辆没有被探测到时，也不会立刻将它从档案中删除，而是继续对其位置进行跟踪预测，直至连续未能识别到该车 10 次，才将它从档案中删除。对于跟踪过程中的车辆，可以适当降低其目标判决条件，以加速识别过程，因此加入了一个跟踪补偿项 W_{track}，当车辆目标处在跟踪档案中时，该值会提高目标判决的可信度，该值设定为 0.5。

在假设生成层级，总的目标存在可信度 W_{hypo} 的计算见式（4-32）。

$$W_{\text{hypo}} = W_{\text{lidar}} \cdot M_{\text{lidar}} + W_{\text{shade}} \cdot M_{\text{shade}} + W_{\text{edge}} \cdot M_{\text{edge}} + W_{\text{track}} \quad (4-23)$$

设定假设存在的两个阈值 T_{hypo1} 和 T_{hypo2}，$0 < T_{\text{hypo1}} < T_{\text{hypo2}} < 4.5$。当 W_{hypo} 大于 T_{hypo2} 时，目标存在且无须进行后续的假设检验；当 W_{hypo} 小于 T_{hypo2} 且大于 T_{hypo1} 时，目标存在但需要进行后续的假设检验以确认目标；当 W_{hypo} 小于 T_{hypo1} 时，目标不存在。

在形状规整层级所做的工作不影响目标判决结果。对于需要进行假设检验的目标，共有三个检验项，即零高度假设检验、熵值检验和对称性检验，其权值 W_{zero}、W_{entropy}、W_{sym} 均设为 1。其隶属度函数的计算见式（4-24）~式（4-26）。

$$M_{\text{zero}} = \frac{Z_{\text{index}}}{0.2} \quad (4-24)$$

$$M_{\text{entropy}} = \frac{E(l)}{5} \quad (4-25)$$

$$M_{\text{sym}} = \frac{S_{\text{total}}}{0.9} \cdot M_{\text{entropy}} \quad (4-26)$$

同理，当隶属度计算超过 1 的时候，将该值设定为 1。需要注意的是，在对称性特征隶属度的计算中加入了熵值隶属度，这是因为对于很多背景来说，其图像区域是均匀的，导致其对称性很高，但是并不是真实的目标车，加入了熵值隶属度之后，能够降低背景对于对称性计算的不良影响。

在假设检验层级，目标的总置信度 W_{vali} 的计算见式（4-27）。

$$W_{\text{vali}} = W_{\text{zero}} \cdot M_{\text{zero}} + W_{\text{entropy}} \cdot M_{\text{entropy}} + W_{\text{sym}} \cdot M_{\text{sym}} \quad (4-27)$$

设定假设检验通过的阈值 T_{vali}，$0 < T_{\text{vali}} < 3$。当 W_{vali} 大于 T_{vali} 时，目标通过了假设检验并意味着该目标存在；否则，目标不存在。

4.6 基于信息融合的车辆参数特征集建立

从识别得到的前方行驶多个车辆目标当中挑选出危险目标或者跟车目标是后续开展自适应巡航、自动驾驶等纵向主动安全系统的基础，但是目前在目标车识别方法的研究中，由于没有充分地融合利用横、纵向感知信息，导致目标车识别跟踪的稳定性不足，以及当目标车发生换道操作时，算法对目标车状态变化的反应不及时。为此，结合前文研究的车辆识别以及车道识别方法，提出了一种基于多特征融合的目标车识别方法。

与现有目标车识别方法相比，本节设计的方法没有孤立地依赖单个车辆参数进行目标车的识别与判决，而是组合应用了从机器视觉以及雷达数据当中获取的多个车辆参数特征，该处理方法的优点包括两个方面：第一，利用判决信息的冗余提高了目标车识别与跟踪的稳定性和准确性；第二，由于融合了横向及纵向的环境感知信息，使得算法能够在目标车发生切入、驶离本车道等操作时对目标车的状态变化做出及时响应。

从机器视觉以及激光雷达获取的车辆数据信息中，可以得到前车与本车之间的横向距离、纵向距离以及相对速度，而且雷达还提供了前车处在本车车道的可能性数据（In-Lane Probability），因此车辆数据特征集当中选取了这4个特征量，分别标记为 D_{Hi}（相对横向距离）、D_{Li}（相对纵向距离）、V_i（相对速度）和 P_i（处在本车道的可能性）。其中，$i=1,\cdots,n$；n 是每一轮检测中识别得到的车辆总数。如果把前车与本车之间的相对距离等原始数据直接作为特征量输入的话存在两个问题：①几个特征量的数据变化范围很大，没有统一量化在一个值域范围内，不利于后续的神经网络训练；②在人类驾驶员进行目标车识别的时候，实际上是对每一轮检测得到的候选车辆进行对比的结果，并不是孤立地对单个车辆进行是否是目标的判断，如果把原始数据当作特征量，无法反映这种对比因素。为解决这两个问题，在选取特征量的时候，没有单纯把原始数据代入选取过程，而是根据每一轮的识别结果，引入了相对距离等数据的比较结果作为特征量，并且将4个特征量统一量化到了 [0,1] 值域空间。

（1）横向距离指标

对于雷达与机器视觉识别出的车辆，雷达数据和图像数据中都能够给出该车辆与本车之间的横向距离，但是由于激光雷达在探测目标的时候所给出的目标横向距离是由扫描到的多个目标尾部反射点根据雷达内部设定的算法计算出来的，考虑到前车车宽的因素，这个值通常不精确，而且在雷达给出的横向距离数据的计算过程中，也没有考虑车道线信息。因此在横向距离这个特征量的选择上，采用了图像信息，即计算图像中识别出的车辆底部中点距离车道中线的距离。设每一轮检测得到的车辆数目为 n，对于每一辆车，根据图像信息计算得到的原始横向距离为 D_{Hi}，n 辆车当中最小的横向距离为 D_{Hlmin}，横向距离最小的目标车的纵向距离和相对速度记为 D_{Llmin} 和 V_{lmin}，每辆车经过比较和量化之后的横向距离为 D_{Hi}，其计算见式（4-28）。

$$D_{Hi} = \frac{D_{Hlmin}}{D_{Hi}} \cdot \frac{4 - D_{Hli}}{4} \qquad (4\text{-}28)$$

如果 $D_{Hi} < 0$，$D_{Hi} = 0$

D_{Hi} 表征了目标在横向距离方面的危险程度，其值越大，危险程度越高。在横向距离的比较量化过程中，首先考虑了同一轮检测过程中的对比，即越接近最小横向距离的目标，横向距离指标越大；同时也考虑了车辆的绝对横向距离，即该值越小，危险程度越高。当横向距离 $D_{\mathrm{HI}i}$ 超过 4m 之后，横向距离指标 $D_{\mathrm{H}i}$ 记为 0。通过式（4-28），能够把原始的横向距离 $D_{\mathrm{HI}i}$ 比较量化为横向距离指标 $D_{\mathrm{H}i}$，并且该指标的值域范围为 [0，1]。

（2）纵向距离和相对速度指标

激光雷达获取的车辆纵向数据比较精确与稳定，因此以雷达数据作为提取特征集中纵向距离和相对速度的依据。当雷达发生漏检，通过图像补充识别到了漏检的车辆时，由于该车辆的数据无法通过雷达给出，此时纵向距离和相对速度由图像信息给出。纵向距离可以直接计算图像中识别出的车辆底部中点和本车之间的距离。相对速度的计算使用了本帧图像及过去的连续 3 帧图像当中的纵向距离数据，然后计算得到 3 个速度值，用 [0.25，0.25，0.5] 的滤波器得到相对速度值。

原始纵向距离记为 $D_{\mathrm{LI}i}$，比较量化后的纵向距离指标 $D_{\mathrm{L}i}$ 的计算见式（4-29）。

$$D_{\mathrm{L}i} = (\frac{D_{\mathrm{LImin}} - D_{\mathrm{LI}i}}{20} + 1)/2$$
$$\text{如果 } D_{\mathrm{L}i} < 0，\text{则} D_{\mathrm{L}i} = 0$$
$$\text{如果 } D_{\mathrm{L}i} > 1，\text{则} D_{\mathrm{L}i} = 1$$

（4-29）

纵向距离指标的比较对象是横向距离最小的目标车。

原始相对速度记为 $V_{\mathrm{I}i}$，比较量化后的相对速度指标 V_i 的计算见式（4-30）。

$$V_i = (\frac{V_{\mathrm{Imin}} - V_{\mathrm{I}i}}{10} + 1)/2$$
$$\text{如果 } V_i < 0，\text{则} V_i = 0$$
$$\text{如果 } V_i > 1，\text{则} V_i = 1$$

（4-30）

相对速度指标的比较对象同样也是横向距离最小的目标车。

经过比较量化之后，能够把同一轮检测当中识别出的多辆车之间的相对危险程度引入特征集，而且把特征量统一量化到了 [0，1] 空间。

（3）同车道可能性

雷达对于探测到的车辆目标提供了"In-Lane Probability"数据，此数据表征了车辆目标处于本车同车道的可能性，因此这个数据也收入了车辆特征当中作为危险目标挑选的依据。当雷达发生漏检，通过图像补充识别到了漏检的车辆时，该数据通过图像中识别到的车辆处在本车道的宽度除以整车宽度得到。

4.7 基于信息融合的车辆特征数据提取与处理

在获取了激光雷达数据以及摄像机拍摄的图像之后，根据多种信息源建立了车辆的特征集，但是并没有将车辆特征量直接用于目标车的挑选过程，而是首先进行了特征数据的提取与预处理工作，原因在于：第一，在某些工况下，车辆特征数据不能直接获取，必须经过一些提取算法才能获得，例如，当雷达没有直接探测到目标车辆，而是通过图像补充识别到了车辆的位置时，车辆的纵向数据无法由激光雷达提供，需要通过单目视觉深度信息提取算法来获取；第二，某些能够直接取得的车辆特征数据不够准确或不符合实际路况，需要通过一定的预处理算法使这些特征更加适用于后续的目标车识别；第三，为了提高车辆识别的准确率和稳定性，需要对车辆特征数据和车辆位置信息进行跟踪与预测，以使算法在传感器偶尔发生目标漏检的情况下能够不受干扰并稳定地运行。基于以上考虑，对车辆特征集中的特征数据首先进行了融合提取与优化处理。

4.7.1 单目测距

雷达在目标的纵向距离以及速度探测方面具有明显优势，其探测精度很高，因此在车辆目标纵向信息的融合提取过程中，雷达数据有着优于视觉传感器的级别。但是，由于雷达的探测视角比较小，容易发生车辆漏检测，这种情况下，对于那些依靠机器视觉补充识别到的车辆，其纵向信息的获取必须由机器视觉完成。为实现单目摄像机的深度信息获取，本节设计了基于道路边界平行约束条件实时计算摄像机动态俯仰角的算法，从而实现利用单目视觉实时监测本车与前方车辆之间的距离。

求解本车与前方车辆之间距离的过程如下：首先在图像中识别得到车辆的位置，用矩形方框标注出车辆的边界；然后取车辆方框的底边中点，将该点的图像坐标利用式（4-3）转化为世界坐标系坐标，并把世界坐标的纵坐标值作为目标与本车之间的距离。

影响算法结果精度的因素主要有两点，一是摄像机高度的测量是否准确，另一个就是摄像机俯仰角的测量是否准确。固定摄像机的俯仰角 89.7° 不变，改变摄像机的高度，其他参数不变，得到距离变化数据见表 4.2。

表 4.2　测量距离随高度变化

高度 /m	1.11	1.16	1.21	1.26	1.31
距离 /m	27.89	28.97	30.05	31.13	32.22

固定摄像机的高度 1.21m 不变，改变摄像机的俯仰角，其他参数不变，得到距离变化数据见表 4.3。

表 4.3　测量距离随俯仰角变化

俯仰角 /(°)	89.5	89.6	89.7	89.8	89.9
距离 /m	27.58	28.76	30.05	31.47	33.02

当摄像机高度变化范围为 20cm 时，测距变化为 4.32m，当摄像机俯仰角变化范围为 0.4° 时，测距变化为 5.44m。由此可见，摄像机高度对距离求解的影响很小，而俯仰角对距离求解起关键作用，它在很大程度上制约着求解本车与前方车辆之间距离的准确性。

为获取实际道路环境中由于车辆颠簸造成的摄像机俯仰角的变化范围，在北京四环路上驾车进行了车道线识别、车辆识别以及俯仰角的检测，截取实验的部分原始数据记录见表 4.4。

表 4.4　实际道路环境中的俯仰角变化

左斜率	左截距	右斜率	右截距	俯仰角/(°)
0.3640	50.0000	0.6249	320.000	90.6000
0.3640	50.0000	0.6249	319.000	90.7000
0.3640	50.0000	0.6249	319.000	90.4000
0.3640	51.0000	0.5543	298.000	90.7000
0.3640	51.0000	0.5317	289.000	90.8000
0.3640	50.0000	0.5543	294.000	90.9000
0.3640	50.0000	0.6009	311.000	90.7000

表 4.4 中，每行数据为道路图像经过机器视觉识别算法得到的车道线直线方程的参数，俯仰角指利用实时检测算法得到的摄像机实际俯仰角度值。从表中数据可以看到，当汽车在平直路面行驶时，摄像机俯仰角变化范围是 90.4°～90.9°，对道路图像上的同一点，求解得到其实际距离变化为 32.91～43.11m，变化了 10m，证明摄像机俯仰角的实时求解对单目视觉测距算法是非常重要的。

在实际道路环境中，车道标志线近似平行线。利用机器视觉算法可获得图像平面中车道标志线并利用式（4-3）计算图像中车道标志线所对应的道路平面上的直线。理论上计算出的路面车道线应该平行，但由于车辆行驶过程中的俯仰运动，摄像机的实际俯仰角会发生变化，因此，利用在初始化中标定好的摄像机俯仰角计算出的路面车道线将不再平行。本节提出的算法就是利用路面车道线平行的约束条件动态求解摄像机俯仰角。

下面推导求解摄像机实际俯仰角的算法。定义 S_{dyn} 为动态俯仰角求解的指标函数。

$$S_{\text{dyn}} = (k_{\text{L1}} - k_{\text{L2}})^2 \tag{4-31}$$

式（4-31）中，k_{L1} 为世界坐标系中左侧道路标志线的斜率，k_{L2} 为世界坐标系中右侧道路标志线的斜率。下面以左侧道路标志线为例描述斜率求解过程。

首先利用道路标志线识别算法识别出图像中的两条车道线，取识别出的左侧道路标志线上两点 P_{a}'，P_{b}'，其坐标分别为 (u_a, v_a)，(u_b, v_b)。点 P_{a}'，P_{b}' 在道路平面内的对应点为 P_{a}，P_{b}，其坐标分别为 (X_a, Y_a)，(X_b, Y_b)。世界坐标系中左侧道路标志线斜率 k_{L1} 的计算公式为：

$$k_{\text{L1}} = \frac{X_b - X_a}{Y_b - Y_a} \tag{4-32}$$

在其他摄像机相关参数都固定不变，只有俯仰角变化的情况下，X_a、Y_a、X_b、Y_b 均可看作俯仰角 γ_0 的函数，由此，左侧道路标志线的斜率 k_{L1} 是变量俯仰角 γ_0 的函数。同理可以得到，右侧道路标志线的斜率 k_{L2} 也是变量俯仰角 γ_0 的函数，k_{L2} 的求解过程可由 k_{L1} 的求解过程类似得到。

至此，函数 S_{dyn} 可以视为单一变量俯仰角的函数，并有：

$$S_{\text{dyn}} = f(\gamma_0) \tag{4-33}$$

将函数 S_{dyn} 对俯仰角 γ_0 求导，在导数为 0 时的 γ_0 值即为所求的实际俯仰角。在实际使用过程中，可以用 4.2.3 节中的方法对俯仰角进行离散求解。

为验证单目测距算法的准确性,进行了实车静态实验,实验数据见表 4.5。

表 4.5 单目测距算法静态实验数据

实际距离 /m	单目测距 /m	误差(%)
10	10.58	5.82
20	20.31	1.53
30	29.55	1.49
40	40.58	1.46
50	49.86	0.28
60	58.81	1.98

实验结果显示,经过俯仰角校正之后的实时测距算法在 20~60m 的范围内,测距误差控制在 2% 之内;实际距离为 10m 时,误差稍大,为 5.82%。在 10~50m 的范围内,距离真实值和测量值之间相差不超过 1m,表明在通常的测距范围(10~60m)内,本节提出的算法可以满足利用机器视觉进行车辆识别和距离计算的准确性要求。

4.7.2 同车道可能性的 DCF 修正

雷达通常不能对切入车辆做出及时反应,表现在同车道可能性这个数据上,就会出现如下的情况:有两辆车,纵向距离远的车辆处在本车道的正中央,纵向距离近的车辆已经开始切入本车道,在雷达数据中,这两辆车的同车道可能性数值可能相差很多,纵向距离远的车辆其同车道可能性接近 1,但是纵向距离近的车辆却接近 0。该数据和实际路况及车辆目标的危险程度是不相符的。

在 DDF(Distance Discount Factor)方法的启发下[23],设计了距离补偿因子(Distance Compensation Factor,DCF),对车辆目标的距离因素加以考虑,以此修正雷达数据当中的同车道可能性,使它能够更好地符合实际路况。

首先,对同一轮检测中雷达探测到的多个车辆目标进行对比,选取同车道可能性最大的目标,将它的同车道可能性、横向距离、纵向距离分别记为:$P_{\max}$、D_{Hmax}、D_{Lmax}。原始数据当中的同车道可能性记为 $P_{\mathrm{I}i}$,经过 DCF 修正后的同车道可能性记为 P_i。DCF 修正公式见式(4-34)。

$$P_i = P_{\mathrm{I}i} + (P_{\max} - P_{\mathrm{I}i})\sqrt{(\frac{D_{\mathrm{Hmax}}}{D_{\mathrm{H}i}})^2 + (\frac{D_{\mathrm{Lmax}} - D_{\mathrm{L}i}}{D_{\mathrm{Lmax}}})^2}$$

如果 $D_{\mathrm{L}i} \geq D_{\mathrm{Lmax}}$,则 $P_i = P_{\mathrm{I}i}$

如果 $D_{\mathrm{H}i} \leq D_{\mathrm{Hmax}}$,则 $P_i = P_{\max}$

如果 $(\frac{D_{\mathrm{Hmax}}}{D_{\mathrm{H}i}})^2 + (\frac{D_{\mathrm{Lmax}} - D_{\mathrm{L}i}}{D_{\mathrm{Lmax}}})^2 > 1$,则 $P_i = P_{\max}$

(4-34)

相比于 DDF,DCF 拥有以下特点:

1)DDF 是一维修正因子,DCF 采用了二维的修正因子,综合考虑了横向距离和纵向距离的影响因素。

2)DDF 是一个折扣因子,即通过采用 DDF 修正,能够降低远距离目标的重要性。而 DCF 是一个补偿因子,雷达原始数据当中本车道可能性的最高值通常是准确的,但是对于切入的车辆，雷达不能及时反映出这种变化，使得切入车辆的本车道可能性数值很低，DCF 考虑距离因素，对目标的同车道可能性数据进行了补偿修正。

3）采用 DCF 修正之后，能够提高雷达数据当中同车道可能性这个数据与真实道路情况的一致性，修正后的数据可更好地作为特征量反映车辆的危险程度。

4.7.3 卡尔曼跟踪预测

融合机器视觉和激光雷达获取的信息进行车辆识别的过程中，可能会发生车辆漏检的情况。为提高车辆识别的准确率和稳定性，在进行车辆识别的时候，对于初始探测到的车辆并不将其确定为车辆目标，该车被第二次连续探测到的时候，才确定其目标身份，并把它列入跟踪档案之中。当跟踪档案中的车辆没有被识别到时，也不会立刻将它从档案中删除，而是继续对其位置进行跟踪预测，直到连续未能探测该车 10 次，才将它从档案中删除。

卡尔曼滤波器能够有效地对车辆的位置、速度等进行跟踪、预测，因此本节也采用了卡尔曼滤波方法对车辆目标进行跟踪。在本节的研究中，假设本车与前车之间相对纵向加速度以及相对横向速度的变化是平稳的，因此选用了 3 阶卡尔曼滤波器对纵向数据进行跟踪预测，选用 2 阶卡尔曼滤波器对横向数据进行跟踪预测。

纵向卡尔曼滤波器的状态方程见式（4-35），观测方程见式（4-36）。

$$s(t+\Delta t) = As(t) + Bw(t) \qquad (4\text{-}35)$$

$$z(t) = Hs(t) + v(t) \qquad (4\text{-}36)$$

其中，

$$s(t) = [d_L, v_L, a_L]^T, \quad z(t) = [d_L, v_L]^T$$

$$A = \begin{bmatrix} 1 & \Delta t & \dfrac{\Delta t^2}{2} \\ 0 & 1 & \Delta t \\ 0 & 0 & 1 \end{bmatrix}, \quad B = [\dfrac{\Delta t^3}{6}, \dfrac{\Delta t^2}{2}, \Delta t], \quad H = \begin{bmatrix} 1 & 0 & 0 \\ 0 & 1 & 0 \end{bmatrix}$$

d_L 指的是前车与本车之间的相对纵向距离；v_L 指的是前车与本车之间的相对纵向速度；a_L 指的是前车与本车之间的相对纵向加速度；Δt 指的是两轮检测之间的时间间隔，本文采用的系统时间间隔为 0.1s。

横向卡尔曼滤波器的状态方程及观测方程的形式和纵向卡尔曼滤波器相同，但是状态量、观测量、系统矩阵、观测矩阵不同。

$$s(t) = [d_H, v_H]^T, \quad z(t) = [d_H]$$

$$A = \begin{bmatrix} 1 & \Delta t \\ 0 & 1 \end{bmatrix}, \quad B = [\dfrac{\Delta t^2}{2}, \Delta t], \quad H = \begin{bmatrix} 1 & 0 \end{bmatrix}$$

d_H 指的是前车与本车之间的相对横向距离;v_H 指的是前车与本车之间的相对横向速度。

为验证卡尔曼滤波器的跟踪预测效果,对一段雷达探测到的障碍物纵向距离、横向距离和纵向相对速度进行了卡尔曼滤波处理,如图4.21所示。

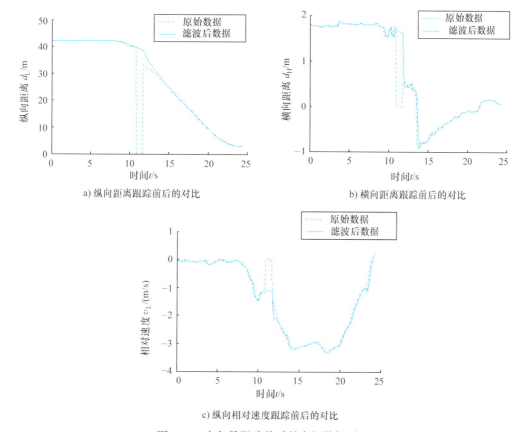

图 4.21 卡尔曼跟踪前后的车辆数据对比

从图4.21中可以看出,原始数据中有一段时间丢掉了目标,即发生了漏检的情况,通过卡尔曼跟踪预测,能够较好地估计车辆的数据,从而提高车辆识别的稳定性,降低漏检率,经过卡尔曼滤波之后的数据也能更好地作为目标车识别的特征量。

参 考 文 献

[1] MAHLER R. Statistical Multisource-Multitarget Information Fusion[M]. Norwood,MA:Artech House,2007.

[2] BLEIHOLDER J,NAUMANN F. Data Fusion[J]. Acm Computing Surveys,2009,41(1):1-41.

[3] ALESSANDRETTI G,BROGGI A,CERRI P. Vehicle and Guard Rail Detection Using Radar and Vision Data Fusion[J]. Intelligent Transportation Systems,IEEE Transactions on,2007,8(1):95-105.

[4] 韩崇昭,朱洪艳,段战胜. 多源信息融合[M]. 北京:清华大学出版社,2006.

[5] LI Q,CHEN L,LI M,et al. A Sensor-Fusion Drivable-Region and Lane-Detection System for Autonomous Vehicle Navigation in Challenging Road Scenarios[J]. IEEE Transactions on Vehicular Technology,2014,63(2):540-555.

[6] DE CROON G. Self-supervised Learning：When Is Fusion of the Primary and Secondary Sensor Cue Useful？[R/OL]．（2017-09-23）[2020-08-01].https：//arxiv.org/abs/1709.08126.

[7] SUKKARIEH S，NEBOT E M，DURRANT-WHYTE H F. A High Integrity IMU/GPS Navigation Loop for Autonomous Land Vehicle Applications[J]. IEEE Transactions on Robotics & Automation，1999，15（3）：572-578.

[8] CARON F，DUFLOS E，POMORSKI D，et al. GPS/IMU Data Fusion Using Multisensor Kalman Filtering：Introduction of Contextual Aspects[J]. Information Fusion，2006，7（2）：221-230.

[9] WENDEL J，MEISTER O，SCHLAILE C，et al. An Integrated GPS/MEMS-IMU Navigation System for an Autonomous Helicopter[J]. Aerospace Science & Technology，2006，10（6）：527-533.

[10] 祝燕华，蔡体菁，杨卓鹏. MEMS-IMU/GPS 组合导航系统的实现 [J]. 中国惯性技术学报，2009，17（5）：552-556.

[11] NEWMAN P，HO K. SLAM-Loop Closing with Visually Salient Features[C]. // IEEE.IEEE International Conference on Robotics and Automation. [s.l.]：IEEE，2005：635-642.

[12] DANELLJAN M，MENEGHETTI G，KHAN F S，et al. A Probabilistic Framework for Color-Based Point Set Registration[C] // IEEE. Computer Vision and Pattern Recognition. [s.l]：IEEE，2016：1818-1826.

[13] Leonard J，How J，Teller S，et al. A Perception-Driven Autonomous Urban Vehicle[M]. The DARPA Urban Challenge. Springer Berlin Heidelberg，2009：727-774.

[14] HUANG A S，ANTONE M，OLSON E，et al. A High-rate，Heterogeneous Data Set from the DARPA Urban Challenge[J]. International Journal of Robotics Research，2010，29（13）：1595-1601.

[15] RAUSKOLB F W，KAI B，LIPSKI C，et al. Caroline：An Autonomously Driving Vehicle for Urban Environments[J]. Journal of Field Robotics，2014，25（9）：674–724.

[16] STEUX B，LAURGEAU C，SALESSE L，et al. Fade：A Vehicle Detection and Tracking System Featuring Monocular Color Vision and Radar Data Fusion[C]//IEEE. Intelligent Vehicle Symposium 2002. [s.l.]：IEEE，2002：632-639.

[17] DURAISAMY B，SCHWARZ T，WÖHLER C. Track Level Fusion Algorithms for Automotive Safety Applications[C] // IEEE.International Conference on Signal Processing Image Processing & Pattern Recognition. [s.l.]: IEEE，2013：179-184.

[18] 石章松. 目标跟踪与数据融合理论及方法 [M]. 北京：国防工业出版社，2010.

[19] 孙宁. 基于多源信息融合的智能汽车环境感知技术研究 [D]. 镇江：江苏大学，2018.

[20] Hattori H. Stereo for 2D Visual Navigation[C] // IEEE.Proceedings of IEEE Intelligent Vehicles Symposium. Dearborn，MI：IEEE Press，2000：31-38.

[21] FRANKE U，GAVRILA D，GORZIG S，et al. Autonomous Driving Goes Downtown[J]. IEEE Intelligent Systems & Their Applications. 1998，13（6）：40-48.

[22] BENSRHAIR A，BERTOZZI A，BROGGI A，et al. Stereo Vision-based Feature Extraction for Vehicle Detection[C] // IEEE. Proceedings of IEEE Intelligent Vehicle Symposium. Paris：IEEE Press，2002：465-470.

[23] BERTOZZI M，BROGGI A，FASCIOLI A，et al. Stereo vision-based vehicle detection[C] // IEEE. Proceedings of IEEE Intelligent Vehicles Symposium. Dearborn，MI：IEEE Press，2000：39-44.

第 5 章 智能环境友好型车辆的控制协同技术

整车优化的综合控制是 i-EFV 控制协同关键技术要解决的基本问题，探索复杂机电系统多物理过程耦合的机理与"人 - 车 - 路"大环境中多系统协同控制的问题，是实现 i-EFV 运行性能和运行目标的基础。i-EFV 的多目标及多系统协同的动力学控制通过综合优化安全、舒适、节能与环保等多目标，协调整车驱动、制动、转向、悬架等多系统，实现 i-EFV 的综合优化的性能。

5.1 车辆底盘一体化协同控制体系

在网络信息与电子技术日新月异的时代，各种电子控制技术在车辆底盘中得到了巨大的发展和广泛的应用，给车辆技术发展带来了颠覆性的变化，车辆底盘系统开始改变以往单个系统或者零部件独立工作的形式，实现网络化与综合化，使底盘系统一体化和协同控制不断发展。车辆底盘系统是由多个子系统组成的，其中包括转向、悬架和驱动与制动等关键子系统，它们涉及非线性动力学特征的复杂机电系统相互耦合。每一个子系统单独控制都会改变车辆系统动力学性能，并且子系统之间存在联系，它们的协同工作就需要底盘的集成控制发挥作用[1]。现代汽车的底盘电控系统分别通过最终对轮胎的纵向力、横向力和垂向力实施主动控制，从而改善车辆动力学性能。然而，由于车辆各向运动和轮胎各向力具有复杂耦合特性，采用不同底盘电控系统分别对轮胎力进行单一方面的控制势必导致控制目标和控制执行的冲突。针对单一底盘电控系统间的冲突或互补，对多个单一系统实施协同控制，消除各个子系统间的冲突，发掘各个子系统间的互补潜力，对提升车辆动力学综合性能具有重要的意义和作用。

底盘集成控制系统（Integrated Chassis Control，ICC），或称底盘一体化控制（Global Chassis Control，GCC），能结合各子系统的控制能力，从车辆纵向、横向和垂向动力学的二者或三者协同着手，对轮胎纵向力、横向力及垂向力进行综合控制。底盘系统集成控制通过研究车辆底盘各子系统之间的协调控制方法，有效提高车辆动力性、操纵稳定性、安全性和环保性。由于底盘一体化控制系统在提高车辆稳定性和可控性方面具有显著优势，其在现有研究中得到了广泛的关注，并成为如今汽车底盘电控系统的发展方向[2-6]。

但是，将每个子系统根据不同的控制目标简单地叠加，无法使车辆综合性能最优。因此，只有将传统的车辆底盘系统智能化、网络化和模块化，才能实现真正意义上的底盘集成控制。车辆动力学集成控制系统能将车辆底盘系统中两个及以上的子系统集成控制。在以往研究中,"集成"的概念局限于若干个子系统线性叠加和简单的组合,但是随着车辆系统动力学控制性能的要求不断提高,集成控制正在向多层次、多角度、全方位的底盘子系统协同控制方向发展[7]。

目前车辆底盘系统集成控制研究从信息和控制结构角度分析,可以概括成自下而上和自上而下两大类[8]。

(1) 自下而上类型

自下而上结构中,每个零部件组成一个单独的控制子系统,主要采用并行式控制,彼此可以通过车身总线通信,来实现整体协调。这种结构大多是基于车辆底盘底层多子系统的叠加,简单地在子系统控制器的设计过程中融合其他子系统信息,实现了传感器及相关硬件方面进行信息共享,在低层次、小范围实现了集成控制,因此也称为系统叠加型车辆底盘一体化集成控制系统,如图 5.1 所示。尽管该体系结构在集成控制中具有局限性,但是能够充分保证零部件的可靠性和整车系统集成工作的易于实现性。

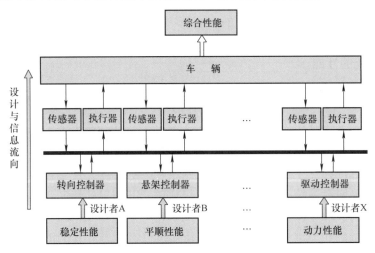

图 5.1 系统叠加型车辆底盘一体化集成控制系统

图 5.2 所示为系统叠加型的车辆稳定性一体化协同控制架构。

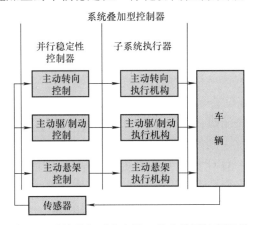

图 5.2 系统叠加型稳定性一体化协同控制架构

系统叠加型稳定性控制系统保留了各个子系统本身的控制模块。上层控制器的主要任务是对各个子系统的动作进行协调。由于各个子系统本身仍具有独立和完整的结构，系统具有较好的安全冗余性。同时，由于各个子系统本身是完备的，在这种情况下对系统进行集成设计变得简单。但是，由于各个子系统具有针对自身的固有控制逻辑，当多个子系统同时动作时，如果仲裁协调指令设计不合理，会造成各个子系统之间的控制矛盾，甚至使车辆进入更为危险的情况。

（2）自上而下类型

在该种类型中，主要存在集中式和分层式两种结构。采用集中式的底盘控制系统结构时，信号输入输出只通过一个控制器，真正实现了全局的集成控制和协调，因此称为协调集成型控制架构，如图 5.3 所示。协调集成型控制架构能很好地根据整车的综合控制性能协调分配各子系统的控制任务和执行参量，达到最优的控制效果，但是随着底盘子系统的日益增多，控制系统越来越复杂，容易形成"维数灾难"[10]。此外，庞大的计算和存储负荷也对控制系统硬件提出了更高的要求，并且集成度越高其可更改性越低。由于现有技术条件的限制，目前实际车型上少有基于该结构的产品，不过随着车载高性能计算平台技术的发展，集中式协同控制的电子电气架构是未来的发展方向。

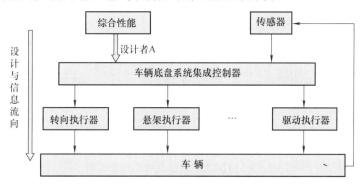

图 5.3 集中式车辆底盘集成控制体系

图 5.4 所示为协调集成型车辆稳定性控制系统的结构。

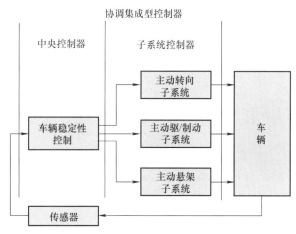

图 5.4 协调集成型稳定性控制系统结构

在协调集成型稳定性控制系统中，各子系统不具有原系统的控制模块，仅仅保留了其执行器功能。车辆稳定性控制的任务由上层稳定性控制系统完成。上层稳定性控制系统根据期望运动状态和实际运动状态比较计算期望的直接横摆力矩和期望的制动/驱动力，并通过中层协调控制系统将执行命令在各个子系统之间进行分配。这种类型的控制系统协调性较好，对整车性能的优化较为合理。

由于协调集成型车辆稳定性协调控制结构能够更好地协调车辆各子系统，使得各子系统在保证车辆稳定性方面能够发挥更大的潜能。因此，协调集成型车辆稳定性控制方法成为车辆稳定性协调控制领域的重要课题。

当今应用最为广泛、研究较为透彻的自上而下型车辆集成控制体系则是分层式协同控制结构，如图 5.5 所示。该控制结构可以将复杂的全局多系统底盘集成问题分解为相对较为简单的局部子系统控制的任务，然后设计上层控制器进行不同局部子系统之间的协调控制。

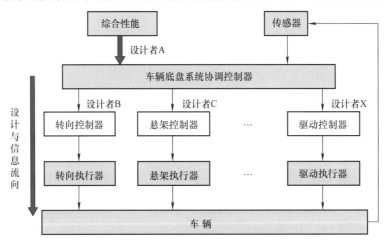

图 5.5　分层式车辆底盘集成控制架构

现有底盘一体化控制主要从车辆纵向、横向和垂向动力学着手，对轮胎纵向、横向和垂向力中的二者或三者开展协同控制研究，改善车辆驱动/制动性能和操纵稳定性能。图 5.6 所示为车辆稳定性协调控制系统的分层式控制结构。

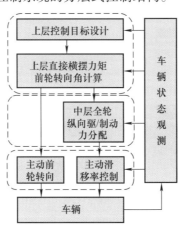

图 5.6　车辆稳定性协调控制系统分层式控制结构

稳定性协调分层控制系统分为上、中、下三层。系统上层用于设计满足驾驶员需求的控制目标，并采用相应的直接横摆力矩 M_z、前轮转角修正值 $\Delta\delta_f$ 计算方法计算满足稳定性需求的直接横摆力矩 M_z 和前轮转向角修正值 $\Delta\delta_f$。系统中层将上层计算得到的直接横摆力矩 M_z 优化分配为四轮的纵向驱／制动力。系统下层包括主动前轮转向执行机构和主动滑移率控制子系统。其中主动前轮转向执行机构直接执行系统上层计算得到的前轮转向角修正值 $\Delta\delta_f$。主动滑移率控制子系统首先将中层计算得到的四轮纵向驱／制动力 F_{xi} 转化为目标滑移率 λ_d，并通过控制发动机转矩和制动系统制动压力实现对目标滑移率的控制。通过上、中、下三层系统协调工作，实现对车辆稳定性和机动性的优化控制。

综上所述，现有底盘系统集成研究通常采用自上而下的结构方式，其设计过程是将一个个抽象控制目标具体到每一个不同执行器的过程。这说明目前底盘一体化集成控制研究中反映了顶层设计的思想，并且对子系统之间的有效协调和框架设计等问题提出各种设想，但是从方法论的角度尚未形成完善的理论和体系。其中，主要存在如下几个方面尚需进一步的研究：

1）车辆底盘是一个复杂的分层大系统，车辆综合性能的实现依靠子系统的性能保证。而每一个子系统都受高层子系统控制，同时又支配着低层子系统，因此要设计好各层子系统之间的关系，确保每个子系统的工作充分与提高车辆综合性能有机地结合起来，发挥最大效用。

像所有的大系统一样，解决这类集成控制理论与技术问题，一方面需要深入分析受控对象各子系统相互关系、作用机理，另一方面，需要将该复杂的大系统问题综合为系统协调求解机制问题，并进行控制系统设计，包括：底层的多传感器的信息集成，以保证系统可靠；中间层监控系统的集成，包括环境模型、评价单元、控制规律生成单元；高层的总体集成，使分布在不同位置、不同功能的各种决策纳入共同合作的框架，使系统中的各个部件能够在统一的目标下，有效地相互支持和合作。

2）车辆底盘是由多个子系统共同组成的，涉及诸多关键零部件，它们分别承担不同功能或结构，之间相互影响、互有耦合，如何寻求性能和结构之间的协调与最优是工程师们关注的问题。目前子系统之间的协同性研究大都还是初步的，主要集中在系统解耦方法及控制上，对各子系统相互合作、协调、协商的理论与技术，尚缺乏系统的分析及方法研究，很难全面考虑多子系统之间以及与车辆性能的相互匹配，采用的模型、控制理论、方法和控制策略在实际应用方面都不太理想，没有真正解决这类大系统的有效控制和协同框架设计问题，难以实现系统的协调工作和满足车辆综合性能大幅度提高的要求。

3）车辆底盘的关键子系统（如转向、悬架、驱动和制动等）都是与轮胎力的控制密切相关，因此轮胎力的不同方向分力的耦合关系研究是底盘系统动力学集成控制研究的核心内容。而现有大部分研究都是采用简单、孤立的模型来进行集成研究，具有一定的局限性。因此，为改善车辆系统动力学特性，必须从宏观到微观、从顶层到底层来解决底盘一体化集成系统设计中遇到的理论和技术难题，更有效地将先进实用的控制理论与方法运用到底盘关键零部件集成系统中，尤其要在系统控制理论研究及协同框架设计的深度上寻求突破，发展车辆底盘集成控制技术，使车辆集成控制的理论、方法和应用研究取得实质性进展，不仅为底盘系统集成的实际应用奠定理论基础，而且为产业化积累宝贵经验。

因此，未来的集成系统必然更多着眼于顶层的设计和底层的协同控制理论方法研究。对各子系统之间的协调与合作的方法与技术，进行顶层的设计及规划，全面考虑底层子系统控制性能要求与整车综合性能目标的匹配优化，真正解决底盘大系统的有效控制和协同框架设计问题，深入研究多子系统的模型解耦与协同控制，包括从动态建模、数据的实时获取到专家系统推理决策的各个方面，实现子系统的智能化协商与合作，在满足子系统控制效果大幅度提高的同时，有效改善车辆的综合性能。

5.2　基于顶层设计的车辆底盘系统协同控制方法

顶层设计是系统科学中的一种核心研究思想与概念，最初产生于系统控制与管理，而后广泛应用于系统论的各种领域[11]。宇宙间万事万物都与周围环境产生着千丝万缕的联系，每一物体既是宏观系统的组成元素，又是微观系统的综合体。顶层设计就是基于宏观功能与微观元素的作用机理的各元素之间的统筹管理化组合[12]。从系统论角度，顶层设计是总体设计者对系统层次结构与组成元素的统一规划和宏观布局实现整体目标优化的过程。在设计的过程中，要求每一层的功能和结构都服从宏观和顶层的需求，构建体现自身功能和环境参数相互影响的交互模型。在协同系统中，顶层设计主要是通过统筹规划，调整和布局系统内部各资源协调一致，解决内部冲突与矛盾的过程[13]。

顶层设计是自系统科学出现之后的一种新型设计方法，它能大大提高系统的效率，其本质是从顶层到低层，具有整体观、全局观，优化系统内部各种资源与要素，设计战略和规划的思想，实现目标一致、功能协调、结构科学、标准统一、资源共享。顶层设计的特点从理论角度分析体现在整体大局观统筹、严谨的逻辑及坚决强有力的贯彻执行。从信息融合角度来看，顶层设计就是按照系统的控制目标和控制策略，针对具体的性能需求，对子系统的各项功能、信息资源进行整合，解决各个系统之间存在的信息沟通不畅、协同效率低下、信息共享程度低等问题。顶层设计作为一种先进的设计理念和方式，已被广泛运用在智能机器人、航天控制、系统工程、经济管理和军工等领域。应用在车辆底盘系统协同控制中，不但能保证各子系统的功能实现，还能提高整车系统综合性能，解决集成过程中遇到的问题与技术瓶颈，即 $F > \sum F_i (i=1,2,\cdots,n)$，其中 F_i 为子系统性能；F 为车辆整体系统综合性能。

在顶层设计的过程中，首先要完成的是系统层次结构设计，其次是功能的设计。复杂大系统层次结构的设计经常运用"自上向下、逐层分解"的方法，将整个系统分为顶层、中间层和底层。每层内部设计相对独立的功能化子模块，每个模块包含输入输出、逻辑推理和存储记忆三个部分，分解后的子模块又可称为子系统。在自上而下的建模过程中，除了要满足子系统的功能性，还要研究子系统与子系统之间的交互和协调，只有单独子系统完成自身特定功能属性，才能实现系统的整体功能和目标。

另一方面，自从人类诞生，协同的行为就已经在社会大系统的运行中形成，并且伴随人类文明的脚步一同前进，只是人们习惯于日常应用而不识其脉理深邃。进入21世纪的科技创新、信息爆炸时代，人们面对纷繁复杂、林林总总的现象，发现每个大系统都由一个个的个体组成，唯有发挥个体之间最佳的协作效用，才能使整体拥有良好的性能和预期的效果。因此，从学术研究到理论应用各阶层共同掀起了协同研究的新浪潮，不断探求"协同"的功用和深层次的内涵。随着网络技术的发展，协同技术逐渐成熟，典型代表是关系网模型，它是一种简单但应用广泛的协议。该模型主要解决任务分布、资源冲突和知识冲突等问题，已应用于航空器等运载工具的协同和多计算机协作等。

协同是指复杂大系统内部不同子系统之间的相互配合、协商，对外部环境发挥有益影响，加强整体系统，满足各子系统自身需求的过程或能力。协同性就是不同子系统之间互相合作、协商的机理和特性。对这种机理和特性进行系统的研究便形成了科学理论，称为协同论。

协同理论是一门新兴学科，由20世纪70年代著名科学家哈肯创立，并经过多学科的长期发展融合，逐渐成为系统科学的一条重要分支。协同论通过不断地发展和理论的丰富，逐渐成为一门综合性学科，被称为"协同学"并被广泛地应用。它从不同事物中提取和研究共同特征，探讨各种复杂系统从杂乱无章到整齐一致之间过程的协同性，从宏观尺度上研究复杂大系统的结构和功能，进而发现复杂大系统的控制原理与管理科学。

协同理论和方法在天文、地理、物理、化学、生物、社会、经济管理以及工程科学等诸多方面都有实际的研究与应用价值。例如，在社会学中无法预测每个个体的行为，但可以通过个体行为的协同性去探求社会群体行为的宏观规律。同样，将这种方法和思路应用在工程领域能够解决一系列复杂系统的协同控制问题，以构建一个协同组织框架，在满足不同子系统本身功能的基础上实现整体性能要求。

顶层设计是一个从抽象到具体、从定性到定量、从上到下分解和组合问题的求解过程，模拟了人类的认知及思维过程。复杂大系统内部包括多个不同结构或者功能的子系统，相互之间需要协调与合作，充分体现了协同的作用。可见，这两种研究理论并不是相互独立，而是紧密关联的。

从上述理论研究及应用中不难发现，顶层设计理论在自上而下的集成过程中，能够充分发挥集成系统内部资源的各自优点，如果与协同理论相结合，解决了复杂大系统研究过程中常常面临的参数不确定、传感器和执行机构相互干涉、大数据和系统状态的突变等不可避免的问题，必将成为今后科学与工程领域中复杂系统集成和控制理论技术研究的热点。

因此，顶层设计思想和协同理论相结合的问题吸引了很多从事过程控制、计算机应用和系统科学的研究人员从系统建模、分析与应用等不同角度进行研究，并获得了一定的研究进展与成果。实际应用效果证明，运用顶层设计的系统协同理论来研究这些具有复杂大系统特性的系统，与传统方法相比，在确保系统的效率和安全性的同时，更提高了控制效果。

而对于智能化车辆而言，其底盘系统协同控制有以下特征：

1）子系统个体包含自主属性。子系统从被动地等待来自上层子系统的工作指示，改变为主动地感知其周围环境对相应子系统提出的性能要求，以及通信与交互实现各自的控制优先级和权限确立。子系统协同控制实时在线，综合问题，分析原因，协调解决，避免繁冗程序，提高处理效率。

2）大系统控制效率的提升。传统底盘集成控制分层结构层次之间功能与定义较为简单、独立，方便了系统设计的同时也降低了控制效率的充分发挥。为此，底盘系统协同控制将会减少上层子系统对下层子系统的干涉，即分配任务以后通过协同机制，下层子系统自由组合发挥最大效用。

3）控制算法的实时性。为了应对外界环境的不确定性与车辆驾驶意图的改变随机性，满足对整车综合性能的最优控制与精确反馈，底盘系统协同控制也对实时性提出了更高要求。

运用协同理论对底盘系统进行集成控制的过程中，并不能缺少顶层的整体设计，而是将传统的集中控制系统转变为顶层的设计者和监督者的角色，使更多控制权转移到协同系统的同时，具有任务分配权和决策权，在特定情况下需要其介入时，接管对下层子系统的管理。顶层设计下的协同控制是根据车辆与环境状态确定系统所处的工况，实时地确定子系统的职责和权限，并且收集所有子系统返回结果作为评价参考。同时顶层子系统与底层子系统协同控制将会进一步融合，通过对控制信息和状态返回信息的整合，达到改善整车综合性能和提高控制精度的目的。

基于顶层设计和协同理论的思想，提出了智能纯电动车辆底盘一体化协同控制的体系框架，如图 5.7 所示。该框架从协同控制角度将车辆底盘集成控制系统分为顶层、底层和中间协同层三个功能区，但在模块设计中体现顶层设计的思想将顶层和中间层集中建模。根据不同的功能分层，将基于顶层设计的车辆底盘协同控制系统的控制过程分为三个阶段：顶层设计、协同优化和自主控制[14]。

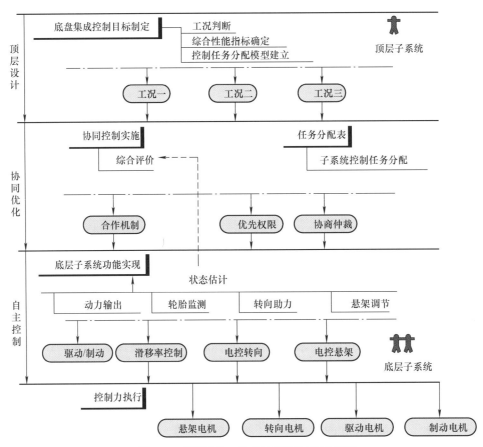

图 5.7　车辆底盘一体化协同控制体系框架

（1）顶层设计

在顶层设计阶段，顶层子系统基于工况分类按照安全性、节能性、环保性、舒适性、交通效率性能以及总体兼顾的融合分配原则，进行车辆综合性能指标确定与控制任务分配模型建立。

（2）协同优化

在车辆底盘协同控制系统中，采用如下的原则解决各子系统任务分配和协调的问题：依据各子系统之间的自然关系，充分考虑其作用对车辆整体控制的效果反馈，结合不同子系统的作动力，动态协调操纵行驶安全性、车辆稳定性、节能环保性、舒适平顺性和行驶效率等车辆综合性能来处理协调和合作的问题，通过合作促进或解决冲突矛盾，制定任务分配表，通过合作机制建立、优先权限设置和协商仲裁实现协同优化。

（3）自主控制

自主控制阶段是顶层子系统完成协同优化后，底层子系统根据自身控制结构和功能，完成分配任务和状态反馈的过程，即根据整车综合性能和协同优化控制的需求调节相应的控制参量，并驱动相应的执行机构产生作动力。

5.3 基于顶层设计的 i-EFV 控制协同体系

5.3.1 i-EFV 分层式协同控制系统架构

根据 i-EFV 综合运行性能多目标协同、"人-车-路"非线性复杂动力学大系统中的多元素协同、"驱动/制动/转向/悬架"多机构协作、"驾驶员/驾驶辅助/一体化安全"多模式协同等综合需求，基于顶层设计和协同理论的思想，提出 i-EFV 分层式协同控制体系结构，如图 5.8 所示。该控制系统通过总线接收信息并融合所获取的车辆及交通环境信息，进行车辆的综合控制，共分为 4 层，分别解决系统多模式协调、整车多目标优化、多系统动态协调等问题。对于整车系统而言，其控制方式本质为分散优化、分散控制与协调补偿，该结构系统具有较好的实时性、鲁棒性与控制安全性，虽然牺牲了部分全局优化性能，但能够保证车辆系统稳定、安全运行。

上层为整车全局协调控制器，依据驾驶员操作、实际及预期车辆/环境状态，协调整车多行驶模式，重点解决"驾驶员/驾驶辅助/一体化安全"多模式控制协同的问题。

中层为"人-车-路"多目标协同优化，为基于整车工作模式的若干子优化控制器，依据车辆状态、环境信息以及驾驶员操作及特性信息，基于"安全、舒适、节能与环保"多目标进行协同优化。基于分层控制思想，不考虑系统动态响应特性以及所带来的影响，仅考虑系统稳态特性，综合安全、舒适、节能与环保进行多目标稳态优化。

由于 i-EFV 安全、舒适、节能与环保等不同类型的多个性能目标之间往往存在相互的约束条件和耦合关系。在充分考虑驾驶员的行为特性，并结合车辆实时状态以及道路环境变化的基础上，为有效克服多系统、多目标之间的非线性耦合特性，且简化控制系统设计难度，满足控制实时性，基于预测控制理论，设计"人-车-路"系统多目标协同优化结构，如图 5.9 所示，以实现车辆系统局部时域内的优化协调控制。

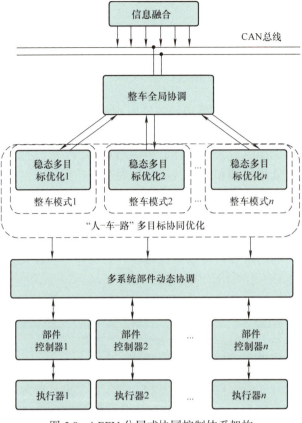

图 5.8　i-EFV 分层式协同控制体系架构

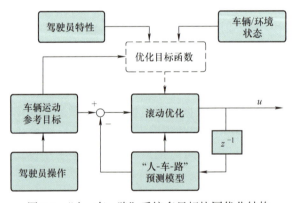

图 5.9　"人-车-路"系统多目标协同优化结构

如图 5.9 所示，基于驾驶员特性、当前车辆/环境状态以及车辆运动参考目标，制定基于安全、舒适、节能与环保的多目标优化函数，随后，通过"人-车-路"耦合预测模型以及滚动优化，实时进行优化控制。重点研究内容包括：①符合驾驶员预期的安全、节能、环保与舒适性能指标的数学量化方法；②考虑多性能优化目标的协同设计方法以及多性能目标协同控制优化方法；③不同约束条件下的多目标最优控制方法，以及多性能目标协同控制存在的实时性、鲁棒性以及稳定性问题的解决方法。

i-EFV 分层式协同控制体系的下层为多系统部件动态协调。对于复杂行驶工况下的 i-EFV，由于其动力系统集成了发动机、电机及液压等不同类型的子系统，基于此结构形式的系统能量流传动表现为明显的非线性特性和不确定性，且各子系统的内部动力学响应特性和相互间控制目标代价差异较大。因此，多系统部件动态协调重点解决"驱动/制动/转向/悬架"多系统多部件动态协同控制的问题。针对上述问题，提出图 5.10 所示的多系统部件动态协调控制总体结构。系统部件编号为 i_1, i_2, …, i_m，基于"人-车-路"多目标协同优化的稳态控制指令，综合系统动态响应特性以及带来的控制代价影响，对各系统部件控制指令进行重新分配，以实现快速、经济响应系统稳态优化目标的目的。首先，基于各系统部件稳态目标，设计动态过程综合响应速度和经济性指标，并进行综合优化，获取部件 ij（$j=1, 2, …, m$）期望控制量 u_{ij}。随后，为满足系统快速响应需求，基于部件规范模型 G_{ij} 采用前馈 F_{ij} 加反馈 C_{ij} 的二自由度模型匹配控制算法，最后输出至部件控制器及执行部件。重点研究内容包括：①"机械/电机/液压"非线性耦合系统的安全、经济性能指标协同设计方法；②"机械/电机/液压"集成系统综合性能优化方法，不确定性系统的非线性耦合动态协同控制方法；③非线性动态协同优化控制方法的抖振、鲁棒性以及实时性问题。

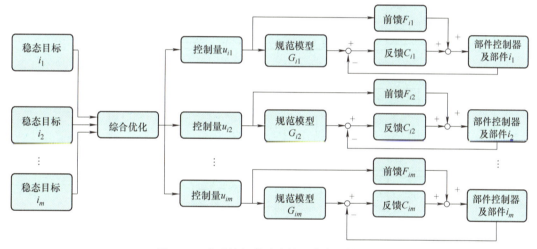

图 5.10　多系统部件动态协调控制总体结构

作为智能环境友好型车辆的一种典型应用案例，智能混合动力电动轿车的整车分层控制系统结构如图 5.11 所示。

智能混合动力电动轿车的整车分层控制体系共分四层，其中顶层为智能辅助驾驶控制目标制定层，可根据本车与前车状态以及驾驶员输入巡航车速对智能辅助驾驶子模式进行识别，并制定各种模式下的整车纵向期望加速度；上层为整车驱/制动转矩制定层，分别制定手动驾驶模式和自动驾驶模式下的需求转矩，并根据驾驶操作对整车驾驶模式进行判别和协调不同的需求转矩，最终制定出整车期望驱/制动转矩；中层为总成转矩分配层，根据部件总成状态信息和期望驱/制动转矩，对动力系统工作模式进行识别并制定各总成部件的期望转矩命令；下层为总成转矩协调控制层，对发动机和电机驱动转矩以及电机与 EVB 系统制动转矩进行协调控制，最终确定发动机和驱动电机的转矩命令以及 EVB 装置的制动压力命令。

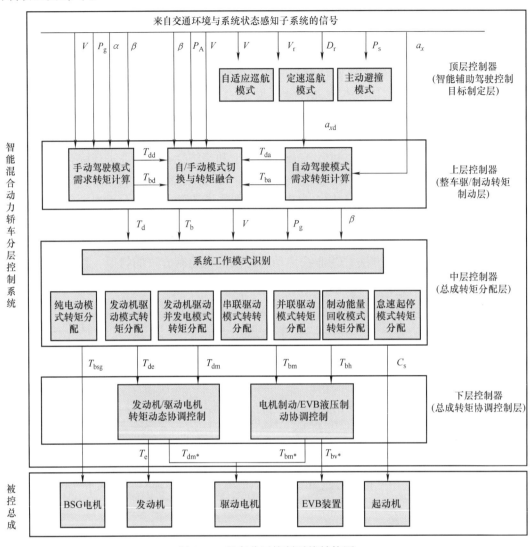

图 5.11 整车分层控制系统结构图

图 5.11 中，α 为加速踏板行程，β 为制动踏板行程，P_g 为变速器当前档位位置，V 为本车车速，P_A 为智能辅助驾驶功能开关位置，V_r 为相对车速，D_r 为相对车距，P_s 为巡航车速设定开关位置，a_x 为本车纵向加速度，a_{xd} 为期望加速度，T_{dd} 为手动模式期望驱动转矩，T_{bd} 为手动模式期望制动转矩，T_{da} 为自动模式期望驱动转矩，T_{ba} 为自动模式期望制动转矩，T_d 为整车期望驱动转矩，T_b 为整车期望制动转矩，T_{de} 为期望发动机驱动转矩，T_{dm} 为期望电机驱动转矩，T_{bm} 为期望电机制动转矩，T_{bh} 为期望液压制动转矩，T_{bsg} 为 BSG 电机转矩命令，T_e 为发动机转矩命令，T_{dm*} 为电机驱动扭矩命令，T_{bm*} 为电机制动转矩命令，T_{bv*} 为 EVB 制动转矩命令，C_s 为起动机起动命令。

作为智能环境友好型车辆的另一种典型应用案例，全轮独立电驱动车辆的驱动力分层控制系统总体架构如图 5.12 所示。

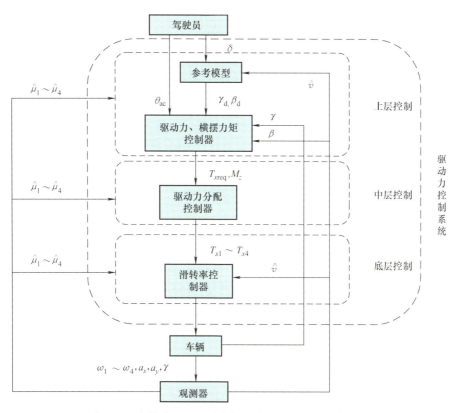

图 5.12 全轮独立电驱动车辆驱动力控制系统总体结构

在图 5.12 中，δ 为驾驶员输入的转向盘转角，θ_{ac} 为驾驶员踩下加速踏板的开度，γ_d, β_d 为参考模型计算出的期望横摆角速度和质心侧偏角，γ 为车辆横摆角速度传感器反馈的测量信号，β 为经过观测器估计的质心侧偏角，$\hat{v}$ 为经过观测器估计的纵向车速，$\hat{\mu}$ 为观测器估计的路面附着系数，a_x、a_y 为经过车辆加速度传感器测量的纵向加速度、侧向加速度，ω 为各车轮轮速，T_x 为各驱电机转矩。

全轮独立电驱动车辆驱动力控制系统由三层组成，其中上层为驱动力、横摆力矩制定层，中层为多目标优化驱动力分配层，下层为滑转率控制层。驱动力、横摆力矩制定层位于整个四轮独立电驱动车辆驱动力控制系统的上层，其主要功能是输出驾驶员期望的纵向驱动转矩以及稳定车辆的横摆力矩。多目标优化驱动力分配层是将来自上层的横摆力矩值 M_z 和驾驶员的期望纵向力矩 T_{xreq} 分配至各个车轮。滑转率控制层的输入为车轮的期望滑转率和目标滑转率，输出为控制车轮的驱动转矩。其主要功能是对驱动电机转矩的控制来避免车轮的滑转状态，防止车轮在滑转过程中造成轮胎侧偏力的急剧下降给车辆侧向稳定性造成的不利影响。

5.3.2 i-EFV 多目标及多系统协同的综合控制

车辆动力学的控制原理及决策主要集中于对各重要性能的分别研究，如车辆行驶安全性、燃油经济性、排放性能控制以及与行驶舒适性相关的行驶噪声和振动性能控制等，这些方法虽能较好解决相关单一动力学问题，但难以全面、协同地解决复杂系统耦合下的动力学综合问题，如综合考虑驾驶员、车辆和道路的行驶安全性、燃油经济性与乘坐舒适性的多目标协同问题，整车驱动、制动、悬架与转向等多系统协同问题。

i-EFV 具有被控对象耦合、控制功能多样、车辆对象复杂等特点，如何将 i-EFV 的"人 - 车 - 路"作为一个有机整体，综合考虑在多运动过程及多系统耦合下的复杂系统动力学特性，实现多目标及多系统协同的最优动力学控制，这是集成复杂机电系统的 i-EFV 动力学控制的另一重要研究课题。多目标及多系统协同的动力学综合控制，是指针对 i-EFV 的控制策略需要既考虑包括行驶安全、节能环保、驾驶舒适等多目标协同，又要考虑到整车驱动、悬架、转向及制动等多个系统的协同问题。i-EFV 多目标及多系统协同综合控制存在以下几个问题：

（1）"驾驶员 / 驾驶辅助 / 一体化安全"多模式协同

i-EFV 综合控制，要求基于驾驶员需求、车辆状态以及交通环境信息，实现驾驶员正常驾驶、纵 / 横向驾驶辅助、"人 - 车 - 路"一体化安全等不同工作模式。而以上几种系统控制模式在某些紧急工况下，往往触发几种模式同时工作，因此，如何实时监控与协调"驾驶员 / 驾驶辅助 / 一体化安全"等多种车辆模式，实现多模式的协同工作，这是 i-EFV 控制协同需要解决的问题之一。

（2）"人 - 车 - 路"多目标协同

i-EFV 不仅要求实现车辆自身的安全、舒适、节能与环保，亦要求实现其与行驶环境、行人的协同优化。其综合控制不仅涉及自车动力学系统，而且需考虑驾驶员的驾驶习惯和行为特性，以及车辆行驶的道路状况和交通环境。因此，i-EFV 综合控制过程，是以驾驶员 - 车辆 - 道路交通环境所组成的"人 - 车 - 路"广义机械动力学系统为被控对象，进行协同优化控制的过程。

（3）"驱动 / 制动 / 转向 / 悬架"多系统协同

i-EFV 集成复杂机电耦合系统，包含驱动、制动、转向、悬架等机械、电子和液压多系统，而每一子系统内包含多个执行部件。不同子部件都具有不同的系统工作范围、响应特性以及控制代价。因此，i-EFV 综合控制要求对多系统、多部件所组成的复杂"机 - 电 - 液"耦合系统进行动态协调，以实现最快的系统综合响应与最优的经济性。

5.4　i-EFV 控制协同技术的典型应用

5.4.1　混合动力车辆智能驾驶辅助协调控制技术

5.4.1.1　多目标协同的人机共驾多模式切换控制策略

（1）驾驶员操作与智能辅助驾驶切换协调控制策略

在实际车辆运行过程中，智能辅助驾驶控制与驾驶员控制需要进行频繁、反复的切换控制。在切换的过程中，首先需要设计驾驶员操作与智能辅助驾驶意图协调控制策略，以保证实际驾驶过程中，驾驶员操作与智能辅助驾驶的平稳、合理切换；其次在切换过程中，需要对各动力总成部件（包括发动机、驱动电机、发电机以及 EVB）进行协调控制，以实现在动态切换过程中输出控制量的平稳变化，并确保整车加速度能跟随期望的需求加速度。

该协调控制策略涉及驾驶员操作与智能辅助驾驶切换意图协调控制策略和驾驶员操作与智能辅助驾驶切换动力协调控制策略,下文将对两策略进行详细分析。

1)驾驶员操作与智能辅助驾驶切换意图协调控制策略。总体来讲,车辆驾驶分为手动(驾驶员操作)与自动(智能辅助驾驶)两种模式。智能辅助驾驶又分为自适应巡航(ACC)与主动避撞(CAS)两大子系统,因此自动模式又分为自适应巡航与主动避撞两种模式,整车的驾驶模式划分如图 5.13 所示。

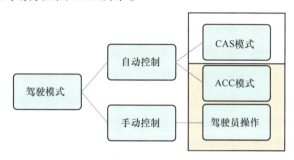

图 5.13　驾驶员操作与智能辅助驾驶模式划分

如图 5.13 所示,驾驶员操作、自适应巡航(ACC)和主动避撞系统(CAS)构成了车辆驾驶过程中的三大工作模式。其中驾驶员操作与自适应巡航分别独立,具有相同的优先级,驾驶员可以自行操作或者进行某些设置和操作之后进入自适应巡航控制。而主动避撞系统具有最高的优先级,一旦进入该车辆工作模式,驾驶员操作以及自适应巡航控制均自动失效,车辆进入强制制动工作状态,直到主动避撞模式退出为止。

为对应实际车辆运行模式,在车辆驾驶模式基础之上,设计了可以用于车辆控制的车辆运行模式。定义车辆运行模式集合为 $\Omega=\{N_1,N_2,\cdots,N_p\}$。每一个 N_i 对应一种车辆驾驶模式,其中 $N_i=\{x_1,x_2,x_3,x_4\}$。x_i 均为布尔变量,真为 1,假为 0。x_i 分别对应车辆的某一类状态,其真值表见表 5.1。

表 5.1　x_i 真值表

变量	真(1)	假(0)
x_1	驾驶操作	自动操作
x_2	驱动	非驱动
x_3	滑行制动	非滑行制动
x_4	强制制动	非强制制动

根据实际车辆运行情况,可以得到车辆运行模式 $\Omega=\{N_1,N_2,\cdots,N_p\}$,其中 N_i 分别为:

$N_1=\{0,0,0,0\}$

$N_2=\{1,1,0,0\}$

$N_3=\{1,0,1,0\}$

$N_4=\{1,0,0,1\}$

为实时计算车辆运行模式,定义函数:

$$\Gamma(x) = \begin{cases} 1 & x \geq 0 \\ 0 & x < 0 \end{cases} \tag{5-1}$$

则有 x_i 分别计算如下式：

$$\begin{aligned}
x_1 &= \Gamma(\text{CAS\_Disable}-1) \cdot \{\Gamma[\Gamma(\text{APS}-8)+\Gamma(\text{BPS}-1)+\Gamma(10-V)+\Gamma(\text{Key\_Disable}-1)]\} \\
x_2 &= \Gamma(\text{CAS\_Disable}-1) \cdot [1-\Gamma(x_1-1)] \cdot \Gamma(\text{ACC\_trq}-25) \\
x_3 &= \Gamma(\text{CAS\_Disable}-1) \cdot [1-\Gamma(x_1-1)] \cdot \Gamma(15-\text{ACC\_trq}) \cdot \Gamma(90+\text{ACC\_trq}) \\
x_4 &= \Gamma\{[1-\Gamma(\text{CAS\_Disable}-1)]+[1-\Gamma(110+\text{ACC\_trq})] \cdot [1-\Gamma(x_1-1)]\}
\end{aligned} \tag{5-2}$$

其中，CAS_Disable 为 1 时，表示主动避撞功能取消，为 0 时表示主动避撞功能触发；APS 为驾驶员加速踏板；BPS 为制动踏板信号，为 1 时表示踏板踩下，为 0 时表示踏板未踩下；ACC_trq 为 ACC 模式下计算的行驶转矩；V 为当前车辆速度；Key_Disable 为 1，表示 ACC 功能关，为 0 时表示 ACC 功能开。

2）驾驶员操作与智能辅助驾驶切换动力协调控制策略。在驾驶员操作与智能辅助驾驶状态切换的过渡过程中，由于驾驶任务可能存在较大的差异，此时驱动力在两种状态切换前后可能存在较大的突变，车辆加速度将产生剧烈变化，这样将极大地影响驾驶舒适性。另一方面由于与驾驶员的感受差异较大，可能会导致驾驶员频繁干预车辆系统。此外，由于系统驱动力突变，对于车辆传动系统零部件可能产生较大冲击，影响动力传动系统的寿命。因此，在驾驶员操作与智能辅助驾驶状态切换的过渡过程中，车辆动力需要连续平稳的过渡变化。为此，本研究提出了模式切换的变参考曲线驱动力协调控制方法。

假设车辆运行模式为手动控制模式，此时驾驶员需求转矩为 Driver_trq，当切换到车辆自动控制模式之后，此时计算得到的需求驱动转矩为 Auto_trq，为保证各系统工作时的系统响应速度，定义模式切换总过渡时间为 T_0，此时需要转矩从驾驶员控制的驱动转矩 Driver_trq 平滑地变化为自动模式下计算的驱动转矩 Auto_trq。设转矩过渡过程变化曲线为 f，则该函数曲线 f 为时间和转矩 Driver_trq、Auto_trq 的函数。同时，由于在过渡过程中，自动模式下计算的需求转矩会实时变化，因此过渡过程变化曲线 f 也和这个变化的值有关。

设过渡过程开始时刻，自动模式下计算得到的转矩为 Auto_trq(0)，经过 t 的时间，自动模式下计算得到的转矩为 Auto_trq(t)，0 到 t 的时间内变化曲线为 f_t，则在时刻 $t+\mathrm{d}T$ 时，变化曲线 f' 应该满足以下条件：

$$\begin{aligned} f'(t) &= f(t) \\ f'(T) &= \text{Auto\_trq}(t+\mathrm{d}T) \end{aligned} \tag{5-3}$$

若将过渡过程曲线简化为直线，则模式切换过渡过程中驱动转矩变化曲线将如图 5.14 所示。将该连续过程离散化，设步长为 δ，则在时刻 $(k+1)\delta$ 时，驱动转矩值为：

$$f(k+1) = \frac{\text{Auto\_trq}(k)-f(k)}{T-k\delta} \times \delta + f(k) \tag{5-4}$$

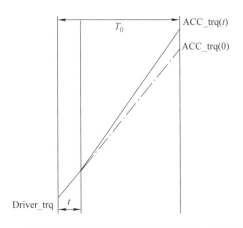

图 5.14　模式切换过渡过程中驱动转矩变化曲线示意图

（2）基于混合动力驱动系统特性的整车期望加速度协调控制策略

在依据驾驶员跟车特性计算得到期望加速度之后，需要根据期望加速度计算实际控制加速度，用以计算期望的行驶转矩，以克服实际车辆运行过程中的外部干扰以及车辆状态发生的变化。对于混合动力系统，其驱动系统的发动机、电机特性相差较大，在不同的部件工作以及相互切换的过程中，可能会产生期望加速度的较大振荡，导致系统响应速度变慢，车辆不能迅速跟随前车，车间距增大或者急剧减小。同时将导致驾驶员频繁干预操作，降低驾驶舒适性。

为解决混合动力驱动系统发动机、电机切换的动态特性以及动力传递特性差异，在此提出了基于混合动力驱动系统特性的整车期望加速度协调控制策略。以此解决驱动过程中，混合动力系统发动机单独驱动、电机单独驱动以及发动机、电机联合驱动之间的状态切换导致的被控对象特性较大的变化。

根据混合动力系统的特性，依据发动机、电机的切换状态对控制系统进行实时的调整，在此提出基于实时车辆状态反馈的模式切换二自由度结构的模型匹配控制器，实现期望加速度计算与混合动力驱动动力计算的协调控制，提高控制系统性能，满足车辆快速响应的需求。

基于模式切换的二自由度控制器结构如图 5.15 所示，通过车辆系统反馈当前车辆驱动状态，由模型切换监督器决定当前应该采用的控制器。

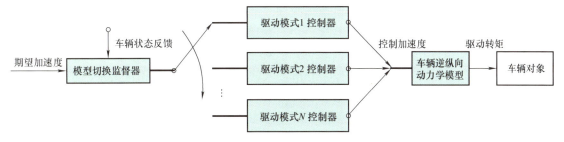

图 5.15　基于模式切换的二自由度控制器结构

由于车辆在不同的驱动状态下，其系统特性不同，尤其在发动机单独驱动和电机单独驱动情况下，系统特性差异较大，因此控制器集合将根据控制对象的特性分为发动机单独驱动、电机单独驱动以及联合驱动等 3 个子控制器，由当前反馈的系统驱动状态决定采用的子控制器。

对应控制器集合中每个子控制器，采用二自由度结构模型匹配控制器，结构如图 5.16 所示。

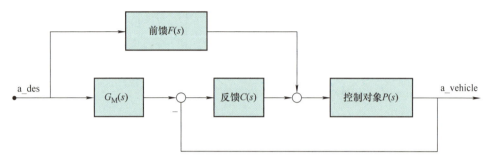

图 5.16 二自由度结构模型匹配控制器结构

其中，$P(s)$ 为实际响应车辆加速度与期望加速度之间的传递特性。
匹配模型传递函数为：

$$G_M(s) = \frac{1}{s+1} \tag{5-5}$$

前馈环节传递函数为：

$$F(s) = \frac{G_M(s)}{P(s)} \tag{5-6}$$

反馈环节采用 PI 控制，$P(s)$ 为车辆对象传递函数，通过模型辨识的方法，得到车辆对象传递函数，$P(s)$ 将根据发动机单独驱动、电机单独驱动、混合驱动三种不同的驱动模式辨识车辆传递函数。

按照模型辨识理论，单频的正弦信号通过一个线性系统后，输出保持为同频的正弦信号，但是其幅值和相位要发生变化。输出正弦信号的幅值等于原始信号的幅值与线性系统幅值频率响应函数在此单频处的值的乘积；输出正弦信号的相位要滞后于原始信号的相位，滞后值就是线性系统相位频率响应函数在此单频处的值。

依据上述原理，分别对于发动机单独驱动、电机单独驱动，以及发动机、电机联合驱动，取车辆对象工作车速范围为 18 ~ 90km/h，每隔 9km/h 为一个工作点，在每一工作点和每一工况下，利用建立的主动避撞汽车动力学系统模型，对车辆对象输入不同频率的正弦信号，记录下位控制对象的输出信号，分析输入输出信号的幅值和相位关系，获得车辆被控对象的频率响应特性，通过 Levy 法，进而获得车辆被控对象的传递函数模型。

发动机单独驱动、电机单独驱动模型辨识传递函数见式（5-7）和式（5-8），所得到的辨识示意图如图 5.17、图 5.18 所示。

$$S_e = \frac{2.139}{s + 2.526} \tag{5-7}$$

$$S_M = \frac{95.71}{s+99.69} \tag{5-8}$$

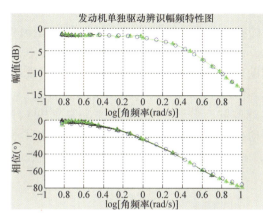

图 5.17　发动机单独驱动模型辨识结果

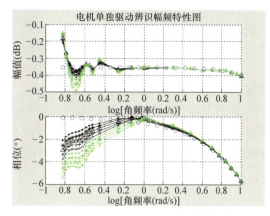

图 5.18　电机单独驱动模型辨识结果

混合驱动过程中，由于发动机响应速度比电机响应速度慢很多，因此可以近似认为混合驱动过程中，系统传递特性和发动机单独驱动时特性基本一致。因此可以得到发动机单独驱动、电机单独驱动、混合驱动时车辆的传递特性，见式（5-9）~式（5-11）。

$$S_e = \frac{2.139}{s+2.526} \tag{5-9}$$

$$S_M = \frac{95.71}{s+99.69} \tag{5-10}$$

$$S_h = \frac{2.139}{s+2.526} \tag{5-11}$$

依据不同驱动模式下得到的车辆传递函数特性，可以得到二自由度结构模型匹配控制器前馈环节 F 的传递函数分别见式（5-12）~式（5-14）。

$$F_e(s) = \frac{G_M(s)}{P_e(s)} = \frac{s+2.526}{2.139s+2.139} \tag{5-12}$$

$$F_M(s) = \frac{G_M(s)}{P_M(s)} = \frac{s+99.69}{95.71s+95.71} \tag{5-13}$$

$$F_h(s) = \frac{G_M(s)}{P_h(s)} = \frac{s+2.526}{2.139s+2.139} \tag{5-14}$$

反馈环节 $C(s)$ 通过 PI 控制器设计方法得到。

5.4.1.2　智能辅助驾驶模式切换的多系统协调控制技术

（1）智能辅助驾驶驱动状态下发动机与驱动电机协调控制技术

在智能辅助驾驶驱动状态下，根据雷达所采集的车辆相对车速、相对车距以及车辆状态传感器所采集的车辆状态信息,需要实时对发动机和驱动电机转矩进行控制,使得整车始终保持较优的燃油经济性以及较好的安全性。

具体来讲,在智能辅助驾驶稳定模式状态下,发动机与驱动电机稳定工作,此时控制系统在保证安全性的前提下,经济性是其主要的控制目标;在智能辅助驾驶模式切换的过渡过程中,意味着车辆状态已产生一定的变化,此时应该优先保证安全性,而这一点是通过较快的系统响应特性实现的,因此在智能辅助驾驶模式切换的过渡过程中,应对发动机和驱动电机的驱动转矩进行综合协调分配,保证系统的响应速度,提高车辆安全性。

如图 5.19 所示,智能辅助驾驶模式分为定速巡航、跟车、接近以及主动避撞共 4 种模式。由于主动避撞模式下,车辆需要较大的制动减速度,属于较强制动模式,在此只考虑驱动状态下发动机与驱动电机之间的协调控制,暂不考虑主动避撞模式下车辆的控制。

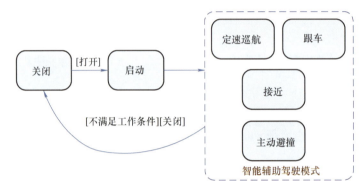

图 5.19　智能辅助驾驶控制模式

其中定速巡航、跟车、接近 3 种模式,将按照图 5.20 的关系进行模式切换。图中距离误差由实际车距减去安全车距(自车速度 × 时距 + 常数)得到,相对车速为前车速度减去自车速度。紫红色的零加速度线是使车距保持控制算法计算出的期望加速度为零的距离误差和相对车速组成的线。青色区域的定速巡航是指汽车按照驾驶员设定速度行驶的工况,灰色区域跟车是指汽车按照期望的安全车距跟随前车行驶的工况,蓝色区域的接近是指汽车从较远距离以较大速度逼近前方速度较低汽车的工况。

从图 5.20 可以看出,当车辆处于某一个模式固定不变时,表示车辆处于某种相对稳定的状态,此时发动机、电机等各部件工作相对稳定,控制量变化相对较小,此时应以车辆经济性为主要控制目标,对发动机、电机进行整体综合控制。而当模式进行切换时,表示车辆正在从一种状态向另一种状态切换,车辆亦处于不稳定的过渡状态,此时各部件控制量可能变化较大,此时需要进行综合协调控制,优先保证系统有足够的响应速度,此时应该以车辆安全性为目标,保证足够的系统响应特性。以下分别就智能辅助驾驶稳定模式状态以及智能辅助驾驶切换模式状态下,发动机、驱动电机驱动转矩协调控制进行介绍。

在智能辅助驾驶稳定模式状态下,发动机与驱动电机相对稳定工作,车辆稳定工作,此时控制系统在保证安全性的前提下,经济性是其主要的控制目标。在这里,为满足车辆实时性控制的要求,采用基于发动机最优工作区间的发动机与电机协调控制策略。按照发动机最优工作区间的油耗特性图,将其划分为电机单独工作、发动机工作同时发电机发电、发动机单独工作、发动机与驱动电机混合驱动共 4 种模式,如图 5.21 所示。

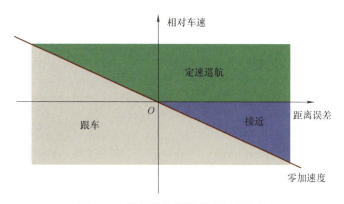

图 5.20　智能辅助驾驶模式切换条件

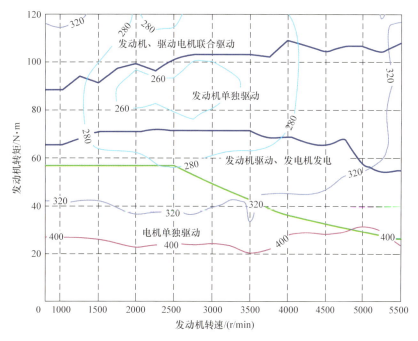

图 5.21　基于发动机最优工作区间的发动机与电机协调控制策略

在智能辅助驾驶切换模式状态下，由于车辆状态处于正在改变的过渡过程，应优先保证系统的响应速度，提高车辆安全性。因此，除正常的智能辅助驾驶稳定模式外，需要另外增加过渡过程模式。智能辅助驾驶完整的工作模式如图 5.22 所示。

如图 5.22 所示，智能辅助驾驶驱动状态下，除根据当前车辆自身以及前车工作状态划分的定速巡航，接近以及跟车工作模式之外，还根据过渡过程分为定速巡航 - 接近过渡模式，定速巡航 - 跟车过渡模式以及接近 - 跟车过渡模式。在过渡模式中，如前所述，发动机以及驱动电机转矩需要单独进行协调控制，以保证车辆较快的响应速度。

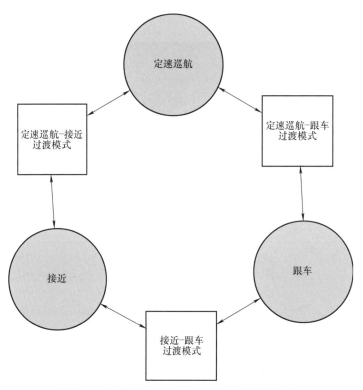

图 5.22 智能辅助驾驶驱动状态工作模式划分

为简化控制难度,提高控制系统运行速度,在智能辅助驾驶模式切换的过渡模式中,将利用电机的快速响应特性,优先改变电机转矩,以满足控制系统的需求。不妨假设此刻从定速巡航切换为接近模式,系统进入定速巡航 - 接近过渡模式,设定速巡航 - 接近过渡模式时间为 $T_{CC\_Approach}$,前一时刻定速巡航模式计算期望转矩为 CC_trq,当前接近模式计算转矩 Approach_trq,进入过渡过程开始,控制系统计算期望转矩为 Req_trq,则:

$$\text{Req\_trq} = \text{Approach\_trq} \tag{5-15}$$

将该连续过程离散化,设步长为 δ,则在时刻 $k\delta$ 时控制系统期望转矩为 Req_trq(k),过渡过程计算得到的发动机与驱动电机转矩为 $T_{engine}(k)$ 和 $T_{motor}(k)$,设:

$$\begin{aligned}
\Delta(k+1) &= \text{Req\_trq}(k+1) - \text{Req\_trq}(k) \\
\text{Req\_trq}(k+1) &= T_{engine}(k+1) + T_{motor}(k+1) \\
T_{engine}(k+1) &= T_{engine}(k) + \alpha_1(k+1)\Delta(k+1) \\
T_{motor}(k+1) &= T_{motor}(k) + [1-\alpha_1(k+1)]\Delta(k+1)
\end{aligned} \tag{5-16}$$

每一时刻基于发动机最优工作区间的发动机与驱动电机为 $T_{engine}^{opt}(k)$ 和 $T_{motor}^{opt}(k)$,则:

$$\Delta(k+1) = \text{Req\_trq}(k+1) - \text{Req\_trq}(k)$$
$$\text{Req\_trq}(k+1) = T_{\text{engine}}^{\text{opt}}(k+1) + T_{\text{motor}}^{\text{opt}}(k+1)$$
$$T_{\text{engine}}^{\text{opt}}(k+1) = T_{\text{engine}}^{\text{opt}}(k) + \lambda_1(k+1)\Delta(k+1) \quad (5\text{-}17)$$
$$T_{\text{motor}}^{\text{opt}}(k+1) = T_{\text{motor}}^{\text{opt}}(k) + [1-\lambda_1(k+1)]\Delta(k+1)$$

为实现模式切换的过渡过程，$\alpha_1(k)$ 按照一定的规律进行变化，但需要在定速巡航 - 接近过渡模式时间 $T_{\text{CC\_Approach}}$ 结束时刻，满足：

$$\alpha_1(\frac{T_{\text{CC\_Approach}}}{\delta}) = \lambda_1(\frac{T_{\text{CC\_Approach}}}{\delta}) \quad (5\text{-}18)$$

以最终实现模式动态切换过程结束之后的控制系统的经济性。

为简化控制系统难度，假设过渡过程 $\alpha_1(k)$ 变化规律为直线，其变化的目标为在过渡模式结束时刻，实现按照经济性分配的规律系数 $\lambda_1(k)$。定速巡航 - 接近过渡模式变化曲线 $\alpha_1(k)$ 如图 5.23 所示。在时刻 $(k+1)\delta$ 时，$\alpha_1(k+1)$ 值为：

$$\alpha_1(k+1) = \frac{\lambda_1(k) - \alpha_1(k)}{T - k\delta} \cdot \delta + \alpha_1(k) \quad (5\text{-}19)$$

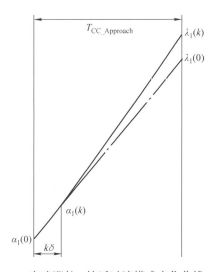

图 5.23　定速巡航 - 接近过渡模式变化曲线 $\alpha_1(k)$

由于不同模式切换，其对应车辆状态不同，因此各模式切换过渡过程参数也不同，经过进行各项实验，参数设计如下：

$$\begin{aligned} T_{\text{CC\_Approach}} &= 2s \\ T_{\text{Approach\_Dis}} &= 1s \\ T_{\text{CC\_Dis}} &= 1.5s \end{aligned} \quad (5\text{-}20)$$

（2）智能辅助驾驶制动状态电机制动与电控液压制动系统协调控制技术

对于智能混合动力汽车，其制动系统由电机制动与电控液压制动两套系统组成。而这两套制动系统其动态响应特性不一样，通常来讲，电机响应速度很快，而液压制动由于其需要压力建立与传递的过程，其响应速度较电机慢。此外，电机制动还涉及能量回收的问题。因此在智能辅助驾驶制动状态下，需要对电机制动转矩与电控液压制动转矩进行协调控制，一方面保证制动转矩最快的响应速度，使得制动转矩连续平稳变化，另一方面，使得电机回收能量最大，最大程度提高整车经济性。

在不考虑车辆稳定性的情况下，对电机回馈能量模型进行数学建模，以实时决定对于电机以及电控液压系统的制动力矩分配。设电机制动转矩 T_m，电机转速为 n，电机效率为 $\eta(T_m, n)$，机械传动效率为 η_b，为得到最大的制动回馈能量，即使得以下目标函数最大。

$$\max \quad |P_c| = \frac{\pi}{30}(-T_m)\eta_b \eta(T_m, n) \tag{5-21}$$

$$\text{s.t.} \quad \begin{aligned} & T_{m\max}^* \leqslant T_m \leqslant 0 \\ & 0 \leqslant -T_m i_m i_f \leqslant mgz'R_w \\ & 0 \leqslant \frac{-T_m i_m i_f}{mg(\gamma_f + z'\frac{h_g}{L})R_w} \leqslant \mu_{\max} \end{aligned} \tag{5-22}$$

从目标函数公式看，影响制动回馈能量大小的因素有电机制动转矩 T_m，电机效率 $\eta(T_m, n)$ 以及电池充电效率 η_b。制动回馈能量大小主要由电机制动转矩 T_m，充电效率 $\eta(T_m, n)$ η_b 两个因素共同决定，以下分别进行分析。

电机制动转矩 T_m 由电机最大制动转矩所限制，电机的最大制动转矩需要实时计算，由以下公式决定。

$$T_{m\max}^* = T_{m\max} W_{SOC} W_v$$

$$T_{m\max} = \begin{cases} T_{mn}, & n_m \leqslant n_{mn}; \\ \dfrac{9550 P_{mn}}{n_{mn}}, & n_m > n_{mn}. \end{cases}$$

$$W_{SOC} = \begin{cases} 1, & SOC < 0.8 \\ 10(0.9 - SOC), & 0.8 \leqslant SOC < 0.9 \\ 0, & 0.9 \leqslant SOC \leqslant 1 \end{cases} \tag{5-23}$$

$$W_v = \begin{cases} 0, & 0 \leqslant v < 20 \text{km/h} \\ \dfrac{v - 20}{10}, & 20 \text{km/h} \leqslant v < 30 \text{km/h} \\ 1, & v \geqslant 30 \text{km/h} \end{cases}$$

根据以上公式，画出 $T_{m\max}^*$ 的曲线如图 5.24 所示。

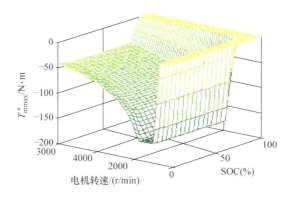

图 5.24　电机最大制动转矩 T_{mmax}^* 变化曲线

充电效率 $\eta_b\eta(T_m,n)$ 随着电机回馈转矩以及电机转速大小而变化，做出电机充电效率图以及电池充电效率图，如图 5.25 和图 5.26 所示。

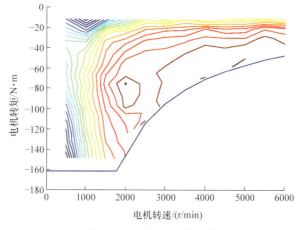

图 5.25　电机充电效率图

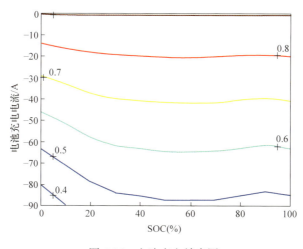

图 5.26　电池充电效率图

通过数值模拟计算，可以发现在路面附着条件足够的条件下，增加电机回馈制动转矩，总能增大制动回馈的能量。所以最后可以得到使得制动回馈能量最大的电机制动转矩如下所示：

$$T_{mopt} = -\min(-T_{m\max}^*, \frac{F'R_w}{i_m i_f}, \frac{\mu_{\max}(mg\gamma_f + F'\frac{h_g}{L})R_w}{i_m i_f}) \qquad (5\text{-}24)$$

基于以上分析，在保持车辆稳定性的前提下，优先使用电机进行制动，能够最大程度地进行制动能量回收，提高整车的经济性。但是在整车需求制动转矩较大，单纯依靠电机制动不能满足整车制动需求时，此时需要采用电控液压制动系统进行补偿。

在电机与电控液压制动系统协调制动的过程中，需要满足以下两个要求：考虑安全问题，电机与电控液压制动系统制动转矩总和满足整车制动转矩需求；考虑系统响应精度问题，电机响应速度、精度较高，传统电控液压制动系统响应速度、精度相对较低，协调电机与液压制动系统，实现总制动转矩的准确控制。

为满足以上两个要求，在此对电机与电控液压制动系统进行协调控制：①电控液压制动系统提前响应，满足期望制动转矩跟随；②电机不能完全满足制动需求时，由电控液压系统提供制动力稳态部分，通过闭环控制，电动机精确提供剩余部分制动力。

目标策略如图 5.27 所示。

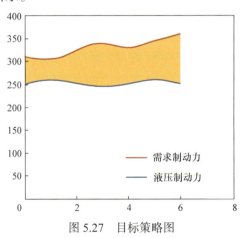

图 5.27　目标策略图

改进基本逻辑框图如 5.28 所示。

逻辑关系分析如下：

1）电机制动过程是发电过程，给电池充电，当电池电量 SOC 大于充电饱和值时，即不允许电机制动，此时所需的制动转矩完全由电控液压制动系统提供，此时 SOC < SOC$_{\text{SlipingChrgShop}}$（充电饱和值）。

2）为了实现在电控制动系统 EBS 开启响应这段时间内，即使 T_{des} 增长，电机也能继续提供总的制动力需求。EBS 要提前开启，即在 T_{des} 没有达到 T_{MP_Max} 之前就开启 EBS。因此在该逻辑中设置的 EBS 开启点公式为：

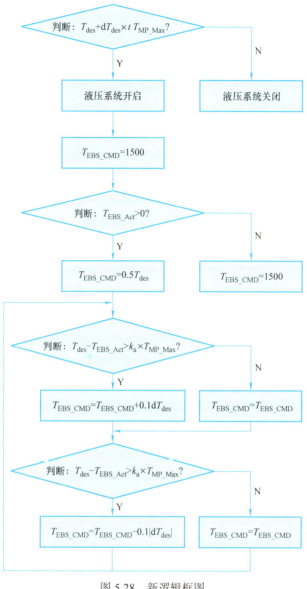

图 5.28 新逻辑框图

$$T_{des} + t \times dT > T_{MP\_Max} \quad (5-25)$$

其中，t 为 EBS 开启响应延时时间，其根据开启 EBS 的命令值变化而变化。dT 为对期望转矩实时求导值，用来预测 T_{des} 的走向。

3）满足条件开启 EBS 后，要给其初始命令值，数值的选定根据 EBS 的开启特性是希望其大一些，这样方便实现快速响应，初选 EBS 提供的期望车轮端转矩值为 1500N·m。

4）在 EBS 工作过程中在 CAN 总线上可以接收实时反馈压力值信号，把其转换成转矩值，逻辑中以 T_{EBS_Act} 表示，当满足公式：

$$T_{EBS\_Act} > 0 \quad (5-26)$$

转矩命令值变为 $0.5T_{des}$，且该命令只加一次。因为如果一直持续开启点的命令值 1500N·m，就会出现 EBS 提供转矩过大的现象，这样不能充分利用电机制动力。

5）当进入 EBS 起作用的阶段后，为了实现 EBS 命令值在总期望转矩值一定变化范围内是稳定的，以电机转矩的变化来调节 T_{des} 的变化。逻辑中设定：在电机值在一定范围内变化时，EBS 命令值不变，超出范围后阶跃性变化，变化值大小和期望转矩的该时刻导数值有关，这样的变化值有利于应对多种复杂工况，应变能力好。并且通过实时检测 EBS 的反馈压力值，在满足条件的情况下形成了一个小型循环，具体公式如下：

$$ka \times T_{MP\_Max} \leq T_{des} - T_{EBS\_Act} \leq kb \times T_{MP\_Max} \tag{5-27}$$

此时 $T_{EBS\_CMD} = T_{EBS\_CMD}$，即 EBS 命令值不变

$$T_{des} - T_{EBS\_Act} < ka \times T_{MP\_Max} \tag{5-28}$$

此时 $T_{EBS\_CMD} = T_{EBS\_CMD} - c \times |dT|$

$$T_{des} - T_{EBS\_Act} > kb \times T_{MP\_Max} \tag{5-29}$$

此时 $T_{EBS\_CMD} = T_{EBS\_CMD} + c \times |dT|$

其中电机最大转矩前的系数 k_a/k_b 为可调值，加系数的目的是避免 EBS 对命令值实时响应慢影响总转矩值，让其命令值都处在提前发出的状态，弥补其速度和精度不理想的缺点。c 为其增长系数，根据期望转矩能达到的最大值而定。

6）当 EBS 命令值低于 0 时停止 EBS 动作。

（3）整车制动防抱死状态下的电机制动与电控液压制动协调控制技术

在智能辅助驾驶驱动状态下，当探测到前方车辆或障碍物距离自车非常近，根据当前的安全时距判断整车立即进入了自动避撞状态，整车制动系统将根据需求制动减速度立即产生足够制动力去降低车速。如果当前的车辆制动力过大或车辆正行驶在低附着系数路面上，车轮将被抱死，从而影响车辆的制动效能和制动稳定性。同时由于整车的制动系统包含电机制动和液压制动两套系统，因此必须设计一套完整的整车制动防抱死状态下的电机制动与电控液压制动协调控制技术，以确保制动效能和制动稳定性。接下来将详细分析本文所提出的协调控制策略。

本节所研究智能混合动力轿车为前驱车辆，只有前轮安装有电机制动系统，因此整车制动时的前后轮受力分析如图 5.29 所示。车辆制动时，前轮上作用有电机的回馈制动转矩与液压系统的摩擦制动转矩，后轮上仅作用有液压制动转矩。地面对车轮作用有切向制动力，产生所需制动强度。

分析可得前轮滑移率的状态方程如下：

$$\dot{\lambda}_f = g_f + b_m u_m + b_{hf} u_{hf} \tag{5-30}$$

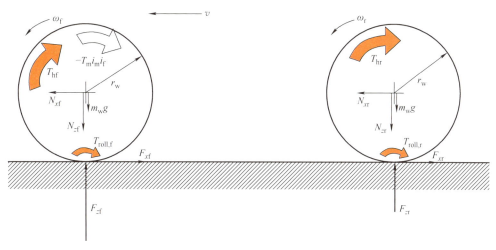

图 5.29 前轴电驱动车辆前后轮受力分析

其中

$$g_f = \frac{r_w}{J_f v}\left[T_{roll,f} - F_{zf}\mu_f r_w\right] - \frac{(1-\lambda_f)}{mv}\left[F_{aero} + F_{zf}\mu_f + F_{zr}\mu_r\right] \quad (5\text{-}31)$$

$$b_m = \frac{r_w(1+e_m)i_m i_f}{J_f} \quad (5\text{-}32)$$

$$b_{hf} = \frac{r_w(1+e_{hf})}{J_f} \quad (5\text{-}33)$$

u_m、u_{hf} 为代表电机制动与液压制动的控制量，定义为

$$u_m = \frac{-T'_m}{v} \quad (5\text{-}34)$$

$$u_{hf} = \frac{T'_{hf}}{v} \quad (5\text{-}35)$$

其中，m 为车辆质量，r_w 为车轮半径。ω_f、ω_r 分别为前后轮角速度，ω_v 为车速 v 除以车轮半径 r_w。T_{hf}、T_{hr} 分别为前后轮的液压制动转矩，T_m 为电机转矩，制动时其值为负。F_{zf}、F_{zr} 分别为前后轮受到的地面垂直作用力。i_m 为电机至主减速器的传动比，i_f 为主减速器传动比。J_f 为包括前轴两侧车轮、驱动电机转子、传动部件等在内的前轮转动惯量，J_r 为后轴车轮转动惯量。$T_{roll,f}$、$T_{roll,r}$ 分别为作用在前轴车轮与后轴车轮上的滚动阻力矩。μ_f、μ_r 分别为前后轮的制动力系数。

在本节所研究的电动汽车制动系统中，T_{hf}、T_{hr} 和 T_m 都是通过液压调节单元控制器与电机控制器控制相关部件产生的，其实际值与需求值之间不可避免地存在误差。设 T_{hf}、T_{hr}、T_m 的执行误差分别为 e_{hf}、e_{hr}、e_m，则有

$$T_{hf} = (1+e_{hf})T'_{hf} \quad (5\text{-}36)$$

$$T_{hr} = (1+e_{hr})T'_{hr} \qquad (5\text{-}37)$$

$$T_{m} = (1+e_{m})T'_{m} \qquad (5\text{-}38)$$

其中，T'_{hf}、T'_{hr} 分别为前后轮的需求液压制动转矩，T'_{m} 为电机的需求转矩。需设计 u_{m}、u_{hf} 使 λ_{f} 收敛到目标值 λ'_{f}。

由 g_{f} 的表达式可知，式（5-30）所列前、后轮滑移率状态方程均具有较强的非线性，一般的线性控制方法对该问题难以应用。且电机制动转矩和液压制动转矩均存在执行误差，式（5-32）、式（5-33）中的 e_{hf} 和 e_{m} 不能实时获得，即 b_{m}、b_{hf} 均存在一定的不确定性。但通过优化控制器设计，可以将各制动转矩的执行误差控制在一定范围内，即 b_{m}、b_{hf} 满足

$$0 < b_{m\,min} \leq b_{m} \leq b_{m\,max} \qquad (5\text{-}39)$$

$$0 < b_{hf\,min} \leq b_{hf} \leq b_{hf\,max} \qquad (5\text{-}40)$$

其中，$b_{m\,min}$、$b_{m\,max}$ 为 b_{m} 的下限和上限，$b_{hf\,min}$、$b_{hf\,max}$ 为 b_{hf} 的下限和上限。

对式（5-30）表达的一阶非线性系统，需设计控制变量 u_{m} 和 u_{hf} 使前轮滑移率 λ_{f} 收敛到上层控制分配的需求值 λ'_{f}。如果单独使用 u_{m} 或 u_{hf}，均可将问题简化为单输入非线性系统的控制问题，从而应用已有的非线性控制方法。但实际上，由于 u_{m} 和 u_{hf} 分别代表的电机制动与液压制动有着各自的优势，需要结合起来才能达到整体最优的效果。电机制动可以进行能量回馈，将车辆动能转化为电能存储供以后使用，并且电机响应迅速、准确且容易测量，可以取得更好的滑移率控制效果。此外，电机制动的使用还减少了液压制动中的制动器摩擦部件磨损，减少了热衰退发生的可能性。但由于电机制动的容量有限，在大制动强度时需要液压制动进行补充。因此引入电机制动权重系数 α_{m}，调节前轮滑移率控制中电机制动与液压制动的稳态比例关系。α_{m} 的取值范围为

$$0 \leq \alpha_{m} \leq 1 \qquad (5\text{-}41)$$

当 $\alpha_{m} = 1$ 时，前轮制动力完全由电机制动产生，液压系统不在前轮轮缸中产生制动压力；当 $\alpha_{m} = 0$ 时，前轮制动力完全由液压制动产生，制动过程中不存在能量回馈；当 $0 < \alpha_{m} < 1$ 时，前轮制动力由电机制动与液压制动共同产生，车辆制动过程中的动能一部分由电机回收存储在电池中，一部分通过制动钳与制动盘的摩擦耗散在空气中。对式（5-30）设计滑移率电液复合控制器为

$$u_{m} = \hat{b}_{m}^{-1}[\alpha_{m}\hat{u}_{f} - k_{m}\,\mathrm{sgn}(s_{f})] \qquad (5\text{-}42)$$

$$u_{hf} = \hat{b}_{hf}^{-1}[(1-\alpha_{m})\hat{u}_{f} - k_{hf}\,\mathrm{sgn}(s_{f})] \qquad (5\text{-}43)$$

其中

$$\hat{u}_{f} = \dot{\lambda}'_{f} - \hat{g}_{f} \qquad (5\text{-}44)$$

$\hat{b}_{m}$、$\hat{b}_{hf}$、$\hat{g}_{f}$ 分别为 b_{m}、b_{hf}、g_{f} 的估计值，且有

$$\hat{b}_{m} = (b_{m\,min}b_{m\,max})^{\frac{1}{2}} \qquad (5\text{-}45)$$

$$\hat{b}_{\mathrm{hf}} = (b_{\mathrm{hf\,min}} b_{\mathrm{hf\,max}})^{\frac{1}{2}} \tag{5-46}$$

$$|g_{\mathrm{f}} - \hat{g}_{\mathrm{f}}| \leqslant E_{g_{\mathrm{f}}} \tag{5-47}$$

s_{f} 为滑模切换函数,定义为

$$s_{\mathrm{f}} = \lambda_{\mathrm{f}} - \lambda_{\mathrm{f}}' \tag{5-48}$$

其中,λ_{f}' 为上层控制根据当前驾驶员制动需求、车辆电系统状态和路面状态,得到的前轮目标滑移率。可见,当系统在滑模面 $s_{\mathrm{f}} = 0$ 上时有

$$\lambda_{\mathrm{f}} = \lambda_{\mathrm{f}}' \tag{5-49}$$

sgn 为符号函数,定义为

$$\mathrm{sgn}(x) = \begin{cases} 1 & ,x > 0 \\ -1 & ,x < 0 \end{cases} \tag{5-50}$$

k_{m}、k_{hf} 为切换项增益参数,当 k_{m}、k_{hf} 满足一定条件时,系统按指定速度趋于滑模面 $s_{\mathrm{f}} = 0$,使实际滑移率跟随目标值。

可以证明,若切换项增益 k_{m}、k_{hf} 满足条件

$$k_{\mathrm{m}} \geqslant \alpha_{\mathrm{m}}[(\beta_{\mathrm{m}} - 1)|\hat{u}_{\mathrm{f}}| + \beta_{\mathrm{m}}(E_{g_{\mathrm{f}}} + \eta)] \tag{5-51}$$

$$k_{\mathrm{hf}} \geqslant (1 - \alpha_{\mathrm{m}})[(\beta_{\mathrm{hf}} - 1)|\hat{u}_{\mathrm{f}}| + \beta_{\mathrm{hf}}(E_{g_{\mathrm{f}}} + \eta)] \tag{5-52}$$

则可满足可达性条件

$$\frac{1}{2}\frac{\mathrm{d}}{\mathrm{d}t} s_{\mathrm{f}}^2 \leqslant -v_{\mathrm{s}} |s_{\mathrm{f}}| \tag{5-53}$$

即系统至少按速率 v_{s}($v_{\mathrm{s}} > 0$)趋近滑模面 $s_{\mathrm{f}} = 0$。其中

$$\beta_{\mathrm{m}} = (\frac{b_{\mathrm{m\,max}}}{b_{\mathrm{m\,min}}})^{\frac{1}{2}} \tag{5-54}$$

$$\beta_{\mathrm{hf}} = (\frac{b_{\mathrm{hf\,max}}}{b_{\mathrm{hf\,min}}})^{\frac{1}{2}} \tag{5-55}$$

由于实际被控系统与对之描述的数学方程不可避免地存在着误差,对反馈信号的测量也总存在着一定误差与延时,加之系统惯性等因素的影响,使用滑模变结构控制往往会造成系统在滑模切换面附近来回穿越,产生抖振现象。为了削弱抖振现象,引入积分饱和函数 isat 代替符号函数。isat 的定义为

$$\text{isat}(x,\phi,k_\text{i}) = \begin{cases} 1 & ,x \geq \phi \\ \dfrac{x}{\phi} + \dfrac{k_\text{i}}{\phi}\int x\mathrm{d}t & ,-\phi < x < \phi \\ -1 & ,x \leq -\phi \end{cases} \quad (5\text{-}56)$$

其中

$$\phi > 0 \quad (5\text{-}57)$$

使用积分饱和函数代入式（5-42）、式（5-43）得

$$u_\text{m} = \hat{b}_\text{m}^{-1}[\alpha_\text{m}\hat{u}_\text{f} - k_\text{m}\text{isat}(s_\text{f},\phi_\text{f},k_{\text{if}})] \quad (5\text{-}58)$$

$$u_\text{hf} = \hat{b}_\text{hf}^{-1}[(1-\alpha_\text{m})\hat{u}_\text{f} - k_\text{hf}\text{isat}(s_\text{f},\phi_\text{f},k_{\text{if}})] \quad (5\text{-}59)$$

图 5.30 显示的是紧急制动工况中的前轮滑移率控制。在紧急制动中，为减小制动距离及保证车轮具有足够的侧向力，前轮的目标滑移率为路面最优滑移率。在图 5.30 中，车辆电系统允许制动能量回馈，但控制不追求制动能量回馈效率的最大化，而是侧重通过电机制动与液压制动协调工作，将前轮滑移率稳定在目标值。其中液压制动提供制动需求稳态部分，弥补电机制动功率有限的不足，而电机制动提供了制动需求的动态调节部分，利用电机响应迅速准确的特点对前轮滑移率进行有效调节。

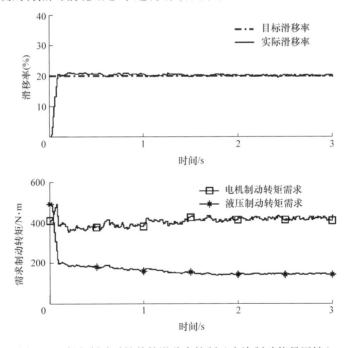

图 5.30 紧急制动时的前轮滑移率控制（允许制动能量回馈）

5.4.2 混合动力多系统能源管理与协调控制技术

本节以装备混联式混合动力系统的新能源汽车为例，设计了整车多能源管理控制的

RCP 控制方案，如图 5.31 所示，分为功率需求计算、车辆运行状态识别、功率分配控制、动态协调控制、故障诊断与功率限制等几部分。

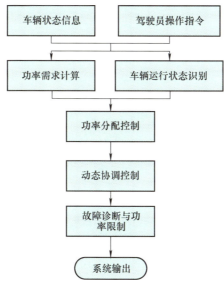

图 5.31　RCP 控制方案

5.4.2.1　功率需求计算

功率需求计算是根据驾驶员的操作指令和车辆的状态信息来计算当前状态下所需动力系统驱动功率或制动功率，将其作为功率分配控制部分的输入条件。驱动需求转矩如图 5.32 所示。

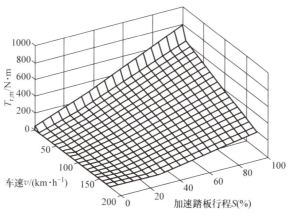

图 5.32　驱动需求转矩定义曲面

图 5.32 中的驱动需求转矩定义曲面是由"九点定义法"得到的，即确定表 5.2 中九个关键点的需求转矩值。

表 5.2 特殊点上需求转矩的确定

车速/(km/h)	加速踏板位置（%）		
	0	30	100
0	$T_{\text{start\_PM}}$	C2	$K \cdot (T_{\text{max\_eng}} \times i_1 + T_{\text{PM\_0}})$
10	0	C3	C4
175	C1	0	$K \cdot (T_{\text{max\_eng}} \times i_4 + T_{\text{PM\_175}})$

其中，$T_{\text{start\_PM}}$ 为车辆缓慢起步时需求转矩；$T_{\text{max\_eng}}$ 为发动机能发出的最大转矩；i_1、i_4 分别为 AMT 的一档和四档传动比；$T_{\text{PM\_0}}$、$T_{\text{PM\_175}}$ 分别为车速在 0 和 175km/h 时 PM 的转矩极限；K 为动力性调整因子；C1、C2、C3、C4 是平顺性调整因子。

5.4.2.2 车辆运行状态识别

首先需要根据混合动力系统结构形式事先确定整车的多种运行状态，车辆运行过程中实时根据驾驶员的操作指令和车辆的当前状态信息来识别当前车辆所处的运行状态，也将其作为功率分配控制部分的输入条件。根据混联式混合动力车的动力系统结构，以及发动机和两电机的工作状态不同，可将车辆的使用工况分为如下文所述的不同运行模式。运行模式切换逻辑如图 5.33 所示，箭头从模式切换的初始状态指向目标状态，箭头上的数字为条件序号，当相应的条件满足后车辆运行模式切换。

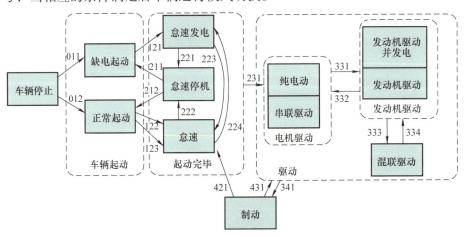

图 5.33 混联式混合动力车运行模式切换逻辑

从图 5.33 可知，车辆可以从怠速停止模式或车辆停止模式起动。起动后车辆处于匀速巡航模式，当条件 1 满足时进入加速助力模式，条件 2 满足时返回匀速巡航模式；当条件 3 满足时进入制动回收模式，条件 4 满足时返回匀速巡航模式。考虑到驾驶感受等因素，加速助力模式与制动回收模式之间没有直接的切换途径。当条件 5 或条件 12 满足时，车辆可从任意一个车辆运行状态进入怠速停止模式或车辆停止模式。车辆可以通过正常起动开始运行，如果正常起动失败则尝试紧急起动。

图 5.33 中各切换条件仍然主要根据当前的驾驶员操作指令（如加速踏板位置、制动踏板

位置等）、部件状态信息（SOC、发动机转速等）和车辆状态信息（车速、档位等）来制定。

5.4.2.3 功率分配控制

根据整车功率分配策略，利用实时获得的功率需求和当前车辆运行状态，实时确定发动机和电动机的目标驱动转矩和蓄电池的目标输出功率。为了使车辆运行过程中各部件高效运行，根据优化 ICE 曲线功率分配策略以及动力部件的效率特性，首先需要对它们的工作区进行划分。

以主电机额定转矩线为基础，根据主电机效率 Map 图定义了一条主电机的高效工作线，用于确定发动机和主电机的工作范围，记为 $T_{\text{PM\_HiEff}}$，如图 5.34 所示。

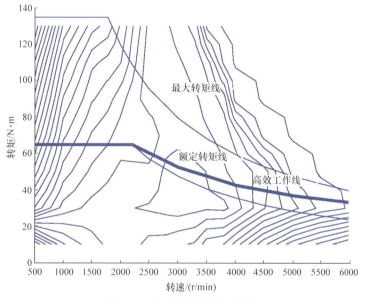

图 5.34　主电机的高效工作线

为了使发动机工作在燃油经济性较好的区域，避开低速、小负荷等燃油经济性差的工况，本文把发动机的燃油消耗率 Map 图划分成三个区域，如图 5.21 所示。曲线 $T_{\text{eng\_EcoUp}}$ 与 $T_{\text{eng\_EcoDown}}$ 之间是发动机的经济工作区，是发动机的目标工作区域，$T_{\text{eng\_EcoDown}}$ 以下为低负荷区，$T_{\text{eng\_EcoUp}}$ 以上为助力区。由于发动机的输出动力在变速器后端与主电机耦合，因此在确定发动机与主电机的工作状态时还须考虑到 AMT 的当前档位。在不同档位 N 下把主电机的高效工作线向发动机端折算，得到图 5.35 中的曲线 $T_{\text{PM\_HiEff}}(N)$，$N=1$，2，3，4。

根据电池的充放电效率曲线，把电池工作区分成四部分：禁止工作区、低电量区、高效工作区、高电量区，如图 5.36 所示。电池荷电状态（State of charge，SOC）值 $S_{\text{cmin}} \sim 1$ 是电池正常工作的区域，SOC 在 S_{cmin} 以下表示电池电量严重不足，继续放电会影响电池寿命，应及时对电池充电。

基于各部件的效率优化，得到的功率分配策略见表 5.3。

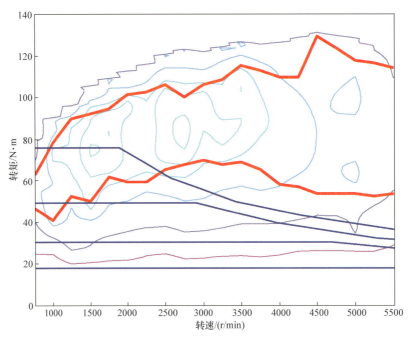

图 5.35 主电机与发动机的工作区域优化

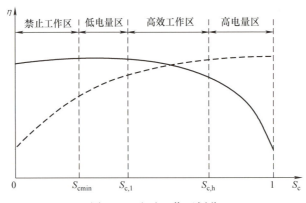

图 5.36 电池工作区划分

表 5.3 各驱动模式下的转矩分配

	纯电动	串联驱动	发动机驱动	发动机驱动并发电	混合驱动
条件	$T_{r,e} < T_{m,e}(N)$ 且 $S_c \geq S_{c,1}$	$T_{r,e} < T_{m,e}(N)$ 且 $S_{cmin} \leq S_c < S_{c,1}$	$T_{e,d} \leq T_{r,e} < T_{e,u}$ 且 $T_{r,e} \geq T_{m,e}(N)$ 且 $S_c \geq S_{c,1}$	$[T_{m,e}(N) \leq T_{r,e} < T_{e,d}$ 且 $S_c < S_{c,1}]$ 或 $S_c < S_{cmin}$	$T_{r,e} \geq T_{e,u}$
T_e	0	$i_{g,e} W_{SOC} T_{g,r}$	$T_{r,e}$	$T_{e,d}$	$\min(T_{emax}, T_{r,e} - T_m/i_g)$
T_m	$T_{r,m}$	$T_{r,m}$	0	0	$\min[T_{mmax}, (T_{r,e} - T_{e,u})i_g]$
T_g	0	$-W_{SOC} T_{g,r}$	0	$-W_{SOCmin}[T_{g,r}, (T_{e,d}-T_{r,e})/i_{g,e}]$	0

5.4.2.4 AMT 动态协调控制

根据混合动力系统的特点,研究 AMT 换档过程中的电机转矩动态协调控制,对电机的目标驱动转矩进行调整。在传统轿车上,发动机是唯一的动力源,动力经变速器及主减速器传递到驱动桥。车辆换档过程中,变速器的档位会短时间处在空档,动力不可避免地发生中断。所研究的混合动力汽车的特殊结构恰可解决该问题:由于主电机的动力在变速器的输出轴耦合,因此 AMT 处于任何档位驱动桥都可从主电机得到一定的驱动转矩,从而保证动力不会中断。

由于发动机的响应时间较长,为保证主电机能补足换档过程中的驾驶员需求转矩,引入发动机的实际输出转矩为反馈量,换档过程协调控制框图如图 5.37 所示。

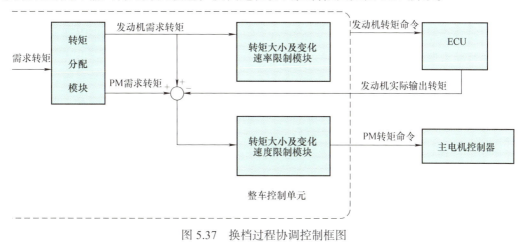

图 5.37 换档过程协调控制框图

5.4.2.5 故障诊断与功率限制

根据各控制器通过 CAN 总线传输的部件当前故障状态,确定整车发生故障的严重程度,并按照故障等级实时调整动力总成部件的工作负荷或发生严重故障时停止动力系统工作。

整车控制单元的故障诊断功能是利用 CAN 通信网络传递的各总成部件的状态信息和自行采集的各种车辆状态信息,对车辆、各总成部件的运行状态进行实时检测,诊断混合动力总成系统或部件是否发生故障,并为整车的功率限制控制提供依据。

目前采用的故障诊断方法分为两种:①根据各动力总成控制单元通过 CAN 总线传递的总成故障代码和故障等级代码,进行系统故障诊断;②根据各动力总成控制单元通过 CAN 总线传递的总成状态信息,经过信息处理判断进行故障诊断。

在方法①中,整车控制单元只需进行各部件故障等级进行系统等级统计划分,并生成系统故障等级代码向系统报错。

在方法②中,需要根据具体的故障状态,选取相应的诊断信号和诊断方法,通过分析判断故障是否发生。如发生故障就根据事先定义好的系统故障等级生成故障代码向系统报错。

5.4.3 分布式电驱动车辆纵-横-垂向轮胎力协同控制技术

随着汽车技术的进步和发展，多种多样的车辆底盘电子控制技术得到了广泛的研究和应用。这些底盘电控系统分别对轮胎的纵向力、横向力和垂向力实施主动控制，从而改善车辆动力学性能和操纵稳定性。然而，由于车辆各向运动和轮胎各向力具有复杂耦合特性，采用不同底盘电控系统分别对轮胎力进行单一方面的控制，势必导致控制目标和控制执行的冲突。针对单一底盘电控系统间的冲突或互补，对多个单一系统实施协同控制，消除各个子系统间的冲突，发掘各个子系统间的互补潜力，对提升车辆动力学综合性能具有重要的意义和作用。汽车稳定性协调控制技术整合了汽车不同子系统的资源，通过协调控制转向系统、悬架系统和制动/驱动系统中的两个或多个，达到协调、优化汽车性能的目的。和传统的车辆稳定性控制技术相比，稳定性协调控制技术不但能够保证子系统原有性能不受影响，而且由于综合协调了各个子系统的工作范围和工作状态，最大程度地优化了整车的稳定性和动力性。

分布式电驱动车辆配备了独立电驱动系统、独立转向系统和主动悬架系统，具有多个被控对象。为改善其车辆动力学性能，需要明确车辆行驶过程中的具体动力学需求，进而确定各个执行系统的控制目标，最后控制各个执行器实现期望的动力学响应。基于这一思想，本节设计了分层式分布式电驱动车辆纵-横-垂向力协同控制系统，其结构如图 5.38 所示。

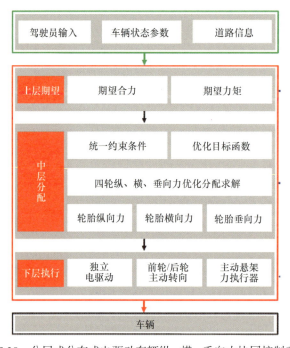

图 5.38 分层式分布式电驱动车辆纵-横-垂向力协同控制系统

在该分层控制系统中，上层根据驾驶员输入、车辆状态参数和道路信息确定车辆期望行驶状态，并制定期望合力与力矩等控制目标；中层建立目标函数和约束条件，将期望合力和力矩优化分配为各轮纵、横、垂向力；下层对电机驱动系统、前/后轮主动转向系统和主动悬架系统进行精确控制，实现所分配的最优轮胎力。采用该分层控制系统对分布式电驱动车辆纵、横、垂向力进行协同控制，需要解决以下具体问题。

（1）车辆控制目标制定

分布式电驱动车辆纵-横-垂向力协同控制系统的最终目标为协同控制各个子系统，改善车辆动力学性能。针对行驶中的车辆，首先应明确车辆预期的纵、横、垂向行驶状态，包括实现期望的纵向加速度、按预期行驶轨迹转向、较小的车身垂向加速度以及合理的车身横摆/侧倾/俯仰运动姿态等。为此，首先要根据驾驶员输入、车辆状态参数和道路信息，确定包括纵、横、垂向加速度需求以及横摆、侧倾、俯仰运动需求在内的车辆期望行驶状态。

在确定期望行驶状态的基础上，需进一步将纵、横、垂向加速度和横摆、侧倾、俯仰等运动学需求转化为力学需求，通过纵-横-垂向力协同控制改变车辆受力状态，实现期望的车辆运动状态。为此，需要根据车辆期望行驶状态制定相应的控制目标，包括期望的纵、横、垂向合力和期望的横摆、侧倾、俯仰力矩。

（2）轮胎纵-横-垂向力优化分配

车辆期望合力与力矩为所有轮胎纵、横、垂向力共同作用的结果，必须将其分配为各轮纵、横、垂向力才能予以控制和执行。为实现轮胎纵、横、垂向力的优化分配，需要建立统一的车辆纵、横、垂向力约束条件，设计合理的优化目标函数，将纵、横、垂向力协同优化问题归结为统一的数学模型，设计有效的优化求解算法，求解得到最优的轮胎纵、横、垂向力。其具体研究问题包括：

1）选取轮胎力优化目标函数。由于分布式电驱动车辆涉及4个轮胎纵向力、4个轮胎横向力和4个轮胎垂向力共12个轮胎力分配对象，而车辆期望的纵、横、垂向合力与横摆、侧倾、俯仰力矩仅仅对各轮轮胎力提供了6个约束方程，因此轮胎力变量具有足够的自由度。若不对轮胎力加以任何限制，任何一组期望合力与力矩均可由不计其数的轮胎力分配方案实现。然而，不同的轮胎力分配方案对应不同的驱动、转向和悬架系统执行状态，进而对应不同的车辆动力学状态，故必须从中选择唯一的轮胎力分配方案，以实现最优车辆动力学性能。基于这一考虑，为确定最优的轮胎力优化分配方案，必须设计合理的轮胎力优化目标函数，对轮胎力优化分配的效果进行有效评价。

2）确定轮胎力约束条件。各轮轮胎力并非单纯的数学变量，其取值范围受到实际物理系统的限制。首先，轮胎力产生于轮胎与地面间的相对运动，因此各轮轮胎力的大小受到地面与轮胎间的最大摩擦力的限制，即各轮轮胎力应满足各轮轮胎附着极限约束。其次，轮胎力的执行由驱动、转向和悬架系统实现，其取值范围和动态变化率也受到相应执行器执行范围的限制，即各轮轮胎力应满足执行器系统特性的约束。除此之外，各轮轮胎力亦应满足问题1中指出的期望合力和力矩约束。总之，各轮轮胎力的优化分配必须充分考虑期望合力和力矩约束、轮胎附着极限约束和执行器系统特性约束。

3）优化问题求解算法。在解决前两个问题的基础上，轮胎力优化目标函数和轮胎力约束条件构成完整的轮胎力优化分配问题。为此，必须设计有效的求解算法，得到该优化问题的最优解，从而实现各轮轮胎力的最优分配。

总之，由于轮胎纵-横-垂向力优化分配问题涉及的优化变量多、约束条件多、非线性强，如何设计合理的优化目标函数和有效的优化求解算法，实现轮胎纵-横-垂向力优化分配，是本文的研究重点和难点。

（3）精确的执行器控制

在求解得到各轮纵、横、垂向力最优分配值后，还必须将得到的各轮纵、横、垂向力最优分配值转化为控制目标，精确控制电机驱动、主动转向和主动悬架系统，使各个轮胎力最优分配值得以实现。

参 考 文 献

[1] 喻凡，林逸.汽车系统动力学[M].北京：机械工业出版社，2005.

[2] KAWAKAMI H，SATO H，TABATA M，et al. Development of Integrated System between Active Control Suspension，Active 4WS，TRC and ABS[J]. SAE Transactions，1992，101（6）：326-333.

[3] WALLENTOWITZ H. Scope for the Integration of Powertrain and Chassis Control Systems：Traction Control-All-Wheel Drive-Active Suspension[C]// Ahon、Proceedings of the International Congress on Transportation Electronics. [S.l.：s.n.]，1990.

[4] 陈祯福.汽车底盘控制技术的现状和发展趋势[J].汽车工程，2006，28（2）：105-113.

[5] GORDON T，HOWELL M，BRANDAO F. Integrated Control Methodologies for Road Vehicles[J]. Vehicle System Dynamics，2003，40（1-3）：157-190.

[6] 喻凡，李道飞.车辆动力学集成控制综述[J].农业机械学报，2008，39（6）：1-7.

[7] CHEN H，LONG C，YUAN C C. Non-line Modeling and Control of Semi-active Suspensions with Variable Damping[J].Vehicle System Dynamics，2013，51（10）：1568-1587.

[8] SEMMLER S J，RIETH P E. Global Chassis Control-the Networked Chassis[C]//SAE. SAE Paper，2006-01-1954.[S.l.]：SAE，2006.

[9] ZANTEN ANTON T . Evolution of Electronic Control Systems for Improving the Vehicle Dynamic Behavior[C]//Anon. The 6th International Symposium on Advanced Vehicle Control. Hiroshima：[s.n.]，2002.

[10] 赵树恩.基于多模型智能递阶控制的车辆底盘集成控制研究[D].重庆：重庆大学，2010.

[11] LLEWELYN AI. Review of CAD/CAM[J]. Computer-Aided Design，1989，21（5）：297-302.

[12] MANTYLA M. A Modeling System for Top-down Design of Assembled Products[J]. IBM Journal of Research and Development，1990，34（5）：636-659.

[13] SUTHERLAND IE. Sketch Pad a Man-machine Graphical Communication System[C]//ACM. Proceedings of the SHARE design automation workshop.[S.l.]：ACM，1964.

[14] 黄晨.基于顶层设计的车辆底盘系统协同控制理论与技术研究[D].镇江：江苏大学，2014.

第 6 章 基于结构共用的智能电动车辆节能控制实现

　　结构共用架构下的智能电动车辆，其前向雷达等传感器信息是共享的，不仅能用于电动车辆的主动安全控制，也可用于电动车辆的节能控制，这为充分利用系统信息资源来提高车辆的能量利用率成为可能。本章基于传感器共享后获得的前车运动信息，研究了电动车辆智能节能控制方法：依托雷达等传感器对前车运动信息的感知，对车辆碰撞风险与安全态势进行实时评估，并基于自车与前车的相对运动状态，划分四种交通场景，分别对应四种工作模式；通过动态优化不同模式下车辆驱动电机的转矩并增加电机制动，在保证安全并兼顾驾驶意图的前提下，降低了电动车辆的能量消耗。为了分析并验证所设计节能控制器的节能效果，根据智能电动车辆动力系统的结构特点和车辆信息流、能量流传递特征，建立了用于节能控制器开发调试和策略仿真评价的仿真平台，对节能控制器进行了典型工况下的节能效果仿真与分析；最后以纯电动城市客车为应用对象，进行了实际交通环境下的实车对比实验。

6.1　智能节能控制系统总体架构

6.1.1　控制系统设计的原则

　　现有电动车辆节能控制相关研究显示，同时优化车辆行驶速度与电机转矩的输出能够降低车辆的能量消耗[1]。引入前车运动信息后，所提出的智能节能控制（Intelligent Energy-saving Control，IEC）系统在保证行驶安全的前提下，能够根据两车的相对运动状态进一步优化电机的转矩，因此具有进一步节能的潜力。IEC 设计主要面遵循以下原则。

　　（1）保证安全并兼顾驾驶意图

　　常规节能驾驶控制器，多通过直接限制电机输出转矩最大值或按固定比例消减电机输出转矩的方式来实现。由于没有考虑前车的运动状态，无法对该限值进行动态调整，这就容易造成车辆在大加速等一些极限工况下动力不足，一定程度上影响了驾驶意图的实现。IEC 在考虑到前车运动状态后，首先能够保证不与前车发生碰撞，其次还需要根据人机界面及踏板信息对驾驶员意图进行识别与判断，减少控制系统对驾驶意图的干扰。

　　（2）动力性与经济性的协调

　　IEC 要求在保证车辆行驶安全并兼顾驾驶意图的同时，通过对驱动电机转矩和车速进行动态优化，实现节能驾驶。电动车辆实际运行过程中，由于车辆的动力性和经济性与驱动电机转矩输出密切相关，两者容易存在一定的矛盾和冲突。为了实现更多的节能，需要限制电机输出的最大转矩和转矩变化率，这必然会导致车辆动力性下降，车辆的加速性能受到影响。同样，为了保证车辆的动力性，就需要减少对电机转矩的限制，而这将导致节能效果不明显。为此，需要区分不同情况，根据行车场景划分不同的节能模式，对不同模式下的电机转矩采取不同的优化策略，实现动力性与经济性的协调。

（3）电机转矩的实时优化

针对车辆纵向运动的多目标优化控制问题，当前的主流做法是应用模型预测控制理论，采用滚动优化的方式，对系统安全性、舒适性与经济性进行综合优化。然而，这种方法由于计算量较大，其控制实时性难以保证。基于规则的转矩优化控制方法，具有实时性好、实用性强的优点，应用更加广泛，但规则的设计依赖工程经验，且难以保证控制的最优性。为此，需要结合这两种方法各自的优势，设计一种实用的转矩优化控制策略，实现电机转矩的实时优化。

6.1.2 控制系统架构

综合考虑 IEC 设计中的上述原则，本章提出了"分层控制、分模式优化"的节能控制架构，其节能的基本思想为：基于雷达等传感器对前方车辆相对速度、相对距离的感知，对行车安全态势进行评估，并据此将两车之间运动场景划分为四种状态，分别对应四种节能模式，根据行车场景变化，对节能模式实时切换，通过动态优化不同模式下的电机驱动转矩，减少能量消耗及增加制动能量回收，实现节能控制。基于分层控制的思想，设计了 IEC 系统架构如图 6.1 所示[2]。控制系统共分为上、中、下三层，分别为场景分析层、模式决策与切换层、电机转矩控制层。

（1）场景分析层

场景分析层的主要任务是识别车辆状态和驾驶意图，并根据前车的运动状态评估安全态势，具体包括驾驶员意图识别模块、系统状态识别模块和安全态势评估模块三个功能模块。其中，驾驶员意图识别模块的主要功能是根据 IEC 开关、加速踏板开度、制动踏板开度、当前档位、方向盘转角、转向灯信号等识别驾驶意图；系统状态识别模块的主要功能是根据自车速度、横摆角速度、系统故障状态和自车与前车的相对距离、相对速度等信息判断是否需要开启 IEC 功能；安全态势评估模块的主要功能是根据自车与前车的相对运动信息进行场景分析，确定节能控制器的最大作用距离与安全距离，决定 IEC 开启与待机状态。

（2）模式决策与切换层

模式决策与切换层的主要任务是根据场景划分节能模式，并进行模式切换控制。根据前向雷达等传感器获取的前方车辆相对距离与相对速度，按照发生碰撞的风险大小，将行车场景划分为 4 种状态：远距离远离、远距离接近、近距离远离和近距离接近，分别对应 4 种节能模式，依据自车运动状态及与前车的相对运动信息进行模式切换。

（3）电机转矩控制层

电机转矩控制层也称为底层控制层，是节能控制的核心，包括驱动转矩限制模块、制动模式切换模块和转矩协调控制模块三项功能模块，主要任务是对各模式下的电机驱动转矩和制动转矩进行实时控制，并确保各模式切换时输出转矩的平滑过渡。其中，驱动转矩限制模块的任务是采用比例限制、消减峰值的方式，对电机输出的驱动转矩进行优化；制动模式切换模块的任务是当驾驶员有减速意图或与前车碰撞风险增大时，提前实施电机制动；转矩协调控制的任务是在各节能模式切换时，通过采用增加缓冲区和限制转矩变化率的方式，实现电机输出转矩的无缝衔接和平滑过渡，以保证驾驶的舒适性和车速的平滑。

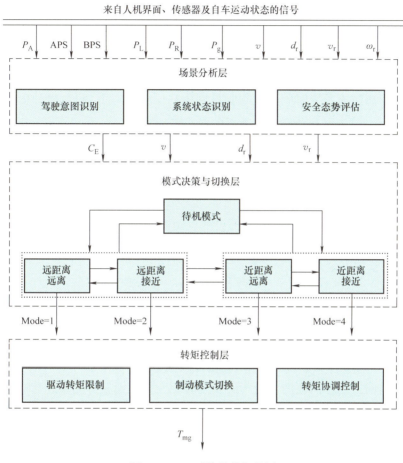

图 6.1 IEC 系统总体架构图

图 6.1 中，P_A 为 IEC 开关位置，APS 为加速踏板行程，BPS 为制动踏板行程，P_g 为变速器当前档位，P_L、P_R 分别为左右转向指示灯开关位置，v 为自车车速，v_r 为相对车速，d_r 为相对车距，ω_r 为横摆角速度，C_E 为 IEC 的开启状态，T_{mg} 为驱动电机的输出转矩。

6.2 基于场景分析的节能模式决策与切换

6.2.1 基于安全态势评估的行车场景划分

行车安全态势评估既是保证行车安全的首要前提，也是场景划分的主要依据。评估跟车运动时的安全与碰撞风险的主要指标包括：碰撞时间（Time to Collision，TTC）、车头时距（Time Headway，THW）、驾驶员期望预警时间和减速度等。采用相应指标建立的车辆安全距离模型，主要有基于安全时距（TTC或THW）的一次模型和基于期望减速度的二次模型。

基于碰撞时间建立安全距离模型如下：

$$d_{s1} = \text{TTC} \cdot v_r \tag{6-1}$$

考虑驾驶员期望预警时间和制动减速度，建立安全距离模型如下：

$$d_{s2} = t_N \cdot v_r + \frac{v_r^2}{2a_0} \tag{6-2}$$

式中，t_N为近距离防撞预警时间（或驾驶员期望的反应时间）；v_r为相对车速；a_0为设定的减速度，用$v_r^2/2a_0$表示避免碰撞所需要的最小制动距离。

同时，考虑前车紧急制动情况，建立两车之间的安全距离模型如下：

$$d_{s3} = \frac{v^2}{2a_N} \tag{6-3}$$

式中，v为自车车速；a_N为根据驾驶习惯设的近距离期望减速度。

为了兼顾在不同相对车速和不同自车速度下的行车安全性，本章选取上述三种模型中较大者确定为场景的安全距离d_s：

$$d_s = \max(d_{s1}, d_{s2}, d_{s3}) \tag{6-4}$$

同理，确定IEC的最大作用距离d_m。最大作用距离是指IEC起作用的距离，该距离的确定首先要满足在雷达等传感器探测范围之内；其次，可根据驾驶员的习惯，通过调节驾驶员期望预警时间和期望减速度来获得不同的作用距离。

综合考虑前向雷达探测范围、两车的安全时距、驾驶期望等因素，建立IEC系统的最大作用距离模型如下：

$$\begin{cases} d_m = \max(\text{TTC} \cdot v_r, t_F \cdot v_r + \dfrac{v_r^2}{2a_0}, \dfrac{v^2}{2a_F}) \\ d_m \leq r \end{cases} \tag{6-5}$$

式中，t_F为根据驾驶习惯设定的远距离期望预警时间；a_F为根据驾驶习惯设定的远距离期望减速度；r为前向雷达的最大探测距离。

根据式（6-4）和式（6-5）所求的安全距离d_s和最大作用距离d_m，将两车之间的相对运动状态，依据发生碰撞风险的大小，划分为4种场景，如图6.2所示。

1）远距离远离场景：两车的相对距离大于安全距离，且前车速度大于自车速度。这种场景下，自车在安全距离之外远离前车，除非前车突然紧急制动，两车基本没有碰撞风险。

2）远距离接近场景：两车的相对距离大于安全距离，且前车速度小于自车速度。这种场景下，自车在安全距离之外接近前车，两车因为相对距离大于安全距离，发生碰撞的风险较小。

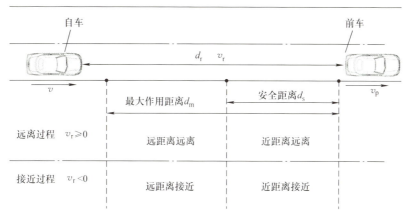

图 6.2 基于安全态势评估的行车场景划分

3）近距离远离场景：两车的相对距离小于安全距离，且前车速度大于自车速度。这种场景下，自车在安全距离之内远离前车，两车因为相对距离小于安全距离，存在因前车突然紧急制动而发生碰撞的风险，因此碰撞风险增大。

4）近距离接近场景：两车的相对距离小于安全距离，且前车速度小于自车速度。这种场景下，自车在安全距离之内接近前车，两车因为相对距离较小且正在不断缩小，发生碰撞的风险最大。

6.2.2 基于场景变化的模式切换控制

车辆行驶过程中，场景随着自车车速及自车与前车的相对运动的变化而动态变化。在场景划分基础上，依据 4 种场景下自车与前车发生碰撞风险的大小排序，制定 4 个节能模式，系统开启（$C_E = 1$）后的节能模式与相对运动场景的对应关系见表 6.1。

表 6.1 节能模式与场景的对应关系

节能模式	相对运动场景	区分条件
模式 1	远距离远离	$d_m \geqslant d_r > d_s$，且 $v_r > 0$
模式 2	远距离接近	$d_m \geqslant d_r > d_s$，且 $v_r \leqslant 0$
模式 3	近距离远离	$0 < d_r \leqslant d_s$，且 $v_r > 0$
模式 4	近距离接近	$0 < d_r \leqslant d_s$，且 $v_r \leqslant 0$
待机模式	—	$d_r > d_m$，或 $v = 0$

车辆在实际的复杂交通工况下，前车的运动状态是动态时变的，且存在切入切出的情况，就会带来自车与前车相对运动场景的频繁变化，进而容易造成 IEC 节能模式的频繁切换。节能模式切换过于频繁，不仅会影响控制系统的稳定性，还会影响车辆的行驶平稳性和驾驶员感受。为此，需要在模式切换过程中，设计切换缓冲区，以减少模式的频繁切换。

模式切换缓冲区包括距离缓冲区和速度缓冲区。在远距离模式（模式 1 和模式 2）与近距离模式（节能模式 3 和节能模式 4）切换时，增加距离缓冲区 $[d_1 \ d_2]$，即：当 $d_r > d_s + d_1$ 时，由近距离模式切换进入远距离模式；当 $d_r < d_s - d_2$ 时，由远距离模式切换进入近距离模式。在远离模式（模式 1 和模式 3）与接近模式（模式 2 和模式 4）切换时，增

加速度缓冲区 $[v_1\ v_2]$，即：当 $v_r > v_1$ 时，由接近模式切换进入远离模式；当 $v_r < v_2$ 时，由远离模式切换进入接近模式。缓冲区参数 d_1、d_2、v_1、v_2，可通过标定调试获得。

综合上述分析，制定各模式切换的逻辑关系，如图 6.3 所示。

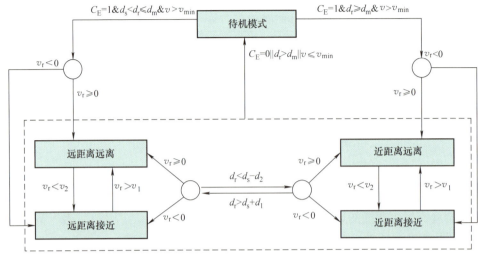

图 6.3　模式切换逻辑框图

6.2.3　基于驾驶意图的系统开启控制

IEC 系统设计的首要原则是符合驾驶员意图，且保证车辆行驶的安全。因此，IEC 是否开启取决于驾驶员意图和自车运动状态。

驾驶员意图主要通过人机界面与驾驶操作体现的，包括 IEC 的开关位置、转向指示灯开关位置、变速器档位、制动踏板行程、加速踏板行程、方向盘转角等。为了符合驾驶意图，当 IEC 开关关闭、变速器档位在非前进档上、加速踏板行程大于设定阈值时，IEC 关闭。自车运动状态包括自车速度、横摆角速度及系统故障状态等。为了保证行车安全并不干扰驾驶员操作，当车辆停驶、正在转弯或换道（转向灯开启或横摆角速度大于门限值）、系统发生故障时，IEC 关闭。

综合上述分析，建立 IEC 系统的开启与退出控制策略：

$$C_E = \begin{cases} 1, & (P_A = 1 \& \alpha < \alpha_t \& P_L = 0 \& P_R = 0 \& P_g > 1 \& \omega_r < \omega_0 \& d_r > 0) \\ 0, & 其他 \end{cases} \quad (6\text{-}6)$$

其中，α_t 和 ω_0 分别为设定的加速踏板开度和横摆角速度门限值。

6.3　各模式下的驱动电机转矩优化控制

转矩优化控制策略是 IEC 的核心，如何在保证安全并兼顾驾驶意图的前提下，对各模式下的电机转矩进行合理优化，是本节研究的重点。本节提出的转矩优化策略如图 6.4 所示，T_{req} 是经过整车控制器根据驾驶意图和车辆状态计算出来的需求转矩，当不启动 IEC 时，电机输出转矩 T_{cmd} 等于电机需求转矩 T_{req}。当启动 IEC 后，电机需求转矩经过 IEC 的修正、优化后，输出给电机。其中的系数 K 是 IEC 设计的关键。定义 K 为各模式下的转矩优化系数，是跟两车相对距离有关且范围在 $0\sim1$ 之间的二维系数表，主要包括：远距离场景驱动转矩优化系数 K_{FD}、近距离场景驱动转矩优化系数 K_{ND}、接近场景制动转矩优化系数 K_{AB}、远离场景制动转矩优化系数 K_{LB}、接近场景安全时距系数 K_{TC}、远离场景安全时距系数 K_{TS} 等。

为了设计上述优化系数，本节利用模型预测控制（Model Predictive Control，MPC）方法在多目标优化控制中的优势，计算提取并拟合各模式下的优化系数表。MPC 在跟车运动控制中，由于设计时在考虑跟车安全性的同时，增加了车辆的加速度为优化目标之一，能够兼顾安全与节能，但 MPC 由于计算量大，其控制的实时性不好，但其在相同工况下的控制输出结果可以作为转矩优化系数表设计的参考。计算典型跟车工况下经过 MPC 计算出两车运动状态与电机转矩的对应关系，得到一个参数表，分析不同模式下的车辆相对运动状态与 K 的对应关系，提取出四个模式下的转矩优化系数表。采用在线查表的方式优化车辆在各节能模式下的电机输出转矩，从而保证了控制的实时性。

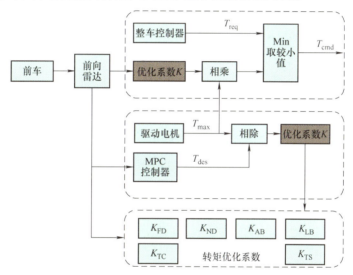

图 6.4　驱动电机转矩优化控制策略示意图

6.3.1　各模式下的驱动电机转矩优化规则

电机转矩控制策略是对每个节能模式下的电机驱动、制动转矩分别进行优化控制以实现降低能耗的策略。为了保证行驶安全并兼顾驾驶意图，采用"分模式优化"的策略，针对不同节能模式制定不同的转矩优化规则。

（1）远距离远离模式（节能模式 1）

在远距离远离模式下，车辆行驶相对安全，发生碰撞风险很小。为避免车辆不必要的大加速行为，对电机的最大驱动转矩进行部分限制，采用远距离场景驱动转矩优化系数 K_{FD} 对电机转矩进行优化；同时，根据驾驶员的减速意图和安全态势，采用制动转矩优化系数 K_{LB} 对电机制动转矩进行优化，适当增加电机制动。电机转矩优化规则为：

$$T_{m\_1}=\begin{cases}\min(T_{\max}K_{FD},T_{req}), & T_{req}>0\\(T_{\min}-T_{req})K_{LB}+T_{req}, & T_{req}\leq0\end{cases} \quad(6\text{-}7)$$

式中，T_{m_1} 为 IEC 节能模式 1 下的电机转矩命令；T_{max} 和 T_{min} 分别为电机的最大驱动转矩和最大制动转矩，取决于电机的转速及电池组的荷电状态等。

（2）远距离接近模式（节能模式 2）

在远距离接近模式下，自车正向前车靠近，两车发生碰撞的风险有所增大。除了通过距离场景驱动转矩优化系数 K_{FD} 对电机的输出转矩进行优化外，还需要对输出转矩的变化率进行限制，避免急加速以减少能量消耗。同时，当原始需求转矩小于 0 时，根据驾驶员减速意图和安全态势，通过接近场景的制动转矩优化系数 K_{AB} 对电机制动转矩进行优化，增加电机制动。电机转矩优化规则为：

$$T_{m\_2} = \begin{cases} \min(T_{max} K_{FD} K_{TC}, T_{req}) \& \dfrac{d_T}{d_t} \leq a_2, \ T_{req} > 0 \\ (T_{min} - T_{req}) K_{AB} + T_{req}, & T_{req} \leq 0 \end{cases} \quad (6-8)$$

式中，T_{m_2} 为 IEC 节能模式 2 下的电机转矩命令；K_{TC} 是为了量化评估场景安全态势而定义的接近场景安全时距系数；a_2 为转矩变化率限值。

（3）近距离远离模式（节能模式 3）

在近距离远离模式下，两车相对距离小于安全距离，两车发生碰撞的风险进一步增大。采用近距离场景驱动转矩优化系数 K_{ND} 进行优化，并对电机驱动转矩的变化率进行限制。同时，当原始需求转矩小于 0 时，根据驾驶员减速意图主动施加部分电机制动力，采用制动转矩优化系数 K_{LB} 对电机制动转矩进行优化，以实现更多的制动能量回收。电机转矩优化规则为：

$$T_{m\_3} = \begin{cases} \min(T_{max} K_{ND} K_{TS}, T_{req}) \& \dfrac{d_T}{d_t} \leq a_2, T_{req} > 0 \\ (T_{min} - T_{req}) K_{LB} + T_{req}, & T_{req} \leq 0 \end{cases} \quad (6-9)$$

式中，T_{m_3} 为 IEC 节能模式 3 下的电机转矩命令；K_{TS} 是为了量化评估场景安全态势而定义的远离场景安全时距系数，是以 TTS（Time to Safe）为自变量的拟合函数。这里的 TTS 表示车辆在近距离远离场景中，保持当前相对速度离开至安全距离的时间，即：TTS$=(d_s - d_r)/v_r$。

（4）近距离接近模式（节能模式 4）

在近距离接近模式下，两车相对距离小于安全距离，且正在靠近，碰撞风险最大。这种情况下，为保证行驶安全，直接切断电机驱动并进入电机制动模式。当原始需求转矩大于 0 时，表明驾驶员还没来得及制动或电机制动还没有起作用，应提前进入电机制动，采用接近场景安全时距系数 K_{TC} 对电机制动转矩进行优化，以增加电机制动。当原始需求转矩小于 0 时，根据安全态势和驾驶员减速意图，采用制动转矩优化系数 K_{AB} 对电机制动转矩进行优化，主动增加电机制动力矩，以提高能量回收率。电机转矩优化规则为：

$$T_{m\_4} = \begin{cases} T_{min} - T_{min} \cdot K_{TC}, & T_{req} > 0 \\ (T_{min} - T_{req}) \cdot K_{AB} + T_{req}, & T_{req} \leq 0 \end{cases} \quad (6-10)$$

式中，T_{m_4} 为 IEC 节能模式 4 下的电机转矩命令；接近场景安全时距系数 K_{TC} 是安全时距

（TTC）为自变量的拟合函数，反映不同安全态势下增加制动能量回收的不同程度。

（5）待机模式

系统待机状态下，不对车辆的驱动或制动转矩进行任何限制和优化，仅输出经过整车控制器计算出的原始需求转矩：

$$T_{m\_0} = T_{req} \tag{6-11}$$

式中，T_{m_0}为IEC系统在待机模式下的电机转矩命令；T_{req}为整车控制策略计算出的电机原始需求转矩。

6.3.2 基于MPC的纵向跟车运动控制算法

在完成各模式下电机转矩优化规则的制定后，需要对规则中的系列优化系数进行设计。转矩优化系数的设计是节能实现的核心，也是兼顾安全与节能多目标的关键。为此，设计了基于模型预测控制的纵向跟车运动控制系统，输入前车的典型运动工况，输出兼顾跟车安全与节能的电机转矩控制量，为电机转矩优化系数的设计提供数据基础。

6.3.2.1 纵向跟车系统动力学建模

假设仅考虑车辆的纵向行驶工况，忽略转向、换道、超车等情况，不考虑转向系统，忽略横摆运动，建立简化的车辆纵向动力学模型：

$$\begin{cases} F_t = \dfrac{T_{mg} \cdot i_g}{r} - (F_r + F_a + F_{aero}) \\ F_r = m \cdot g \cdot f_r \\ F_a = \delta \cdot m \cdot a \\ F_{aero} = C_d \cdot A \cdot v^2 / 21.15 \end{cases} \tag{6-12}$$

式中，F_t为车辆纵向驱动力；T_{mg}为驱动电机转矩；F_r为滚动阻力；F_a为加速阻力；F_{aero}为空气阻力；m为整车质量；f_r为滚动阻力系数；δ是旋转质量换算系数；a为车辆直驶加速度；C_d为风阻系数；A为迎风面积；i_g为主减速器传动比；v是车速。

采用频率响应法辨识车辆的纵向动力学特性，可得到如下传递函数[3]：

$$a = \dfrac{K_g}{T_g \cdot s + 1} a_{des} \tag{6-13}$$

式中，a为车辆的实际加速度；a_{des}为车辆的期望加速度；K_g为系统增益；T_g为系统延迟，系统延迟相对传统车辆较小。

跟车系统的纵向动力学模型耦合了车辆纵向动力学与车间运动学关系，将车间运动学模型与车辆纵向动力学模型集成，即可建立统一的跟车系统纵向动力学模型。

自车与前车之间的运动学关系为：

$$\begin{cases} d_r = s_p - s_f \\ v_r = v_p - v \end{cases} \tag{6-14}$$

式中，d_r、v_r 为两车的相对距离与相对车速；s_p、v_p 为前车的位移与速度；s_f、v 为自车的位移与速度。

综合式（6-13）、式（6-14），可得：

$$\begin{cases} \dot{d}_r = v_r + a_p \cdot T - a \cdot T \\ \dot{v}_r = a_p - a \\ \dot{a} = K_g \cdot u / T_g - a / T_g \end{cases} \quad (6\text{-}15)$$

式中，a_p 为前车加速度；T 为采样步长。

取系统状态变量 $\boldsymbol{x} = [d_r, v_r, a]^T$，控制变量 $u = a_{des}$，建立纵向跟车动力学模型为：

$$\dot{\boldsymbol{x}} = \boldsymbol{A}_0 \cdot \boldsymbol{x} + \boldsymbol{B}_0 \cdot u + \boldsymbol{G}_0 \cdot \eta \quad (6\text{-}16)$$

式中，$\boldsymbol{A}_0 = \begin{bmatrix} 0 & 1 & -T \\ 0 & 0 & -1 \\ 0 & 0 & -1/T_g \end{bmatrix}$，$\boldsymbol{B}_0 = \begin{bmatrix} 0 \\ 0 \\ K_g/T_g \end{bmatrix}$，$\boldsymbol{G}_0 = \begin{bmatrix} 1 \\ 1 \\ 0 \end{bmatrix}$ 均为系数矩阵；$\eta = a_p$ 为输入干扰量。

进一步将式（6-16）离散化，可得离散化的系统状态空间方程为：

$$\boldsymbol{x}(k+1) = \boldsymbol{A} \cdot \boldsymbol{x}(k) + \boldsymbol{B} \cdot u(k) + \boldsymbol{G} \cdot \eta(k) \quad (6\text{-}17)$$

式中，$\boldsymbol{A} = \boldsymbol{I} + T \cdot \boldsymbol{A}_0$，$\boldsymbol{B} = T \cdot \boldsymbol{B}_0$，$\boldsymbol{G} = T \cdot \boldsymbol{G}_0$ 均为离散状态方程的系数矩阵；$\eta(k)$ 为当前时刻的输入干扰量。

忽略输出干扰，则系统输出为：

$$\boldsymbol{y}(k) = \boldsymbol{C} \cdot \boldsymbol{x}(k) \quad (6\text{-}18)$$

式中，$\boldsymbol{C}$ 为输出系数矩阵。

6.3.2.2 性能指标的代价函数与约束条件设计

车辆纵向跟车控制算法的设计目标是安全、节能和舒适。实际跟车过程时，驾驶员仅响应较大的跟踪误差，因此采用 2 范数来量化各指标[4]。安全性指标采用车辆间相对距离误差和速度误差。设 w_d、w_v 分别为距离和速度误差的权重系数，则安全性指标为：

$$L_t = w_d \cdot (d_r - d_{des})^2 + w_v \cdot v_r^2 \quad (6\text{-}19)$$

式中，d_{des} 为期望的安全距离；$d_{des} = \tau \cdot v + d_0$，$\tau$ 为安全时距；d_0 为停车时的安全距离。

相关研究表明，电动车辆瞬时能耗随加速度增大而增大[5]，因此采用加速度量化电动车辆的节能指标。由于 ACC 系统中自车实际加速度依赖于期望加速度，因此设计节能指标为：

$$L_e = w_u \cdot u^2 \quad (6\text{-}20)$$

舒适性指标依赖于驾驶员的感受，通常既要符合驾驶员期望的跟车距离，也要满足纵向加速度在驾驶员容许范围内。因此，采用对加速度和状态变量设计约束条件的方法：

$$\begin{cases} u_{\min} \leqslant u \leqslant u_{\max} \\ \pmb{x}_{\min} \leqslant \pmb{x} \leqslant \pmb{x}_{\max} \end{cases} \qquad (6\text{-}21)$$

其中，$\pmb{x}_{\mathbf{min}} = \begin{bmatrix} d_{\mathrm{r\,min}} \\ v_{\mathrm{r\,min}} \\ a_{\min} \end{bmatrix}$、$\pmb{x}_{\mathbf{max}} = \begin{bmatrix} d_{\mathrm{r\,max}} \\ v_{\mathrm{r\,max}} \\ a_{\max} \end{bmatrix}$ 分别为状态变量各参数的最小值和最大值。

综合指标采用线性加权求和的方法，将多目标问题转化包含各项指标的单目标问题。对各量化的指标求和，得以下代价函数：

$$L = \pmb{x}^{\mathrm{T}} \cdot w_{\mathrm{x2}} \cdot \pmb{x} + w_{\mathrm{x1}} \cdot \pmb{x} + w_{\mathrm{u}} \cdot u^2 + c \qquad (6\text{-}22)$$

式中，w_{x2} 为二次项的权重系数；w_{x1} 为一次项的权重系数；c 为常数。

6.3.2.3 系统预测问题的优化求解

首先，建立跟车运动系统的预测模型，假定当前时刻为 k，i 为预测时间增量，则有：

$$\pmb{x}(k+i) = \pmb{A} \cdot \pmb{x}(k+i-1) + \pmb{B} \cdot u(k+i-1) + \pmb{G} \cdot \eta(k+i-1) \qquad (6\text{-}23)$$

不失一般性，假设预测时域的长度为 P，则：

$$\pmb{X} = \pmb{A}_P \cdot \pmb{x}(k) + \pmb{B}_P \cdot \pmb{U} + \pmb{G}_P \cdot \pmb{H} \qquad (6\text{-}24)$$

其中，

$$\pmb{A}_P = \begin{bmatrix} \pmb{A} \\ \pmb{A}^2 \\ \vdots \\ \pmb{A}^P \end{bmatrix}, \quad \pmb{B}_P = \begin{bmatrix} \pmb{A}^0 \pmb{B} & 0 & \cdots & 0 \\ \pmb{A}^1 \pmb{B} & \pmb{A}^0 \pmb{B} & \cdots & 0 \\ \vdots & \vdots & \vdots & \vdots \\ \pmb{A}^{P-1} \pmb{B} & \pmb{A}^{P-2} \pmb{B} & \cdots & \pmb{A}^0 \pmb{B} \end{bmatrix}, \quad \pmb{U} = \begin{bmatrix} u(k|k) \\ u(k+1|k) \\ \vdots \\ u(k+P-1|k) \end{bmatrix},$$

$$\pmb{G}_P = \begin{bmatrix} \pmb{A}^0 \pmb{G} & 0 & \cdots & 0 \\ \pmb{A}^1 \pmb{G} & \pmb{A}^0 \pmb{G} & \cdots & 0 \\ \vdots & \vdots & \vdots & \vdots \\ \pmb{A}^{P-1} \pmb{G} & \pmb{A}^{P-2} \pmb{G} & \cdots & \pmb{A}^0 \pmb{G} \end{bmatrix}, \quad \pmb{H} = \begin{bmatrix} \eta(k|k) \\ \eta(k+1|k) \\ \vdots \\ \eta(k+P-1|k) \end{bmatrix}$$

其次，将预测时域内的所有代价函数线性加权，转化为预测型，得到：

$$J = \pmb{X}^{\mathrm{T}} \cdot \pmb{W}_{X2} \cdot \pmb{X} + \pmb{W}_{X1} \cdot \pmb{X} + \pmb{U}^{\mathrm{T}} \cdot \pmb{R} \cdot \pmb{U} + \pmb{C} \qquad (6\text{-}25)$$

其中，

$$W_{X2}=\begin{bmatrix} w_{x2}(k+1|k) & & 0 \\ & \ddots & \\ 0 & & w_{x2}(k+P|k) \end{bmatrix}, \quad R=\begin{bmatrix} w_{u}(k+1|k) & & 0 \\ & \ddots & \\ 0 & & w_{u}(k+P|k) \end{bmatrix},$$

$$W_{X1}=[w_{x1}(k+1|k) \quad \cdots \quad w_{x1}(k+P|k)], \quad C=\sum_{i=1}^{P}c(k+i|k)$$

再次，将所有约束条件扩展到整个预测时域，转化为预测型，得到：

$$\begin{cases} u_{\min} \leqslant \boldsymbol{u}(k+i/k) \leqslant u_{\max} \\ x_{\min} \leqslant \boldsymbol{x}(k+i/k) \leqslant x_{\max} \end{cases}, \quad i=0:P-1 \tag{6-26}$$

最后，将式（9-24）代入式（9-25），建立预测优化问题的二次规划型，见式（6-27），并选用有效集法求解。

$$J=\frac{1}{2}\boldsymbol{U}^{\mathrm{T}}\cdot\boldsymbol{\Phi}\cdot\boldsymbol{U}+\boldsymbol{f}^{\mathrm{T}}\cdot\boldsymbol{U}+C_{\text{final}} \tag{6-27}$$

式中，$\boldsymbol{\Phi}=2(\boldsymbol{B}_P^{\mathrm{T}}\cdot\boldsymbol{W}_{X2}\cdot\boldsymbol{B}_P+\boldsymbol{R})$；$\boldsymbol{f}=2[\boldsymbol{x}(k)^{\mathrm{T}}\cdot\boldsymbol{A}_P^{\mathrm{T}}\cdot\boldsymbol{W}_{X2}\cdot\boldsymbol{B}_P+\frac{1}{2}\boldsymbol{W}_{X1}\cdot\boldsymbol{B}_P]^{\mathrm{T}}$；$C_{\text{final}}$为常数。

6.3.3 电机转矩优化系数表的提取与拟合

基于模型预测控制算法，建立控制器的 Simulink 模型，并集成在电动车辆的跟车运动仿真平台中。根据自车与前车的相对运动关系，建立两车相对运动场景模型。输入前车典型运动工况，输出兼顾跟车安全与节能的电机转矩控制量。计算典型跟车工况下经过 MPC 计算出的电机转矩与此时电机能提供的最大转矩，分析不同模式下的车辆相对运动状态与电机转矩优化系数的对应关系，提取拟合出各模式下的转矩优化系数表，如图 6.5 所示[6]。

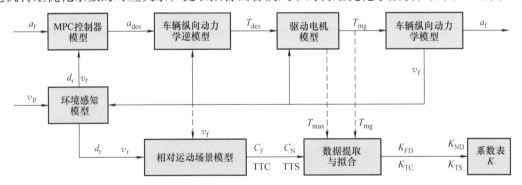

图 6.5 基于 MPC 的电动车辆跟车运动电机转矩优化系数提取

图 6.5 中，为了量化跟车运动时自车与前车的接近程度，分别定义远距离场景接近指数 C_F 和近距离场景接近指数 C_N，其中：

$$C_F=\frac{d_r-d_s}{d_m-d_s} \tag{6-28}$$

$$C_N = \frac{d_r}{d_s} \tag{6-29}$$

所设计的驱动转矩优化系数 K_{FD} 和 K_{ND} 为接近指数的函数，有下列对应关系：

$$K_{FD} = f_1(C_F) \tag{6-30}$$

$$K_{ND} = f_2(C_N) \tag{6-31}$$

其中，当 $C_N = 1$ 时，即两车相对距离等于安全距离时，此时面临模式切换，令 $K_{ND} = K_{FD}$，以保证模式切换过程中转矩无缝衔接和平滑过渡。

所设计的安全时距系数 K_{TC} 和 K_{TS} 为 TTC 和 TTS 的函数，有下列对应关系：

$$K_{TC} = f_3(\text{TTC}) \tag{6-32}$$

$$K_{TS} = f_4(\text{TTS}) \tag{6-33}$$

另外，为了兼顾驾驶员意图，设计制动转矩优化系数 K_{LB}、K_{AB} 分别为制动踏板开度 BPS 的分段线性函数，反映随着制动需求的增加而增加电机制动。其中，$K_{AB} > K_{LB}$，表示两车正在靠近时的制动转矩优化系数应大于两车正在远离时的制动转矩系数。

运行 Simulink 模型，输出经 MPC 控制器离线优化的电机需求转矩 T_{des}、最大驱动转矩 T_{max}、最大制动转矩 T_{min}，然后根据下式拟合：

$$f_1(x) = \begin{cases} y = \dfrac{T_{des}}{T_{max}} \\ x = \dfrac{d_r - d_s}{d_m - d_s} \end{cases} \tag{6-34}$$

$$f_2(x) = \begin{cases} y = \dfrac{T_{des}}{T_{max}} \\ x = \dfrac{d_r}{d_s} \end{cases} \tag{6-35}$$

$$f_3(x) = \begin{cases} y = \dfrac{T_{des}}{T_{max} \cdot f_1(x)} \\ x = \dfrac{d_r}{v_r} \end{cases} \tag{6-36}$$

$$f_4(x) = \begin{cases} y = \dfrac{T_{des}}{T_{max} \cdot f_2(x)} \\ x = \dfrac{d_s - d_r}{v_r} \end{cases} \tag{6-37}$$

为了便于直观表达和实验调试，本节采取了拟合成分段线性函数的方式，拟合后的各系数如图 6.6 所示。

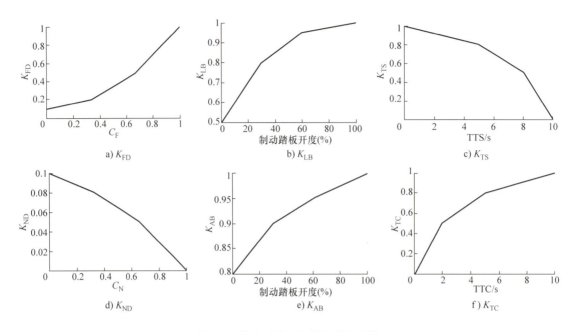

图 6.6 拟合后的电机转矩优化系数

6.4 电动车辆智能节能控制的仿真分析

基于所设计的控制算法,建立用于节能控制器开发调试和策略仿真评价的 IEC 前向仿真平台;基于该仿真平台,采用中国城市循环工况和前车大加速 - 大减速的典型极限工况,按照所设计的纵向跟车模型跟随前车驾驶,对比分析开启 IEC 后的节能效果。

6.4.1 仿真平台设计

IEC 仿真平台主要用于电动车辆纵向驾驶辅助系统控制策略开发调试和仿真分析,应具有以下基本要求:

1)仿真平台基本结构与实车具有较好的一致性,仿真模型能够较好地反映实际车辆纵向动力学特性。

2)仿真平台由各部件模块组合而成,可根据需要增减系统部件,同时也可快速移植到其他类型车辆仿真模型中。

3)仿真平台的主要结构、信息流及能量流的传递与实车一致,可用于控制系统快速开发、性能调试及策略优化。

针对智能电动车辆中环境感知系统信息共享的结构特点,以实车各部件为单元模块,以实车控制系统和部件信息流动作为模型的信息流动方向,设计了 IEC 分层模块化的前向仿真平台,总体结构如图 6.7 所示。

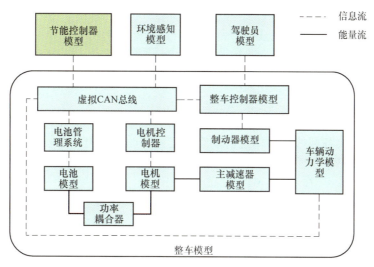

图 6.7　智能电动车辆节能控制系统前向仿真平台结构

由图 6.7 可知，所搭建的仿真平台主要由 IEC 模型、环境感知模型（雷达模型）、驾驶员模型和整车模型构成。其中，IEC 模型是该仿真平台的核心，也是验证节能控制策略的关键模块，主要包含了模式划分、模式切换、转矩优化控制三个子模块。环境感知模型主要模拟环境感知传感器的功能，获取交通环境及车间相对运动信息。驾驶员模型用于模拟驾驶员的操作，输出加速踏板和制动踏板开度等信息。整车模型包含有整车控制器、电池及其管理系统、驱动电机及其控制器、功率耦合器、主减速器、制动器等部件模型和车辆动力学模型。车辆动力学模型主要考虑纵向动力学特性，模拟车辆运动过程中纵向的驱动力与阻力的相互关系，计算车辆的加速度与速度。所设计仿真平台的信息流、能量流与实车保持一致。驱动电机通过 CAN 总线接收整车控制器指令，输出响应的动力，整车控制器接收车辆状态反馈及驾驶员操作信息，根据其自身的控制策略控制车辆运动。

对纵向动力学系统、驱动电机和高压电池组进行了建模。纵向动力学系统采用 6.3 节中的纵向动力学公式建模。驱动电机的模型采用准静态插值的模型，忽略热力学效应的影响，建立电机的效率与其转速转矩的关系。

$$\begin{aligned}\eta_{\mathrm{mg}} &= E_{\mathrm{eff}}(\omega_{\mathrm{mg}}, T_{\mathrm{mg}}) \\ T_{\mathrm{mg\_max}} &= T_{\mathrm{torque}}(\omega_{\mathrm{mg}})\end{aligned} \quad (6\text{-}38)$$

式中，η_{mg} 为电动机/发电机的工作效率，与其当前时刻的转速 ω_{mg}、转矩 T_{mg} 相关；$T_{\mathrm{mg\_max}}$ 为在转速 ω_{mg} 下的最大转矩。电动机实际需求功率见式（6-39），与效率 η_{mg} 直接相关。当其作为发电机使用时，功率为负，对应式（6-39）中 $j=1$；当其作为电动机使用时，功率为正，对应式（6-39）中 $j=-1$。

$$P_{\mathrm{mg}} = T_{\mathrm{mg}}\omega_{\mathrm{mg}}\eta_{\mathrm{mg}}^{j} \quad (6\text{-}39)$$

电池的模型主要描述电池 SOC 变化，见式（6-40）：

$$S_{soc}(k+1) = S_{soc}(k) - \frac{P_{battery}(k)}{E_{battery}} \Delta t(k) \qquad (6\text{-}40)$$

式中，$E_{battery}$ 是电池总能量；$P_{battery}$ 是电池功率，当电池放电时 $P_{battery}$ 为正，当电池充电时 $P_{battery}$ 为负。

环境感知模型包含自车与前车相对距离和相对速度的模拟。不考虑车内总线延时，以固定周期发送并接收各部件状态信息。最终搭建完整的智能电动车辆节能控制前向仿真平台如图 6.8 所示。

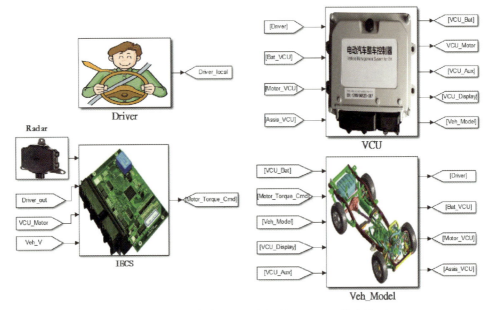

图 6.8 电动车辆智能节能控制系统 Simulink 仿真模型

仿真平台以某城市电动公交车为应用对象，所涉及的车辆纵向动力学参数及关键部件参数见表 6.2，驱动电机外特性曲线如图 6.9 所示。

表 6.2 车辆纵向动力学及关键部件参数

参数类别	参数名称（单位）	数值
车辆纵向动力学	整车质量（kg）	17000
	轮胎滚动半径（m）	0.52
	转减速比	6.17
	迎风面积（m^2）	6.93
	空气阻力系数	0.32
	滚动阻力系数	0.011
	机械传动效率	0.95
电机	最大转矩（N·m）	2100
	最大转速（r/min）	3000
电池	最大容量（A·h）	100
	初始 SOC（%）	70

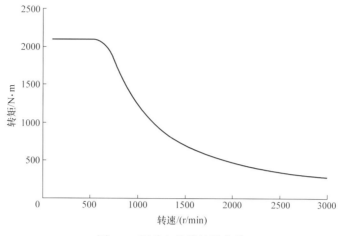

图 6.9 驱动电机外特性曲线

6.4.2 仿真方案设计

所设计的 IEC 具有辅助节能驾驶的作用,为了分析并验证其节能效果,从以下两个方面进行仿真分析:

1)采用前车循环工况和典型极限工况,由同一驾驶员驾驶自车跟随前车行驶,对比启动 IEC 前后的跟车情况与能耗情况。

2)前车城市循环工况下,调整驾驶员模型参数,仿真由多名驾驶员分别驾驶自车跟随前车行驶,对比启动 IEC 前后的跟车安全性与能耗分布情况。

为此,设计前车典型极限工况。该工况包含有前车大加速、匀速和大减速的情况,用于仿真分析前车速度迅速变化情况下,车辆各部件响应特性、工作状态及车辆速度变化情况。前车工况设计为从静止以恒定加速度 1.5m/s^2 加速 10s 后,保持匀速行驶 20s,而后以恒定制动减速度 -1.5m/s^2 减速行驶,直至停车,如图 6.10 所示。

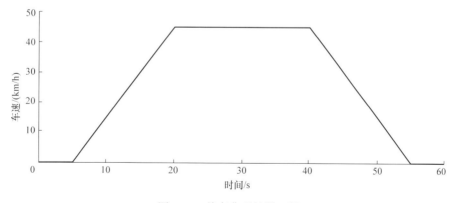

图 6.10 前车典型极限工况

为全面对比 IEC 开启前后电动车辆的跟车误差与能量消耗,采用了中国城市道路循环工况(China Urban Driving Condition,CUDC)对系统进行仿真评价,如图 6.11 所示。

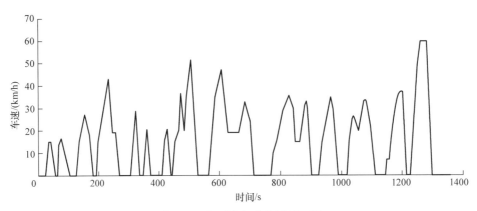

图 6.11 中国城市道路循环工况

为了对仿真结果进行综合分析与比较，需要量化定义跟车误差、舒适性与经济性的指标。

（1）跟车误差指标

对于车辆纵向运动而言，跟车误差定义为自车在跟随前车行驶过程中，与前车保持的相对速度与安全距离情况。设计跟车误差指标 S_{index}，表达式如下：

$$S_{\text{index}} = \frac{1}{N}\sum_{k=1}^{N}\left[\left|\frac{\Delta d(k)}{K_{\text{D}}}\right| + |\Delta v(k)|\right] \tag{6-41}$$

式中，N 为循环工况所有采样数据点；K_{D} 为相对距离误差权重系数；$\Delta d(k)$ 为 k 时刻实际车间距离与期望安全距离的误差；$\Delta v(k)$ 为 k 时刻的车间相对速度。

（2）行驶舒适性指标

以车辆跟车过程中的纵向加速度大小来表征行驶舒适性指标，加速度幅值越小，则表明行驶平稳，舒适性越好，反之，加速度幅值越大，则行驶舒适性越差。本文从满足驾驶员舒适性约束的角度考虑，采用如下公式评价系统是否满足驾驶员行驶舒适性的基本要求。

$$a_{\min} \leqslant a \leqslant a_{\max} \tag{6-42}$$

式中，a 为车辆行驶过程中的加速度；$a_{\min}$、$a_{\max}$ 为加速度最小、最大值约束。

（3）经济性指标

经济性指标采用车辆行驶 100km 的高压电池组能量消耗表示：

$$E_{\text{index}} = \frac{s}{100} \cdot \int_{0}^{t} U_{\text{b}} \cdot I_{\text{b}} \cdot \mathrm{d}t \tag{6-43}$$

式中，E_{index} 为百公里能耗值；s 为行驶里程数；U_{b} 为高压电池组电压；I_{b} 为高压电池组电流。

驾驶员模型采用最为常用的 PID 模型，以期望安全距离的误差为控制器输入，以加速或制动踏板为输出。其中，期望安全距离选择以下公式表示的一次模型。

$$d_{\text{des}} = \tau_{\text{des}} \cdot v + d_0 \tag{6-44}$$

式中，τ_{des} 为期望的跟车安全时距；d_0 为车辆静止时的安全距离。

6.4.3 车辆节能控制效果仿真分析

6.4.3.1 总体仿真结果

图 6.12 所示为 CUDC 工况下不同驾驶员参数变化时得到的 90 组仿真结果，其中图 6.12a 为开启 IEC 前后跟车误差与能量消耗对比分布情况，图 6.12b 为开启 IEC 后能量节约率分布情况和不同跟车距离权重系数 K 时的跟车误差分布情况。表 6.3 所列为该 90 组仿真结果的统计情况。

表 6.3 总体仿真结果统计

IEC 状态	百公里能耗/(kW·h/100km)			能量节约率（%）		
	平均值	最大值	最小值	平均值	最大值	最小值
1	61.5	66.5	52.5	9.6	19	4
0	68.1	70	64			

表 6.3 中仿真结果统计显示，在城市循环工况下开启 IEC 前的车辆百公里能耗约分布在 64～70kW·h/100km 之间，开启 IEC 后的车辆百公里能耗约分布在 52.5～66.5kW·h/100km 之间。从图 6.12a 中可以看出，随着能耗的减少，跟车误差有所变大，除个别仿真结果外，该指标保持在了合理范围内。

从图 6.12b 中可以看出，IEC 开启后的能量节约率均在 4% 以上。随着能量节约率的提高，跟车误差有所增大，主要是距离误差变大，表明开启 IEC 后，为保证安全并实现节能，跟车距离变大，驾驶变得更加温和。

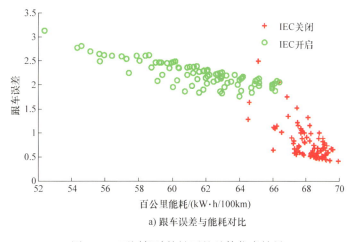

a) 跟车误差与能耗对比

图 6.12 不同驾驶特性下的总体仿真结果

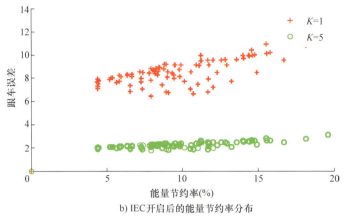

b) IEC开启后的能量节约率分布

图6.12 不同驾驶特性下的总体仿真结果（续）

6.4.3.2 循环工况仿真结果分析

图6.13~图6.18给出了中国城市循环工况下的IEC开启前后的仿真对比结果。其中，图6.13是前车车速及开启IEC前后时的自车车速变化曲线，从图中可以看出IEC开启前后均能跟上前车的速度。图6.14是IEC开启前后的能耗对比曲线，可以看出IEC开启后，累计能耗相对于开启前有所降低。图6.15为电机转矩对比曲线，可以看出IEC开启后，电机的驱动转矩峰值得到部分消减，而制动转矩得到不同程度的增大。图6.16为从图6.15中提取的一段电机转矩对比曲线，可以看出IEC开启后，电机的转矩得到了不同程度的限制。图6.17显示了IEC模式切换情况，随着两车相对运动状态的变化，IEC工作模式不断切换。经统计，整个循环工况下，IEC节能模式1~4的时间占比分别为：24.2%、31.1%、7.8%和1.9%，另有35%的待机模式时间，表明该段时间内，因两车相对距离较大，IEC没有工作，进入了待机模式。该循环工况下，两车没有发生碰撞，且相对距离在安全距离之外的时间占比为90.3%，表明IEC系统兼顾了车辆的跟车安全性。

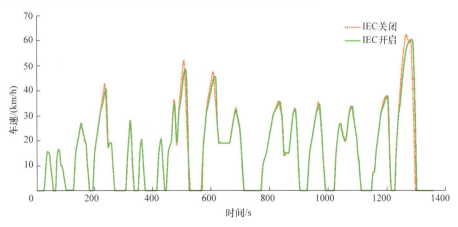

图6.13 循环工况下车速对比

第6章 基于结构共用的智能电动车辆节能控制实现

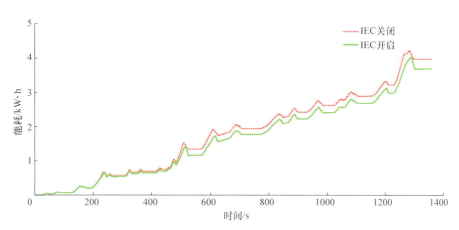

图 6.14　循环工况下电机能耗对比

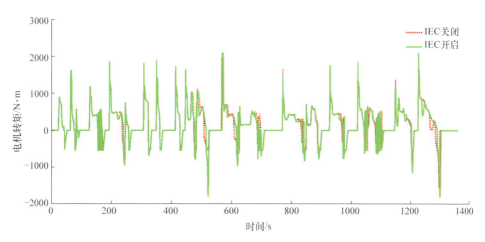

图 6.15　循环工况下电机转矩对比

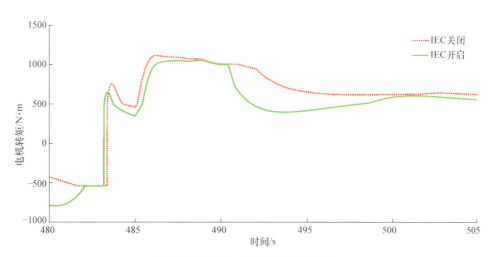

图 6.16　部分工况下电机转矩对比

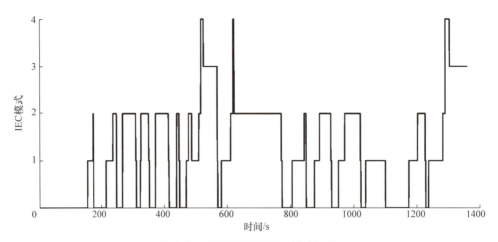

图 6.17　循环工况下 IEC 模式切换

图 6.18 显示了 IEC 开启后车辆加速度变化情况，可以看出，车辆加速度控制在 $-1.9 \sim 1.3 \text{m/s}^2$ 之间，行驶平稳性良好。

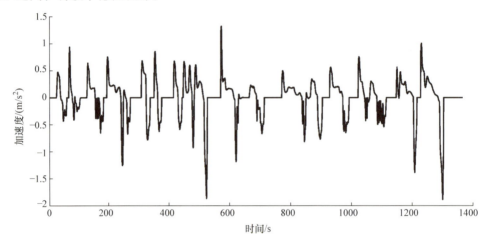

图 6.18　车辆加速度变化情况

CUDC 城市循环工况下的跟车误差和能耗统计见表 6.4。虽然 IEC 开启后的跟踪误差较大，但仍在合理范围内，且保持了跟车状态，IEC 开启后的车辆能耗消耗降低 7.1%。

表 6.4　CUDC 城市循环工况下的仿真结果

IEC 状态	跟车误差（K_D=5）	百公里能耗/（kW·h/100km）	能量节约率（%）
1	1.90	62.6	7.1
0	0.82	67.4	

6.4.3.3　极限工况仿真结果分析

图 6.19 所示为大加速-大减速极限工况下 IEC 开启前后的仿真对比结果。其中，图 6.19a 是前车车速及开启 IEC 前后的自车车速变化曲线，从图中可以看出自车在 IEC 开

启前后均能跟上前车的速度。与 IEC 开启前相比，IEC 开启后自车在大加速情况下车速没有超调，代表了高速时的自车加速度受到了限制，而在大减速情况下车速下降较快，表明增加了电机制动后减速度增大。图 6.19b 是 IEC 开启前后的能耗对比，可以看出，自车在大加速时能耗增加较慢，而在大减速时，能量回收较多，系统通过增加电机制动，实现了较明显的节能效果。图 6.19c 是 IEC 开启前后的跟车误差对比，可以看出，IEC 开启后跟车的速度误差和距离误差均有所增大，这是由于 IEC 使车辆的加速度受到限制，跟车响应变慢所致。图 6.19d 是 IEC 开启前后的电机转矩对比，可以明显看出车辆在大加速到一定程度后，电机转矩受到了限制，而在减速制动阶段，电机制动转矩得到增大。图 6.19e 是 IEC 开启后的节能模式切换情况，IEC 的工作模式根据自车与前车的相对运动状态进行切换。从图中可以看出，车辆加速至 17s 时，两车相对距离减小至 IEC 作用距离范围内，系统进入模式 1；随着自车速度的增大，在 40s 时，两车速度差超过设定的速度缓冲区，系统进入模式 2；随着自车不断地接近前车，两车相对距离缩小到安全距离时，为避免发生碰撞，系统直接进入模式 4，此时电机制动转矩增大，车辆获得快速减速，直至两车距离增加到安全距离之外，系统进入模式 2，从而保证了车辆的行车安全。仿真结果验证了模式切换控制策略的有效性。

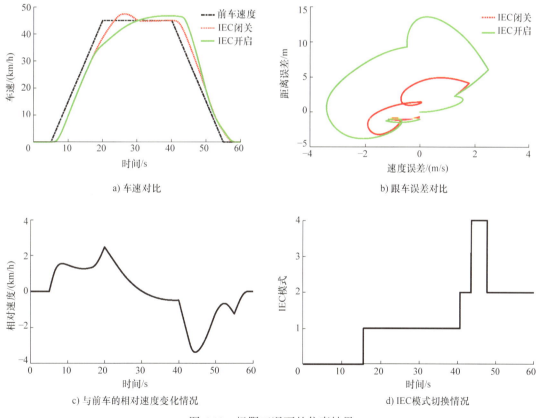

a) 车速对比　　　　　　　　　　　　b) 跟车误差对比

c) 与前车的相对速度变化情况　　　　d) IEC 模式切换情况

图 6.19　极限工况下的仿真结果

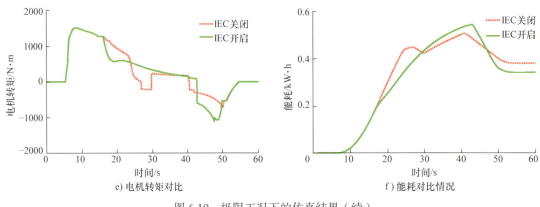

图 6.19 极限工况下的仿真结果（续）

典型极限工况下的跟车误差和能耗统计见表 6.5。IEC 开启后的跟车误差有所增大，但从图 6.19 可以看出，车辆保持了跟车状态，IEC 开启后车辆能量消耗降低 10.4%。仿真结果，验证了转矩优化控制方法的有效性。

表 6.5 典型极限工况下的能耗对比

IEC 状态	跟车误差（$K_D=5$）	能耗/kW·h	能量节约率（%）
1	2.16	0.343	10.4
0	1.14	0.383	

6.5 基于结构共用的智能电动车辆节能控制实验研究

为了进一步验证所提节能控制方法在实车上的有效性，在所提控制策略与算法的基础上，设计开发了智能节能控制器，搭建了实验数据采集系统，选择两款纯电动城市客车为实验平台，在两个典型城市道路上分别进行了实际动态交通工况下的多组实车实验。

6.5.1 实验方案设计

6.5.1.1 实验总体方案

综合考虑所提节能控制器的特点及实车实验的一般流程，设计实验总体方案，如图 6.20 所示，主要包括节能控制器开发、数据采集系统搭建、实验样车与路况选择、实验数据处理与分析等步骤。其中，针对数据的采集与处理这一核心内容，从以下三个方面进行实验验证与分析：

1）实验在实际的城市交通工况下进行，由专业试车员驾驶车辆分别开启和关闭 IEC 系统，行驶完成全程路段，采集启动 IEC 前后整个工况下部件工作情况，包括车速、踏板、与前车相对距离、电机转矩、IEC 模式、能耗等。

2）由于交通环境是动态时变的，影响电动车辆能耗的因素较多，单次实验不足以说明节能情况，为了统计在实际交通工况下 IEC 的节能情况，选择两辆纯电动车辆在不同路况下分别开启和关闭 IEC 进行多组实验，分别对比统计 IEC 的平均节能效果。

3）由于全程路段的实验数据量较大，不便于观察，为了便于对比分析 IEC 启动前后各部件的工作情况,截取其中典型路段的数据进行分析,对比分析电机原始转矩和实际转矩的变化,并计算由此引起的能耗变化情况。

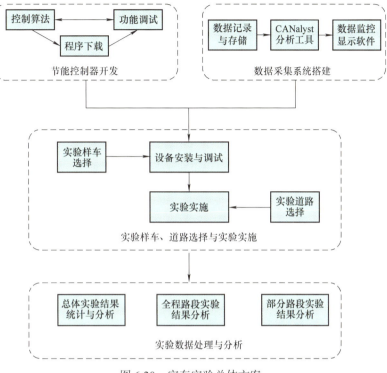

图 6.20　实车实验总体方案

6.5.1.2　实验数据采集系统

为了对实验过程中各部件工作状态的掌握,建立了数据采集系统,通过 CAN 分析仪,读取车辆整车控制系统和 IEC 系统中的数据。实验过程中通过计算机界面对采集的数据实时监控,如图 6.21 所示。

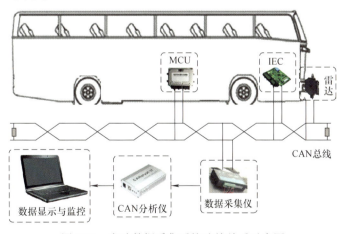

图 6.21　实验数据采集系统连接关系示意图

为了便于掌握整个路段的能耗及各部件工作情况，实验中采集了整个路段的全部信息，然后根据需要选取其中的典型路段进行分析。主要采集的数据见表 6.6。

表 6.6　实车实验数据采集表

数据来源	数据名称	数据单位
整车	车速	m/s
	加速踏板开度	%
	制动踏板开度	%
	横摆角速度	rad/s
	电机原始转矩	N·m
	电池电压	V
	电池电流	A
	电池 SOC	%
雷达传感器	与前车相对距离	m
	与前车相对速度	m/s
节能控制系统	IEC 模式	
	安全时距	s
	电机转矩命令	N·m

6.5.1.3　实验样车与实验路况

城市客车与其他车型相比，不仅对安全性要求更高，而且还因为其体型大、能耗高、市区使用、起 - 停频繁等特点，节能潜力相对较大，所以选择纯电动城市客车为实验车辆。为了验证所提控制方法的普适性和在不同路况下的节能效果，选择了 A、B 两款样车分别在不同的城市道路上进行实验，两车均具有前向碰撞预警功能，车辆正前方装有毫米波雷达传感器。

为了验证所设计的节能控制器在不同城市工况下的节能效果，分别选择城市拥堵路况和城市一般路况作为实验工况。A 样车选择中国中部某城市的一段实际公路，该路段全长 5.8km，实验路线为一次往返，共计 11.6km，该路段车流量较大，代表了城市公交车的实际运行工况。B 样车选择中国南方某城市的一段实际公路，实验路线为一个闭环路线，全长 15.7km，该段公路车包含有一段城市快速道路，代表了一般城区道路的实际交通状况。

6.5.1.4　实验过程与主要参数设置

电动车辆的能耗影响因素较多，为尽可能地减少交通环境、驾驶员驾驶品质、车内用电设备等因素对能耗对比的干扰，实验实施过程中严格按照实验条件一致的对比原则，具体如下：

1）实验选择在良好天气条件下进行，实验道路为城区平原公路，沥青路面，坡度可忽略不计。每组对比实验选择在同一时间段接续进行，以尽量减少同一组对比实验中交通流的差异。

2）实验车由具有 10 年以上驾龄的专业试车员驾驶，分别开启和关闭 IEC 系统，完成同一实验路段的行驶，在保证行驶安全的前提下不随意停车，实验全程中的驾驶风格保持一致。

3）对比实验中，实验车辆的装载质量、轮胎气压、SOC等技术状态一致，车内的空调、刮水器、车灯等用电设备处于关闭状态，IEC系统的参数根据驾驶员期望设置后在实验过程中保持不变。

由于实验是在开放的城区公路上进行，交通流是动态时变的，对比实验实施过程中，很难做到实验条件完全一致。为此，每辆样车均进行若干次的对比实验，通过较大样本量的数据统计分析，对比开启IEC系统前后的能耗情况。实验过程中，两辆样车共进行了20次的对比实验，累计行驶里程达500km以上。

实验样车及IEC系统的主要参数见表6.7。

表6.7 实验样车及IEC系统的主要参数

参数		单位	数值
样车A	外形尺寸	mm × mm × mm	8040 × 2360 × 3250
	总质量	kg	11480
	电机额定功率	kW	80
样车B	外形尺寸	mm × mm × mm	10490 × 2500 × 3400
	总质量	kg	17000
	电机额定功率	kW	100
IEC系统	远距离防撞预警时间	s	3
	近距离防撞预警时间	s	1
	远距离期望减速度	m/s²	1.5
	近距离期望减速度	m/s²	3

6.5.2 城市拥堵路况车辆节能控制实验分析

6.5.2.1 总体实验结果

样车A在城市拥堵路况下进行，单次实验里程平均11.3km，在同一路段分别开启和关闭IEC，进行了13次实验，获取26组实验数据，见表6.8。

表6.8 城市拥堵路况下实车能耗实验结果

实验次数	IEC状态	里程/km	时间/s	平均车速/(km/h)	电耗量/kW·h	驱动能耗/kW·h	回收能量/kW·h	百公里能耗/(kW·h/100km)
1	1	11.3	2419	16.8	4.44	6.78	2.33	39.25
	0	11.2	2819	14.3	4.46	6.95	2.49	39.66
2	1	11.1	2964	13.5	4.43	6.87	2.44	39.90
	0	11.3	2344	17.3	4.69	7.46	2.77	41.57
3	1	11.3	2494	16.3	4.45	6.80	2.35	39.39
	0	11.4	2514	16.3	4.59	7.24	2.65	40.31
4	1	11.2	2394	16.8	4.42	7.23	2.82	39.59
	0	11.4	2549	16.1	5.08	7.88	2.80	44.39
5	1	11.4	2159	19.0	5.03	7.65	2.62	44.09
	0	11.2	3379	11.9	5.84	8.80	2.96	52.31
6	1	11.4	2464	16.6	5.53	8.72	3.19	48.62
	0	11.3	2619	15.6	6.24	9.44	3.20	55.03

（续）

实验次数	IEC 状态	里程/km	时间/s	平均车速/(km/h)	电耗量/kW·h	驱动能耗/kW·h	回收能量/kW·h	百公里能耗/(kW·h/100km)
7	1	11.3	2444	16.7	4.90	7.62	2.72	43.23
	0	11.4	2559	16.1	5.58	8.86	3.28	48.77
8	1	11.4	2379	17.3	5.44	8.36	2.92	47.62
	0	11.4	2624	15.7	5.62	8.70	3.07	49.27
9	1	11.5	1879	22.1	5.54	8.73	3.19	48.04
	0	11.5	2297	18.1	6.19	9.53	3.33	53.68
10	1	11.2	3569	11.3	5.58	8.15	2.57	49.65
	0	11.2	3404	11.8	5.69	8.07	2.38	50.79
11	1	11.2	3134	12.9	4.89	7.02	2.13	43.66
	0	11.2	3189	12.7	5.23	7.36	2.13	46.53
12	1	11.3	2974	13.7	5.26	7.58	2.32	46.67
	0	11.9	2754	15.6	5.64	7.77	2.13	47.23
13	1	11.4	2464	16.7	5.56	8.09	2.53	48.57
	0	11.4	2514	16.3	5.96	8.51	2.56	52.47

表6.9中所列实验结果显示，样车A在实验全程平均车速为15.7km/h，实验全程的能量消耗平均值为5.2kW·h，包括：驱动能耗平均为7.9kW和制动能量回收平均为2.7kW，百公里能耗平均值为46.2kW·h/100km。其中，IEC开启（IEC=1）后的13次实验中，平均车速是16.1km/h，平均能耗为5kW·h，百公里能耗平均值为44.5kW·h/100km；IEC关闭（IEC=0）后的13次实验中，平均车速是15.2km/h，平均能耗为5.4kW·h，百公里能耗平均值为47.8kW·h/100km。总体实验结果表明，车辆开启IEC后的百公里能量消耗有较明显的降低。

图6.22显示了13次实验中IEC开启前后的百公里能耗对比情况及能量节约率分布情况。从图中可以看出，受实际交通流动态时变性及驾驶员各次实验中实际操作差异性影响，每次实验的能耗均有较大的波动，相应的每次实验的能量节约率波动也较大。13次实验的统计结果显示，该样车在开启IEC时的百公里能耗总体上明显低于关闭IEC时的百公里能耗。13次实验中车辆能量节约率最大值为15.7%，最小值为1%，平均值为7%。

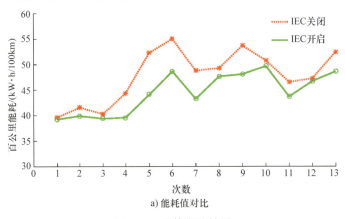

a) 能耗值对比

图6.22 总体实验结果

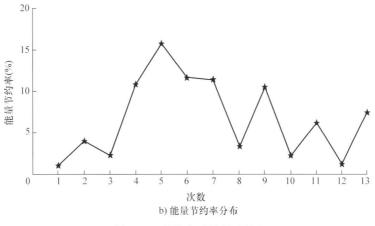

b) 能量节约率分布

图 6.22 总体实验结果（续）

6.5.2.2 全程路段的实验结果分析

图 6.23～图 6.30 显示了样车 A 在整个路段全程开启 IEC 后的一组实验结果，实验全程距离为 11440m，用时 2464s，整个工况下平均车速为 16.7km/h，电池 SOC 值由 70.8% 下降到 63.6%。

图 6.23 所示为该车单次实验全程车速变化情况，由于实验工况为城区主干道上的拥堵路况，车流量较大，而且实验是模拟实际的城市公交车路线进行的，因此在实验过程中出现有多次停车的情况。实验全程最高车速为 58km/h，共约有 16 次的停车情况，与标准的中国城市循环工况（CUDC）基本接近。

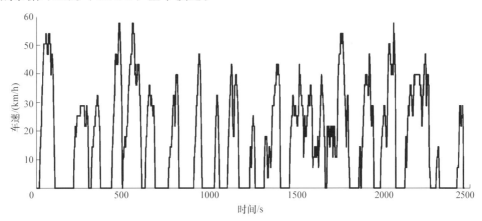

图 6.23 实验全程车速变化情况

图 6.24 为实验全程车辆加速踏板与制动踏板变化情况，该图与图 6.23 对比可以看出，踏板开度与车速变化保持了较好的一致性，证明驾驶意图没有受到干扰。由于实验是在城区拥堵路况下模拟公交车路线进行，实验过程中不可避免会有多次起-停操作和踏板急剧变化的情况。

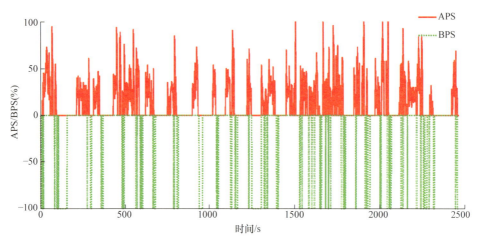

图 6.24 实验全程加速踏板与制动踏板变化情况

图 6.25 为实验全程雷达探测到的自车与前车的相对距离变化情况,该雷达对车辆的最大探测距离可达 150m,当前方没有车辆或前车距离超过雷达探测范围后,输出结果为空值,在图中默认显示为 0。由于城区交通路况复杂,车辆周围的交通流是不断变化的,当有前车切入或切出时,或雷达在个别时间点信号丢失时,两车相对距离曲线会出现突变或跳跃的情况。但从实验全程来看,车辆与前方车辆保持了一定的安全距离,实现了车辆在拥堵路况下的安全跟车行驶。

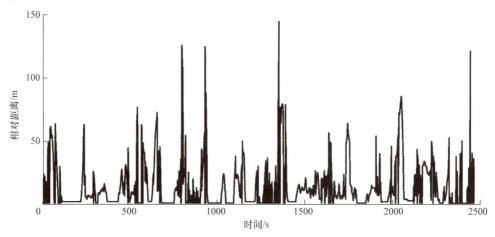

图 6.25 实验全程自车与前车的相对距离变化情况

图 6.26 为整个工况下雷达探测到的自车与前车相对速度变化情况。由于实验全程交通流复杂多变,受前车切入或切出情况的影响,图中所示的相对速度曲线出现有多次突变和跳跃的情况。总体上看,该速度曲线与图 6.25 所示的距离曲线是相一致的,两者在一定范围内是积分与求导的关系,当然,有前车切入或切出的情况除外。根据所设计的 IEC 控制策略,IEC 的工作模式随着两车相对距离和速度的变化而进行切换。

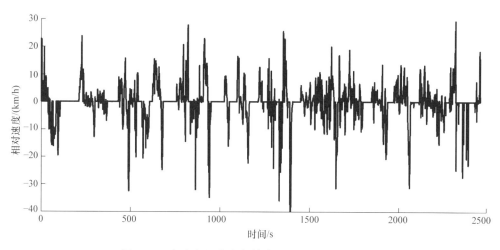

图 6.26 实验全程自车与前车的相对速度变化情况

图 6.27 为 IEC 模式切换情况。该模式切换情况与图 6.25 中所示的相对距离及图 6.26 中所示的相对速度变化情况是密切相关的，例如，在 110~210s 之间，雷达没有检测到前车的信息，IEC 切换至待机模式。经统计，IEC 进入待机状态的时间占比为 97%。这是由 IEC 开启与退出控制策略决定的，在前车超出 IEC 最大作用距离或雷达探测范围、开启转向灯或横摆角速度大于设定的限值、加速踏板的开度或变化率大于设定限值、雷达信号短暂丢失等任一情况下，IEC 均进入待机状态，以避免对驾驶员的干扰，并保证行车安全。

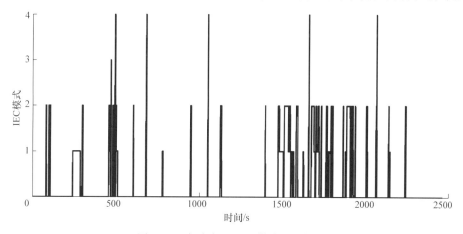

图 6.27 实验全程 IEC 模式切换情况

图 6.28 给出了实验过程中转向灯开启的情况，数据显示值为 1 表示右转向灯开启，显示值为 -1 则表示左转向灯开启。由于实验路况为城区的主干道，且实验路线是沿该主干道往返一次为一组实验，因此实验全程有多次换道或转弯情况。转向灯开启后，IEC 即进入待机模式，这与图 6.27 中所示的 IEC 模式切换情况是相对应的。例如，在 2200~2300s 之间，虽然雷达检测到了两车的相对速度与距离变化，但由于左转向灯开启，IEC 一直保持了待机状态。

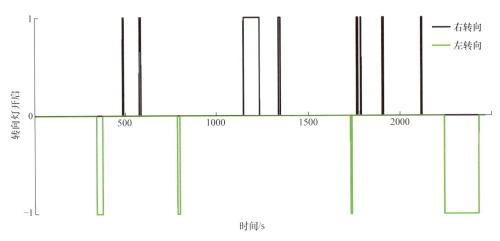

图 6.28 实验全程转向灯开启情况

图 6.29 为整个工况下车辆驱动电机转矩变化情况,其中虚线所示为车辆整车控制器 VCU 计算出的原始转矩,实线为经过 IEC 优化后的实际转矩,从图中可以看出电机的驱动转矩的峰值被明显消减,电机的制动转矩也在一些时间段内被增大。这个变化情况与图 6.27 所示的 IEC 模式切换情况是基本一致的。

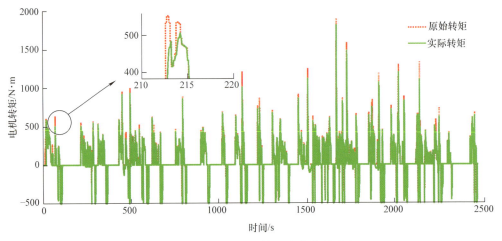

图 6.29 实验全程电机转矩变化情况对比

图 6.30 显示了整个工况下驱动电机能耗曲线对比情况,虚线所示为通过电机原始转矩与电机转速相乘计算出的需求能耗,实线为通过电机实际转矩与电机转速相乘计算的实际能耗。考虑到实际交通流的复杂多变性,每次实验的交通工况差别较大,不便于以开启和关闭 IEC 后的两组实验所实测的能耗曲线做对比分析。为了更明显地比较 IEC 开启后的能耗降低情况,采用了上述用电机转矩命令计算电机能耗的方法。从图中可以看出,经过 IEC 优化后的电机能耗得到明显降低。

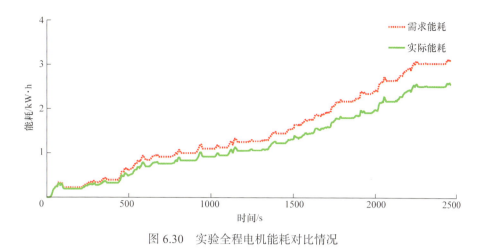

图 6.30 实验全程电机能耗对比情况

6.5.2.3 典型路段的实验结果分析

为了便于观察与分析 IEC 启动后车辆的状态及各部件的工作情况，截取其中一段典型路况的数据进行分析。

图 6.31 所示为样车 A 实验中的一段实验结果，包含了自车车速、与前车相对距离、相对速度、转向灯开启情况、IEC 模式以及电机转矩等实验数据，为了便于对照分析，将实验中所测的数据放在一起进行分析。

图 6.31a 为车速变化情况，图中显示在该时间段，车辆先减速、制动停车后再起步加速，受实际复杂交通流的影响，出现有大减速和大加速的情况。图 6.31b 为车辆加速踏板（APS）与制动踏板（BPS）的变化情况，与图 6.31a 对比可以看出，踏板开度变化与车速变化保持了较好的一致性，驾驶意图没有受到干扰。

图 6.31c 为雷达所测自车与前车的相对距离，图中可以看出，除了在 486s 时，雷达探测目标丢失或切出外，自车与前车保持了一定的安全距离。图 6.31d 为与前车的相对速度，该值的变化与图 6.31c 中相对距离变化是 IEC 节能模式切换控制的输入。

图 6.31e 为转向灯开启情况，图中可以看出，在 485~489s 之间，右转向灯开启，表明在转向或换道，这与图 6.31c 和图 6.31d 在这个时间段的突变是一致的。图 6.31f 为 IEC 模式切换情况，可以看出，随着两车相对运动状态变化及横摆角度度的变化，IEC 系统进行模式切换。例如，在 481s 时，两车远距离接近状态，IEC 进入节能模式 1，提前启动了电机制动，而后随着转向灯的开启，IEC 进入待机模式。在 495s 时，车辆完成转向或换道，雷达检测到前车正在近距离靠近自车，于是车辆进入节能模式 4，车辆减速直至停车。而后，起步加速时，也根据前车的运动状态，例如，在 496s 时，雷达检测到前车处于近距离远离状态，车辆进入节能模式 3，接下来，随着加速踏板的急剧变化，进入待机模式。

图 6.31g 为电机转矩变化情况，虚线所示为车辆整车控制器 VCU 计算出的电机原始转矩，实线代表经过 IEC 优化后的电机实际转矩，从图中可以看出电机的制动转矩在 481～485s 等时间段被明显提前和增大。在 495s 附近，IEC 的工作状态处于模式 4 和模式 3，电机的转矩得到了优化和消减。此后的 3s 时间内，由于加速踏板的急剧变化，IEC 进入待机

模式,直至498s,经过缓冲后,随着自车速度的增加,自车与前车处于接近状态,IEC 进入了节能模式 2。图 6.31h 为该路段放大的电机能耗变化情况,从图中可以看出,经过 IEC 优化后的电机能耗得到明显降低。

综合以上分析,所设计的节能控制器,基于雷达探测的前车运动信息,实时优化电机转矩,在保证安全跟车行驶,兼顾驾驶意图的同时,实现了节能。

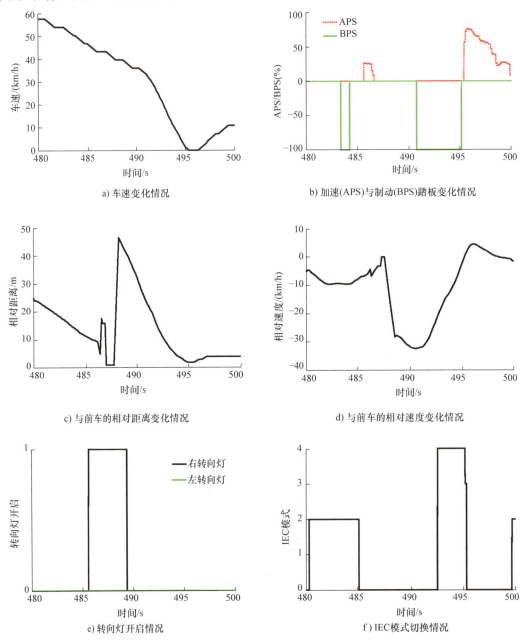

图 6.31 样车 A 在实际路况下的某段实验结果

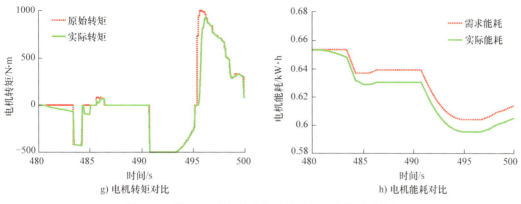

g) 电机转矩对比 h) 电机能耗对比

图 6.31 样车 A 在实际路况下的某段实验结果（续）

6.5.3 城市一般路况车辆节能控制实验分析

6.5.3.1 总体实验结果

样车 B 在包含一段城市快速路的一般道路上进行，单次实验全程为 15.7km，分别开启和关闭 IEC，进行了 7 次实验，获取 14 组实验数据，提取其中的车速与能量消耗数据，见表 6.9。

表 6.9 样车 B 在城市实际交通环境下的能耗实验结果

实验次数	IEC状态	里程/km	时间/s	平均车速/(km/h)	电耗量/kW·h	驱动能耗/kW·h	回收电量/kW·h	百公里能耗/(kW·h/100km)
1	1	15.7	1115	50.7	12.27	17.78	5.51	78.08
	0	15.7	1290	43.7	13.40	19.90	6.50	85.35
2	1	15.7	1225	46.0	11.10	17.00	5.90	70.70
	0	15.7	1180	47.7	11.50	17.10	5.60	73.25
3	1	15.7	1210	46.8	9.42	14.48	5.06	59.84
	0	15.7	1210	46.7	10.80	15.90	5.20	68.79
4	1	15.7	1165	48.4	10.05	14.50	4.45	64.14
	0	15.7	1135	49.6	10.70	15.50	4.70	68.15
5	1	15.7	1170	48.3	11.50	16.50	5.00	73.07
	0	15.7	1275	44.4	11.80	17.60	5.80	75.16
6	1	15.7	1220	46.4	10.52	15.51	4.99	66.83
	0	15.7	1320	42.7	10.70	15.40	4.70	68.15
7	1	15.7	1225	46.1	10.77	16.92	6.14	68.74
	0	15.7	1325	42.5	11.46	16.60	5.20	72.96

表中实验结果显示，该样车在城市实际交通工况下，平均车速为 46km/h，实验全程的能量消耗平均为 11.1kW·h，包括：驱动能耗平均为 16.5kW 和制动能量回收平均为 5.3kW，百公里能耗平均值为 70.9kW·h/100km。其中，IEC 开启（IEC=1）后的 7 次实验中，平均车速是 47.5km/h，平均能耗为 10.8kW·h，百公里能耗平均值为 68.7 kW·h/100km；IEC

关闭（IEC=0）后的 7 次实验中，平均车速是 45.3km/h，平均能耗为 11.5kW·h，百公里能耗平均值为 73.1 kW·h/100km。总体结果表明，车辆开启 IEC 后的百公里能耗有明显降低。

图 6.32 显示了 7 次实验中 IEC 开启前后的百公里能耗对比情况及能量节约率分布情况。从图中可以看出，受实际交通流动态时变性及驾驶员各次实验中实际操作差异性影响，每次实验的能耗均有较大的波动，相应的每次实验的能量节约率波动较大。但是，7 次实验的结果显示，该样车在开启 IEC 后的百公里能耗总体上明显低于关闭 IEC 时的百公里能耗。7 次实验的能量节约率最大值为 13%，最小值为 1.9%，平均值为 5.9%。

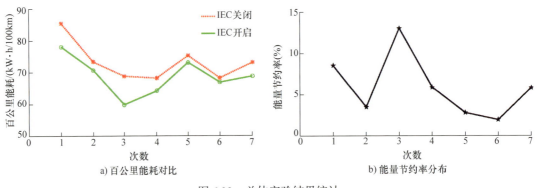

图 6.32　总体实验结果统计

6.5.3.2　全程路段的实验结果分析

图 6.33~ 图 6.38 显示了车辆在全程路段开启 IEC 后的一组实验结果，实验全程距离为 15655m，用时 1225s，整个工况下平均车速为 46km/h，电池 SOC 值由 89.3% 下降到 83.1%，实测电耗量为 11.1kW·h，百公里能耗为 70.7 kW·h/100km。

图 6.33 所示为实验全程的车速变化情况。由于城区部分路段车流量较大，在部分拥堵路段有 5 次停车情况。在 1000~1200s 时间段，车辆行驶在快速道路上，车辆行驶速度较高。

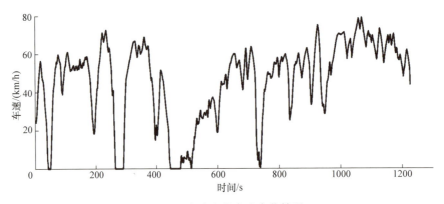

图 6.33　实验全程车速变化情况

图 6.34 为车辆加速踏板与制动踏板的变化情况。受实际交通流的影响，实验中出现多次大加速和减速制动的情况。该图与图 6.33 对比可以看出，踏板开度与车速变化保持了较好的一致性，可以证明驾驶意图没有受到干扰。

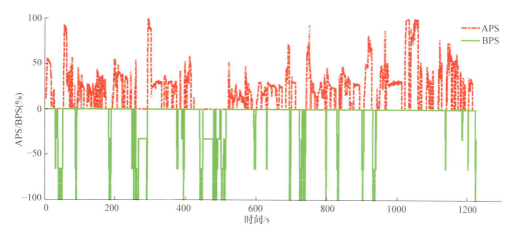

图 6.34 实验全程加速踏板（APS）与制动踏板（BPS）变化情况

图 6.35 为雷达探测到的自车与前车的相对距离变化情况。该雷达对车辆的最大探测范围可达 130m，当前方没有车辆或前车距离超过雷达探测范围后，输出结果为空值，在图中默认显示为 0。受实际交通流动态时变性的影响，当有前车切入或切出时，或雷达在个别时间点信号丢失时，相对距离曲线会出现跳跃和突变情况。但总体上显示，自车与前车保持了一定的安全距离。

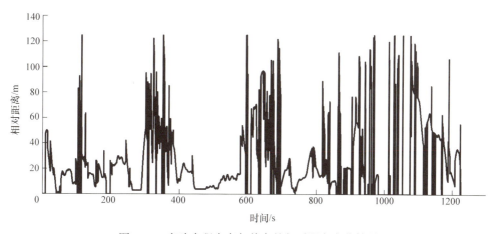

图 6.35 实验全程自车与前车的相对距离变化情况

图 6.36 为车辆驱动电机转矩变化情况。其中虚线所示为车辆整车控制器 VCU 计算出的原始转矩，实线为经过 IEC 优化后的实际转矩，从图中可以看出电机的驱动转矩在 75s 和 755s 附近时间段被明显消减，电机的制动转矩在 250s 附近时间段内被增大。

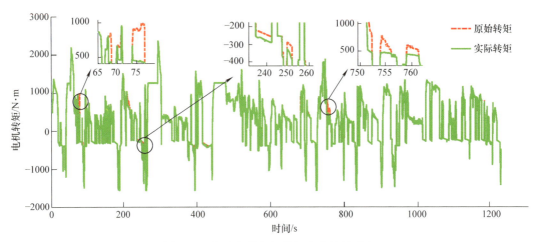

图 6.36　实验全程电机转矩变化情况对比

图 6.37 为 IEC 节能模式切换情况。该变化情况是与图 6.33 中的车速及图 6.35 中的相对距离变化情况相关的，例如，在 1000s 后的一段时间内，雷达没有检测到前车的信息，IEC 切换至待机模式，这段时间车速较高，电机转矩也没有被限制。图 6.37 的 IEC 节能模式切换情况与图 6.36 的电机转矩变化情况也是一致的，即在模式 3 和模式 4 情况下，电机转矩优化得比较明显。经统计，IEC 进入节能模式 1~4 的时间分别为：12s、67s、3s 和 2s，其余时间处于待机状态，待机状态的时间占比为 93%。这是由 IEC 开启与退出控制策略决定的，在前车超出 IEC 最大作用距离或雷达探测范围、开启转向灯或横摆角速度大于设定的限值、雷达信号短暂丢失等任一情况下，IEC 均进入待机状态，以避免对驾驶员的干扰。

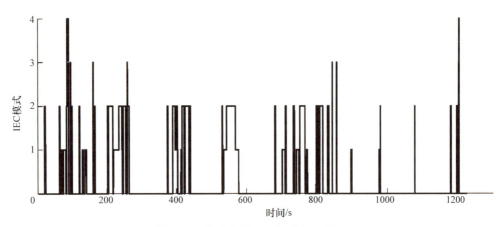

图 6.37　实验全程 IEC 模式切换情况

图 6.38 为整个工况下能耗曲线对比情况。由于实际的交通流是动态时变的，每次实验中前车状态也是随机的，以单次实验中开启 IEC 前后的能耗曲线做对比意义不大。为了能更明显地比较 IEC 开启后的能耗降低情况，用 IEC 开启后的电机实际转矩和电机转速相乘

计算电机的实际能耗,用整车控制器中的原始转矩与电机转速相乘计算电机的需求能耗,两者对比情况如图 6.38 所示。从图中可以看出,经过 IEC 优化后的电机能耗得到明显降低,能耗减少约 4.3%。

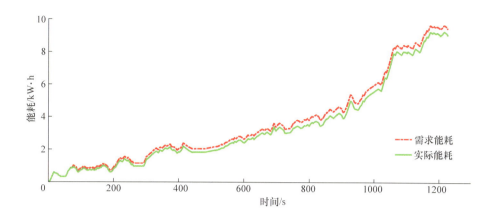

图 6.38　实验全程电机能耗对比情况

6.5.3.3　典型路段的实验结果分析

由于整个路段的实验数据较长,不便于观察。为了分析 IEC 启动后各部件的工作情况,截取一组实验中的典型路段实验数据进行分析。

图 6.39 所示为样车 A 在典型路段的实验结果。图 6.39a 为车速变化情况,图 6.39b 为车辆加速踏板与制动踏板变化情况,两图对比可以看出,踏板开度变化与车速变化保持了较好的一致性,驾驶意图没有受到干扰。图 6.39c 为自车与前车的相对距离,从图中可以看出,两车保持了一定的安全距离。图 6.39d 为自车与前车的相对速度,该值大于 0 表示两车远离对方,反之表示接近对方,该值的变化为节能模式的切换提供输入量。图 6.39e 为横摆角速度变化情况,当横摆角速度的绝对值大于设定的阈值时,IEC 系统会认为车辆在变道或转向,从而进入待机模式,以避免对驾驶员的干扰。图 6.39f 为 IEC 模式切换情况,可以看出,随着两车相对运动状态变化及横摆角度度的变化,IEC 系统进行模式切换。例如,在 83s 时,横摆角速度大于设定值,IEC 进入待机模式,88s 时完成换道后,两车相对距离较小,但相对速度大于 0,系统进入模式 3;随着自车速度的增大,两车相对速度在 93s 时变为负值,系统进入模式 4,车辆减速,保证了安全距离。图 6.39g 为电机转矩变化情况,虚线所示为车辆整车控制器 VCU 计算出的电机原始转矩,实线代表经过 IEC 优化后的电机实际转矩,从图中可以看出电机的驱动转矩在 80~84s 及 100~102s 等时间段被明显消减,电机的制动转矩在 93~100s 时间段内被部分增大。h 为该路段放大的电机能耗变化情况,从图中可以明显看出,经过 IEC 优化后的电机能耗得到降低。

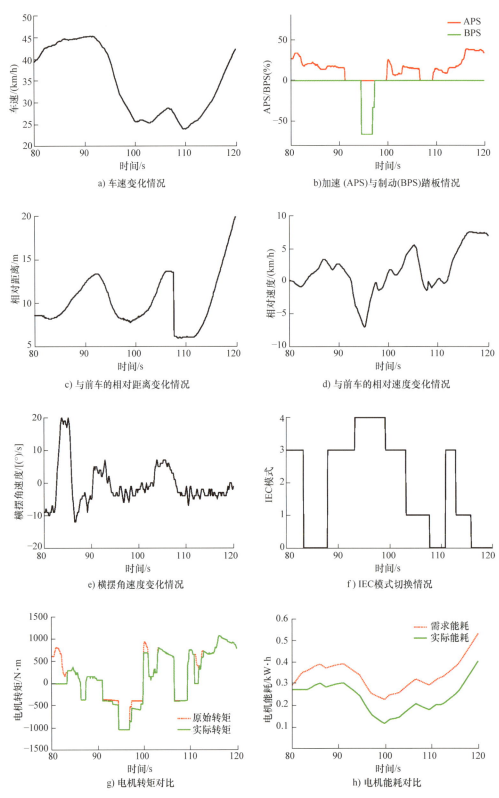

图 6.39 样车 A 在典型路段的实验结果

6.5.4 不同城市路况车辆节能控制实验结果对比

为了分析交通工况对节能效果的影响，统计并对比了样车 B 与样车 A 实验中的运动状态与能量节约率情况，见表 6.10。

表 6.10 样车 B 与样车 A 实验结果对比

车辆	IEC 状态	平均车速 /（km/h）	百公里能耗 /（kW·h/100km）	能量节约率（%）		
				最大	最小	平均
A 车	开启	16.1	44.5	15.7	1	7
	关闭	15.2	47.8			
B 车	开启	47.5	68.7	13	1.9	5.9
	关闭	45.3	73.1			

从表中可以看出，样车 A 在实验中的节能效果要明显优于样车 B 的实验结果。除了两车本身的整车控制策略及驾驶员的操作差异性外，两车实验时选的工况也是造成这种差别的主要因素之一。样车 B 在城市一般道路上进行，且包含有一段城市快速路，平均车速可达到 46km/h；而样车 A 在城区公交车沿线的拥堵道路上进行实验，车流量大，交通工况较复杂，平均车速为 15.7km/h。

城市拥堵路况下的实验节能效果优于一般路况下的实验节能效果，这也是由 IEC 的节能控制策略决定的。一方面，在城市拥堵路况下，自车与前车的相对距离较近，IEC 启动更加频繁，从而获得较好的节能效果；另一方面，在城市拥堵路况下，交通工况的时变性更明显，且车辆频繁起停，驾驶员每次的操作差异性较大，启动 IEC 后，IEC 根据实际工况优化电机转矩，在一定程度上矫正了驾驶员的激进操作，从而获得较好的节能效果。表中两个样车的实验结果，进一步验证了所提节能控制策略的有效性。

参 考 文 献

[1] VAN KEULEN T, DE JAGER B, FOSTER D, et al. Velocity trajectory optimization in Hybrid Electric trucks[C]//IEEE. American Control Conference 2010: 5074-5079.[S.l.]: IEEE, 2010.

[2] 解来卿，张东好，罗禹贡，等. 雷达共用型智能混合动力汽车节能控制策略 [J]. 清华大学学报（自然科学版），2018, 58（3）：286-291.

[3] LI S E, LI K Q, WANG J Q. Economy-oriented vehicle adaptive cruise control with coordinating multiple objectives function [J]. Vehicle System Dynamics, 2013, 51（1）：1-17.

[4] LUO Y, CHEN T, LI K. Multi-objective decoupling algorithm for active distance control of intelligent hybrid electric vehicle [J]. Mechanical Systems & Signal Processing, 2015, 64-65: 29-45.

[5] 党睿娜，李升波，王建强，等. 兼顾节能与安全的电动车 ACC 系统 [J]. 汽车工程，2012, 34（5）：379-384.

[6] XIE LQ, LUO YG, ZHANG DH, et al. Energy-saving control strategy of intelligent electric vehicle based on preceding vehicle movement[J]. Mechanical Systems and Signal Processing, 2019, 9（130）：484-501.

第 7 章 基于控制协同的智能混合动力汽车 ACC 实现

在建立 i-EFV 新概念车辆结构与关键技术体系的基础上,本章以智能混合动力车辆 i-HEV ACC 为典型应用,基于 i-HEV ACC 多性能目标与驱动/制动系统多模式协同控制的要求,设计综合实现了安全、经济与舒适的 i-HEV ACC 控制系统总体结构。

7.1 i-HEV ACC 的控制系统结构

现有混合动力系统能量优化分配研究显示,同时优化车辆行驶速度与系统能量分配,可进一步提高整车燃油经济性,所设计的 i-HEV ACC 在局部范围内可实现跟踪前车过程中速度优化控制,在协调纵向行驶安全性与舒适性的同时,具有进一步提高整车燃油经济性的潜力。然而,相比常规 ACC,i-HEV ACC 集成了发动机、电机与电池等机电耦合系统,在整车控制目标、被控对象结构以及系统燃油经济特性等方面更加复杂,其系统设计主要面临以下几方面的难点问题:

1)多目标协调优化。i-HEV ACC 要求综合纵向行驶安全性、混合动力系统燃油经济性与纵向行驶舒适性等车辆性能,进行多目标的协同优化。而 i-HEV ACC 系统运行过程中,纵向行驶安全性、燃油经济性与纵向行驶舒适性等性能相互耦合,且存在一定的矛盾和冲突。在前车频繁加减速的情况下,若自车跟随前车频繁加减速以实现精确跟踪,必然使得发动机、电机转矩变化增大,增加系统燃油消耗,纵向行驶安全性提高的同时降低了整车燃油经济性;同时,快速跟踪需求所带来的过大的车辆加速度与减速度,也会增加驾驶顿挫感,降低行驶舒适性;而过于追求燃油经济性,一味减小发动机、电机转矩,会使得跟踪车速与车距误差增大,跟随效果变差,甚至导致前车切入、驾驶员干预等情况,将降低整车跟踪安全性。

2)多系统离散性与非线性。i-HEV ACC 中,发动机、电机、液压制动及 AMT 存在系统工作多模式离散切换的特点,各子系统燃油效率特性具有较强非线性,且驱动/制动系统各部件动态响应特性差异较大。要求综合考虑上述系统离散性、非线性以及系统动态特性,进行 i-HEV ACC 控制系统的设计。

3)多能源经济性相互耦合。一方面,燃油与电能相互耦合,混合动力系统经济性不能单纯通过发动机瞬时油耗衡量,需要综合考虑电能的消耗;另一方面,系统经济性与车辆未来行驶工况耦合,由于消耗的电能主要通过发动机充电进行补偿,因此混合动力系统的经济性不仅与当前系统各部件工作状态有关，还与发动机、电机电池组未来充放电工作状态有关。

综合 i-HEV ACC 多目标协调优化、多系统离散性与非线性以及多能源经济性相互耦合等系统设计的问题，基于分层控制的思想，设计了 i-HEV ACC 控制系统框架，如图 7.1 所示。

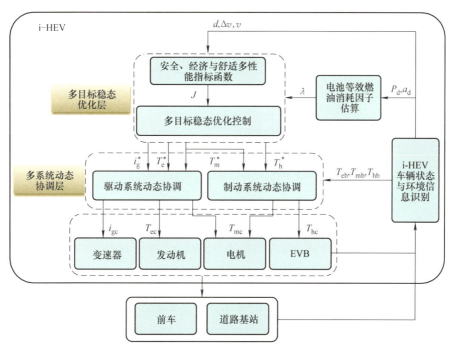

图 7.1 i-HEV ACC 控制系统框架

从图 7.1 可以看出，综合协调安全、经济与舒适多性能目标的 i-HEV ACC 优化控制问题，被解耦为多目标稳态优化与多系统动态协调等子问题分层处理。其中，多目标稳态优化层基于各子系统稳态特性，主要解决纵向行驶安全性、混合动力系统燃油经济性以及纵向行驶舒适性协调优化的问题；多系统动态协调层考虑各子系统动态响应特性差异，主要解决发动机、电机与 EVB 液压制动系统模式切换及联合工作过程中各系统动态协调控制的问题。此外，由于燃油与电能等能源系统效率特性相互耦合，需要基于 i-HEV 对于交通环境的识别信息，进行电池等效燃油消耗因子的估算，解决燃油与电能经济性指标折算的问题。以下将分别进行阐述。

（1）多目标稳态优化

该层忽略发动机、电机、液压制动以及 AMT 等系统的动态响应特性，仅考虑各部件稳态效率特性，计算 i-HEV ACC 跟车过程中各部件的稳态优化控制指令。

为实现系统纵向行驶安全性、燃油经济性与纵向行驶舒适性的协同优化，基于 i-HEV-ACC 系统燃油效率与动力传递的离散性与非线性特性，应用非线性模型预测理论（Nonlinear Model Predictive Control, NMPC），设计 i-HEV-ACC 稳态优化控制算法，控制系统结构如图 7.2 所示。

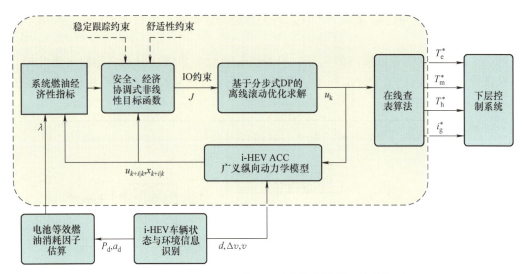

图 7.2 基于 NMPC 的多目标稳态优化控制系统结构图

如图 7.2 所示，为简化 i-HEV ACC 非线性模型预测优化控制求解难度，将车辆纵向加速度限制作为舒适性的指标[1]，并设计为多目标稳态优化控制的约束，通过限制对应的整车驱动力和制动力满足驾驶员对纵向行驶舒适性的要求，而 i-HEV ACC 重点针对纵向行驶安全性和燃油经济性进行协调优化控制。

i-HEV ACC 系统控制量包含发动机转矩 T_e、电机转矩 T_m、液压制动转矩 T_h 以及 AMT 档位 i_g。基于 i-HEV 车辆与环境信息识别系统获取的车间距离、相对速度以及车速等状态信息，应用所建立的 i-HEV ACC 广义纵向动力学模型对未来车辆状态进行预测；基于估算的电池等效燃油消耗因子 λ 以及车辆预测控制量 $u_{k+i|k}$，计算综合燃油与电能的混合动力系统燃油经济性指标，在考虑舒适性约束以及稳定跟踪约束的条件下，进一步制定预测域内跟踪安全性指标，与 i-HEV 系统燃油经济性指标协调、带约束的非线性优化目标函数；为实现该非线性模型预测优化问题的实时求解及控制，基于分步式动态规划（Dynamic Programming，DP）方法进行离线的优化求解，在线通过查表的方式获取 i-HEV ACC 各部件的最优控制律。

基于 NMPC 的 i-HEV ACC 多目标稳态优化控制，有效解决了安全、经济以及舒适等多性能目标耦合与冲突下的协同优化控制问题。如图 7.3 所示，假设前车匀速，i-HEV ACC 控制过程是从初始的跟踪误差开始，逐渐过渡到稳定跟踪的过程，而这个过程提供了车辆纵向行驶安全性、燃油经济性与纵向行驶舒适性协调优化的空间。i-HEV ACC 的每一个从不平衡到平衡的跟踪过程，是一个局部协调优化的过程，应用非线性模型预测控制理论，实现了上述局部协调优化的过程。i-HEV ACC 跟随前车运动的控制过程被描述为：在一段时间内，综合控制发动机、电机、电池组、AMT 以及液压制动各系统部件，使得自车按照驾驶员

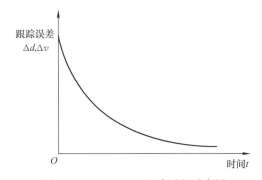

图 7.3 i-HEV ACC 跟踪过程示意图

期望的车间距离与速度运动,满足纵向行驶舒适性,同时保持跟踪过程优化的燃油经济性。

(2)多系统动态协调

i-HEV 驱动、制动过程包含不同的工作模式,如发动机单独驱动、电机单独驱动、发动机与电机联合驱动、电机能量回收及电机与液压联合制动等,要求对各部件进行协调控制,以实现车辆模式切换过程中动力输出的连续性。另一方面,发动机、液压制动具有响应速度较慢与精确控制难的缺点,而电机具有响应速度快、控制精度高以及转矩可测量等优点,从提高系统综合控制性能的角度,要求协调控制发动机、液压制动以及电机各部件,实现系统快速和精确的动力响应。

基于发动机、液压制动以及电机动态响应与控制精度特性,本书作者设计了开环与闭环结合的驱动、制动系统动态协调控制算法。其中发动机、液压制动基于规范模型 $G_E(s)$、$G_h(s)$ 进行开环控制,以降低整车对于发动机、液压制动响应实时性与准确性的要求,电机采用前馈加反馈的二自由度模型匹配控制器进行闭环调节,满足准确快速响应整车驱动/制动力的要求,提高前车大加速、大减速等情况下的纵向行驶安全性。驱动、制动系统动态协调控制基本结构如图 7.4、图 7.5 所示。

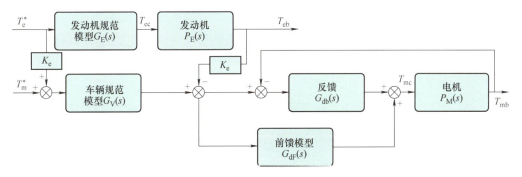

图 7.4 驱动系统动态协调控制基本结构

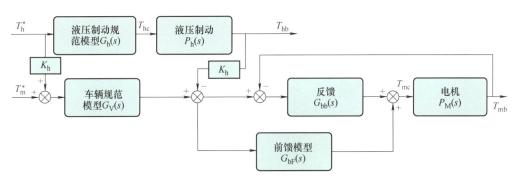

图 7.5 制动系统动态协调控制基本结构

图 7.4 所示为 i-HEV ACC 驱动系统动态协调控制结构,主要解决发动机和电机模式切换及联合工作过程中发动机、电机的协调控制问题。由于发动机响应速度较慢,而电机响应速度较快,从系统安全性及快速响应性的角度,利用电机可以实时补偿发动机较慢响应导致的转矩误差,实现整车期望驱动功率的快速跟踪。由于所设计的 i-HEV 车辆的 AMT 及其换档过程控制由某企业自行完成,故本书主要进行了发动机与电机驱动模式切换,以

及联合工作过程的动态协调控制算法的研究，以满足车辆驱动过程中动力连续、快速跟踪期望驱动转矩的要求。

图 7.5 所示为 i-HEV ACC 制动系统动态协调控制结构。制动过程中，安全性是唯一考虑的目标，由于液压制动响应速度较慢，电机响应快，对于由电机与液压制动组成的制动系统，其动态协调控制主要通过协调电机制动能量回收转矩与液压制动转矩，解决液压制动响应速度慢的问题，满足车辆快速制动的需求。

（3）电池等效燃油消耗因子估算

为建立量化的 i-HEV ACC 系统燃油经济性指标，要求综合考虑发动机燃油消耗与电能消耗，采用电池等效燃油消耗折算的方法，依靠估算的电池等效燃油消耗因子，将电能折算为燃油消耗。由于 i-HEV 集成 GPS/GIS 与车-路无线通信等无线通信系统，可以获取车辆当前所处的交通工况特征信息，由此我们假设已获取车辆的行驶工况信息，基于简化的发动机燃油消耗模型与电机、电池效率模型，建立 i-HEV 全局能量优化分配问题，基于无约束最优化理论，求解该最优能量分配问题，估算出 i-HEV ACC 电池等效燃油消耗因子 λ。

7.2　i-HEV ACC 的技术难点与重点

基于 i-HEV ACC 多目标协调优化、多系统离散性与非线性以及多能源经济性相互耦合的特点，从信息识别、性能指标定义与执行系统对象等方面总结 i-HEV ACC 控制系统所涉及的技术难点与重点，如图 7.6 所示。

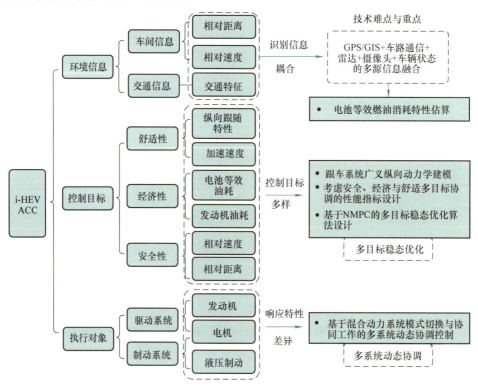

图 7.6　i-HEV ACC 控制系统关键技术形成示意图

从图 7.6 可以看出，i-HEV ACC 具有识别信息耦合、控制目标多样以及系统响应特性差异等特点。对于 i-HEV ACC 系统，采集的环境信息包含车间相对速度、车间距离以及当前交通工况特征，实现的目标是车辆跟踪过程中综合的纵向安全、经济与舒适性能，系统执行动力部件主要包含发动机、电机以及液压制动。i-HEV ACC 控制系统设计的关键技术包含：基于 GPS/GIS/车路通信/雷达/摄像头/车辆状态的多源信息融合；综合安全、经济与舒适的多目标协调优化；基于动力系统模式切换与响应特性的机电耦合系统动态协调控制。

本章聚焦于 i-HEV ACC 多目标与多系统协同控制算法的设计，以及相关的特性参数估计，主要涉及以下 5 项关键的技术难点与重点：i-HEV ACC 广义纵向动力学系统建模；考虑安全、经济与舒适多目标协调的 i-HEV ACC 性能指标设计；基于非线性模型预测理论的 i-HEV ACC 多目标稳态优化控制算法设计；基于混合动力系统模式切换的多系统动态协调控制算法设计；基于工况特征的电池等效燃油消耗特性估算。其中第 1、2、5 项是第 3 项多目标稳态优化控制器设计的基础，分别涉及控制系统建模、控制目标设计以及混合动力系统效率特性参数辨识等问题，而第 4 项是第 3 项上层多目标稳态优化的下层控制器，结合实际部件响应特性和切换模式，进行底层驱动/制动系统的协调控制。

（1）i-HEV ACC 广义纵向动力学建模

i-HEV 车辆集成具有非线性效率特性的发动机、驱动/制动电机以及具有离散特性的 AMT 等关键系统部件，系统驱动/制动过程中存在多个动力部件切换以及协同工作等问题，同时其车辆动力学系统与车间动力学系统相互耦合。如何综合考虑 i-HEV ACC 系统非线性与离散特性，权衡系统描述准确性与简洁性，建立 i-HEV ACC 跟车系统的广义纵向动力学模型，为控制系统的优化设计打下基础，是本项研究的重点与难点之一。

（2）考虑安全、经济与舒适多目标协调的 i-HEV ACC 性能指标设计

符合驾驶员预期的 ACC 性能指标，除考虑纵向跟踪安全性、燃油经济性与纵向行驶舒适性等显性指标外，还需要从控制系统设计的角度，通过约束的合理设计以保证跟踪过程的稳定性；为满足驾驶员完成特定行驶距离的期望纵向行驶特性，要求基于车辆行驶距离空间域，综合考虑发动机燃油消耗与电池电能消耗，建立合理的经济性、安全性与舒适性评价指标。因此，综合考虑安全、经济与舒适多性能，设计多目标协调式 i-HEV ACC 优化控制目标函数将是本研究的另一重点与难点。

（3）基于非线性模型预测理论的 i-HEV ACC 多目标稳态优化控制算法设计

i-HEV ACC 控制系统模型具有非线性与离散特性，要实现准确的系统优化控制，要求基于非线性模型预测理论设计相应的控制算法。另一方面，非线性模型预测控制带来的优化求解计算量大，难以实现系统的在线控制，目前还没有针对非线性模型预测在线滚动优化的成熟方案。因此，如何基于 i-HEV ACC 控制系统模型非线性与离散特性，推导对应的非线性模型预测问题，同时进行有效的优化求解，实现在线的控制，亦是研究重点和难点之一。

（4）基于混合动力系统模式切换与协同工作的多系统动态协调控制算法设计

混合动力驱动/制动系统中，发动机与液压制动系统响应速度慢、控制精度低，电机响应速度快、控制精度高；系统驱动/制动过程中，存在发动机与电机驱动、液压制动与电机制动模式切换与联合工作的过程。如何综合考虑发动机、电机与液压制动系统响应特

性，实现多系统模式切换以及联合工作过程中整车动力平滑过渡与快速响应，是我们研究的重点之一。

（5）电池等效燃油消耗特性估算

混合动力系统电池等效燃油消耗特性是进行系统能量优化分配的重要基础。由于混合动力系统对象复杂，具有较强的非线性，且其特性的估算与当前系统所处的工况以及采用的能量分配控制策略关系密切，如何对 i-HEV 混合动力系统进行合理简化，估算出电池等效燃油消耗特性也将是本研究工作的重点之一。

7.3　智能混合动力汽车 ACC 系统关键技术

7.3.1　多目标稳态优化

基于 i-HEV ACC 系统稳态特性，本节首先建立 i-HEV ACC 跟车系统的广义纵向动力学模型，考虑系统多能源特性与控制系统稳定性的要求，设计综合安全性、经济性与舒适性的量化目标函数及控制系统约束。在此基础上，基于非线性模型预测理论，进行 i-HEV ACC 多目标稳态优化问题的推导，而后针对该非线性模型预测问题实时优化的问题，设计离线滚动优化求解与在线查表结合的实时控制律计算方法。

7.3.1.1　i-HEV ACC 广义纵向动力学建模

针对 i-HEV 混合动力系统复杂结构，基于原 HEV 系统能量分配控制的实车调试经验，对其动力系统结构进行简化，建立 i-HEV ACC 广义纵向动力学模型总体结构；随后，考虑 i-HEV ACC 驱动/制动系统多模式离散切换、AMT 换档离散以及动力学系统风阻二次非线性等系统特性，建立具有混杂特性的 i-HEV 车辆纵向动力学模型；进一步集成 i-HEV 车辆动力学与车间运动学系统，建立 i-HEV ACC 广义纵向动力学模型。

（1）i-HEV ACC 广义纵向动力学模型总体结构

本章所涉及的 i-HEV 动力系统为一混联型混合动力结构，如图 7.7 所示。其驱动系统包含发动机、BSG 发电机与 PM 驱动电机，制动系统包含 PM 电机制动以及 EVB 液压制动。从图 7.7 中可以看出，该混合动力系统结构包含两个电机，其中发电机的作用为给电池充电或者快速起动发动机，驱动电机的作用为驱动或者进行制动能量回收。该混合动力系统工作模式包含：发动机单独驱动、纯电动、发动机驱动同时发电、BSG 电机发电同时 PM 电机驱动、发动机与 PM 电机联合驱动、PM 电机制动能量回收以及 PM 电机与 EVB 液压联合制动等。

进一步着眼于系统稳态特性下安全性、经济性与舒适性的多目标协调优化，忽略各部件动态响应特性，可以建立 i-HEV ACC 广义纵向车辆动力学系统模型，总体结构如图 7.8 所示。图 7.8 中，T_e 为发动机期望转矩，T_m 为集成 BSG 发电机与 PM 驱动电机的等效电机（Equivalent Motor, EM）期望转矩，T_h 为 EVB 液压制动期望转矩，i_g 为 AMT 传动比，F_w 为车辆空气阻力，F_f 为滚动阻力，F_i 为坡度阻力，v 为自车车速，a_f 为自车加速度，a_p 为前车加速度，d_{des} 为驾驶员期望安全车距，Δd 为距离误差，Δv 为相对速度。

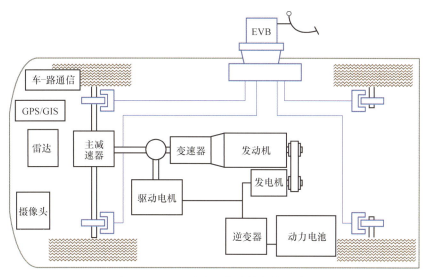

图 7.7　i-HEV 动力系统总体结构示意图

从图 7.8 可以看出，i-HEV 动力及其传递系统主要包含发动机、电机、液压制动以及传动系统，自车与前车相对运动关系通过自车速度、加速度以及相对距离共同表达。系统输入为发动机、电机以及液压制动期望控制转矩以及 AMT 传动比，各部件转矩通过传动系作用于轮胎，产生相应的自车加速度；另一方面，自车加速度影响自车速度以及自车与前车的相对速度和距离。可以发现，i-HEV ACC 广义纵向动力学模型，可以解耦为 i-HEV 车辆纵向动力学模型与自车-前车车间运动学模型，而车辆纵向动力学与车间运动学通过自车与前车的速度和加速度相互耦合。

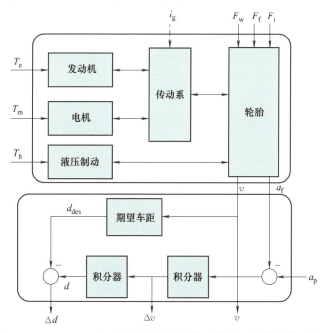

图 7.8　i-HEV ACC 广义纵向车辆动力学系统模型总体结构示意图

以下对 i-HEV ACC 等效电机 EM 与发电机 BSG 与驱动电机 PM 折算关系进行分析。

图 7.7 中，发动机与 BSG 发电机转速比为 $i_{\text{e\_BSG}} = 0.625$，BSG 发电机额定转矩为 $T_{\text{BSGRate}} = 20\text{N}\cdot\text{m}$，其对应的发动机端额定发电转矩为 $T_{\text{BSGRate}}/i_{\text{e\_BSG}} = 32\text{N}\cdot\text{m}$，此时发动机处于较差的工作点，不符合优化发动机工作区间的混合动力能量分配的基本原则。因此，从简化 i-HEV ACC 系统综合控制及其能量优化分配策略的角度，i-HEV 动力系统驱动模式划分中不考虑串联的驱动形式，即不考虑发动机发电、驱动电机单独驱动的模式。这一基本处理方法，和已应用于实车的基于规则的该结构混合动力汽车能量分配策略一致，不影响对于 i-HEV ACC 的综合控制及其混合动力系统的能量优化分配。基于以上分析，发电机 BSG 与驱动电机 PM 在稳态的能量优化分配中，不会同时参与工作，设计结合驱动电机与发电机功能的等效电机 EM。等效电机 EM 与驱动电机 PM 具有相同的输出传动比，与发电机转矩 T_{BSG} 通过系数 K 折算，见式（7-1）。

$$i_{\text{m}} = i_{\text{PM\_AMT}}, \quad K = \frac{i_{\text{PM\_AMT}} i_{\text{e\_BSG}}}{i_{\text{g}}} \quad (7\text{-}1)$$

$$T_{\text{BSG}} = T_{\text{m}} K, \quad T_{\text{PM}} = T_{\text{m}}$$

式中，i_{m} 为等效电机 EM 与变速器输出轴的转速比；$i_{\text{PM\_AMT}}$ 为驱动电机与变速器输出轴转速比；T_{PM} 为驱动电机转矩。

（2）i-HEV 车辆纵向动力学建模

i-HEV ACC 主要实现的功能为纵向车辆跟踪，其工作条件一般为良好路面下车辆的较小加减速运动，不涉及车辆稳定性问题。针对 i-HEV ACC 上层多目标稳态优化的控制系统建模需求，应兼顾模型的准确性与精简性，对 i-HEV 车辆纵向动力学系统进行如下简化：

1）考虑汽车纵向运动，忽略横向和垂向运动对纵向动力学特性的影响。

2）针对良好路面和常规驾驶条件，忽略轮胎的滑动、滑转以及传动轴的变形。

3）汽车左右完全对称，忽略前后轴荷转移，采用单轮模型描述车身纵向运动特性。

4）驱动系统中，发动机、电机仅考虑稳态特性，假设发动机、电机期望转矩能够瞬间实现。

5）传动系中，假定传动系的机械功率损耗固定不变，AMT 的换档没有时间延迟，能够瞬间完成。

6）制动系统中，简化制动压力到制动转矩的关系为固定制动增益，且制动转矩实现没有时间延迟。

可以发现，基于以上系统建模基本假设，i-HEV 车辆纵向动力学系统具有以下特点：AMT 包含 5 个离散变化的档位；集成发动机、电机以及液压制动的混合动力系统工作模式存在发动机单独驱动、发动机驱动同时发电、纯电动、发动机与驱动电机联合驱动、电机制动能量回收以及电机与液压联合制动等多模式工作过程；车辆纵向动力学存在空气阻力非线性环节。i-HEV 纵向车辆动力学系统为一典型的混杂非线性系统，其动力学行为呈现非线性以及离散变化的特性。

基于 i-HEV ACC 多能源系统工作模式切换特性，以及车辆纵向行驶过程中的驱动/制动力平衡关系，得到 i-HEV 车辆纵向动力学模型，见式（7-2）。

$$a_{\mathrm{f}} = \frac{\mathrm{d}v}{\mathrm{d}t} = \frac{K_{\mathrm{eh}j}T_{\mathrm{eh}} + K_{\mathrm{m}j}T_{\mathrm{m}} - mgf_{\mathrm{r}}\cos\alpha - \dfrac{C_D A\rho}{2}v^2 - mg\sin\alpha}{\delta m} \quad (7\text{-}2)$$

式中，C_D 为空气阻力系数；A 为等效迎风面积；ρ 为空气密度；m 为整车质量；δ 为汽车旋转质量换算系数；g 为重力加速度；f_r 为滚动阻力系数；α 为道路坡度；T_{eh} 为集成发动机转矩与液压制动转矩的等效常规动力转矩，i-HEV 系统驱动时为发动机转矩 T_e，系统制动时为液压制动转矩 T_h；j 为 i-HEV 系统驱/制动工作模式，由 i-HEV 所处的驱动、制动模式以及发动机、电机与 AMT 传动比共同决定，$j = 1, 2, \cdots, 7$；$K_{\mathrm{eh}j}$、$K_{\mathrm{m}j}$ 分别为模式 j 时的等效常规动力转矩、等效电机转矩系数。

i-HEV ACC 控制变量 $\boldsymbol{u} = [T_{\mathrm{eh}}, T_{\mathrm{m}}, i_{\mathrm{g}}]^{\mathrm{T}}$，根据 i-HEV 系统模式划分及驱动/制动状态，对系统控制量 $\boldsymbol{u}$ 的有效控制集合进行划分，见表 7.1。

表 7.1　i-HEV 系统工作模式及对应有效控制量的集合

编号	i-HEV 工作模式	有效控制量集合
1	发动机单独驱动	$0 < T_{\mathrm{eh}} \leqslant T_{\mathrm{ehmax}}$，$T_{\mathrm{m}} = 0$，$i_{\mathrm{g}} \in \boldsymbol{I}_{\mathrm{g}}$
2	发动机驱动并发电	$0 < T_{\mathrm{eh}} \leqslant T_{\mathrm{ehmax}}$，$T_{\mathrm{mgmin}} \leqslant T_{\mathrm{m}} < 0$，$i_{\mathrm{g}} \in \boldsymbol{I}_{\mathrm{g}}$
3	发动机与电机联合驱动	$0 < T_{\mathrm{eh}} \leqslant T_{\mathrm{ehmax}}$，$0 < T_{\mathrm{m}} \leqslant T_{\mathrm{mdmax}}$，$i_{\mathrm{g}} \in \boldsymbol{I}_{\mathrm{g}}$
4	纯电动	$T_{\mathrm{eh}} = 0$，$0 < T_{\mathrm{m}} \leqslant T_{\mathrm{mmax}}$，$i_{\mathrm{g}} = 0$
5	电机制动能量回收	$T_{\mathrm{eh}} = 0$，$T_{\mathrm{mbmin}} \leqslant T_{\mathrm{m}} < 0$，$i_{\mathrm{g}} = 0$
6	电机与液压联合制动	$T_{\mathrm{ehmin}} \leqslant T_{\mathrm{eh}} < 0$，$T_{\mathrm{mbmin}} \leqslant T_{\mathrm{m}} < 0$，$i_{\mathrm{g}} = 0$

表 7.1 中，T_{ehmin}、T_{ehmax} 分别对应液压制动转矩的最大值（为负）与发动机最大驱动转矩；T_{mbmin}、T_{mgmin}、T_{mdmax} 分别为等效电机能提供的最大制动能量回收转矩（为负）、最大发电转矩（为负）以及最大驱动转矩；$\boldsymbol{I}_{\mathrm{g}}$ 为 5 档 AMT 的传动比集合。

以表 7.1 为基础，计算 i-HEV 系统驱动/制动工作模式 j，见式（7-3）。

$$\begin{aligned}
&\boldsymbol{\Omega} = \bigcup_{j=1}^{7} \boldsymbol{C}^{j} \\
&\boldsymbol{C}^{1} = \{\boldsymbol{u} = [T_{\mathrm{eh}}, T_{\mathrm{m}}, i_{\mathrm{g}}]^{\mathrm{T}} \mid T_{\mathrm{ehmin}} \leqslant T_{\mathrm{eh}} \leqslant 0, T_{\mathrm{mbmin}} \leqslant T_{\mathrm{m}} \leqslant 0\} \\
&\boldsymbol{C}^{2} = \{\boldsymbol{u} = [T_{\mathrm{eh}}, T_{\mathrm{m}}, i_{\mathrm{g}}]^{\mathrm{T}} \mid T_{\mathrm{eh}} = 0, 0 < T_{\mathrm{m}} \leqslant T_{\mathrm{PMmax}}\} \\
&\boldsymbol{C}^{(i+2)} = \{\boldsymbol{u} = [T_{\mathrm{eh}}, T_{\mathrm{m}}, i_{\mathrm{g}}]^{\mathrm{T}} \mid 0 < T_{\mathrm{eh}} \leqslant T_{\mathrm{ehmax}}, T_{\mathrm{BSGmin}} \leqslant T_{\mathrm{m}} \leqslant T_{\mathrm{PMmax}}, i_{\mathrm{g}} = \boldsymbol{I}_{\mathrm{g}}(i)\} \\
&i = 1, 2, \cdots, 5
\end{aligned} \quad (7\text{-}3)$$

式中，$\boldsymbol{\Omega}$ 为基于表 7.1 的 i-HEV ACC 系统的有效控制量集合；$\boldsymbol{C}^{j}$ 为 i-HEV 系统驱/制动工作模式 j 对应的控制量集合，分别对应 i-HEV 系统制动、纯电动、一档驱动、二档驱动、三档驱动、四档驱动和五档驱动等 7 种工作模式。

进一步给出 j 的计算公式如下：

$$j = k \quad \text{如果} \ \boldsymbol{u} \in \boldsymbol{C}^k, \quad k = 1, 2, \cdots, 7 \tag{7-4}$$

各 i-HEV 系统驱/制动工作模式 j 下对应的系数 K_{ehj}、K_{mj}，以及发动机转矩指令 T_e、EVB 液压制动转矩 T_h 可以表示为：

$$\begin{aligned} &T_e = 0, T_h = T_{eh}, K_{eh1} = \frac{1}{R_w}, K_{m1} = \frac{i_m i_0}{R_w \eta_m \eta_0}, \quad j = 1 \\ &T_e = 0, T_h = 0, K_{eh2} = 0, K_{m2} = \frac{i_m i_0 \eta_m \eta_0}{R_w}, \quad j = 2 \\ &T_e = T_{eh}, T_h = 0, K_{ehk} = \frac{\boldsymbol{I}_g(k-2) i_0 \eta_g \eta_0}{R_w}, K_{m1} = \frac{i_m i_0 \eta_m \eta_0}{R_w}, \quad j = k, k = 3, 4, \cdots, 7 \end{aligned} \tag{7-5}$$

式中，i_0 为主减速器速比；η_m、η_g、η_0 为等效电机、变速器、主减速器平均机械传动效率，并假设驱动和制动过程中各部件机械效率保持不变；R_w 为车轮半径。

结合式（7-2）、式（7-5）可以看出，自车加速度 a_f 由发动机转矩、液压制动转矩以及电机转矩共同决定，与车辆速度呈二次非线性关系，且随 AMT 当前所处档位、车辆驱动/制动模式以及混合动力系统工作模式而离散变化，具有较为典型的系统非线性与混杂性的特征。

（3）i-HEV ACC 跟车系统广义纵向动力学模型集成

i-HEV ACC 跟车系统广义纵向动力学模型，耦合了车辆动力学与车间运动学关系，车辆动力学与车间运动学主要通过车辆的速度与加速度相互关联。在建立 i-HEV 车辆纵向动力学模型的基础上，以下集成 i-HEV 车辆纵向动力学与车间运动学，建立统一的 i-HEV ACC 跟车系统广义纵向动力学模型。

由车间运动学关系，距离误差 Δd 为车辆相对距离与驾驶员期望安全距离之差，相对速度 Δv 为前车速度与自车速度之差，见式（7-6）：

$$\begin{aligned} \Delta d &= d - d_{des} \\ \Delta v &= v_p - v \end{aligned} \tag{7-6}$$

式中，v_p 为前车速度；d 为雷达所测的实际距离；d_{des} 为驾驶员期望安全距离。

采用线性期望车距模型[12]，见式（7-7）。

$$d_{des} = d_0 + \tau_h v \tag{7-7}$$

式中，τ_h 为安全时距；d_0 为固定最小距离。

取系统状态 $x = [\Delta d, \Delta v, v]^T$，忽略道路坡度 α 对车辆运动的影响，即令 $\alpha = 0$，得到 i-HEV ACC 跟车系统广义纵向动力学模型见式（7-8）：

$$\frac{\mathrm{d}(\Delta d)}{\mathrm{d}t} = \Delta v - \tau_\mathrm{h} \frac{\mathrm{d}v}{\mathrm{d}t}$$

$$\frac{\mathrm{d}(\Delta v)}{\mathrm{d}t} = a_\mathrm{p} - \frac{\mathrm{d}v}{\mathrm{d}t} \qquad (7\text{-}8)$$

$$\frac{\mathrm{d}v}{\mathrm{d}t} = \frac{K_{\mathrm{eh}j}T_{\mathrm{eh}} + K_{\mathrm{m}j}T_\mathrm{m} - mgf_\mathrm{r} - \dfrac{C_D A \rho}{2}v^2}{\delta m}$$

式中，j 为 i-HEV 系统驱动/制动工作模式；a_p 为前车加速度。

从式（7-8）可以看出，车间相对运动状态 Δd、Δv 通过自车加速度 a_f 与系统控制量 $\boldsymbol{u}$ 进行关联。距离误差的变化率 Δd 与相对速度 Δv 以及自车加速度 a_f 相关，而相对速度的变化率 Δv 除与自车加速度 a_f 相关之外，还与前车加速度 a_p 相关，将前车加速度视为 i-HEV ACC 跟踪过程中的干扰，在控制器设计过程中，令前车加速度 a_p 为 0。实际上，车辆跟踪过程中，在假设前车匀速下进行跟踪控制，可减小跟踪波动，避免自车跟随前车频繁加减速的情形。尽管这在一定程度上降低了系统的跟踪性能，但利用跟踪过程缓加减速，降低车辆驱动/制动能量损耗，可额外提高燃油经济性[11]，而车辆的跟踪性能可通过实时的距离误差和相对速度的反馈控制进行补偿。

i-HEV 系统驱/制动工作模式为 j 时，记式（7-8）为：

$$\frac{\mathrm{d}\boldsymbol{x}}{\mathrm{d}t} = \boldsymbol{p}^j(\boldsymbol{x},\boldsymbol{u}) \qquad (7\text{-}9)$$

在时间域下，i-HEV ACC 跟车系统广义纵向动力学模型可描述为：

$$\frac{\mathrm{d}\boldsymbol{x}}{\mathrm{d}t} = \boldsymbol{p}^j(\boldsymbol{x},\boldsymbol{u}), \ \boldsymbol{u} \in \boldsymbol{C}^j \qquad (7\text{-}10)$$

从式（7-8）及式（7-10）可以看出，i-HEV ACC 广义纵向动力学模型由相对距离误差与相对速度的车间运动学关系，以及 i-HEV 车辆纵向动力学特性共同组成，而车间运动学与车辆纵向动力学关系通过车辆加速度关联。这样建立的系统模型具有多输入、多输出、非线性与混杂性的特点，系统输入包含相对距离误差、相对速度以及自车速度等 3 个变量，系统控制量包含发动机、电机、液压制动以及 AMT 传动比等，系统非线性体现在车辆加速度与车速的平方成正比，而混杂性则表现为 AMT 与驱动/制动各系统模式的离散变化。由于所建立的 i-HEV ACC 广义纵向动力学系统具有的以上特性，使得后续设计综合安全、经济与舒适多目标优化的 i-HEV ACC 实时控制算法更为困难。

由于 i-HEV ACC 要求综合安全性、经济性与舒适性进行多目标协调优化控制。从 i-HEV ACC 系统功能的角度，符合驾驶员期望特性的行驶目标是完成一定距离的行驶条件下，系统跟踪安全性、燃油经济性与行驶舒适性的协调优化控制。而式（7-10）所表示的 i-HEV ACC 广义纵向动力学模型是在时间域下定义的，为了更为准确地衡量 i-HEV ACC 跟踪过程中的燃油经济性，需要对式（7-10）进行变换，将其转化为距离空间域下数学描述。由式（7-10）所表示的时间域下的系统状态方程，可以进一步得到车辆行驶距离空间域下系统状态方程，表示为：

$$\frac{\mathrm{d}\boldsymbol{x}}{\mathrm{d}s} = \frac{\mathrm{d}\boldsymbol{x}}{\mathrm{d}t} \cdot \frac{\mathrm{d}t}{\mathrm{d}s} = \frac{\boldsymbol{p}^j(\boldsymbol{x},\boldsymbol{u})}{v}, \quad \boldsymbol{u} \in \boldsymbol{C}^j \quad (7\text{-}11)$$

为适用于模型预测控制系统的设计，进一步建立离散化的 i-HEV ACC 广义纵向动力学模型。设单位距离步长为常数 h，且假设控制量 u 在步长内保持不变，有

$$\boldsymbol{x}_k = \boldsymbol{x}(kh), \ \boldsymbol{u}_k = \boldsymbol{u}(kh) \quad (7\text{-}12)$$

采用欧拉法进行系统的离散化，则有

$$\begin{aligned}\boldsymbol{x}_{k+1} &= \boldsymbol{x}_k + h\frac{\mathrm{d}\boldsymbol{x}}{\mathrm{d}s}\bigg|_{x=x_k} \\ &= \boldsymbol{x}_k + \frac{h}{v(kh)}\boldsymbol{p}^j(\boldsymbol{x}_k,\boldsymbol{u}_k), v(kh) \neq 0\end{aligned} \quad (7\text{-}13)$$

如果 $\boldsymbol{u}_k \in \boldsymbol{C}^j$

记 $\boldsymbol{A} = [0,0,1]$，则有

$$\boldsymbol{x}_{k+1} = \boldsymbol{x}_k + \frac{h}{\boldsymbol{A}\boldsymbol{x}_k}\boldsymbol{p}^j(\boldsymbol{x}_k,\boldsymbol{u}_k), \boldsymbol{u}_k \in \boldsymbol{C}^j \quad (7\text{-}14)$$

将式（7-14）记为 $\boldsymbol{x}_{k+1} = \boldsymbol{f}(\boldsymbol{x}_k,\boldsymbol{u}_k)$。从式（7-14）可以看出，此处建立的 i-HEV ACC 广义纵向动力学模型所具有的混杂系统特性，主要来自于系统控制量的变化。不同的系统控制模式下，车辆系统动力学特性也有所不同，这从一个侧面表现出了集成混合动力系统的 i-HEV，由于其动力学控制涉及多能源系统工作模式切换与协同优化，使得整车的综合优化控制变得非常困难。

7.3.1.2 i-HEV ACC 安全、经济与舒适多性能目标设计

i-HEV ACC 跟车过程中，系统能以不同的驱动/制动功率、不同的 AMT 档位以及不同的发动机和电机能量分配策略运行。不同的驱动/制动功率表征了差异的安全性与舒适性，而不同的 AMT 档位、发动机和电机的能量分配，则表示了不同的混合动力系统控制策略，影响整车经济性。以上差异的跟踪过程实际提供了无穷多种 i-HEV ACC 跟踪的方式，以及在跟踪过程中协调优化安全性、舒适性与燃油经济性的潜在可能性。

在 i-HEV ACC 系统设计中，以驾驶员纵向行驶舒适性为约束，重点对系统安全性与经济性进行协调优化。采用各性能指标权重系数叠加的方法设计 i-HEV ACC 多性能目标函数，见式（7-15）。

$$\begin{aligned}g(\boldsymbol{x},\boldsymbol{u}) &= q\boldsymbol{L}_\mathrm{s}(\boldsymbol{x},\boldsymbol{u}) + r\boldsymbol{L}_\mathrm{m}(\boldsymbol{x},\boldsymbol{u}) \\ \text{Subj. to}&: \boldsymbol{u} \in \boldsymbol{\Omega}_\mathrm{c}\end{aligned} \quad (7\text{-}15)$$

式中，$g(\boldsymbol{x},\boldsymbol{u})$ 为协调安全性与经济性的 i-HEV ACC 多性能目标函数；q、r 分别为安全性指标 $\boldsymbol{L}_\mathrm{s}$ 和经济性指标 $\boldsymbol{L}_\mathrm{m}$ 的权重系数；$\boldsymbol{\Omega}_\mathrm{c}$ 为满足驾驶员舒适性要求的系统控制量约束集合。

从式（7-15）可以看出，通过设计不同的安全性与经济性的权重系数，可以调节系统跟踪性能与燃油经济性能的偏好，实现 i-HEV ACC 安全性与经济性的协调及优化。

以下将具体设计纵向行驶安全性、燃油经济性以及纵向行驶舒适性各性能目标。

（1）纵向行驶安全性

车辆纵向行驶安全性目标主要考虑车间距离与相对速度。一方面，自车与前车应该保持一定的安全距离，以满足车辆足够的制动反应时间和制动距离；另一方面，为尽量提高交通流量，从安全的角度减少前车切入与被超车的情况，自车与前车应尽量保持相同的速度行驶。参考文献 [2]，建立跟车系统安全性控制目标 L_s。

$$L_s(\boldsymbol{x},\boldsymbol{u}) = \omega_{\Delta d}\Delta d^2 + \omega_{\Delta v}\Delta v^2 \tag{7-16}$$

式中，$\omega_{\Delta d}$，$\omega_{\Delta v}$ 分别为相对距离误差 Δd 和相对速度 Δv 的权重系数。

根据式（7-16），安全性指标 L_s 采用 Δd 与 Δv 的 2 范数来表示，倾向于对较大跟踪误差的响应与控制，而对于较小的跟踪误差，系统则不反应或者以较小的加速/减速度进行控制，这在一定程度上降低了整车快速加速/减速的跟踪特性，有利于提高系统的燃油经济性。

（2）系统燃油经济性

由于 i-HEV ACC 系统运行过程中存在发动机单独驱动、纯电动、发动机驱动同时发电、发动机与电机联合驱动、电机制动能量回收，以及电机与 EVB 联合制动等多种工作模式，其能量的消耗包含燃油消耗与电能消耗，而电池所消耗的电能除部分来自于制动能量回收外，主要利用发电机发电，将内燃机产生的机械能转化为电能。因此，对于 i-HEV 系统燃油经济性的评价，应综合考虑发动机燃油消耗以及电池电能消耗对应的燃油消耗。

由于时间域下的燃油经济性指标并不能反映驾驶员期望的一段行驶距离内的燃油消耗特性，基于车辆行驶距离，建立行驶距离空间域下 i-HEV 的燃油经济性指标，见式（7-17）。

$$\begin{aligned} L_m(\boldsymbol{x},\boldsymbol{u}) &= \frac{\mathrm{d}m_{\mathrm{eh}}(\boldsymbol{x},\boldsymbol{u})}{\mathrm{d}s} + \frac{\mathrm{d}m_{\mathrm{b}}(\boldsymbol{x},\boldsymbol{u})}{\mathrm{d}s} \\ &= \frac{\mathrm{d}m_{\mathrm{eh}}(\boldsymbol{x},\boldsymbol{u})}{\mathrm{d}t}\cdot\frac{\mathrm{d}t}{\mathrm{d}s} + \frac{\mathrm{d}m_{\mathrm{b}}(\boldsymbol{x},\boldsymbol{u})}{\mathrm{d}t}\cdot\frac{\mathrm{d}t}{\mathrm{d}s} \\ &= \frac{1}{v}\left[\dot{m}_{\mathrm{eh}}(\boldsymbol{x},\boldsymbol{u}) + \dot{m}_{\mathrm{b}}(\boldsymbol{x},\boldsymbol{u})\right] \end{aligned} \tag{7-17}$$

式中，L_m 为车辆行驶距离空间域下 i-HEV 系统的经济性指标；$\dot{m}_b(\boldsymbol{x},\boldsymbol{u})$ 为时间域下电池瞬时等效燃油消耗；$\dot{m}_{\mathrm{eh}}(\boldsymbol{x},\boldsymbol{u})$ 为时间域下等效常规动力转矩 T_{eh} 对应的瞬时燃油消耗。

由于 EVB 液压制动过程主要依靠电磁阀推动制动踏板运动，此过程消耗的能量较少，在此忽略不计，而主要考虑驱动过程中发动机的燃油消耗。基于 i-HEV 系统驱/制动工作模式 j，引入辅助变量 Γ^j，计算时间域下等效常规动力转矩 T_{eh} 对应的瞬时燃油消耗：

$$\begin{aligned} \dot{m}_{\mathrm{eh}}(\boldsymbol{x},\boldsymbol{u}) &= \Gamma^j \dot{m}_e(\boldsymbol{x},\boldsymbol{u}) \\ \Gamma^j &= \begin{cases} 0 & j=1,2 \\ 1 & j=3,4,\cdots,7 \end{cases} \end{aligned} \tag{7-18}$$

式中，$\dot{m}_e(\boldsymbol{x},\boldsymbol{u})$ 为时间域下发动机瞬时燃油消耗。

从式（7-17）、式（7-18）可以看出，距离空间域下 i-HEV 系统经济性指标与 i-HEV

系统驱/制动工作模式 j、时间域内发动机瞬时燃油消耗，以及电池瞬时等效燃油消耗均有关，还与车辆当前行驶速度有一定关系。以下分别对发动机瞬时燃油消耗，以及电池瞬时等效燃油消耗进行定量计算。

本层多目标稳态优化中，主要考虑各系统稳态效率特性，计算稳态下发动机以及电机的能量优化分配策略，由于发动机稳态油耗特性所具有的强非线性，很难用简单的线性数学方程来准确描述。基于发动机稳态油耗 MAP 图，通过查表的方式计算发动机瞬时燃油消耗，见式（7-19）。

$$\dot{m}_e(\boldsymbol{x},\boldsymbol{u}) = M_e(T_e, \omega_e) \tag{7-19}$$

式中，M_e 为发动机稳态油耗 MAP 图；ω_e 为发动机转速；T_e 为发动机转矩。

发动机瞬时燃油消耗为发动机转矩与转速的函数。

在混合动力系统工作过程中，电池根据系统充放电需求，进行电能的补充与消耗，而由能量守恒原则，电池所消耗的电能或者补充的电能始终来自于发动机的充放电与电机制动能量回收。基于此基本思想，对于电池所消耗的能量采用等效燃油消耗进行描述，引入电池等效燃油消耗因子，定义电池瞬时等效燃油消耗 $\dot{m}_b$ 为：

$$\dot{m}_b(\boldsymbol{x},\boldsymbol{u}) = \lambda P_b(T_m, \omega_m) \tag{7-20}$$

式中，$P_b(T_m, \omega_m)$ 为等效电机 EM 的转矩 T_m 和转速 ω_m 下所消耗（或所存储）的电池功率；λ 为当前工况下的电池等效燃油消耗因子，该因子衡量了混合动力系统在整个行驶工况下燃油与电能的平均折算关系，故其估算既与车辆当前行驶工况相关，还与燃油与电能使用的能量分配策略相关，本书将在本章的最后一节对其进行估算。

电池等效燃油消耗 $\dot{m}_b$ 依据电池功率与等效燃油消耗因子共同决定。

电池电功率 $P_b(T_m, \omega_m)$ 通过等效电机功率以及电机、电池充放电效率计算得到。对于 i-HEV 系统所采用的镍氢电池，电池 SOC 允许的正常工作范围为 40%~60% 时，其充放电效率能够始终保持较高的效率值[3]，参照电池厂家提供的数据，设电池充放电效率为常数 η_0。

由于电机工作效率具有较强非线性，难以利用简单的显性数学方程准确描述其效率特性，故采用查表的方法获取给定电机转矩 T_m 与电机转速 ω_m 下的等效电机充放电效率。从等效电机 EM 的功能来看，电机放电时主要为 PM 电机驱动模式，电机制动能量回收时主要为 PM 电机发电，此两种情况等效电机 EM 效率 $\eta_m(T_m, \omega_m)$ 表示为：

$$\eta_m(T_m, \omega_m) = M_{PM}(T_m, \omega_m) \tag{7-21}$$

式中，M_{PM} 为 PM 电机充放电效率 MAP 图。

等效电机发电时，主要为 BSG 电机发电模式，应采用 BSG 电机发电效率图，等效电机 EM 效率 $\eta_m(T_m, \omega_m)$ 表示为：

$$\eta_m(T_m, \omega_m) = M_{BSG}(T_m K, \frac{\omega_m}{K}) \tag{7-22}$$

式中，M_{BSG} 为 BSG 电机充放电效率 MAP 图。

在不考虑车轮滑动与滑移的情况下，发动机转速 ω_e 与电机转速 ω_m 与车速通过车轮半径、主减速器以及变速器传动比进行折算，见式（7-23）。

$$\omega_{e} = \frac{v}{R_{w}} i_0 i_g, \quad \omega_{m} = \frac{v}{R_{w}} i_0 i_m \qquad (7\text{-}23)$$

（3）纵向行驶舒适性

车辆行驶过程中，驾驶员的纵向行驶舒适性主要表现在两方面：一方面是自车跟踪前车过程中所保持的相对距离误差与相对速度，这一点已经反映在车辆的纵向跟踪安全性指标当中；另一方面主要通过车辆加速度／减速度大小来衡量，过大的车辆加速度或者过大的制动减速度均会增加驾驶员的顿挫感，降低其行驶舒适性。参考文献 [4]，对车辆加／减速度进行限制，以满足驾驶员对于纵向行驶舒适性的需求，公式如下：

$$\begin{aligned}&\text{驱动过程：} a_f \leqslant a_{dmax} \\ &\text{制动过程：} a_{bmin} \leqslant a_f \end{aligned} \qquad (7\text{-}24)$$

式中，a_{bmin}、a_{dmax} 分别为满足驾驶员纵向行驶舒适性的制动减速度下限与驱动加速度上限，分别取为 -2.5m/s^2，2m/s^2。

结合式（7-8），将式（7-24）对于自车加速度的约束转化为对系统状态变量与控制量的约束，公式如下：

$$\begin{aligned}\frac{K_{ehj}T_{eh} + K_{mj}T_m - mgf_r - \dfrac{C_D A \rho}{2} v^2}{\delta m} &\geqslant a_{bmin} \\ \frac{K_{ehj}T_{eh} + K_{mj}T_m - mgf_r - \dfrac{C_D A \rho}{2} v^2}{\delta m} &\leqslant a_{dmax} \end{aligned} \qquad (7\text{-}25)$$

从式（7-24）与式（7-25）可以看出，对于驾驶员纵向行驶舒适性，可以通过对车辆加、减速度的限制来满足，而其最终将以约束的形式转化为对于发动机转矩、电机转矩以及液压制动转矩等系统控制量的限制，并融入 i-HEV ACC 的多目标协调优化计算之中。为方便起见，记式（7-25）中对于控制量 T_{eh} 与 T_m 的约束空间为 $\boldsymbol{\Omega}_c$。

进一步可得到协调安全性与经济性的 i-HEV ACC 多性能目标函数，公式如下：

$$\begin{aligned}g(\boldsymbol{x},\boldsymbol{u}) &= q\boldsymbol{L}_s(\boldsymbol{x},\boldsymbol{u}) + r\boldsymbol{L}_m(\boldsymbol{x},\boldsymbol{u}) \\ &= q(w_{\Delta d}\Delta d^2 + w_{\Delta v}\Delta v^2) + r\left[\boldsymbol{\Gamma}^j \dot{m}_e(\boldsymbol{x},\boldsymbol{u}) + \dot{m}_b(\boldsymbol{x},\boldsymbol{u})\right] \\ &= qw_{\Delta d}\Delta d^2 + qw_{\Delta v}\Delta v^2 + \frac{r}{v}\boldsymbol{\Gamma}^j M_e(T_e,\omega_e) + \frac{\lambda r}{v} P_b(T_m,\omega_m) \\ &= qw_{\Delta d}\Delta d^2 + qw_{\Delta v}\Delta v^2 + \frac{r}{v}\boldsymbol{\Gamma}^j M_e\!\left(T_e,\frac{v}{R_w}i_0 i_g\right) + \frac{\lambda r}{v} P_b\!\left(T_m,\frac{v}{R_w}i_0 i_m\right) \end{aligned} \qquad (7\text{-}26)$$

从式（7-26）可以看出，i-HEV ACC 性能目标函数具有较强的非线性与离散特性，其发动机、电池燃油经济性指标主要通过查部件效率特性表获得，较难利用数学解析方程进行描述，且由于存在发动机开启与关闭、制动等离散系统状态，使得该目标函数也具有离散变化的特性。这样的非线性目标函数为建立 i-HEV ACC 非线性模型预测问题及其优化求解带来了较大的困难。

7.3.1.3 i-HEV ACC 系统约束设计

i-HEV ACC 属于典型的系统跟踪控制问题,一方面,从驾驶员的角度要求车辆在跟踪过程中始终趋近于稳定跟随,即保持跟踪误差逐渐减小;另一方面,从非线性预测控制系统设计的角度,要求保证控制系统的稳定性。为此,需对所建立的 i-HEV ACC 非线性模型预测控制问题,添加额外的预测终端约束,以满足驾驶员稳定跟踪以及控制系统稳定性的要求[5]。

将前车加速度 a_p 视为干扰,如图 7.9 所示,设置预测终端约束,对于驾驶员来讲,i-HEV ACC 跟踪过程即是使得跟踪误差逐渐收敛的过程,在该跟踪过程中驾驶员总是期望车辆能够在一段时间内跟上前车。i-HEV ACC 跟踪问题可以进一步描述为:假设前车匀速情况下,协调系统各部件优化跟踪安全、经济与舒适等多性能目标,实现驾驶员在预测域内跟踪上前车,保持跟踪差为 0,以保证跟车系统良好的跟踪稳定性。

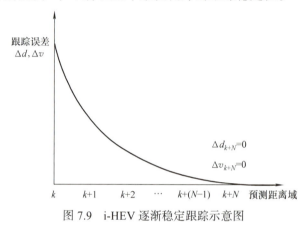

图 7.9　i-HEV 逐渐稳定跟踪示意图

设预测距离域为 $k+N$,预测终端满足如下约束条件:

$$\Delta d_{k+N} = 0 \\ \Delta v_{k+N} = 0 \qquad (7\text{-}27)$$

为了使得 i-HEV ACC 模型预测优化问题有解,同时增加优化的自由度,在满足系统跟踪安全性与舒适性的前提下尽量优化经济性,系统对式(7-27)所示的约束进行软化,即在预测终端仅要求车辆处于一定的跟踪误差范围内:

$$|\boldsymbol{x}_{k+N}| \leqslant \boldsymbol{\varepsilon}_0 \qquad (7\text{-}28)$$

式中,$\boldsymbol{\varepsilon}_0 = [\varepsilon_{\Delta d}^0, \varepsilon_{\Delta v}^0, \varepsilon_v^0]^T$;$\varepsilon_{\Delta d}^0, \varepsilon_{\Delta v}^0$ 分别为距离误差、相对速度的终端约束值;$\varepsilon_v^0 = v_{\max}$ 取为 i-HEV ACC 允许的最大车速。

为保证跟踪安全性,系统距离误差 Δd、相对速度 Δv 应处于驾驶员期望的跟踪误差范围之内,以避免车距过大带来的前车频繁切入以及跟踪距离过近造成的危险。在文献 [6] 中,应用驾驶员期望跟踪误差一维分布模型,设计了相对距离误差与相对速度的约束。

$$\Delta d_{\min} \cdot \mathrm{SDE}^{-1} \leqslant \Delta d \leqslant \Delta d_{\max} \cdot \mathrm{SDE}^{-1} \\ \Delta v_{\min} \cdot \mathrm{SVE}^{-1} \leqslant \Delta v \leqslant \Delta v_{\max} \cdot \mathrm{SVE}^{-1} \qquad (7\text{-}29)$$

式中，$\Delta d_{\min}$、$\Delta v_{\min}$分别为距离误差与相对速度下界；$\Delta d_{\max}$、$\Delta v_{\max}$分别为距离误差与相对速度的上界；SDE和SVE为驾驶员对跟踪误差的敏感度，是自车车速的函数，见式（7-30）。

$$\begin{aligned} \text{SDE}^{-1} &= k_{\text{SDE}} v_x + d_{\text{SDE}} \\ \text{SVE}^{-1} &= k_{\text{SVE}} v_x + d_{\text{SVE}} \end{aligned} \quad (7\text{-}30)$$

文献[6]中对中国驾驶员在城市道路和高速路上的驾驶特性实验结果，以上各参数取值分别为$\Delta d_{\min}=-7\text{m}$，$\Delta d_{\max}=10\text{m}$，$\Delta v_{\min}=-3\text{m/s}$，$\Delta v_{\max}=3\text{m/s}$，$k_{\text{SDE}}=0.06$，$d_{\text{SDE}}=0.12$，$k_{\text{SVE}}=0.005$，$d_{\text{SVE}}=0.91$。

此外，i-HEV ACC 应保持在一定的车速允许范围之内。

$$v_{\min} \leqslant v \leqslant v_{\max} \quad (7\text{-}31)$$

式中，$v_{\min}$与$v_{\max}$分别为i-HEV ACC允许的最低车速与最高车速，根据i-HEV系统工作特性分别取为20km/h、120km/h。

综合式（7-29）~式（7-31），定义i-HEV ACC状态变量x的有效集合如式（7-32）所示：

$$\chi_x = \left\{ \boldsymbol{x} = [\Delta d, \Delta v, v]^{\text{T}} \left| \begin{array}{l} \Delta d_{\min} \cdot \text{SDE}^{-1} \leqslant \Delta d \leqslant \Delta d_{\max} \cdot \text{SDE}^{-1} \\ \Delta v_{\min} \cdot \text{SVE}^{-1} \leqslant \Delta v \leqslant \Delta v_{\max} \cdot \text{SVE}^{-1} \\ v_{\min} \leqslant v \leqslant v_{\max} \end{array} \right. \right\} \quad (7\text{-}32)$$

结合式（7-3）与式（7-25），定义i-HEV ACC系统的控制量$\boldsymbol{u}$的有效集合为：

$$\boldsymbol{\Omega}_u = \left\{ \boldsymbol{u} = [T_{\text{eh}}, T_{\text{m}}, i_{\text{g}}]^{\text{T}} \middle| \boldsymbol{u} \in \boldsymbol{\Omega} \bigcap \boldsymbol{\Omega}_{\text{c}} \right\} \quad (7\text{-}33)$$

7.3.1.4 i-HEV ACC 非线性模型预测问题推导

本节以式（7-14）所建立的i-HEV ACC广义纵向动力学模型与式（7-26）所设计的车辆行驶距离空间域下当前位置点的i-HEV多目标函数为基础，基于非线性模型预测理论，进行i-HEV ACC多目标稳态优化控制问题的理论推导。

模型预测控制的本质为在线求解一个局部滚动优化的问题。给定预测距离域D，i-HEV ACC优化目标函数可以表示为基于各位置点性能指标函数的积分，见式（7-34）。

$$\begin{aligned} J(\boldsymbol{x}) &= \int_{s_0}^{s_0+D} g(\boldsymbol{x}, \boldsymbol{u}) \text{d}s \\ &= \int_{s_0}^{s_0+D} (q w_{\Delta d} \Delta d^2 + q w_{\Delta v} \Delta v^2) \text{d}s + \\ &\quad \int_{s_0}^{s_0+D} [\frac{r}{v} \boldsymbol{\Gamma}^j M_{\text{e}}(T_{\text{e}}, \frac{v}{R_{\text{w}}} i_0 i_{\text{g}}) + \frac{\lambda r}{v} P_{\text{b}}(T_{\text{m}}, \frac{v}{R_{\text{w}}} i_0 i_{\text{m}})] \text{d}s \\ &= \sum_{i=0}^{N-1} \int_{s_0+ih}^{s_0+(i+1)h} (q w_{\Delta d} \Delta d^2 + q w_{\Delta v} \Delta v^2) \text{d}s \\ &\quad + \sum_{i=0}^{N-1} \int_{s_0+ih}^{s_0+(i+1)h} [\frac{r}{v} \boldsymbol{\Gamma}^j M_{\text{e}}(T_{\text{e}}, \frac{v}{R_{\text{w}}} i_0 i_{\text{g}}) + \frac{\lambda r}{v} P_{\text{b}}(T_{\text{m}}, \frac{v}{R_{\text{w}}} i_0 i_{\text{m}})] \text{d}s \end{aligned} \quad (7\text{-}34)$$

式中，s_0 为当前位置点；N 为距离域内预测总步数；h 为预测距离步长。对上式进行离散化，建立离散状态下的 i-HEV ACC 纵向行驶安全性、燃油经济性与纵向行驶舒适性的多性能优化目标函数，见式（7-35）。

$$J(x_k) = h\sum_{i=0}^{N-1} g(x_{k+i|k}, u_{k+i|k})$$
$$= h\sum_{i=0}^{N-1}(qw_{\Delta d}\Delta d_{k+i|k}^2 + qw_{\Delta v}\Delta v_{k+i|k}^2) \quad (7\text{-}35)$$
$$+ h\sum_{i=0}^{N-1}[\frac{r}{v_{k+i|k}}\boldsymbol{\Gamma}^j M_e(T_{ek+i|k}, \frac{v_{k+i|k}}{R_w}i_0 i_g) + \frac{\lambda r}{v_{k+i|k}}P_b(T_{mk+i|k}, \frac{v_{k+i|k}}{R_w}i_0 i_m)]$$

其中，系统当前处于位置 k，系统当前状态为 x_k，$J(x_k)$ 为 i-HEV ACC 预测距离域内多性能指标函数，$g(x_{k+i|k}, u_{k+i|k})$ 为未来第 i 步的性能指标函数，$x_{k+i|k}$、$u_{k+i|k}$ 为预测的第 i 步系统状态与系统控制量，$\Delta d_{k+i|k}$、$\Delta v_{k+i|k}$、$v_{k+i|k}$ 分别为预测的第 i 步距离误差、相对速度以及自车速度，$T_{ek+i|k}$、$T_{mk+i|k}$ 分别为预测第 i 步发动机与电机转矩控制量。

另一方面，由于系统可能存在大的扰动以及不确定性，随着系统状态的变化，式（7-28）所表示的固定预测终端约束 $\varepsilon_0 = [\varepsilon_{\Delta d}^0, \varepsilon_{\Delta v}^0, \varepsilon_v^0]^T$ 可能会使得控制器没有足够的能力将系统控制在约束的范围以内，而导致此优化问题无解。此外，随着系统状态的变化，其终端约束可以进行调整，没有必要强制系统处于某一个硬终端状态之内。基于以上分析，将松弛变量 $\varepsilon = [\varepsilon_{\Delta d}, \varepsilon_{\Delta v}, \varepsilon_v]^T$ 引入目标函数中，并作为平方惩罚项[7]，将式（7-35）表示的目标函数进一步修改为：

$$J(x_k) = h\sum_{i=0}^{N-1} g(x_{k+i|k}, u_{k+i|k}) + \frac{1}{2}\varepsilon^T \rho \varepsilon \quad (7\text{-}36)$$

其中 $\rho = \text{diag}(\rho_1, \rho_2, 0)$，为松弛变量 ε 的惩罚系数，而 ρ_1、ρ_2 随系统初始状态 x_k 而变化，当系统跟踪误差较小时，则取较大值，以保证车辆能够稳定无误差的跟踪前车；当系统跟踪误差较大时，则取较小值，以实现车辆安全性、经济性在较大的优化区间内进行优化。

以式（7-36）表示的 i-HEV ACC 多性能目标函数为基础，基于 i-HEV ACC 广义纵向动力学模型，建立基于多目标非线性模型预测控制的 i-HEV ACC 的稳态多目标优化问题，见式（7-37）。

$$\min_{u_{i+k|k}, i=0:N-1} J(x_k) = h\sum_{i=0}^{N-1} g(x_{k+i|k}, u_{k+i|k}) + \frac{1}{2}\varepsilon^T \rho \varepsilon$$

Subj. to.:
1) $x_{1+i+k|k} = f(x_{i+k|k}, u_{i+k|k})$
2) $x_{i+k|k} \in \chi_x, u_{i+k|k} \in \Omega_u$ （7-37）
3) $|x_{N+k|k}| \leq \varepsilon$
4) $i = 0, 1, 2, \cdots, N-1$

上述非线性模型预测优化问题中，基于建立的 i-HEV ACC 广义纵向动力学模型，对系统未来状态进行预测，并在预测距离域内对跟车系统的安全、经济与舒适各性能指标进行协同优化，以实现跟车系统在预测距离域内的局部优化。为了克服外部环境干扰的系统不确定问题，应用滚动优化的方法进行实时控制，即位置点 k 时车辆实际控制量取优化控制序列的第一控制量，位置点 $k+1$ 时重复该局部优化过程，以实现对系统的闭环反馈控制。

7.3.1.5　i-HEV ACC 非线性模型预测问题的优化求解

式（7-37）所建立的 i-HEV ACC 非线性模型预测优化控制问题具有以下 3 个特点：优化目标函数具有强非线性，其中发动机油耗、电机效率的特性只有试验台架获取的离散数据，较难应用解析数学模型对这些数据进行建模；所建立的 i-HEV ACC 广义纵向动力学模型具有混杂性与非线性的特点；所设计的预测优化问题中系统状态、控制量存在较强的约束。

对于该类混杂非线性带约束的模型预测控制问题的优化求解，目前还没有成熟通用的实时优化处理方法，基于离线优化在线综合的求解方法，已逐渐引起国内外学者的重视。

模型预测控制与最优控制的本质区别在于：最优控制是无穷时域下离线计算控制律，而预测控制是有限时域下开环最优控制的在线优化求解[7]。因此，应用最优控制的基本理论，同样可以对该类预测优化控制问题进行求解。进一步分析式（7-37）可以发现，该模型预测优化问题在预测域内将控制量的优化计算以及模型预测过程分为 N 段依次进行，这属于典型的多阶段决策问题；对于给定的初始系统状态 $\boldsymbol{x}_k$，式（7-37）可近似看成在线滚动进行的开环最优控制问题。本书应用动态规划 DP 的算法对式（7-37）表示的混杂非线性带约束的模型预测控制问题进行优化求解。基于离线优化在线综合的思想，获取系统初始状态集合的离线优化控制律，在线控制过程中，通过离线优化计算系统初始状态变量与控制率所组成 MAP 图，查表得到系统实时的控制律，进而解决控制系统实时性的问题。

为进行在线查表运算，要求确定该优化问题状态变量的可行域。首先，定义距离误差 Δd、相对速度 Δv 与速度 v 的离散化取值空间：

$$\begin{aligned}
\boldsymbol{X}_{\Delta d} &= \{\Delta d \mid \Delta d = \Delta d_{\min} + s_1 \delta_{\Delta d}\}, s_1 = 1, 2, \cdots, \frac{\Delta d_{\max} - \Delta d_{\min}}{\delta_{\Delta d}} \\
\boldsymbol{X}_{\Delta v} &= \{\Delta v \mid \Delta v = \Delta v_{\min} + s_2 \delta_{\Delta v}\}, s_2 = 1, 2, \cdots, \frac{\Delta v_{\max} - \Delta v_{\min}}{\delta_{\Delta v}} \\
\boldsymbol{X}_v &= \{v \mid v = v_{\min} + s_3 \delta_v\}, s_3 = 1, 2, \cdots, \frac{v_{\max} - v_{\min}}{\delta_v}
\end{aligned} \tag{7-38}$$

如式（7-38）所示，控制系统状态变量主要由循环过程允许的距离误差、相对速度以及速度的范围决定。基于 i-HEV ACC 对于状态变量的约束，可定义该优化问题状态变量离散可行域 $\boldsymbol{X}_D$ 为：

$$\boldsymbol{X}_D = \{\boldsymbol{x} = [\Delta d, \Delta v, v] \mid \Delta d \in \boldsymbol{X}_{\Delta d}, \Delta v \in \boldsymbol{X}_{\Delta v}, v \in \boldsymbol{X}_v\} \bigcap \chi_x \tag{7-39}$$

对于给定的车辆速度 v_k，则发动机转速 ω_e 与车速与当前变速器档位有关，可以表示为：

$$\omega_{\mathrm{e}}(v_k, i_{\mathrm{g}}) = \frac{v_k}{R_{\mathrm{w}}} i_0 i_{\mathrm{g}} \tag{7-40}$$

对于离散的 AMT 档位集合 $\boldsymbol{I}_{\mathrm{g}}$，设定发动机转速范围为 $[\omega_{\mathrm{emin}}, \omega_{\mathrm{emax}}]$，则对于给定的车辆速度 v_k，有效档位集合为：

$$\boldsymbol{G}_{vk} = \{i_{\mathrm{g}} \mid \omega_{\mathrm{emin}} \leq \omega_{\mathrm{e}}(v_k, i_{\mathrm{g}}) \leq \omega_{\mathrm{emax}}, i_{\mathrm{g}} \in \boldsymbol{I}_{\mathrm{g}}\} \tag{7-41}$$

对控制量 $\boldsymbol{u} = [T_{\mathrm{eh}}, T_{\mathrm{m}}, i_{\mathrm{g}}]^{\mathrm{T}}$ 进行离散化，并进一步计算给定状态变量 $\boldsymbol{x}_k$ 下的有效控制量集合 $\boldsymbol{\Omega}_{\mathrm{D}}$：

$$\begin{aligned}
\boldsymbol{\Omega}_{\mathrm{eh}} &= \{T_{\mathrm{eh}} \mid T_{\mathrm{eh}} = T_{\mathrm{ehmin}} + n_1 \delta_{T_{\mathrm{eh}}}\}, n_1 = 1, 2, \cdots, \frac{T_{\mathrm{ehmax}} - T_{\mathrm{ehmin}}}{\delta_{T_{\mathrm{eh}}}} \\
\boldsymbol{\Omega}_{T_{\mathrm{m}}} &= \{T_{\mathrm{m}} \mid T_{\mathrm{m}} = T_{\mathrm{mmin}} + n_2 \delta_{T_{\mathrm{m}}}\}, n_2 = 1, 2, \cdots, \frac{T_{\mathrm{mmax}} - T_{\mathrm{mmin}}}{\delta_{T_{\mathrm{m}}}} \\
\boldsymbol{\Omega}_{\mathrm{D}} &= \{\boldsymbol{u} = [T_{\mathrm{d}}, T_{\mathrm{m}}, i_{\mathrm{g}}]^{\mathrm{T}} \mid T_{\mathrm{eh}} \in \boldsymbol{\Omega}_{\mathrm{eh}}, T_{\mathrm{m}} \in \boldsymbol{\Omega}_{T_{\mathrm{m}}}, i_{\mathrm{g}} \in \boldsymbol{G}_{vk}\} \bigcap \boldsymbol{\Omega}_u
\end{aligned} \tag{7-42}$$

由于引入松弛因子 ε，该滚动优化问题的控制量包含 $\boldsymbol{u}_{k+i|k}, i = 0, 1, \cdots, N-1$ 以及松弛因子 ε，即对于任意给定初始状态 $\boldsymbol{x} \in \boldsymbol{X}_{\mathrm{D}}$，均存在控制量序列 $\boldsymbol{u}_{k+i|k}$ 以及松弛因子 ε，使得目标函数 $J(\boldsymbol{x}_k)$ 取最小值。本节采用分步 DP 的方法对式（7-37）进行求解，求解过程如下：

1）定义松弛因子 ε 离散化空间：

$$\boldsymbol{E} = \{\varepsilon \mid \varepsilon = \varepsilon_{\min} + n\Delta\varepsilon, \varepsilon_{\min} \leq \varepsilon \leq \varepsilon_{\max}\}, n = 1, 2, \cdots, \frac{\varepsilon_{\max} - \varepsilon_{\min}}{\Delta\varepsilon} \tag{7-43}$$

2）给定松弛因子 ε_{s}：

$$\varepsilon_{\mathrm{s}} = \varepsilon_{\min} + s\Delta\varepsilon, s \in [1, 2, \cdots, \frac{\varepsilon_{\max} - \varepsilon_{\min}}{\Delta\varepsilon}] \tag{7-44}$$

3）对于给定的松弛因子 ε_{s}，优化求解目标函数：

$$\boldsymbol{U}^*_k(\boldsymbol{x}_k, \varepsilon_{\mathrm{s}}) = \arg\min \boldsymbol{J}^*(\boldsymbol{x}_k, \varepsilon_{\mathrm{s}}) \tag{7-45}$$

基本步骤如下：

① 令 $i = N$，

$$\begin{aligned}
&\text{如果} |\boldsymbol{x}_{N+k|k}| \leq \varepsilon_{\mathrm{s}} \\
&\boldsymbol{J}^*_N(\boldsymbol{x}_{N+k|k}) = \frac{1}{2}\varepsilon_{\mathrm{s}}^{\mathrm{T}} \boldsymbol{\rho} \varepsilon_{\mathrm{s}} \\
&\text{又有} \\
&\boldsymbol{J}^*_N(\boldsymbol{x}_{N+k|k}) = +\infty
\end{aligned} \tag{7-46}$$

② 令 $i = N-1$，

$$\begin{aligned}
\boldsymbol{J}^*_{N-1}(\boldsymbol{x}_{N-1+k|k}) = \min_{\boldsymbol{u}_{N-1+k|k} \in \boldsymbol{\Omega}_{\mathrm{D}}} \{&g(\boldsymbol{x}_{N-1+k|k}, \boldsymbol{u}_{N-1+k|k}) + \\
&\boldsymbol{J}^*_N[\boldsymbol{f}(\boldsymbol{x}_{N-1+k|k}, \boldsymbol{u}_{N-1+k|k})]\}, \boldsymbol{x}_{N-1+k|k} \in \boldsymbol{X}_{\mathrm{D}}
\end{aligned} \tag{7-47}$$

③ 令 $i = N-2, N-3, \cdots, 0$，重复步骤 2，有：

$$J_i^*(\boldsymbol{x}_{i+k|k}) = \min_{\boldsymbol{u}_{i+k|k} \in \Omega_D} \{g(\boldsymbol{x}_{i+k|k}, \boldsymbol{u}_{i+k|k}) + J_{i+1}^*[\boldsymbol{f}(\boldsymbol{x}_{i+k|k}, \boldsymbol{u}_{i+k|k})]\}, \boldsymbol{x}_{i+k|k} \in \boldsymbol{X}_D, \boldsymbol{x}_{i+1+k|k} \in \chi_x \quad (7\text{-}48)$$

④ 在 $i = 0$ 时，得到：

$$J^*(\boldsymbol{x}_k, \boldsymbol{\varepsilon}_s) = \min_{\boldsymbol{u}_k \in \Omega_D} \{g(\boldsymbol{x}_k, \boldsymbol{u}_k) + J_1^*[\boldsymbol{f}(\boldsymbol{x}_k, \boldsymbol{u}_k)]\}, \boldsymbol{x}_k \in \boldsymbol{X}_D, \boldsymbol{x}_{k+1|k} \in \chi_x \quad (7\text{-}49)$$

4）到此为止，可以得到给定 $\boldsymbol{\varepsilon}_s$ 下，最优的目标函数 $J^*(\boldsymbol{x}_k, \boldsymbol{\varepsilon}_s)$ 以及对应的最优控制率 $\boldsymbol{U}_k^*(\boldsymbol{x}_k, \boldsymbol{\varepsilon}_s)$。对于所有 $\boldsymbol{\varepsilon}_s \in \boldsymbol{E}$，求解：

$$[\boldsymbol{U}_k^*, \boldsymbol{\varepsilon}^*] = \arg\min_{\boldsymbol{\varepsilon}_s \in \boldsymbol{E}}[J^*(\boldsymbol{x}_k, \boldsymbol{\varepsilon}_s)] \quad (7\text{-}50)$$

可求得给定系统状态 $\boldsymbol{x}_k$ 下最优的松弛因子 $\boldsymbol{\varepsilon}^*$ 与最优控制率 $\boldsymbol{U}_k^*$：

$$\boldsymbol{U}_k^* = [\boldsymbol{u}_{k|k}^*, \boldsymbol{u}_{k+1|k}^*, \cdots, \boldsymbol{u}_{k+N-1|k}^*]^T \quad (7\text{-}51)$$

5）取当前位置点 k 的最优控制量为系统状态变量 $\boldsymbol{x}_k$ 下的最优控制律，即：

$$\boldsymbol{u}_k^* = [\boldsymbol{I}\ 0\cdots 0]\boldsymbol{U}_k^* \quad (7\text{-}52)$$

式中，$\boldsymbol{I}$ 为 3 阶单位矩阵。

通过以上优化求解，对于任意初始状态 $\boldsymbol{x}_k \in \boldsymbol{X}_D$，存在最优控制量 $\boldsymbol{u}_k^*$，初始状态 $\boldsymbol{x}_k$ 与对应的最优控制量 $\boldsymbol{u}_k^*$ 构成一一对应的数组。将这些数组依次存储于内存当中。在线查表时，对于任意的状态 $\boldsymbol{x}$，若 $\boldsymbol{x} \in \boldsymbol{X}_D$，则相应的控制量 $\boldsymbol{u} = \boldsymbol{u}_k^*$，若 $\boldsymbol{x} \in \boldsymbol{X}_D$，则采用三次样条插值的方法进行插值，以获得优化控制量。

7.3.2 多系统动态协调

应用基于非线性模型预测理论的多目标稳态优化控制算法，i-HEV ACC 实现了考虑部件稳态效率特性下整车安全、经济与舒适多性能目标的协调优化，并计算出了优化的发动机、电机以及液压制动的控制转矩。而由于 i-HEV 系统具有多种驱动、制动模式，包含发动机、电机以及液压制动相互切换，以及联合工作等不同系统工作状态，从车辆行驶舒适性以及系统快速响应特性的角度，要求针对各子系统模式切换以及联合工作过程特点，根据其控制方式和响应特性的差异对多个部件进行协调控制，实现系统模式的平滑切换，保证整车动力响应的快速性和连续性，这正是 i-HEV ACC 多系统动态协调控制层要解决的问题。

i-HEV 车辆驱动、制动系统各部件响应速度、精度以及控制难度的差异，会直接影响多系统动态协调控制算法的设计与控制效果，下面我们首先对 i-HEV 驱动/制动系统中发动机、电机以及液压制动的控制方式以及响应特性进行分析与建模，在此基础上，分别设计开环与闭环相结合的驱动系统与制动系统的动态协调控制算法。

7.3.2.1 i-HEV 关键动力系统响应特性分析与建模

i-HEV 系统由传统 HEV 改造而成，AMT 及其换档过程控制由该部件自身完成，故仅对驱动系统中发动机与电机、制动系统中电机与液压的模式切换及协同工作的过程进行动态协调控制。

对于 i-HEV 系统动态协调所涉及的发动机、电机以及液压制动等部件，其控制均通过总线实现。即整车控制器将期望发动机转矩、电机转矩以及液压制动压力发送到 CAN 总线上，各部件接收相应的指令，并执行相应的操作。从 i-HEV ACC 整车控制器的角度，仅需考虑期望控制指令与各部件实际输出之间的传递特性，并进行相应的控制。以下对发动机、电机以及液压制动的动态响应特性进行建模。

发动机通过电子节气门控制其开度，进而根据实时的发动机进气量，发动机 ECU 控制喷油以及点火时刻。由于发动机转矩的输出涉及节气门开度控制、进气、喷油以及缸内气体燃烧等多个环节，其具有输出转矩响应速度较慢，准确转矩控制难等特点。忽略发动机进气、喷油、点火、燃烧等内部工作过程，我们将发动机工作的各种延迟特性折算到发动机输出转矩动态特性中，并用一阶惯性环节来近似，见式（7-53）[8]。

$$T_{e\_out} = \frac{1}{1+\tau_e s} T_{e\_des} \quad (7\text{-}53)$$

式中，T_{e_out} 为发动机输出转矩；T_{e_des} 为期望发动机转矩；τ_e 为一阶延迟时间常数。

基于发动机转矩响应实验结果，参考文献 [9]，利用最小二乘法对发动机转矩动态响应特性常数进行辨识，得到 $\tau_e = 0.2$。

图 7.10 为在发动机期望转矩指令下，实际发动机转矩与辨识发动机转矩对比曲线，其中实线为期望发动机转矩，虚线为实验采集的发动机转矩，点实线为式（7-53）所示模型辨识的发动机转矩结果，从该结果可以看出，发动机起动时模型辨识转矩有一定延迟，当发动机起动后，一阶延迟模型能够较好地模拟发动机实际转矩。

电机通过电流控制，能够快速实现电机的旋转以及功率输出，具有响应快速的特点，而且由于通过电流直接控制，电机具有控制简单且精确度高等特点。对于电机

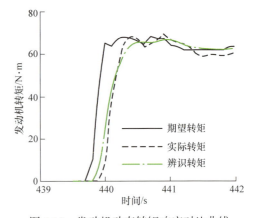

图 7.10 发动机动态转矩响应对比曲线

建模，参考文献 [10]，采用一阶延时近似电机的转矩响应，设 T_{m_out} 为电机实际输出转矩，T_{m_des} 为期望电机转矩，则有式（7-54）所示的关系：

$$T_{m\_out} = \frac{1}{1+\tau_m s} T_{m\_des} \quad (7\text{-}54)$$

基于电机转矩响应实验结果，同样利用最小二乘法对电机转矩动态响应特性常数进行辨识，得到 $\tau_m = 0.01$。

图 7.11 为在电机期望转矩指令下，实际电机转矩与辨识电机转矩对比曲线，其中实线

为期望电机转矩，虚线为实验采集的电机转矩，点实线为式（5-54）所示模型计算的电机转矩结果，从该结果可以发现，电机实际转矩能够迅速地跟踪期望电机转矩，所建立的电机模型与实际电机转矩响应基本保持一致。

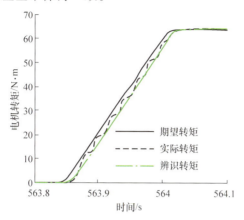

图 7.11　电机动态转矩响应对比曲线

对于 i-HEV ACC 系统，要求车辆能够实现主动的制动力控制，仅依靠电机进行制动能量回收所产生的制动转矩是不够的，在进行大制动工况下，还需要额外的液压制动参与工作。电子真空助力制动器 EVB 通过电磁阀推动推杆与驾驶员的操作组成并联式的制动系统，对原车制动系统改动小，具有良好的兼容性，且结构简单、成本低廉，可以作为成熟可靠的主动液压制动系统。EVB 的工作原理是：通过包含推杆的弹簧膜片将 EVB 腔体分隔为两部分，一部分与发动机进气管连接，一部分与大气相通，通过控制电磁阀推动推杆，在发动机真空助力下推动踏板运动，并产生制动力。

由于上层控制器所得到的控制指令为制动转矩，而 EVB 基于压力传感器采集的制动压力控制电磁阀，进行制动压力的反馈控制，故上层计算的制动转矩指令要折算为 EVB 期望液压制动压力。

在不超过路面最大制动力的情况下，液压制动转矩由制动盘与制动钳间的摩擦作用产生，可表示为[11]：

$$p = \frac{T_{hj}}{A_p f_b r_b} \quad (7\text{-}55)$$

式中，p 为轮缸压力；T_{hj} 为对应的车轮处产生的制动转矩；A_p 为轮缸活塞面积；f_b 为制动盘与制动钳间摩擦系数；r_b 为制动盘上摩擦力作用半径。

从式（7-55）可以发现，在不考虑稳定性的情况下，EVB 液压制动压力与车辆制动转矩呈线性函数关系，见式（7-56）[12]。

$$p_{EVB} = \frac{T_h}{k_{pf}} \quad (7\text{-}56)$$

式中，T_h 为 EVB 液压制动压力 p_{EVB} 对应的车辆制动转矩；k_{pf} 为比例系数。

EVB 液压制动系统包含 EVB 控制器和 EVB 执行器，将 EVB 控制器和 EVB 执行器视为一个整体，利用模型辨识的方法获取期望制动压力、实际制动压力之间的传递函数。对于 i-HEV ACC，很少出现车辆紧急制动的情况，EVB 制动压力基本工作在 2MPa 以内，本节选择 1.6MPa、2MPa 下 EVB 压力的阶跃响应实验结果进行 EVB 模型的辨识。

如图 7.12 所示，从部分结果可以看出，EVB 在开启初期，由于系统自身惯性以及需要克服静摩擦力，具有一定延时，而上升过程中则具有一定的超调。参考文献 [13] 中对于 EVB 的模型辨识结果，采用二阶纯滞后传递函数结构来表示 EVB 制动压力传递函数 $G_{EVB}(s)$，见式（7-57）。

$$G_{EVB}(s) = \frac{K\omega_n^2}{s^2 + 2\xi\omega_n s + \omega_n^2} e^{-Ls} \qquad (7-57)$$

式中，L 为延迟时间；$K>0$，$\xi>0$，$\omega_n>0$，均为常数。

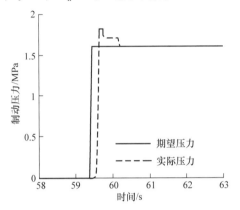

图 7.12　EVB 制动压力响应曲线

应用文献 [14] 中采用的方法，对其中各参数进行辨识，得到 EVB 压力响应传递函数为：

$$G_{EVB}(s) = \frac{1}{0.005s^2 + 0.08s + 1} e^{-0.1s} \qquad (7-58)$$

将式（7-57）代入式（7-58），可得 EVB 液压制动压力与期望制动转矩关系如下：

$$G_{EVB}(s) = \frac{1}{0.005s^2 + 0.08s + 1} e^{-0.1s} \frac{T_h^*}{k_{pf}} \qquad (7-59)$$

图 7.13 为在阶跃响应下，EVB 液压制动压力的响应曲线。其中实线为 EVB 期望制动压力，虚线为实验采集的 EVB 制动压力，点实线为模型辨识的制动压力。从图 7.13 中可以看出，所辨识的 EVB 压力响应曲线与实际压力曲线能够保持较好的一致性，辨识模型与实际制动压力误差在 0.2MPa 以内。此外，从图 7.13 中可以看出，EVB 制动压力存在一定的超调和延迟，这是因为虽然 EVB 利用电磁阀推动制动踏板运动，但是制动踏板运动的动力主要来自于真空腔内的真空，系统速度反应较慢，而且易受真空压力波动的影响，同时液压本身还存在一定的延迟与压力波动。因此，EVB 液压制动具有响应速度较慢、不易控制的特点。

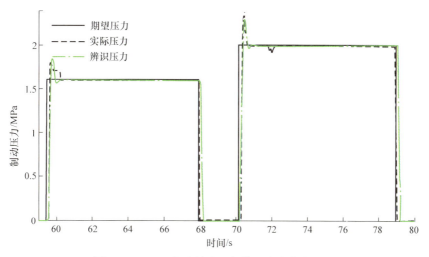

图 7.13 EVB 液压制动压力辨识响应曲线对比

7.3.2.2 i-HEV 驱动系统动态协调

从图 7.10 与图 7.11 的发动机转矩与电机转矩响应特性可以发现，电机转矩响应速度约为 0.01s，发动机转矩响应速度约为 0.2s，电机控制难度小，转矩能够无误差地跟踪期望转矩，发动机由于控制环节复杂，难以实现准确的转矩控制。基于以上发动机、电机的转矩响应速度、精度与控制难度的特点，采用发动机开环、电机闭环反馈控制的方式设计 i-HEV 驱动系统动态协调控制算法，基本结构如图 7.14 所示。

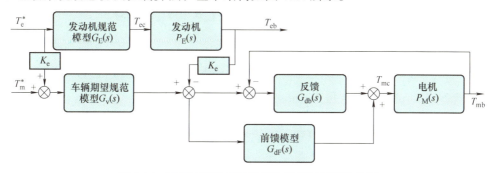

图 7.14 i-HEV 驱动系统动态协调控制系统结构图

如图 7.14 所示，其中上层优化分配计算所得的最优发动机、电机转矩分别为 T_e^*，T_m^*，发动机规范模型为 $G_E(s)$，发动机部件模型为 $P_E(s)$，车辆期望规范模型 $G_v(s)$，电机反馈补偿器为 $G_{db}(s)$，电机部件模型为 $P_M(s)$，电机前馈补偿器 $G_{dF}(s)$，K_e 为发动机转矩与电机转矩的折算系数。

控制器输入包含发动机期望转矩 T_e^* 与电机期望转矩 T_m^*，发动机期望转矩通过发动机规范模型 $G_E(s)$，获得实际可控期望转矩指令，将该控制指令直接发送到发动机。同时，为满足整车需求功率，利用电机快速响应、精确可控的特点，采用电机转矩对整车总需求功率与实际输出驱动功率之差进行反馈补偿。电机反馈控制器采用前馈加反馈的二自由度模型匹配控制器结构。

车辆规范模型 $G_v(s)$ 的设计主要考虑驾驶员期望的转矩响应特性，由于规范模型响应特性将影响到前馈补偿器的设计，为降低前馈补偿器的阶次，基于驾驶员特性与模型匹配的特点，车辆规范模型采用一阶延时传递函数来近似，如下式所示。

$$G_v(s) = \frac{1}{\tau_d s + 1} \quad (7\text{-}60)$$

式中，s 为拉氏算子；τ_d 为时间常数。

发动机规范模型 $G_E(s)$ 的设计主要考虑实际发动机动态响应特性与系统舒适性，兼顾系统快速响应与动态响应过程的平顺性。为降低系统阶次，同样采用一阶延时传递函数来设计 $G_E(s)$，如下式所示。

$$G_E(s) = \frac{1}{\tau_E s + 1} \quad (7\text{-}61)$$

式中，τ_E 为发动机规范模型时间常数。

如图 7.14 所示，发动机开环控制回路上，优化发动机转矩 T_e^* 通过发动机规范模型 $G_E(s)$ 以及发动机模型 $P_E(s)$ 进行开环控制，则可得发动机输出转矩如下式所示。

$$T_{eb} = T_e^* G_E(s) P_E(s) \quad (7\text{-}62)$$

电机闭环控制回路上，电机控制转矩 T_{mc} 由电机前馈回路与反馈补偿回路叠加组成，如下式所示。

$$\begin{aligned} T_{mc} = & [(T_e^* K_e + T_m^*) G_v(s) - T_{eb} K_e] G_{dF}(s) \\ & + \{[(T_e^* K_e + T_m^*) G_v(s) - T_{eb} K_e] - T_{mb}\} G_{db}(s) \end{aligned} \quad (7\text{-}63)$$

另一方面，电机输出转矩 T_{mb} 可以表示为：

$$T_{mb} = T_{mc} P_M(s) \quad (7\text{-}64)$$

由式（7-63）、式（7-64）可得：

$$(T_e^* K_e + T_m^*) G_v(s) - T_{eb} K_e = T_{mb} \frac{G_{db}(s) P_M(s) + 1}{P_M(s)[G_{dF}(s) + G_{db}(s)]} \quad (7\text{-}65)$$

另一方面，为满足系统输出跟踪系统期望输入，则有：

$$T_{eb} K_e + T_{mb} = (T_e^* K_e + T_m^*) G_v(s) \quad (7\text{-}66)$$

因此，由式（7-65）、式（7-66）可以得到电机前馈传递函数 $G_F(s)$ 为：

$$G_{dF}(s) = \frac{1}{P_M(s)} \quad (7\text{-}67)$$

由于 PID 控制器具有较好鲁棒性和稳定特性，在此反馈补偿器 $G_{db}(s)$ 采用 PID 控制进行算法设计，见式（7-68）。

$$G_{db}(s) = k_{dp} + k_{di} \frac{1}{s} + k_{dd} s \quad (7\text{-}68)$$

式中，k_{dp} 为比例项系数；k_{di} 为积分项系数；k_{dd} 为微分项系数。

7.3.2.3 i-HEV 制动系统动态协调

基于 EVB 液压制动、电机的转矩响应速度、精度与控制难度的特点，与驱动系统动态协调类似，采用 EVB 液压制动开环控制、电机闭环反馈控制的方式设计 i-HEV 制动系统动态协调控制系统，其基本结构如图 7.15 所示。

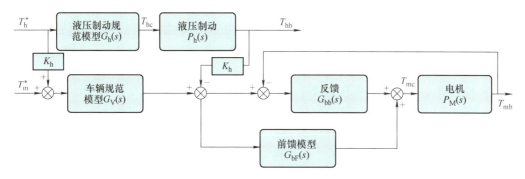

图 7.15 i-HEV 制动系统动态协调控制系统结构图

如图 7.15 所示，上层优化分配所得的最优液压制动转矩、电机转矩分别为 T_h^*、T_m^*，液压制动规范模型为 $G_h(s)$，液压制动系统模型为 $P_h(s)$，电机反馈补偿器为 $G_{bb}(s)$，电机部件模型为 $P_M(s)$，电机前馈补偿器 $G_{bF}(s)$。

由式（7-55）与式（7-58）可知，EVB 液压制动的制动转矩响应与制动压力响应具有相同的传递特性，可得 EVB 期望转矩与输出转矩的传递函数为：

$$P_h(s) = G_{EVB}(s) \tag{7-69}$$

控制器输入包含液压制动期望转矩与电机期望转矩，液压期望制动转矩通过液压制动规范模型，获得实际可控期望转矩指令，将该控制指令直接发送到 EVB 控制器。同时，电机对整车总需求制动转矩与实际制动转矩之差进行反馈补偿。电机反馈控制器同样采用前馈加反馈的二自由度模型匹配控制器结构。

液压制动规范模型 $G_h(s)$ 的设计，主要考虑实际液压制动系统的动态响应特性与系统舒适性，与发动机规范模型类似，同样采用一阶延时传递函数来设计，如下式所示。

$$G_h(s) = \frac{1}{\tau_{hyd}s + 1} \tag{7-70}$$

式中，τ_{hyd} 为液压制动规范模型时间常数。

与驱动系统动态协调类似，可计算出电机前馈补偿环节为：

$$G_{bF}(s) = \frac{1}{P_M(s)} \tag{7-71}$$

反馈补偿器 $G_{bb}(s)$ 采用 PID 控制进行算法设计，见式（7-72）。

$$G_{bb}(s) = k_{bp} + k_{bi}\frac{1}{s} + k_{bd}s \qquad (7\text{-}72)$$

式中，k_{bp} 为比例项系数；k_{bi} 为积分项系数；k_{bd} 为微分项系数。

7.3.3 电池等效燃油消耗因子估算

为应用非线性模型预测理论，实现在线的 i-HEV ACC 对混合动力系统的能量优化分配，要求对当前车辆行驶工况下的燃油与电池之间的等效燃油消耗特性进行估算，即对式（7-20）中引入的电池等效燃油消耗因子 λ 进行估算，以实现当前工况下对于燃油与电能等效消耗特征的估计。

由于本节所设计 i-HEV 平台集成了 GPS、雷达、摄像头，以及车 - 路无线通信等传感与通信系统，可以获取当前车辆行驶的工况特征。基于该工况的速度与加速度变化曲线，此处我们参考了文献 [15-16]，对电池等效油耗因子进行估算。这里首先对发动机燃油消耗特性进行建模分析及简化，然后基于工况速度与加速度变化曲线，建立全局优化的混合动力系统能量分配控制问题，并引入 Lagrange 算子，求解该全局优化问题，估算在该工况下的电池等效燃油消耗因子。

7.3.3.1 发动机油耗模型简化

从能量转化的角度，混合动力系统能量优化分配的策略主要是针对发动机驱动能量与电池放电 / 充电能量的优化分配，以实现整车系统的经济性最优。故本节从系统能量优化的角度，建立发动机燃油消耗与发动机输出功率的简化模型，以描述发动机油耗与发动机输出能量的数学关系。

基于发动机转矩 T_e 与转速 ω_e，发动机功率可以描述为：

$$P_e = T_e \omega_e \qquad (7\text{-}73)$$

发动机瞬时燃油消耗 $\dot{m}_e$（g/s）可表示为：

$$\dot{m}_e = \frac{\omega_e T_e M_e(\omega_e, T_e)}{3.6 \times 10^6} \qquad (7\text{-}74)$$

式中，$M_e(\omega_e, T_e)$ 为基于发动机稳态油耗 MAP 图查表得到的发动机瞬时燃油消耗，单位为 g/kW·h。

基于式（7-73）、式（7-74）以及发动机稳态油耗 MAP 图，可以得到发动机油耗与功率关系以及对应的拟合曲线，如图 7.16 所示。

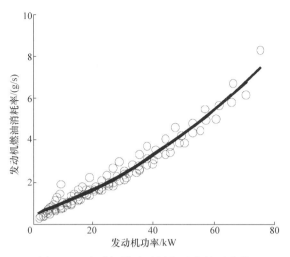

图 7.16 发动机燃油消耗与功率关系曲线

图 7.16 中的○为所有发动机工作点对应的发动机功率以及相应的燃油消耗，黑色实线为拟合曲线。从图中○可以看出，随着发动机功率增大，燃油消耗也相应增加，发动机功率与其对应的燃油消耗呈二次型数学关系。基于发动机不同功率点及对应的燃油消耗，进行发动机功率与燃油消耗特性的拟合，拟合结果见式（7-75）。

$$\dot{m}_e(P_e) = aP_e^2 + bP_e + c \tag{7-75}$$

式中，a、b、c 为拟合系数，$a=0.0006$，$b=0.0478$，$c=0.4433$。

从图 7.16 可以看出，拟合得到的发动机功率 - 燃油消耗特性曲线，能够反映发动机实际功率与对应燃油消耗的二次型变化的关系，满足电池等效油耗因子估算的要求。

7.3.3.2 基于工况特征的电池等效燃油消耗因子估算

车辆行驶工况特征 CYC 由 i-HEV 智能信息交互系统识别并进行信息融合处理而获取，其特征可由车速 $v_{cyc}(k)$ 与加速度序列 $a_{cyc}(k)$ 来描述。由车辆动力学方程，可以计算出循环工况下车辆需求功率序列 $P_d(k)$ 为：

$$P_d(k) = \left[ma_{cyc}(k) + mgf_r + \frac{C_d A\rho v_{cyc}(k)^2}{2} \right] v_{cyc}(k) \tag{7-76}$$

设第 k 时刻发动机驱动功率为 $P_e(k)$，电池消耗功率 $P_b(k)$，则车辆需求功率与发动机、电池功率的叠加相等，如式（7-77）所示：

$$P_d(k) = P_e(k)\eta_e + P_b(k)\eta_b \tag{7-77}$$

式中，η_e、η_b 分别为发动机动力传递平均机械效率、电能充放电及动力传递总平均效率。

为实现混合动力系统在该工况下的燃油消耗最低，对应混合动力系统优化目标可表示为工况下的发动机燃油消耗：

$$\boldsymbol{L}_{cyc}(P_b, P_e) = \sum_{k=1}^{P} \dot{m}_e[P_e(k)]\Delta t \tag{7-78}$$

式中，P 为循环工况长度；Δt 为离散化时间步长。

另一方面，对于给定工况 CYC，要求工况始末电池充放电的能量平衡，见式（7-79）。

$$\sum_{k=1}^{P} P_b(k) = 0 \quad (7\text{-}79)$$

本节主要通过对工况下燃油与电能的优化分配特性的计算，获取能够反映该工况特征下燃油与电能等效关系的电池等效燃油消耗因子，在此不考虑发动机、电机、电池等部件的约束。引入算子 λ，定义 Lagrange 函数：

$$\boldsymbol{L}_{\text{cyc}}(P_b, P_e, \lambda) = \sum_{k=1}^{P} \dot{m}_e [P_e(k)] \Delta t - \lambda \sum_{k=1}^{P} P_b(k) \Delta t \quad (7\text{-}80)$$

混合动力系统能量优化分配的问题被进一步转化为式（7-80）所示的全局优化求解问题。将式（7-75）代入式（7-80），以 $P_b(k)$ 为优化量，则有：

$$\begin{aligned}
\boldsymbol{L}_{\text{cyc}}(P_b, \lambda_{\text{cyc}}) &= \sum_{k=1}^{P} \dot{m}_e \left[\frac{P_d(k) - P_b(k)\eta_b}{\eta_e} \right] \Delta t - \lambda_{\text{cyc}} \sum_{k=1}^{P} P_b(k) \Delta t \\
&= \sum_{k=1}^{P} \left\{ a \left[\frac{P_d(k) - P_b(k)\eta_b}{\eta_e} \right]^2 + b \left[\frac{P_d(k) - P_b(k)\eta_b}{\eta_e} \right] + c \right\} \Delta t - \lambda_{\text{cyc}} \sum_{k=1}^{P} P_b(k) \Delta t \\
&= s_0 + \sum_{k=1}^{P} [s_1(k) P_b(k)^2 + s_2(k) P_b(k)] \Delta t - \lambda_{\text{cyc}} \sum_{k=1}^{P} P_b(k) \Delta t
\end{aligned} \quad (7\text{-}81)$$

其中：

$$\begin{aligned}
s_0 &= \sum_{k=1}^{P} [a \frac{P_d(k)^2}{\eta_e^2} + b P_d(k) + c] \\
s_1(k) &= a \left(\frac{\eta_b}{\eta_e} \right)^2 \\
s_2(k) &= -[2a P_d(k) + b] \frac{\eta_b}{\eta_e}
\end{aligned} \quad (7\text{-}82)$$

式（7-82）要达到最优，则需要满足 Kuhn-Tucker 条件，见式（7-83）。

$$\begin{aligned}
\frac{\partial \boldsymbol{L}_{\text{cyc}}(P_b, \lambda_{\text{cyc}})}{\partial P_b} &= 0 \\
\frac{\partial \boldsymbol{L}_{\text{cyc}}(P_b, \lambda_{\text{cyc}})}{\partial \lambda_{\text{cyc}}} &= 0
\end{aligned} \quad (7\text{-}83)$$

由式（7-82）、式（7-83），可解得：

$$2s_1(k)P_b^*(k) + s_2(k) - \lambda_{cyc} = 0$$
$$P_b^*(k) = \frac{\lambda - s_2(k)}{2s_1(k)} \tag{7-84}$$

将式（7-84）从 k=1 至 P 累加，结合式（7-79）可以得到 Lagrange 算子 λ 为：

$$\lambda_{cyc} = \frac{\sum_{k=1}^{P} \dfrac{s_2(k)}{2s_1(k)}}{\sum_{k=1}^{P} \dfrac{1}{2s_1(k)}} \tag{7-85}$$

上述混合动力系统能量优化控制策略的计算过程中，利用引入拉格朗日算子，将带电池充放电能量平衡约束的优化问题转化为无约束的问题进行求解。对于给定的循环工况 CYC，通过上述计算可得到固定的 λ，式（7-78）所示的全局优化问题，可以改写为 P 个如式（7-86）所示的瞬时优化问题分别进行。

$$\min_{P_e(k), P_b(k)} L_{cyc}[P_b(k), P_e(k), k] = \dot{m}_e[P_e(k)] - \lambda_{cyc} P_b(k)$$
Subj. to:
$$P_d(k) = P_e(k)\eta_e + P_b(k)\eta_b$$
$$k = 1, 2, \cdots, P \tag{7-86}$$

从能量优化分配的角度，通过引入因子 λ_{cyc}，式（7-86）将混合动力系统全局最优能量分配问题转化为了每一时刻下对燃油与电能的优化分配问题。这从一个侧面反映了对于混合动力系统而言，掌握全局工况的特征信息，通过合理地处理，将此特性引入到当前的混合动力能量分配当中，从而实现计算复杂、可实现性差的全局优化到计算量小、可操作性强的瞬时能量优化分配的转化。从量纲的角度分析式（7-86），其等式右侧的第一项单位为发动机瞬时燃油消耗，对于该优化问题，从量纲统一的角度，第二项可认为是通过因子 λ_{cyc} 将电池功率 $P_b(k)$ 折算为发动机瞬时燃油消耗，该因子反映了当前工况下，燃油与电能之间的等效折算关系，即为电池等效燃油消耗因子。尽管 i-HEV ACC 跟踪过程中的速度曲线与工况 CYC 不完全相同，但其运行的速度、加速、减速等工况特征与识别的工况 CYC 是相同的，因子 λ_{cyc} 可以反映 i-HEV ACC 行驶过程中燃油与电能能量分配的特性，可用于式（7-20）对于整车经济性的等效计算以及后续的优化控制当中。

7.4 智能混合动力汽车 ACC 仿真分析

7.4.1 前向仿真平台结构设计

i-HEV ACC 仿真平台主要用于车辆纵向辅助驾驶系统控制策略的开发调试与仿真分析，作为研究 i-HEV 综合性能的基本平台，应具有以下基本要求：①仿真模型与实车具有较好的一致性，能够良好地反映实际车辆动力学特性；②仿真平台模块化、柔性化，便于根据需要增减系统部件，同时可快速移植到其他类型车辆仿真模型中；③仿真系统基本结构、信息流动与实车一致，可用于控制系统快速开发、性能评价以及策略优化。

针对 i-HEV 车辆多能源驱动/制动系统、环境感知系统信息共用的结构特点，本节以实车部件为单元模块，以实车控制系统和部件信息流动作为模型中的信息流动方向，设计了 i-HEV ACC 分层模块化的柔性前向仿真平台，总体结构如图 7.17 所示。

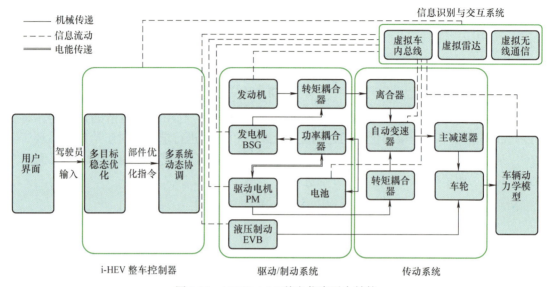

图 7.17　i-HEV ACC 前向仿真平台结构

如图 7.17 所示，所设计 i-HEV ACC 仿真平台的信息以及能量流动与实车保持一致。各动力部件接收整车控制器指令，并输出相应的动力，而整车控制器接收车辆状态反馈、环境识别以及驾驶员操作等信息输入，制定相应的控制策略并控制车辆运动。该仿真平台包含用户界面、i-HEV 整车控制器、驱动/制动系统、传动系统、车辆动力学模型以及信息识别与交互系统等模块。

其中，用户界面模块用于模拟驾驶员操作，制定加速踏板、制动踏板、巡航开关和巡航车速设定等信号，并输入到 i-HEV 整车控制器中；i-HEV 整车控制器包含多目标稳态优化控制器与多系统动态协调控制器等子模块；驱动/制动系统包含发动机、BSG 发电机、PM 驱动电机、电池和 EVB 液压制动等部件模型；传动系统主要包含离合器、AMT 自动变速器以及主减速器等部件模型；车辆动力学模型主要考虑纵向动力学特性，模拟实际车辆运动过程中纵向的驱动力与阻力的相互关系，并计算车辆速度与加速度；信息识别与交互系统主要模拟车内 CAN 总线通信网络、雷达以及无线通信等系统，获取车辆状态、交通环境以及车间运动等信息，并实现车内各部件与整车控制器的信息交互。

从图 7.17 可以看出，i-HEV ACC 前向仿真平台涉及复杂的机械传递、电能传递以及信息流动。从模块化建模的思想出发，各动力部件之间的机械传递采用转矩耦合器模拟，各电驱动系统与电池之间的电能传递采用功率耦合器模拟，而信息流动主要通过虚拟车内总线模拟。

7.4.2　前向仿真平台模型

兼顾模型准确性与精简性，采用如式（7-53）、式（7-54）与式（7-59）的一阶与二阶传递函数对发动机、电机以及 EVB 模型等驱动/制动系统进行建模,对于 i-HEV 高压电池模型,作者参考了文献 [17],采用 Rint 模型进行高压电池组建模。

信息识别与交互系统中,虚拟车内总线在不考虑延时的情况下,以固定周期接收并发送各部件状态信息,虚拟无线通信用于模拟与车-路通信,获取实时交通工况信息,虚拟雷达包含自车与前车相对距离与相对速度的模拟。参考文献 [18],对传动系统以及车辆动力学模型进行建模。最终搭建完整的 i-HEV ACC 前向仿真平台,如图 7.18 所示。该平台包括用户界面子系统、信息识别与交互子系统、整车控制器、驱动/制动子系统、传动子系统以及车辆动力学模型共 6 个子系统。

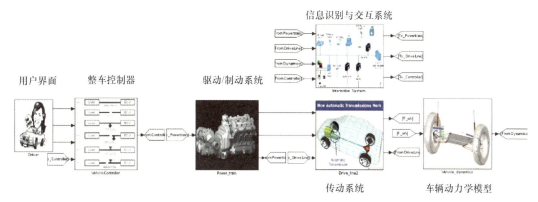

图 7.18　i-HEV ACC 整车模型模块

作者搭建的 i-HEV ACC 前向仿真平台参数采用原 HEV 车辆的参数,其中所涉及的车辆纵向动力学参数、发动机、发电机、驱动电机、动力电池、变速器及主减速器部件参数,分别见表 7.2~ 表 7.7,电机驱动、制动能量回收效率 MAP 图、BSG 电机发电效率 MAP 图分别如图 7.19~ 图 7.21 所示。

表 7.2　i-HEV 车辆纵向动力学参数

参数名称	数值
整车质量 m/kg	1544
整车轴距 l/m	2.675
轮胎滚动半径 R_w/m	0.307
空气阻力系数 C_D	0.316
滚动阻力系数车速一次项 f_2	0.0001
变速器机械传动效率 η_g	0.92
驱动电机机械传动效率 η_{md}	0.95
发电机机械传动效率 η_{mg}	0.9
汽车旋转质量换算系数 δ	1.08
发动机/发电机转速比 i_{e_BSG}	0.625
驱动电机/变速器输出轴转速比 i_{PM_AMT}	1.19

表 7.3　发动机部件参数

排量 /L	额定功率 /kW	最大转矩 /N·m	最高转速 /(r/min)
1.3	63（6000r/min）	120	7000

表 7.4　发电机部件参数

额定功率 /kW	额定转矩 /N·m	最大功率 /kW	最大转矩 /N·m
4	20	8	40

表 7.5　驱动电机部件参数

额定功率 /kW	额定转矩 /N·m	最大功率 /kW	最大转矩 /N·m
15	64	25	135

表 7.6　动力电池部件参数

电池容量 /A·h	工作电压 /V	单体电压 /V	单体容量 /A·h
6	288	1.2	6

表 7.7　5T136 变速器及主减速器部件参数

档位	1	2	3	4	5	R	i_0
速比	3.273	1.895	1.241	0.919	0.756	3.214	4.333

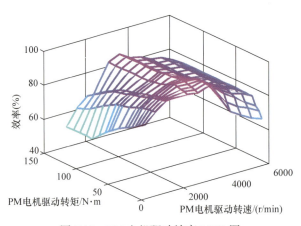

图 7.19　PM 电机驱动效率 MAP 图

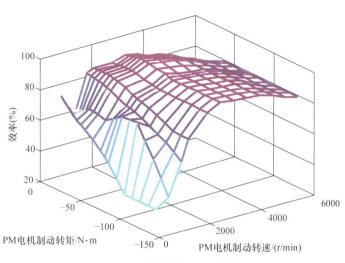

图 7.20　PM 电机制动能量回收效率 MAP 图

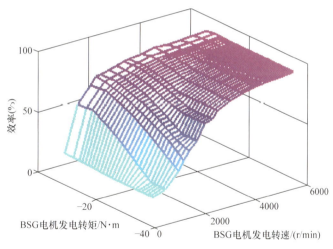

图 7.21　BSG 电机发电效率 MAP 图

7.4.3　前向仿真平台验证

为验证所建立的 i-HEV 前向仿真平台的准确性，对 i-HEV 进行了实车测试，将 i-HEV 实际控制系统发出的发动机、电机、EVB 液压制动等各部件控制转矩发送至各部件模型，经过驱动/制动系统模型、传动系统模型以及车辆纵向动力学模型，计算出仿真的车速，并与实际的车速进行比较。对比结果如图 7.22 所示。

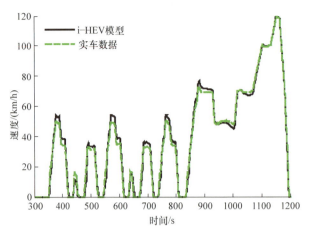

图 7.22　i-HEV 纵向动力学模型验证

在图 7.22 中，实线表示仿真计算得到的车速，虚线表示实车车速。可以发现，仿真车速与实车车速趋势一致，在低速阶段仿真车速与实车车速有一定误差，高速阶段仿真车速与实车车速误差较小，最大误差 10% 以内，平均误差在 5% 以内。考虑实际道路复杂程度，并不能获取较为准确的路面参数，我们搭建的 i-HEV 前向仿真模型可以基本反映实车的动力学性能，能够用于 i-HEV ACC 控制系统开发以及算法的仿真以及对比评价。

7.4.4　仿真对比工况

（1）仿真 1：i-HEV ACC 与 IV ACC 对比工况

本节设计前车大加减速工况，以前车速度迅速变化情况下系统的响应特性来反映各系统的跟踪安全性能。

1）前车大减速工况。大减速工况主要用于仿真分析巡航过程中较大制动强度下，车辆各部件工作以及车辆速度的变化。前车工况设计为从 70km/h 开始，以恒定制动减速度 $-2m/s^2$ 减速，如图 7.23a 所示。

2）前车大加速工况。大加速工况主要用于仿真分析前车大加速情况下，车辆各部件工作以及车辆速度的变化，设计前车初始速度为 37km/h，第 10s 时以恒定加速度 $1m/s^2$ 加速 3s 后保持匀速，如图 7.23b 所示。

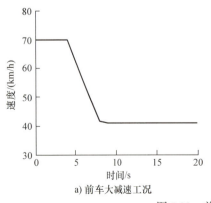
a）前车大减速工况

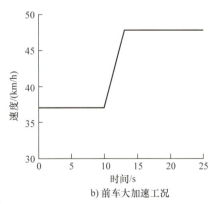
b）前车大加速工况

图 7.23　前车加减速工况

(2)仿真 2：i-HEV ACC 与驾驶员 HEV 对比

为全面对比 i-HEV ACC 与驾驶员 HEV 的跟踪安全性与燃油经济性，本节采用 ISUZU ACC 循环测试工况对各系统的性能进行仿真评价，包含城市循环工况与高速循环工况。由于原 ISUZU 城市循环工况包含车速为零的车辆起动 - 停止巡航过程，而一般 ACC 要求车速在 20km/h 以上，基于原循环工况特征，将最低车速提高，最高车速限制在 50km/h 以下，重新设计城市循环工况如图 7.24a 所示，图 7.24b 为高速循环工况。

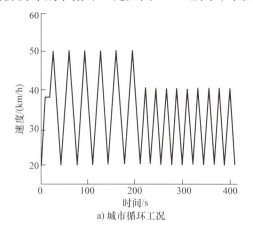
a) 城市循环工况

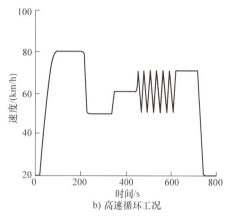
b) 高速循环工况

图 7.24　ISUZU ACC 循环测试工况

(3)仿真 3：i-HEV ACC 与简单叠加式 HEV ACC 对比

该对比采用与仿真 2 同样的 ISUZU 循环工况。

综上所述，汇总 i-HEV ACC 与 IV ACC、HEV 以及简单叠加式 HEV ACC 各仿真对比工况，见表 7.8。

表 7.8　i-HEV ACC 仿真对比工况

编号	对比系统	对比工况	主要对比指标
1	IV ACC	大减速工况	跟踪安全性
		大加速工况	跟踪安全性
2	HEV	ISUZU ACC 循环工况	跟踪安全性、燃油经济性
3	简单叠加式 HEV ACC	ISUZU ACC 循环工况	燃油经济性

7.4.5　仿真对比评价指标

为对仿真结果进行综合分析与比较，要求定义量化的跟踪安全性、行驶舒适性以及燃油经济性的指标。

(1)跟踪安全性指标

对于车辆的纵向运动而言，所谓跟踪安全性主要指自车在跟踪前车过程中，与前车保持的相对速度与安全距离的情况。基于车辆跟踪过程中的距离误差以及相对速度的定义，设计跟踪安全性指标 S，如式（7-87）所示。

$$S = \frac{1}{N} \sum_{k=1}^{N} \left[|\frac{\Delta d(k)}{K_{DV}}| + |\Delta v(k)| \right] \quad (7-87)$$

式中，N 为循环工况所有采样数据点；K_{DV} 为相对距离误差权重系数；$\Delta d(k)$ 为 k 时刻实际车间距离与期望安全距离的误差；$\Delta v(k)$ 为 k 时刻的车间相对速度。

（2）行驶舒适性指标

以车辆跟踪过程中的加速度来表征行驶舒适性指标，加速度幅值越小，则表明行驶舒适性越好，反之，加速度幅值越大，则行驶舒适性越差。因此，从驾驶员舒适性约束的角度，加速度应满足 $a_{bmin} \leq a_f \leq a_{dmax}$，这表明系统满足驾驶员行驶舒适性的基本要求。

（3）燃油经济性指标

燃油经济性指标采用混合动力系统循环工况等效油耗表示，即循环工况下发动机燃油消耗 m_e 与电池等效燃油消耗 m_b 的叠加。其中电池等效燃油消耗由其 SOC 变化决定，设 γ 为电池 SOC 等效燃油消耗折算系数，系统燃油经济性可以表示为：

$$\text{EQF} = m_e + \gamma \Delta_{SOC} \quad (7-88)$$

不同的电池等效燃油消耗折算系数 γ，对系统最终燃油消耗结果会产生一定的影响。为使得各系统油耗具有一定可比性，保证结果的客观性，应尽量基于仿真中的发动机燃油消耗与电池电量消耗的结果来表示。因此，尽管基于当前车辆行驶的循环工况，已估算过电池等效燃油消耗因子 λ，但该因子只适合用于控制器的优化设计，评价仿真的燃油经济性结果，需基于发动机燃油消耗及电能消耗，对电池等效燃油消耗因子重新进行计算。

对于同一混合动力系统而言，电池 SOC 等效油耗折算系数主要受两个因素影响：①混合动力系统运行工况的差异；②混合动力系统能量分配策略的差异。因此，评价不同控制策略下的混合动力系统燃油经济性，应分别计算不同工况、不同策略下对应的电池 SOC 等效油耗折算系数。

对于本章所要进行的燃油经济性的对比，其工况均为 ISUZU 循环工况，各仿真对比系统的混合动力能量分配策略主要分为两大类，一类是 i-HEV ACC 所对应的基于跟踪安全性与燃油经济性协调优化的能量分配策略，另一类是对比系统所采用的基于规则的实车能量分配策略。因此，对于电池 SOC 等效油耗折算系数的计算，需要计算 ISUZU 工况下 i-HEV 电池 SOC 等效燃油消耗折算系数 $\gamma_{i\text{-HEV}}$，基于规则分配策略的电池 SOC 等效燃油消耗折算系数 γ_{Rule}。

为避免单一控制器参数对电池 SOC 等效油耗折算系数的影响，本节将不同控制器参数下所得的发动机燃油消耗与循环工况下 SOC 的变化进行线性拟合，得到统一的电池 SOC 等效燃油消耗折算系数，对应系统等效燃油消耗可表示为：

$$\begin{aligned} \text{EQF}_{i\text{-HEV}} &= \gamma_{i\text{-HEV}} * \Delta_{SOC} + f_{Eng} t \\ \text{EQF}_{Rule} &= \gamma_{Rule} * \Delta_{SOC} + f_{Eng} \end{aligned} \quad (7-89)$$

式中，$\text{EQF}_{i\text{-HEV}}$ 为表征 i-HEV 系统的燃油经济性的等效燃油消耗；EQF_{Rule} 为表征基于规则能量分配策略下的 HEV 系统燃油经济性的等效燃油消耗；f_{Eng} 为发动机燃油消耗；Δ_{SOC} 为循环工况下电池 SOC 的变化量。

改变控制器跟踪安全性、燃油经济性权重系数,获得不同控制器参数下的发动机燃油消耗与电池 SOC 变化的仿真结果。其中,电池 SOC 变化量为循环工况结束时 SOC 与循环工况初始 SOC 之间的差值。i-HEV、HEV 城市循环、高速循环工况下燃油消耗与电池 SOC 变化曲线分别如图 7.25 和图 7.26 所示。其中标记○为不同控制器参数下的发动机燃油消耗与电池 SOC 变化量的仿真结果,黑色的直线为拟合的电池 SOC 变化下发动机燃油消耗的结果。通过线性拟合,其斜率即为电池 SOC 等效油耗折算系数。

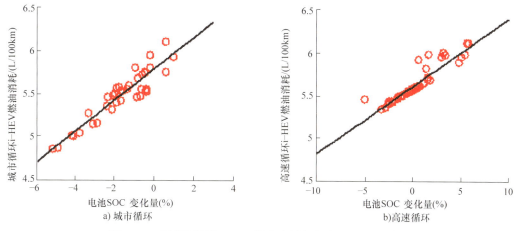

图 7.25　不同循环下 i-HEV 燃油消耗与电池 SOC 变化曲线

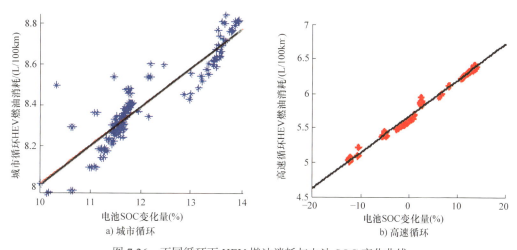

图 7.26　不同循环下 HEV 燃油消耗与电池 SOC 变化曲线

从图 7.25 和图 7.26 的拟合直线中,可得城市循环工况与高速循环工况下,i-HEV 电池 SOC 等效油耗折算系数 $\gamma_{i\text{-}HEV}$ 分别为 18.01、7.91,HEV 电池 SOC 等效油耗折算系数 γ_{HEV} 分别为 18.89、5.26。

7.4.6 仿真对比策略及对比方法

所设计的仿真对比方案中,涉及不同系统结构、不同控制方式的系统仿真对比评价,以下将针对各对比系统的特点,设计合理的对比策略。

(1) 仿真1：i-HEV ACC 与 IV ACC 的对比

为减少控制系统以及参数设计差异对 i-HEV ACC 以及 IV ACC 跟踪安全性能对比的影响,采用同样的整车功率需求作为 i-HEV ACC 以及 IV ACC 的输入,见式(7-90),其中 $T_{i\text{-}HEV\_w}$ 为 i-HEV 车轮端需求转矩, T_{IV_w} 为 IV 车轮端需求转矩。在此假设下,对比系统在大减速工况和大加速工况下的系统响应特性及对应的跟踪安全性。

$$T_{i\text{-}HEV\_w} = T_{IV\_w} \tag{7-90}$$

(2) 仿真2：i-HEV ACC 与 HEV 的对比

实现驾驶员模式的 HEV 主要涉及两个问题：一是开发用于对比的 HEV 的能量分配策略;二是设计驾驶员纵向跟驰模型。

针对对比用 HEV 能量分配策略的问题,采用现有的基于规则的混合动力能量分配策略,该能量分配策略已通过反复测试和参数匹配,实验证明是一种燃油经济性综合效果较好的能量分配策略,可以作为 i-HEV ACC 的对比控制策略。

在驾驶员纵向跟驰建模方面,目前应用较为广泛的是于20世纪80年代由 Peter G. Gipps 提出的,基于安全距离模型的 Gipps 驾驶员纵向跟驰模型[19]。根据文献[20],采用改进的 Gipps 纵向驾驶员模型,该模型基本方程如式(7-91)所示。

$$v_n(t+\tau) = \min \left\{ \begin{array}{l} v_n(t) + 2.5a_n\tau\left[1 - \dfrac{v_n(t)}{V_n}\right]\sqrt{0.025 + \dfrac{v_n(t)}{V_n}} \\ b_n\tau + \sqrt{b_n^2\tau^2 - b_n\left\{2\left[x_{n-1}(t) - s_{n-1} - x_n(t) - v_n(t)\tau\right] - \dfrac{v_{n-1}(t)^2}{\hat{b}}\right\}} \end{array} \right. \tag{7-91}$$

式中, a_n 为驾驶员允许的最大加速度; b_n 为驾驶员允许的最大减速度; $\hat{b}$ 为前车驾驶员允许的最大减速度; s_{n-1} 为前车的有效长度; V_n 为无前车情况下的驾驶员期望行驶速度; $v_n(t)$ 为车辆 t 时刻速度; $v_{n-1}(t)$ 为前车 t 时刻速度; $x_n(t)$ 为车辆 t 时刻位置; $x_{n-1}(t)$ 为前车 t 时刻位置; τ 为驾驶员反应时间。

为简化模型设计,对其中的部分参数进行简化,如下式所示。

$$\begin{array}{l} b_n = -2.0a_n \\ s_{n-1} = 4(m) \\ \hat{b} = \min\left[-3.0, (b_n - 3.0)/2\right] \end{array} \tag{7-92}$$

式(7-92)所示的 Gipps 模型等式右侧第一个方程表示无前车情况下,驾驶员跟踪设定速的过程，第二个方程表示跟随前车运动情况下，驾驶员的跟踪过程。由于本章所涉及的仿真对比中，主要考虑有前车的工况，故不考虑式（7-91）等式右侧第一个无前车的跟踪方程，将驾驶员纵向跟驰模型修改为下式。

$$v_n(t+\tau) = b_n\tau + \sqrt{b_n^2\tau^2 - b_n\left\{2\left[x_{n-1}(t) - s_{n-1} - x_n(t) - v_n(t)\tau\right] - \frac{v_{n-1}(t)^2}{\hat{b}}\right\}} \quad (7\text{-}93)$$

从式（7-92）与式（7-93）可以看出，简化后的驾驶员纵向跟驰模型中，可以进行调整的参数包括驾驶员最大加速度 a_n 与驾驶员反应时间 τ，a_n 表征了驾驶员对于车辆加速能力的需求，而 τ 表征了驾驶员应对环境状况改变下反应速度，改变这两个参数，可以较为全面地反映跟踪过程中不同驾驶员的跟驰特性。

单一的控制器参数不足以分析与评价 i-HEV ACC 系统与驾驶员模式下 HEV 的综合性能。因此，以 Gipps 模型为基础，改变 a_n、τ 取值，以改变驾驶员纵向跟驰特性；另一方面，改变式（7-94）所示的 i-HEV ACC 优化目标函数安全与燃油经济性能权重系数 q、r，以得到一系列不同驾驶员跟踪特性，与 i-HEV ACC 不同跟踪安全性与燃油经济性权重下的车辆跟踪结果，基于此进一步分析 i-HEV ACC 系统与 HEV 系统的安全、经济与舒适的综合性能。

$$g(x,u) = qL_s(x,u) + rL_m(x,u) \quad (7\text{-}94)$$

最大加速度 a_n 与驾驶员反应时间 τ，权重系数 q 与 r 取值见表 7.9 所示。

表 7.9 仿真对比参数设计

类别	参数名称	参数取值
驾驶员模型参数	a_n	0.6~2.5m/s²
	τ	0.2~2s
	V_n	120km/h
i-HEV ACC	q	0.01~100
	r	1

（3）仿真 3：i-HEV ACC 与简单叠加式 HEV ACC 对比

以简单叠加式 HEV ACC 分层控制算法为对比控制算法[21]，控制系统结构如图 7.27 所示。上层采用跟踪误差线性调节方法制定期望加速度，下层控制与驾驶员模式 HEV 中的能量分配策略一致，采用已应用于实车的整车能量分配控制策略进行混合动力系统的能量分配。

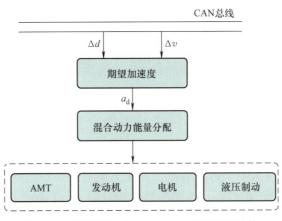

图 7.27 简单叠加式 HEV ACC 控制系统结构

基于跟踪误差线性调节的期望加速度计算公式如下。

$$a_d = K_1 \Delta d + K_2 \Delta v \tag{7-95}$$

式中，a_d 为期望加速度；K_1、K_2 为控制器可调参数。

为避免跟踪误差过大产生的加速度冲击，对计算出的期望加速度进行式（7-96）所示的饱和处理。

$$a_d = \begin{cases} 2, & a_d > 2 \\ a_d, & -2.5 < a_d < 2 \\ -2.5, & a_d < -2.5 \end{cases} \tag{7-96}$$

与 HEV 对比类似，为避免控制器参数设计差异对两个系统特点的影响，改变两控制系统的控制器参数，对 i-HEV ACC 系统与简单叠加式 ACC 系统进行全面的仿真，在一系列仿真结果的基础上进行系统的分析与对比。

对于简单叠加式 ACC，改变线性跟踪误差调节系数 K_1、K_2，对于 i-HEV ACC，改变优化目标函数中跟踪安全性、燃油经济性权重系数 q、r，各参数取值范围见表 7.10。

表 7.10 仿真对比参数设计

类别	参数名称	参数取值
简单叠加式 ACC	K_1	0~10
	K_2	0~10
i-HEV ACC	q	0.01~100
	r	1

7.4.7 i-HEV ACC 与 IV ACC 仿真结果对比分析

（1）前车大减速工况

图 7.28 所示为大减速工况下 i-HEV ACC 与 IV ACC 的仿真对比结果。其中，图 7.28a 是前车、i-HEV 以及 IV 速度变化曲线，图 7.28b 是相对速度变化曲线，图 7.28c 是距离

误差变化曲线,图7.28d是跟踪误差相图,图7.28e是车轮端制动转矩。其中,实线表示i-HEV状态,虚短线表示IV状态。图7.28f是i-HEV电机制动、EVB液压制动以及IV的EVB液压制动转矩变化曲线,其中实线为i-HEV的EVB液压制动转矩,虚点线为i-HEV的PM电机能量回馈制动转矩,灰色虚线为IV的EVB液压制动转矩。

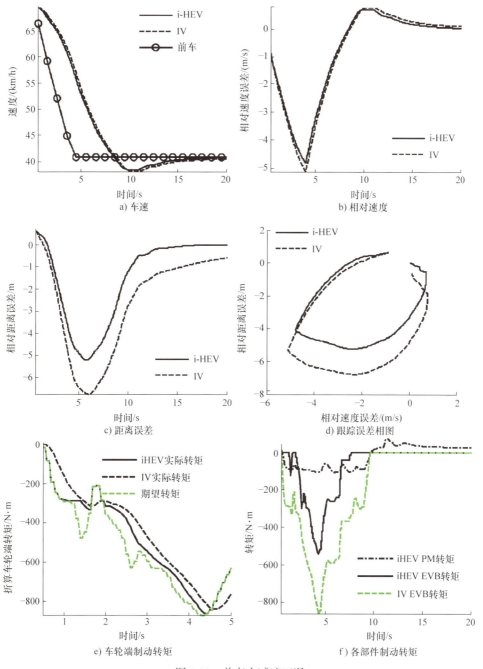

图7.28 前车大减速工况

从图 7.28a 和图 7.28b 可以看出，在前车大减速过程中，i-HEV ACC 相比 IV ACC 具有更快的制动响应特性，一定程度上提高了车辆制动下的跟踪安全性。这一点还可以通过图 7.28c 所示速度积分得到的跟踪距离误差的差别看出。此外，从相对速度和相对距离误差的相图 7.28d 可以看出，i-HEV 跟踪过程所组成的相图在 IV 跟踪过程相图内，即 i-HEV 能够保持较 IV 更好的跟踪性能。

通过图 7.28e 和图 7.28f 分析两系统的制动过程。从图 7.28e 可以看出，i-HEV 制动过程中，EVB 液压制动与电机回馈制动进行实时动态协调，能够较快跟踪系统期望制动转矩，相比单纯依靠 EVB 液压制动的 IV，具有更快响应系统制动需求的优点。从图 7.28f 可以看出，制动过程中电机回馈制动转矩在其允许的最大制动转矩值（100N·m）附近进行动态调整，一方面对期望总制动转矩进行动态协调，另一方面，始终保持在较大制动转矩，亦可以提高能量回收率。而 IV 虽然拥有较 i-HEV 更大的液压制动转矩，但是由于其系统响应较慢，因此车辆制动效果较 i-HEV 差。

（2）前车大加速工况

图 7.29、图 7.30 为大加速工况下 i-HEV ACC 与 IV ACC 的仿真对比结果。其中，图 7.29a 是前车、i-HEV 以及 IV 速度变化曲线，图 7.29b 是相对速度变化曲线。图 7.30a 是距离误差变化曲线，图 7.30b 是跟踪误差相图，图 7.30c 是 i-HEV PM 电机、发动机以及 BSG 电机转矩变化曲线，图 7.30d 是 i-HEV 档位变化，图 7.30e 是 i-HEV 与 IV 系统折算的变速器后端输出转矩。

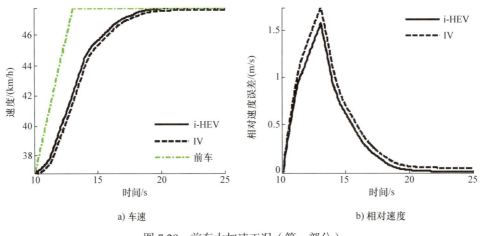

图 7.29　前车大加速工况（第一部分）

从图 7.29 与图 7.30a 和 b 可以看出，前车加速过程中，在同样的期望驱动转矩需求下，i-HEV 始终能够比 IV 更快地跟随前车加速，具有更好的加速跟踪安全性。跟踪过程中，i-HEV 相对速度与相对距离误差所组成的跟踪误差相图较 IV 跟踪过程相图小，i-HEV 在当前的驱动功率需求下，能够在跟踪距离误差基本为 0 的前提下，较快地跟踪前车。

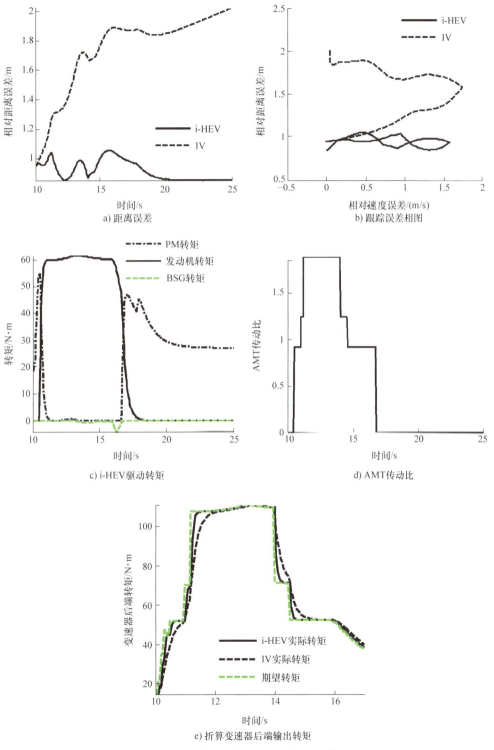

图 7.30 前车大加速工况（第二部分）

进一步分析发动机、电机模式切换与联合工作过程，可以发现通过发动机与电机的动态协调控制，i-HEV 相比 IV 能够更快跟踪整车期望驱动转矩。图 7.30e 中，实线为 i-HEV 变速器后端实际转矩，黑虚线为 IV 变速器后端实际转矩，浅虚线为整车变速器后端期望转矩。在期望转矩快速上升的过程中，由于发动机响应速度较慢，因此仅包含发动机动力源的 IV 实际输出转矩相比基于电机与发动机协调控制的 i-HEV，其实际转矩响应更慢。从图 7.30c 进一步分析，在发动机起动初期，电机转矩没有立即卸载，而是基于整车驱动需求对发动机响应延迟进行补偿，保证整车实际驱动功率较快地跟踪整车需求的驱动功率，这也最终使得在大加速过程中，i-HEV 比 IV 具有更快的系统响应特性。

系统的快速响应特性能够进一步满足驾驶员特性，减少驾驶员频繁介入，同时减少前车切入概率，提高交通系统稳定性以及系统跟踪安全性。

7.4.8　i-HEV ACC 与 HEV 仿真结果对比分析

（1）跟踪安全性与燃油经济性总体仿真结果对比

图 7.31 为 ISUZU 循环工况下，i-HEV ACC 与驾驶员 HEV，在控制参数变化时所得的一系列跟踪安全性与燃油经济性的仿真结果。其中，图 7.31a 为城市循环工况仿真结果，图 7.31b 为高速循环工况仿真结果，○为改变控制参数下的 i-HEV ACC 仿真结果，*点为驾驶员 HEV 跟随前车的仿真结果。

如图 7.31 所示，越靠近原点，跟踪安全性评价因子越小，同时油耗也越低，则系统具有更综合的跟踪安全性与燃油经济性。从仿真结果可以看出，相比驾驶员 HEV，i-HEV ACC 距离原点更近，具有更好的跟踪安全性与燃油经济性的综合性能。依靠车载环境感知系统以及功率优化制定与分配，优化混合动力系统能量分配，在相同的跟踪安全性条件下，i-HEV ACC 相比驾驶员 HEV 可进一步提高车辆燃油经济性。

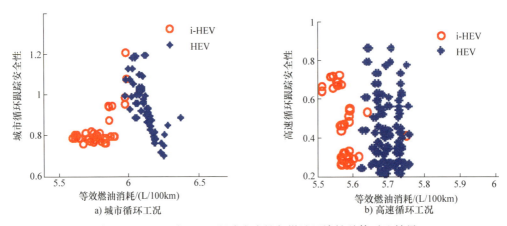

图 7.31　i-HEV 与 HEV 跟踪安全性与燃油经济性总体对比结果

从图 7.31a 所示的城市循环工况安全性与经济性仿真结果可以看出，i-HEV ACC 跟踪安全性指标约为 0.8 左右，由于城市循环工况下车速变化频繁，混合动力系统燃油经济性具有较大的优化潜力，通过协调优化安全性与经济性以及各动力部件，同等跟踪安全性下，i-HEV ACC 燃油经济性相比驾驶员 HEV 可提高约 10%。从图 7.31b 所示的高速循环工况仿真结果可以看出，由于高速循环工况车辆加减速波动较少，驾驶员可以相对较好地跟随前车运动，大部分工况下系统处于发动机单独驱动的模式，混合动力系统可优化潜力相对较小，i-HEV ACC 燃油经济性相比驾驶员 HEV 提高约 3%，两系统均可以保持较好的跟踪安全性。

（2）仿真案例分析

选取 HEV 与 i-HEV 跟踪安全性均为约 0.8 时，ISUZU 城市循环工况仿真结果进行分析，其中 i-HEV 以及 HEV 权重系数为 $q=10$，$r=1$，$\tau=0.3$，$a_n=0.8$。

仿真结果如图 7.32 ~ 图 7.34 所示。其中，图 7.32a 是前车、i-HEV 与 HEV 自车速度变化曲线，图 7.32b 是相对速度变化曲线，图 7.32c 是距离误差变化曲线，图 7.32d 是跟踪误差相图。

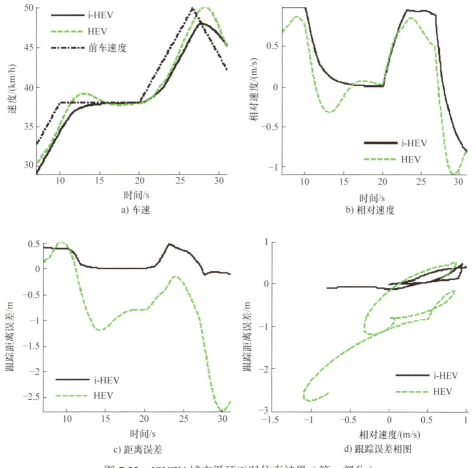

图 7.32　ISUZU 城市循环工况仿真结果（第一部分）

图 7.33a 是发动机转矩变化曲线，图 7.33b 是 PM 电机转矩变化曲线，图 7.33c 是 BSG 电机转矩变化曲线，图 7.33d 是 AMT 传动比变化曲线，图 7.33e 是车辆加速度变化曲线，图 7.33f 是循环工况电池 SOC 变化曲线。

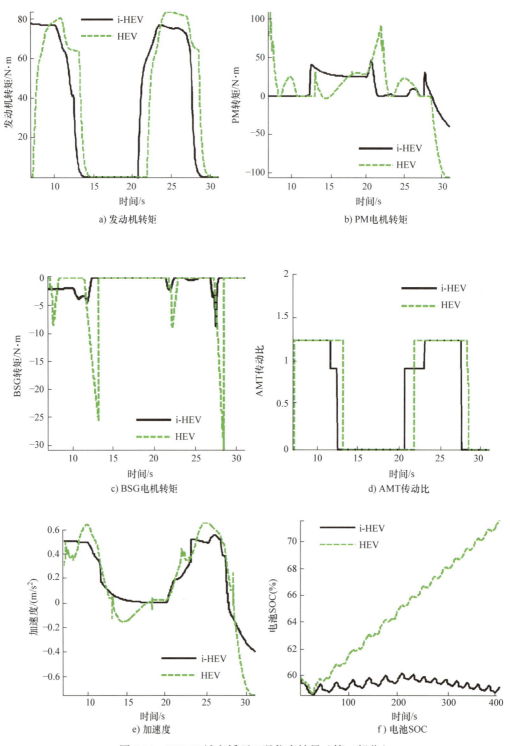

图 7.33 ISUZU 城市循环工况仿真结果（第二部分）

图 7.34 所示为循环工况发动机工作点，图中实线为 i-HEV 变化曲线，虚线为 HEV 变化曲线。

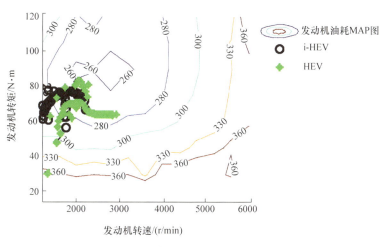

图 7.34　ISUZU 城市循环工况仿真结果（第三部分）

从图 7.32a～d 可以看出，i-HEV ACC 与 HEV 均可以较好地跟随前车运动，但 i-HEV ACC 具有更好的协调距离误差和相对速度的综合性能。相比 HEV，i-HEV ACC 能够更平稳无超调地跟随前车速度，始终保持较小的跟踪误差，其跟踪相对速度保持在 1m/s 以内，相对距离误差保持在 0.5m 以内。这一点可以从图 7.32d 所示的相对速度与相对距离误差相图中进一步看出，i-HEV 跟踪误差相图位于 0 附近，且比 HEV 跟踪误差相图小，HEV 虽然速度响应稍快，但存在一定的超调，且其没有协调距离跟踪的问题。

从图 7.33e 所示的车辆加速度曲线可以看出，i-HEV ACC 与 HEV 均以较小的加速度跟随前车运动，保持良好的行驶舒适性。而 i-HEV ACC 加速度变化更为平滑，幅值更小，相比 HEV 具有更好的行驶舒适性。由于 i-HEV ACC 运动过程中加减速更平缓，这也减少了急加速、急减速带来的额外的能量损耗，可一定程度提升燃油经济性。从这个角度，行驶舒适性与燃油经济性能够保持一定的一致性。

从图 7.33a～d 所示的 i-HEV 与 HEV 各动力部件变化曲线可以看出，i-HEV ACC 发动机、电机以及 AMT 以较优化的方式协调工作，保持了较好的燃油经济性，且通过 i-HEV 对于交通工况信息的识别以及跟踪过程中对于安全性、经济性的协调优化，相对 HEV 具有更优的燃油经济性。从图 7.33a 的发动机变化曲线可以看出，前车在 20s 时加速，由于此时需求功率较大，i-HEV 直接起动发动机，进入发动机驱动并发电的模式，以满足自车加速的需求，同时，为进一步优化发动机工作点，AMT 档位相比 HEV 保持在较高的 3 档。当前车 27s 开始减速时，i-HEV 相比 HEV 提前关闭发动机，转化为纯电动模式。当前车进一步减速时，i-HEV 与 HEV 均进入到制动能量回收的模式。

图 7.34 为发动机工作点变化曲线，其中○表示 i-HEV 工作点，* 表示 HEV 发动机工作点。从图中可以看出，i-HEV 与 HEV 通过发动机工作点优化，均能够保证发动机处于较优的工作区间。但相比基于规则的 HEV 能量分配策略，i-HEV 的发动机工作点普遍处于更优的发动机油耗 MAP 中，这也在一定程度上提高了整车燃油经济性。图 7.33f 为电池 SOC

变化曲线,从图 7.33f 中可以发现,i-HEV 电池 SOC 在循环工况初始与终止时保持平衡,而 HEV 基于规则的能量分配策略下,电池 SOC 有较大幅度的提高。

循环工况仿真结果见表 7.11,其中 HEV 在 ISUZU 循环工况下发动机油耗为 8.4L/100km,循环工况结束 SOC 升高 11.7%,通过折算系数折算后,最终整车等效燃油消耗为 6.19L/100km;而 i-HEV 在 ISUZU 循环工况下发动机油耗为 5.46L/100km,循环工况结束 SOC 下降了 0.9%,通过折算系数折算后,最终 i-HEV 整车等效燃油消耗为 5.62L/100km。可以发现,在基本相同的跟踪效果下,i-HEV 比驾驶员 HEV 模式燃油经济性提高了 9.2%。

表 7.11 ISUZU 循环工况百公里油耗结果

对比类型	发动机油耗/(L/100km)	SOC 变化(%)	等效百公里油耗/(L/100km)
驾驶员 HEV	8.4	11.7	6.19
i-HEV ACC	5.46	−0.9	5.62

7.4.9 i-HEV ACC 与简单叠加式 HEV ACC 仿真结果对比分析

(1)跟踪安全性与燃油经济性总体仿真结果对比

图 7.35 所示为 ISUZU 循环工况下,i-HEV ACC 与简单叠加 HEV ACC,在控制参数变化时所得的一系列跟踪安全性与燃油经济性的仿真结果。其中图 7.35a 为城市循环工况仿真结果,图 7.35b 为高速循环工况仿真结果,○为改变控制参数下的 i-HEV ACC 仿真结果,*点为简单叠加 HEV ACC 下跟随前车的仿真结果。

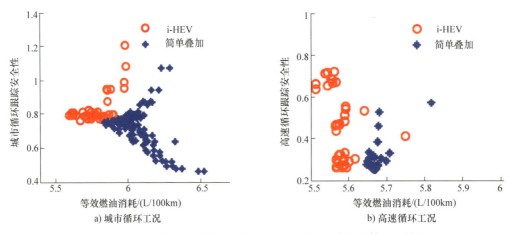

a) 城市循环工况　　b) 高速循环工况

图 7.35 ISUZU 循环工况的跟踪安全性与燃油经济性总体对比结果

从仿真结果可以看出,i-HEV ACC 与简单叠加 HEV ACC 均能够获得较好的跟踪安全性。而相比简单叠加 HEV ACC,i-HEV ACC 综合考虑车辆行驶工况信息,协调跟踪安全性与燃油经济性进行能量优化分配,具有综合优化的跟踪安全性与燃油经济性,相同跟踪安全性下,具有更好的燃油经济性。

如图 7.35 所示,城市循环工况下,跟踪安全性为 0.8 左右,i-HEV ACC 为 5.6L/100km,

而简单叠加式 ACC 为 5.9L/100km，i-HEV ACC 相比简单叠加 HEV ACC 燃油经济性提高 5%，而高速循环工况下，跟踪安全性为 0.3 左右时，i-HEV ACC 最优的燃油经济性为 5.55L/100km，而简单叠加 HEV ACC 最优燃油经济性为 5.65L/100km，i-HEV ACC 相比简单叠加 HEV ACC 燃油经济性提高 2% 左右，其燃油经济性提升较城市循环工况小，原因主要在于高速工况下发动机处于较优的工作区间，系统燃油经济性优化潜力较小。

（2）仿真案例分析

选取 i-HEV 与简单叠加 HEV ACC 跟踪安全性均为约 0.8 时，ISUZU 城市循环工况仿真结果进行分析。其中 i-HEV 与简单叠加 HEV ACC 的权重系数为 $q = 10$，$r = 1$，$K_1 = 4$，$K_2 = 0.1$。

图 7.36～图 7.38 所示为 ISUZU 循环工况下 i-HEV 与简单叠加 HEV ACC 的部分仿真结果。其中，图 7.36a 是前车、i-HEV 与简单叠加 HEV ACC 自车速度变化曲线，图 7.36b 是相对速度变化曲线，图 7.36c 是距离误差变化曲线，图 7.36d 是跟踪误差相图。图 7.37a 是发动机转矩变化曲线，图 7.37b 是 PM 电机转矩变化曲线，图 7.37c 是 BSG 电机转矩变化曲线，图 7.37d 是 AMT 传动比变化曲线，图 7.37e 是车辆加速度变化曲线，图 7.37f 是循环工况电池 SOC 变化曲线。图 7.38 所示为循环工况发动机工作点，图中实线为 i-HEV 变化曲线，虚线为 HEV 变化曲线。

从图 7.36a～d 可以看出，i-HEV 与简单叠加算法均能够跟随前车运动，保持较好的跟踪安全性。从图 7.36b 的相对速度变化曲线可以看出，两个算法的相对速度均保持在 1m/s 的范围内，且基本一样。从图 7.36c 的距离误差可以看出，两个算法均可以对期望距离实现较好的跟踪，其误差保持在 0.4m 以内，i-HEV ACC 跟踪距离误差稍大，但是其与简单叠加算法的差别仅在 0.2m 左右，这个差别对于纵向跟车而言，可以忽略不计。

从图 7.37e 可以看出，i-HEV 与简单叠加算法跟踪过程中的车辆加速度均保持在 0.5m/s² 以内，符合纵向行驶舒适性的要求。从其对比结果可以看出，两个算法加速度轨迹基本保持一致，仅在少数时刻有微小差别。

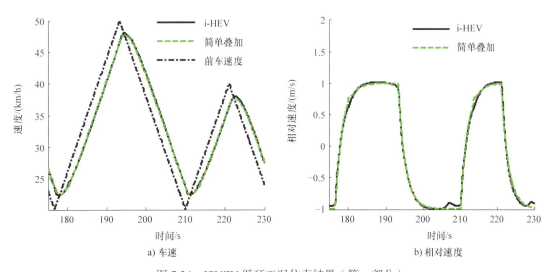

图 7.36 ISUZU 循环工况仿真结果（第一部分）

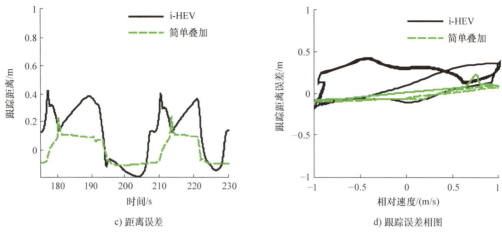

c) 距离误差

d) 跟踪误差相图

图 7.36 ISUZU 循环工况仿真结果（第一部分）（续）

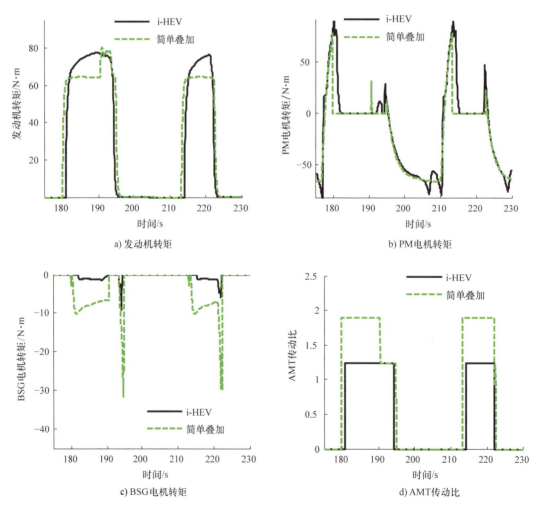

a) 发动机转矩

b) PM电机转矩

c) BSG电机转矩

d) AMT传动比

图 7.37 ISUZU 循环工况仿真结果（第二部分）

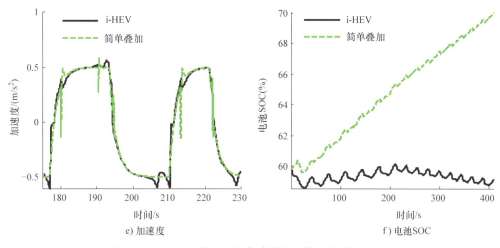

图 7.37 ISUZU 循环工况仿真结果（第二部分）（续）

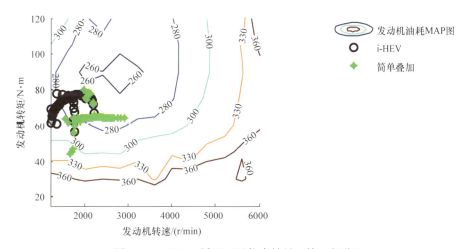

图 7.38 ISUZU 循环工况仿真结果（第三部分）

从图 7.37a～d 所示各动力部件变化曲线可以看出，i-HEV ACC 与简单叠加算法均以较优化的混合动力系统工作方式行驶，而通过发动机起动时间以及与变速器的协调优化，i-HEV ACC 具有更优的燃油经济性。随着前车加速以及减速运行，系统经历了纯电动、发动机驱动并发电、发动机单独驱动，以及制动能量回收等不同混合动力系统工作模式。而从图 7.37a 中可以看出，i-HEV 相比简单叠加法其发动机晚开早关，且其发动机工作点处于更为经济的区间，这在一定程度上可以提高的整车燃油经济性，同时通过图 7.37d 的变速器档位图可以发现，发动机驱动过程中 i-HEV 始终处于 3 档运行，而简单叠加式算法部分时间处于 2 档运行。由此可以发现，结合发动机工作区间以及变速器档位的协调优化，i-HEV 可以在满足同样驱动功率的前提下，优化发动机转矩工作点，从而优化发动机工作效率，提高整车燃油经济性。

从图 7.38 所示发动机工作点变化曲线可以看出，i-HEV 发动机工作点处于更优化的区间内。图中○表示 i-HEV 工作点，*表示简单叠加算法发动机工作点。从图 7.38 中可以看出，i-HEV 与简单叠加算法通过发动机工作点优化，均能够保证发动机处于较优的工作区间。但是，相比基于规则的简单叠加算法能量分配策略，i-HEV 的发动机工作点普遍处于更优的发动机油耗 MAP 中，这也在一定程度上提高了整车燃油经济性。

从图 7.37f 所示电池 SOC 变化曲线中可以看出，i-HEV 循环工况内具有更平衡的 SOC 变化，可提高系统综合的燃油经济性。从图 7.37 中可以发现，i-HEV 通过设计合理的电池等效油耗因子以进行合理的发动机与电池的能量分配，基本保持了电池 SOC 在循环工况初始与结束时平衡，而简单叠加式算法在循环工况结束时 SOC 升高较多。而实际上，在完成循环工况运行要求的前提下，尽量维持电池 SOC 平衡是最理想的能量分配方案，这样可以尽量避免电池两次充电以及放电所带来的效率损失，从而提高系统燃油经济性。这也从另一个侧面说明，基于模型预测优化的 i-HEV ACC 控制系统，通过对于工况电池等效燃油消耗因子估算和局部预测下的需求能量计算及优化分配，能够提高系统综合的燃油经济性。

从图 7.37a、b 可以看出，系统在纯电动与发动机驱动模式切换时，通过电机与发动机转矩的协调，系统实现了平稳切换。由于发动机响应速度较慢，起动发动机时驱动电机转矩并没有立即完全消失，而是逐渐减小其驱动转矩，使得系统平滑地从纯电动切换为发动机驱动模式，以维持系统驱动功率基本不变。

ISUZU 循环工况仿真结果见表 7.12。其中，简单叠加 HEV ACC 算法在 ISUZU 循环工况下发动机油耗为 7.64L/100km，循环工况结束 SOC 升高 9.4%，通过折算系数折算后，最终整车等效燃油消耗为 5.86L/100km；而 i-HEV ACC 在 ISUZU 循环工况下整车等效燃油消耗为 5.62L/100km，可以发现在基本相同的跟踪效果下，i-HEV 比简单叠加式算法燃油经济性提高了 4.1%。

表 7.12 ISUZU 循环工况百公里油耗结果

对比类型	发动机油耗/(L/100km)	SOC 变化（%）	等效百公里油耗/(L/100km)
HEV ACC	7.64	9.4	5.86
i-HEV ACC	5.46	−0.9	5.62

7.5 智能混合动力汽车 ACC 实验研究

7.5.1 i-HEV 车辆实验平台设计

为实现 i-HEV ACC 的功能，本节基于一现有 HEV 车辆，对其制动系统、传感系统以及通信系统进行改造，设计了 i-HEV 实车实验平台，并在此基础上基于 DSPACE 开发了 i-HEV ACC 控制系统 RCP。

原 HEV 车辆系统组成如图 7.39 所示。整车控制器与各动力部件通过 CAN 网络进行通信。整车控制器通过 CAN 总线实时监测，并控制发动机、电机、电池以及 AMT 等各部件协调工作。发动机控制器 ECU 控制发动机,电机控制器 MCU 同时控制 PM 驱动电机与 BSG 发电机,电池控制器 BCU 对电池进行实时监控与充放电管理,AMT 控制器 TCU 则对 AMT 换档以及离合器的工作进行控制。从 i-HEV 设计的角度,原 HEV 系统为其提供了完整的动力系统与传动系统,而要实现 i-HEV 的纵向辅助控制,还需要对制动系统、传感系统、通信系统以及整车控制系统等进行改造。

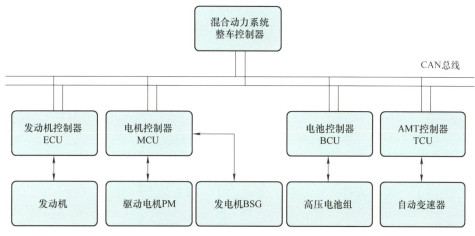

图 7.39 原 HEV 系统结构

为保证改造以后的 i-HEV 平台具有相同的原系统功能,保证车辆安全性,基于此 HEV 系统的 i-HEV 车辆平台改造,有以下基本原则:① i-HEV 系统不能更改原系统线束,以保证在 i-HEV 新功能失效的情况下,原系统能正常工作;②改造的 i-HEV 车辆具有较好的扩展性,便于扩展 i-HEV 系统新的功能;③ i-HEV 控制系统能够快速进行新控制功能的开发与验证。

基于以上对原 HEV 系统的分析以及系统改造的基本原则,设计了 i-HEV ACC 实车平台总体结构,如图 7.40 所示。

如图 7.40 所示,原 HEV 系统整车控制器由信号调理接口箱和德国 DSPACE 公司的 Micro AutoBox 控制器替换,以实现快速控制器原型的开发,便于快速开发并验证 i-HEV 各项新功能。该控制器与笔记本电脑连接,基于 MATLAB/SIMULINK 进行控制器算法开发。

所设计的 i-HEV 采用双 CAN 网络通信,原系统 CAN 总线保留且不做任何更改,以确保原系统网络通信正常,并单独添加 i-HEV 智能系统控制 CAN 总线,用于控制与智能控制相关的部件以及部分环境识别传感器通信。对于 i-HEV ACC,主要用于雷达的通信、EVB 的控制、接受驾驶员巡航信息输入以及整车状态监测等。其中,整车状态监测通过 CANCase XL 与笔记本电脑连接,通过软件 CANoe 进行 CAN 总线上信息的实时监测。

此外,为确保 i-HEV ACC 符合驾驶员需求,引入 i-HEV ACC 开关,当该开关被按下时,ACC 功能才能启动,该信号直接通过信号调理接口箱输入到 Micro AutoBox 控制器中。

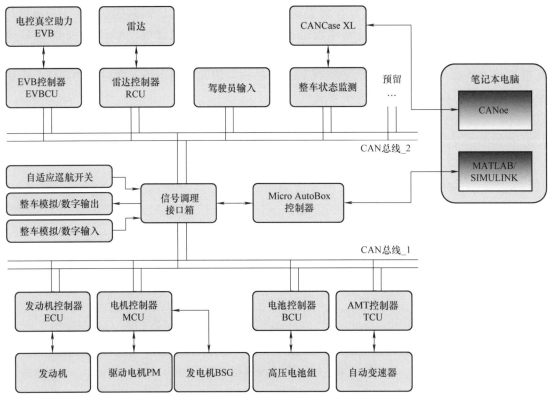

图 7.40　i-HEV 车辆系统总体结构

7.5.2　i-HEV 整车控制系统 RCP 开发

对于所开发 i-HEV 车辆控制系统，从系统安全、可靠工作的角度，要求在原 HEV 系统基础上开发，且尽可能保持原系统对车辆安全的监控与处理。

基于以上分析，基于并行程序控制的思想设计 i-HEV 整车控制系统，使得 i-HEV ACC 算法具有单独的输入、控制策略以及控制输出等模块，且只涉及对于发动机、电机、EVB 等部件在正常状态下驱动与制动的控制，保留原 HEV 控制系统中的高压电池组上下电流程、附件控制、故障监测与处理等控制功能。设计 i-HEV 整车控制系统 RCP 结构，如图 7.41 所示。

如图 7.41 所示，i-HEV 控制系统接收 CAN1 与 CAN2 所包含的车辆部件状态、雷达、EVB 等信号以及驾驶员 ACC 使能等智能系统输入信号。基于车辆状态与车间运动状态，进行 i-HEV ACC 在线控制，计算出优化的发动机、PM 电机、BSG 电机以及 EVB 制动的转矩控制指令，并计算相应的系统工作模式。原 HEV 控制系统接收 i-HEV 控制指令，根据系统各部件当前工作的状态，输出相应的指令控制发动机、PM 电机以及 BSG 电机等各动力系统以及其他部分附件系统。而 EVB 液压制动通过 i-HEV ACC 直接控制。

为实现 i-HEV ACC 在线控制，将采用分步动态规划离线优化计算得到的优化控制律存储于 dSPACE 内存中，通过在线查表的方式获得对于发动机、PM 电机、BSG 电机以及液压制动的控制指令。

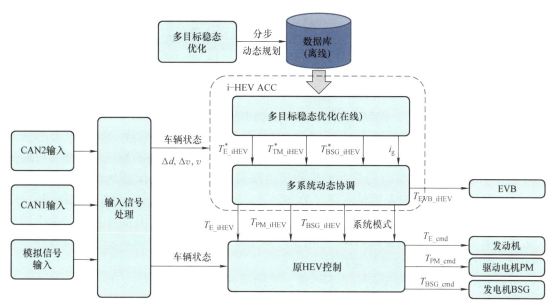

图 7.41 i-HEV 整车控制系统 RCP 结构

在此基础上设计了 i-HEV 整车控制系统 RCP，对于 i-HEV 整车控制系统，主要包含信号输入、信号调理、i-HEV 控制算法、i-HEV 控制输出、HEV 整车控制算法以及 HEV 整车输出等模块。i-HEV ACC RCP 模块主要包含 ACC 优化控制算法以及 i-HEV 系统工作模式计算及输出处理等模块。

7.5.3 i-HEV 硬件平台设计

为实现 i-HEV ACC 功能，要求基于传统 HEV 系统结构，对其控制系统、制动系统、环境感知系统以及 CAN 通信系统进行改造。设计了 i-HEV 整车线束连接总体结构，如图 7.42 所示。

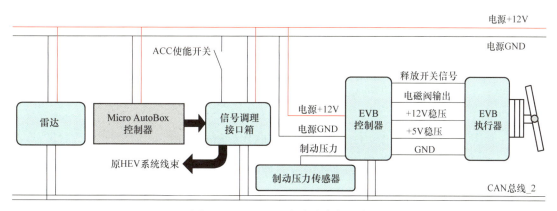

图 7.42 i-HEV 整车改造线束连接

如图 7.42 所示，dSPACE Micro AutoBox 控制器与信号调理接口箱相连，用于实现 i-HEV 车辆的所有控制功能，包含 IO、ADC/DAC、CAN 通信等信号连接；信号调理接口箱与原 HEV 系统线束连接，用以对原 HEV 系统的各动力部件以及附件的控制以及采集相关车辆状态信号的输入，包含原 HEV 系统各类传感器信号、CAN 总线 1 通信以及对于系统各类继电器的控制。雷达以及 EVB 则主要通过 CAN 总线 2 与整车控制系统进行通信，以实现相应的信号交互与车辆部件控制。

基于现有实验设备，控制器选择 MicroAutoBox 1401/1501 主板，该主板具有 18 路 ADC 与 8 路 DAC、大量的数字 I/O、两路 CAN 总线以及 RS232 总线，满足绝大部分车辆控制器的要求。信号调理接口箱主要用于 MicroAutoBox 控制器的输入信号滤波、输出信号的功率驱动、输入输出信号过电流和过电压信号保护等，在保证 AutoBox 控制器的安全运行的同时，通过对车辆输入信号的预处理，实现 Micro AutoBox 对于各种电压、电流范围的输入输出信号以及不同输入输出方式的兼容。为加快 i-HEV ACC 控制系统的开发速度，采用较为成熟的德国 ADC 公司生产的毫米波雷达系统，该雷达应用微波频率为 77GHz，利用车载 CAN 总线传输数据。

针对 i-HEV ACC 的主动制动控制需求，采用国外在驾驶辅助系统上应用较多的电子真空助力器（EVB），其利用发动机进气歧管处的真空实现制动助力，通过主动控制真空管电磁阀的接通与切断，实现车辆制动压力的主动控制。对于 i-HEV 车辆，其动力系统工作模式包含纯电动，此时发动机没有工作，不能提供真空助力。因此，为保证发动机关闭时 EVB 制动系统能够正常工作，在传统电子真空助力的基础上，添加了电子真空泵，系统基本结构如图 7.43 所示。其中真空罐用于储存真空，当发动机起动时，真空泵关闭，由发动机为真空罐提供真空压力，当发动机关闭且真空罐真空压力不够时，真空泵工作，为真空罐提供真空压力。EVB 制动系统依靠真空罐存储的真空压力，通过电磁阀进行液压制动压力的主动控制。

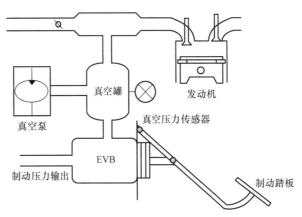

图 7.43　主动制动系统 EVB 系统结构简图

EVB 控制器采用 PI 算法进行制动压力的控制，设期望 EVB 制动压力为 P_{des}，实际压力为 P_{act}，则电磁阀控制占空比 PWM 为：

$$e = P_{des} - P_{act}$$
$$PWM = K_{PWM}(k_p e + k_I \int e dt + C) \quad (7\text{-}97)$$

式中，k_p 为压力跟踪误差 e 的比例控制项；k_I 为积分控制项；K_{PWM} 为电磁阀占空比折算因子。为保证 EVB 具有较快的响应，设置初始控制量 C。

在各系统选择与设计基础上，定义各相应线束接口，见表 7.13。

表 7.13 i-HEV 整车改造线束列表

部件	线束名称	线束功能
雷达	12V	供电
	电源地	
	CAN 2 高	CAN 通信
	CAN 2 低	
Micro AutoBox	12V	供电
	电源地	
	接口箱连接线束	整车控制
	原 HEV 系统线束	整车控制
信号调理接口箱	12V	供电
	电源地	
	CAN 2 高	CAN 通信
	CAN 2 低	
	ACC 使能开关输入	驾驶员 ACC 使能
EVB 控制器	12V	供电
	电源地	
	制动压力信号输入	制动压力输入
	释放开关信号输入	驾驶员制动踏板信号
	电磁阀输出	EVB 电磁阀控制信号
	12V 稳压输出	EVB 电磁阀供电
	5V 稳压输出	释放开关供电
	GND	EVB 地

由于所设计的 i-HEV 实验平台基于某传统 HEV 车辆改造而成，其 AMT 换档逻辑主要基于加速踏板以及车速自动控制，不接受整车控制系统的指令。因此，本章所进行的 i-HEV ACC 实验研究主要通过 i-HEV ACC 跟踪效果以及发动机工作点等方面的实验分析，对 i-HEV ACC 算法的综合性能进行验证；结合仿真中所采用的 ISUZU 循环测试工况的特点，在较窄的速度范围内，在 AMT 不换档的前提下设计循环工况，与 HEV 模式以及简单叠加式 HEV ACC 进行实验对比研究。

7.5.4 i-HEV ACC 综合性能实验验证方案

ACC 的运行工况涉及匀速、加速、减速等前车运动模式，且不同前车速度与加速度工况下,发动机、液压制动、电机以及 AMT 等混合动力系统部件工作特性不尽相同。因此,综合混合动力系统与复杂车辆运动工况验证的需求,i-HEV ACC 实验工况主要分为低速、中速与高速下车辆匀速、小加减速、大加减速等,考虑到实验场地与系统运行的安全性,将工况的速度降低,仅进行最高速度 60km/h 及以下的 i-HEV ACC 实验研究。

结合发动机、电机等系统工作特点与主要运行工况,设计包含前车小加减速、中加减速、大加减速、低速正弦、高速正弦等 5 个工况,对 i-HEV ACC 系统基本功能和有效性进行综合验证。

(1) 前车定加减速工况

前车加减速工况主要包含前车小加减速、中加减速以及大加减速等 3 种工况。如图 7.44 所示,黑色实线、灰色虚线、黑色实点线分别表示前车小加减速工况、中加减速工况以及大加减速工况下的速度变化曲线。

小加减速工况主要验证 i-HEV ACC 在前车低速、小加速度下的跟踪性能,设计前车初始速度为 20km/h,第 10s 前车以 $0.2m/s^2$ 的加速度加速 15s,之后保持匀速 15s 后以 $-0.2m/s^2$ 减速 15s 至 20km/h。中加减速工况主要验证 i-HEV ACC 在前车低速、较高加速度下的跟踪性能以及纯电动与发动机驱动等不同动力系统工作模式及模式切换过程中的各部件的协调等,设计前车初始速度为 20km/h,第 10s 前车以 $0.5m/s^2$ 的加速度加速 15s,之后保持匀速 15s,最后以 $-0.5m/s^2$ 减速 15s 至 20km/h。大加减速工况主要验证 i-HEV ACC 在前车大加速度下的跟踪性能、各动力系统的工作特点以及模式切换过程中的各部件的协调等,设计前车初始速度为 20km/h,第 10s 前车以 $0.8m/s^2$ 的加速度加速 10s,之后保持匀速 10s,最后以 $-0.8m/s^2$ 减速 10s 至 20km/h。

(2) 前车正弦工况

前车正弦工况通常用于模拟动态跟车下控制系统的综合性能,为反映不同车速下系统的运行特点,本节设计了低速和高速正弦工况,对 i-HEV ACC 控制系统进行综合的测试和评价。设计前车工况如图 7.45 所示,黑色实线、灰色虚线分别为前车低速正弦工况、前车高速正弦工况的速度变化曲线。其中,正弦工况频率为 0.1rad/s,加速度幅值为 $0.3m/s^2$。低速正弦初始速度为 20km/h,高速正弦工况初始速度为 40km/h。

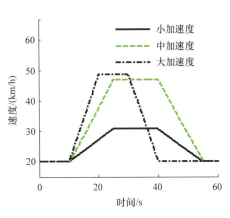

图 7.44 前车定加减速工况

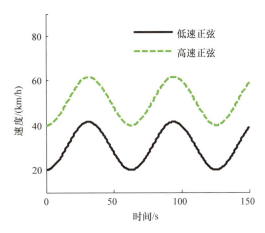

图 7.45 前车正弦工况

7.5.5 i-HEV ACC 循环工况实验对比方案

参考仿真中所采用的 ISUZU 循环工况特征，选用匀加减速运动作为对比实验循环工况。基于 AMT 换挡规律，选择车速变化范围为 35～45km/h，为充分验证各类算法的功能与特点，设计 3 类不同周期的前车加减速工况，如图 7.46 所示。循环工况长度为 224s，前车运动分为 3 类不同的前车加减速周期，分别为 24s、18s 以及 12s，且每一类周期连续运行 4 个循环。

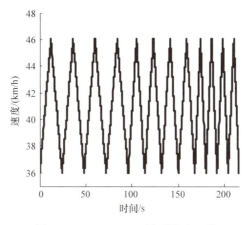

图 7.46 i-HEV ACC 循环测试工况

7.5.6 总体实验结果分析

为对 i-HEV ACC 综合性能进行验证，考虑巡航过程中的最坏跟踪情形，以包含最大/最小相对速度和最大/最小距离误差等跟踪误差表征系统跟踪过程中的安全性，以车辆最大加/减速度表征驾驶员行驶舒适性，以发动机工作点表征系统燃油经济性。总结所进行的前车小加减速、中加减速、大加减速、低速和高速正弦工况的实验结果，得到 i-HEV ACC 跟踪安全与行驶舒适性实验结果见表 7.14，各工况下发动机工作点如图 7.47～图 7.51 所示。由于前车小加减速工况下，系统处于纯电动模式，图 7.47 所示为 PM 电机转矩值。

表 7.14 i-HEV ACC 跟踪安全与行驶舒适性实验结果

工况	指标	实验结果
前车小加减速	最大相对速度/(m/s)	0.40
	最小相对速度/(m/s)	−0.40
	最大距离误差/m	1.1
	最小距离误差/m	0.1
	最大加速度/(m/s²)	0.25
	最大减速度/(m/s²)	−0.27
前车中加减速	最大相对速度/(m/s)	1.50
	最小相对速度/(m/s)	−1.00
	最大距离误差/m	2.0
	最小距离误差/m	−0.5
	最大加速度/(m/s²)	0.97
	最大减速度/(m/s²)	−0.66

（续）

工况	指标	实验结果
前车大加减速	最大相对速度/(m/s)	1.75
	最小相对速度/(m/s)	−1.70
	最大距离误差/m	2.6
	最小距离误差/m	−0.6
	最大加速度/(m/s^2)	0.90
	最大减速度/(m/s^2)	−1.12
低速正弦	最大相对速度/(m/s)	0.70
	最小相对速度/(m/s)	−0.55
	最大距离误差/m	1.8
	最小距离误差/m	−0.2
	最大加速度/(m/s^2)	0.40
	最大减速度/(m/s^2)	−0.35
高速正弦	最大相对速度/(m/s)	0.60
	最小相对速度/(m/s)	−0.75
	最大距离误差/m	1.1
	最小距离误差/m	0
	最大加速度/(m/s^2)	0.37
	最大减速度/(m/s^2)	−0.37

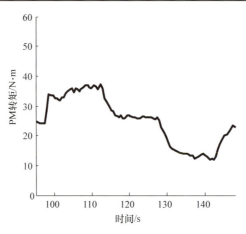

图 7.47　前车小加减速工况

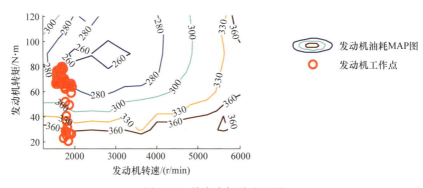

图 7.48　前车中加减速工况

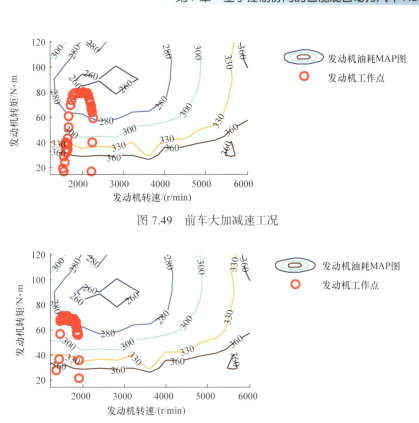

图 7.49 前车大加减速工况

图 7.50 前车低速正弦工况

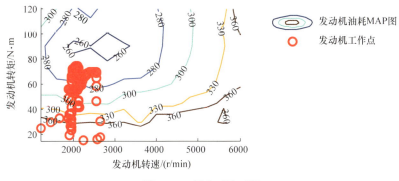

图 7.51 高速正弦工况

由表 7.14 可知，在各类前车定加减速与正弦工况下，i-HEV ACC 均可以保持较好的跟踪安全性。对于前车小加减速、低速正弦以及高速正弦工况，跟踪距离误差最大为 1.8m，最小距离误差为 -0.2m，最大相对速度为 0.7m/s，最小相对速度为 -0.75m/s，跟踪性能良好。对于前车中加减速与大加减速工况，由于前车速度变化较快，使得跟踪时相对速度误差增大，最大相对速度为 1.75m/s，最小相对速度为 -1.7m/s。然而，从其最大距离误差为 2.6m 以及最小距离误差为 -0.6m 可以看出，对于前车较大加减速的过程，系统并没有跟随前车立即进行大加减速，而是综合考虑安全距离随车速增加而升高的特点，以相对较小的加速度跟踪前车，以保持较小跟踪距离误差的方式跟随前车运动，这样有助于降低车辆加速度，提高行驶舒适性，同时减少车辆急加速带来的燃油消耗，提高车辆燃油经济性。

从表 7.14 还可以看出，在各类工况下，自车加速度均幅值均保持在 1.2m/s² 以内，处于驾驶员行驶舒适性要求的加速度范围以内，能够满足行驶舒适性的要求。

由图 7.47～图 7.51 可以看出，在各类工况下，i-HEV ACC 系统均具有优化的燃油经济性。其中，图 7.47 为前车小加速工况，由于前车以较小的 0.2m/s² 的加速度加速，且此时车速较低，整车需求功率较小，因此在跟踪过程中系统始终保持纯电动的工作模式，以避免发动机处于较差的工作区间，根据传统 HEV 汽车能量分配基本原则，此时系统具有优化的燃油经济性。对于前车中加减速、大加减速以及低速域高速正弦工况，由图 7.48～图 7.51 可以看出，i-HEV 通过发动机工作点优化，能够保证发动机始终处于较优的工作区间，根据传统 HEV 汽车能量分配基本原则，此时系统同样具有优化的燃油经济性。

此外，从 i-HEV ACC 各类工况下的跟踪效果也可以看出，基于离线优化，在线查表的方式所设计的 i-HEV ACC 控制系统，能够满足实车控制的要求。

7.5.7　前车大加减速工况实验结果分析

图 7.52～图 7.54 所示为前车大加减速工况部分实验结果。其中图 7.52a 是前车与 i-HEV 自车速度变化曲线，图 7.52b 是电池 SOC 变化曲线。图 7.53a 是相对速度变化曲线，图 7.53b 是距离误差变化曲线，图 7.53c 是 PM 电机驱动转矩变化曲线，图 7.53d 是发动机驱动转矩变化曲线，图 7.53e 是 BSG 电机转矩变化曲线，图 7.53f 是 AMT 传动比变化曲线，图 7.54 是加速度变化曲线。其中图 7.52a 中黑色实线为 i-HEV 自车速度变化曲线，灰色虚线为前车速度变化曲线。

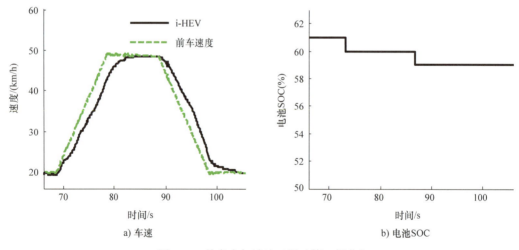

图 7.52　前车大加减速工况（第一部分）

从图 7.52a 和图 7.53a、b 所示的 i-HEV 系统速度、相对速度以及跟踪距离误差变化曲线可以看出，在前车以 0.8m/s² 进行加速的过程中，i-HEV ACC 相对速度保持在 1.75m/s 以内，而相对距离以接近 0 的误差跟踪前车运行，实现了以较小的加速度跟踪前车的目的，综合提高了燃油经济性与行驶舒适性。

从图 7.53c～e 的 PM 驱动电机、发动机以及 BSG 发电机等部件曲线可以看出，通过合理的能量分配方式，i-HEV ACC 实现了优化的燃油经济性。在前车刚开始加速时，此时驱动功率较小,整车为纯电动驱动模式。由于前车加速度较大,为响应整车大加速的功率需求,系统转为发动机驱动并发电的模式。当前车进入匀速过程时,尽管此时速度接近50km/h,由于匀速过程系统需求功率较小,系统从发动机驱动切换为纯电动模式。而当前车以 -0.8m/s² 减速时,由于前车速度急剧降低,PM 电机驱动转矩迅速减小,并进入制动能量回收模式,以满足车辆大减速的需求。

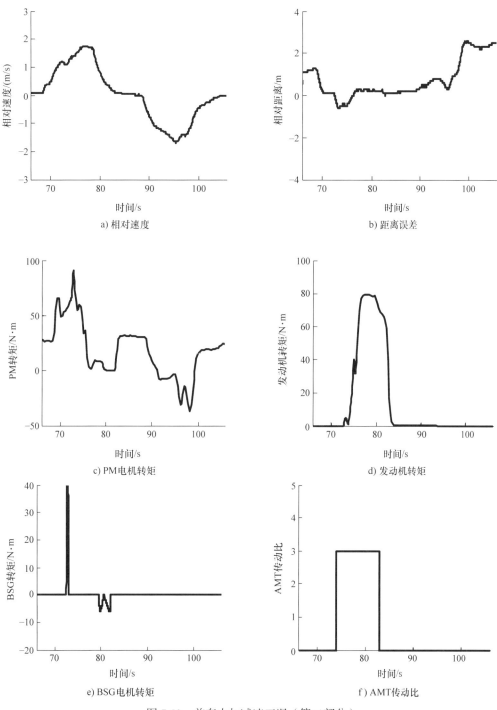

图 7.53 前车大加减速工况(第二部分)

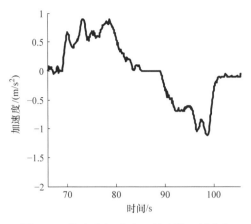

图7.54 前车大加减速工况（第三部分）

从图7.53c、d所示的PM驱动电机与发动机转矩变化曲线中还可以看出，在进行纯电动与发动机驱动切换的过程中，PM驱动电机转矩与发动机转矩保持了良好的动态协调控制性能。随着前车速度不断升高，且跟踪误差开始增大，因此在t为约72s时BSG起动发动机，BSG起动转矩为40N·m，进入电机与发动机驱动切换与协调的过程。从图7.53c所示的PM电机转矩变化可以看出，为补偿变速器换档过程以及发动机起动过程转矩响应较慢所带来的动力响应延迟，PM电机驱动转矩快速上升至95N·m，而随着发动机的接入以及发动机转矩的不断增加，PM电机驱动转矩开始下降，最终系统切换到发动机驱动同时BSG电机发电的模式。

7.5.8 循环工况对比实验结果分析

在i-HEV ACC系统综合性能验证的基础上，本节基于简化循环工况，对i-HEV ACC、驾驶员HEV模式以及简单叠加式HEV ACC的燃油经济性、跟踪安全性以及行驶舒适性等综合性能进行实验对比研究。由于实验条件所限，仅进行一组控制器参数的对比，采用与仿真过程中案例分析相同的控制器参数，设计驾驶员模式下的HEV以及简单叠加式HEV ACC系统控制器，而对于HEV能量分配问题，采用已应用于实车的控制策略进行动力分配。

（1）燃油经济性与跟踪安全性的总体实验结果

各对比系统燃油经济性采用系统等效燃油消耗指标进行衡量。由于实验数据有限，不能采用仿真对比过程中大量数据拟合的方法计算经济性结果，采用SOC过零点法，通过不同SOC变化下的发动机燃油消耗拟合得到系统对应等效燃油消耗。循环工况下各对比系统不同SOC变化下的发动机燃油消耗结果，如图7.55所示。

图7.55中的○为循环工况下i-HEV算法电池SOC变化与发动机燃油消耗的结果，＊为HEV算法下电池SOC变化与发动机燃油消耗的结果，·为简单叠加算法下电池SOC变化与发动机燃油消耗的结果，黑色实线为i-HEV算法等效燃油消耗拟合直线，实点线为HEV算法等效燃油消耗拟合直线，虚线为简单叠加算法等效燃油消耗拟合直线。从图中可以看出，当电池SOC变化量为0时，即为各系统综合考虑发动机燃油消耗与电池电能消耗的等效燃油消耗值，而i-HEV算法在SOC平衡时具有最低的等效燃油消耗，其次是简单叠加式算法，而驾驶员操作的HEV模式具有最高的燃油消耗。各系统跟踪安全性指标采用

相对速度与跟踪距离误差的线性叠加来衡量。

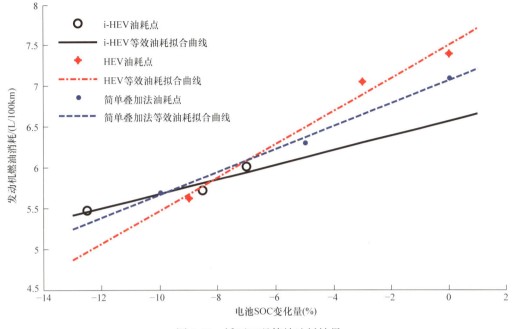

图7.55 循环工况等效油耗结果

循环工况下各对比系统燃油经济性与跟踪安全性实验结果见表7.15。

表7.15 各对比系统燃油经济性与跟踪安全性实验结果

对比系统	燃油经济性指标/（L/100km）	跟踪安全性指标
i-HEV 算法	6.57	0.42
简单叠加算法	7.07	0.38
HEV 算法	7.50	0.28

从表7.15可以看出，i-HEV算法在循环工况过程中具有最优的燃油经济性，为6.57L/100km，比简单叠加算法燃油经济性提高7.07%，比驾驶员模式下的HEV算法燃油经济性提高12.4%。从跟踪安全性的角度，总体来讲各系统均能够保持较好的跟踪安全性，其安全性指标均在0.5以下。其中，i-HEV安全性指标为0.42，与简单叠加算法的安全性指标0.38基本相等，而HEV算法的跟踪安全性为0.28，较i-HEV跟踪安全性更好，这与i-HEV算法在经济性与安全性的协调优化有关，也与控制器参数设计有关。综上所述，i-HEV系统在基本满足跟踪安全性的前提下，将优先考虑系统的燃油经济性，这在一定程度上会降低车辆的跟踪性能。

（2）实验结果对比分析

针对所设计循环工况中包含的3类不同周期与加速度的前车匀加减速运动，绘制如图7.56~图7.61所示的不同运动周期下i-HEV算法、HEV算法以及简单叠加算法各部件以及车辆状态变化曲线。其中，图7.56、图7.57所示为前车运动周期为24s、前车匀加减速幅值为0.23m/s^{2}的情况；图7.58、图7.59所示为前车运动周期为18s、前车匀加减速幅值为0.31m/s^{2}的情况；图7.60、图7.61所示为前车运动周期为12s、前车匀加减速幅值为0.46m/s^{2}的情况。

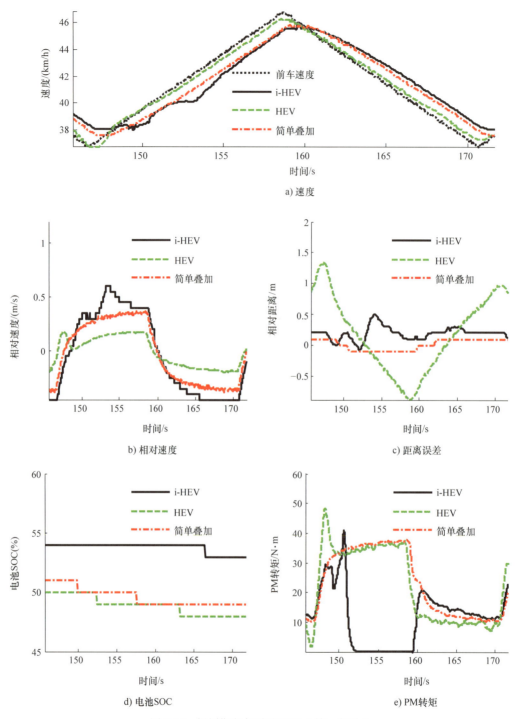

图 7.56 慢周期匀加减速工况（第一部分）

在图 7.56、图 7.58、图 7.60 中，a 图是前车、i-HEV 算法、HEV 算法以及简单叠加法速度变化曲线，其中黑色点线为前车速度曲线，b 图是相对速度变化曲线，c 图是距离误差变化曲线，d 图是电池 SOC 变化曲线，e 图是 PM 电机驱动转矩变化曲线。在图 7.57、图 7.59、

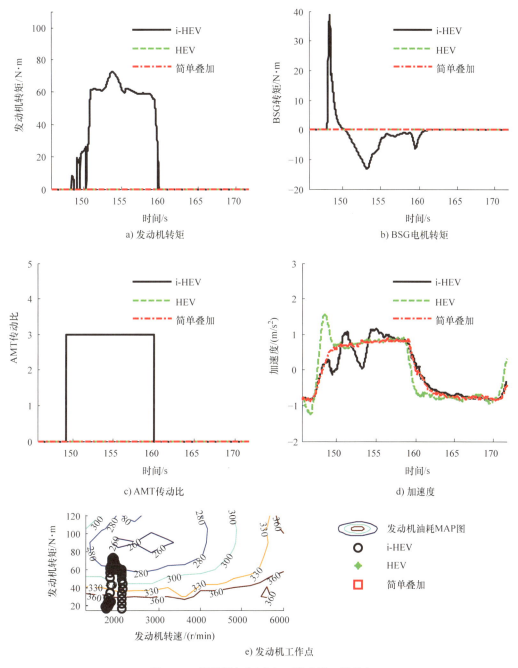

图 7.57 慢周期匀加减速工况（第二部分）

图 7.61 中，a 图是发动机驱动转矩变化曲线，b 图是 BSG 电机转矩变化曲线，c 图是 AMT 传动比变化曲线，d 图是加速度变化曲线，e 图是发动机的工作点。各图中黑色实线为 i-HEV 算法车辆状态变化曲线，灰色虚线为 HEV 算法车辆状态变化曲线，实点线为简单叠加算法车辆状态变化曲线。

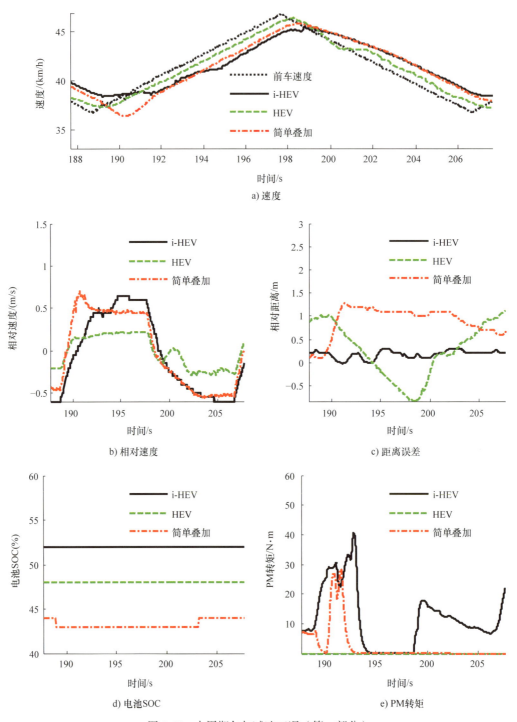

图 7.58 中周期匀加减速工况（第一部分）

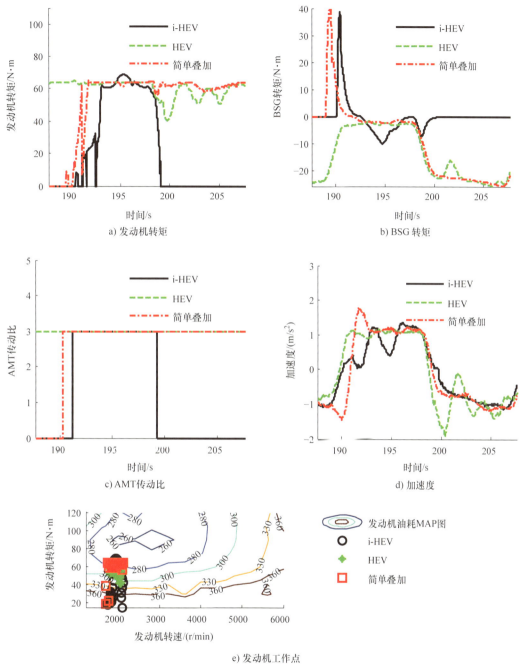

图 7.59 中周期匀加减速工况（第二部分）

从图 7.56、图 7.58 以及图 7.60a～c 所示车辆在不同运动周期下的速度、相对速度以及跟踪距离误差变化曲线中可以看出，i-HEV 算法、HEV 算法以及简单叠加算法均能够跟随前车运动，保持较好的跟踪安全性。可以看出各系统速度跟踪误差保持在 1m/s² 以内，距离误差保持在 2m 以内，符合车辆跟踪安全性的基本要求。

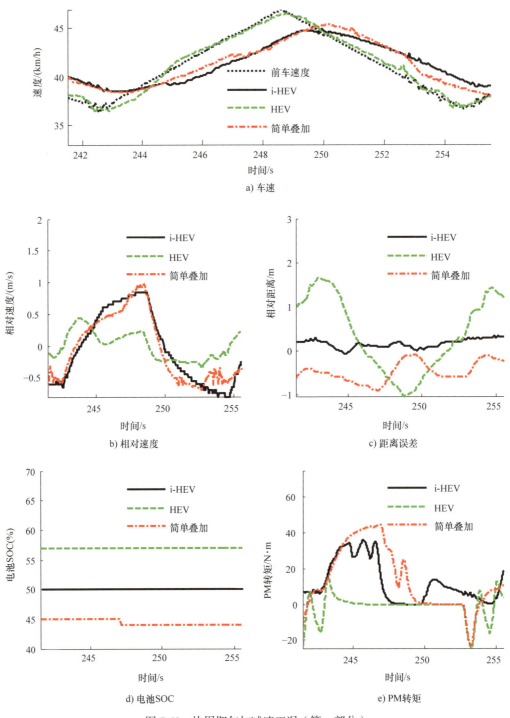

图 7.60 快周期匀加减速工况（第一部分）

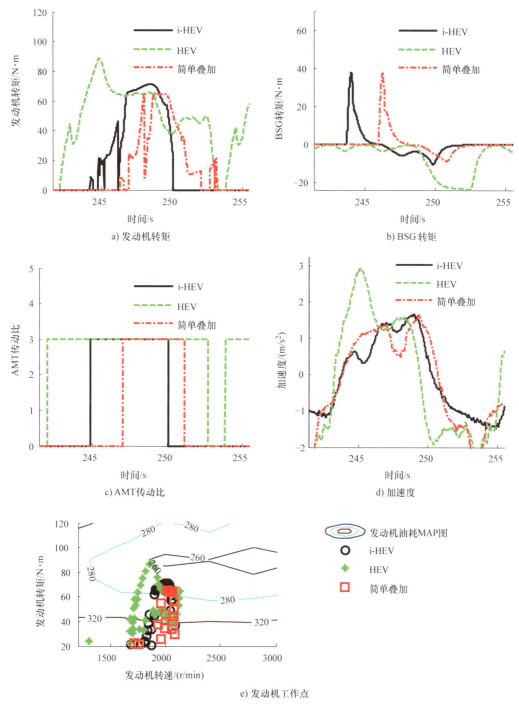

图 7.61 快周期匀加减速工况（第二部分）

从图 7.57、图 7.59 以及图 7.61d 可以看出，i-HEV 算法与简单叠加算法跟踪过程中均能较平稳地跟踪前车运动，车辆加速度幅值保持在 2m/s² 以内，均能保持较好的行驶舒适性。而对于驾驶员 HEV 模式，在快周期跟车过程中，由于前车运动变化较快，驾驶员已经来不及平稳地跟随前车运动,产生了较大的跟车加速度,行驶舒适性较差。这也在一定程度说明 ACC 对于提高驾驶员行驶舒适性的作用。

从图 7.56、图 7.58 和图 7.60e 以及图 7.57、图 7.59 及图 7.61a、b 中各系统的发动机、PM 电机与 BSG 发电机的工作状态可以看出,i-HEV 算法的能量分配策略相比 HEV 算法以及简单叠加算法的基于规则的能量分配策略更为合理,使得系统具有更优的燃油经济性。基于规则的能量分配策略在慢周期情况下,由于系统整体需求功率较小,其处于纯电动工作模式,而进入中周期运动过程中,由于电池 SOC 不够,进入强制发动机驱动同时发电,在减速过程中发动机工作点低,油耗较高。基于协调优化的 i-HEV 算法的能量分配策略,其优化的基础是整个循环工况的特征,因而在每个前车加速的周期均切换为发动机驱动同时发电,对于该类耗电量较大的循环工况,该算法可利用发动机在较大功率需求下驱动同时发电,优化了发动机工作点,同时减少了电池耗电量,提高燃油经济性。

从图 7.56、图 7.58 以及图 7.60c 所示的距离与速度跟踪误差可以看出,i-HEV 算法相比 HEV 算法,具有更合理协调跟踪距离与速度的综合效果,可进一步降低车辆加减速过程中的能量损耗,提高燃油经济性。尽管其对于前车速度的跟踪稍慢,却能兼顾速度和距离,保持较好的跟踪距离,这样就降低了车辆驱动功率,在一定程度上提高了燃油经济性,同时这也体现了 ACC 在车辆跟随前车运动过程中相对驾驶员在速度与距离综合跟踪方面的优势。

从图 7.60e 与图 7.61a、b 中发动机、PM 电机与 BSG 发电机的工作过程还可以看出,协调优化的 i-HEV ACC 系统较简单叠加算法的 HEV ACC 能更好地优化控制各部件,可提高燃油经济性。对于 i-HEV 算法,在与前车速度以及距离误差较大时,相比简单叠加算法更早地起动发动机,进入发动机驱动同时发电模式,在减速时及时关闭发动机,这在一定程度上保证发动机优化工作的同时降低了电能使用,减少了需要发动机强制充电而进行的电能补偿所造成的燃油消耗。

图 7.57、图 7.59 以及图 7.61e 所示的发动机工作点变化曲线,其中○表示 i-HEV 算法发动机的工作点,* 表示 HEV 算法发动机工作点,□表示简单叠加算法发动机工作点。从图中可以看出,由于两系统主要优化发动机的工作区间,各算法下发动机均处于较优的区间内。

参 考 文 献

[1] FERRARA A, PISU P. Minimum sensor second-order sliding mode longitudinal control of passenger vehicles[J]. IEEE Transactions on Intelligent Transportation Systems, 2004, 5(1): 20-32.

[2] BAGESHWAR L, GARRARD L, Rajamani R. Model predictive control of transitional maneuvers for adaptive cruise control vehicles[J]. IEEE Transactionson Vehicular Technology, 2004, 53(5): 1573-1585.

[3] 欧阳明高,李建秋,杨福源,等.汽车新型动力系统:构型、建模与控制[M].北京:清华大学出版社,2008.

[4] YIA KYONGSU, KWON Y D. Vehicle-to-vehicle distance and speed control using an electronic-vacuum booster[J]. JSAE Review, 2001, 22(4): 403-412.

[5] 钱积新,赵均,徐祖华.预测控制[M].北京:国防工业出版社,2007.

[6] 李升波.车辆多目标协调式自适应巡航控制[D].北京:清华大学,2009.

[7] KOOT M W T. Energy management for vehicular electric power systems[D].Eindhoven：Technische Universiteit Eindhoven，2006.

[8] 程莺. 混合动力电动汽车多能源动力系统控制方法的研究[D]. 北京：清华大学，2005.

[9] 李鹏波，胡德文，张纪阳. 系统辨识[M]. 北京：中国水利水电出版社，2010.

[10] SAKAI S I，YOICHI H. Advantage of electric motor for anti skid control of electric vehicle[C]//Anon. Proceedings of the 9th International Conference on Power Electronics and Motion Control. Budapest：[s.n.]，2000.

[11] 周磊. 电动汽车制动能量回馈与制动稳定性的协调控制[D]. 北京：清华大学，2009.

[12] 侯德藻. 汽车纵向主动避撞系统的研究[D]. 北京：清华大学，2004.

[13] 王建强，张德兆，李克强，等. 汽车集成式电子真空助力器系统设计[J]. 中国公路学报，2011，24（1）：115-121.

[14] 全亚斌，张卫东，许晓鸣. 二阶加延时模型的阶跃响应辨识方法[J]. 控制理论与应用，2002，19（6）：954-956.

[15] KESSELS J T B A，KOOT M，JAGER B，et al.Energy management for the electric powernet in vehicles with a conventional drivetrain[J]. IEEE Transactions on Control Systems Technology，2006，15（3）：494-505.

[16] KOOT M，KESSELS J T B A. Energy management strategies for vehicular electric power systems[J]. IEEE Trans. on Vehicular Technology，2005，54（3）：771-782.

[17] HE X L. Battery modeling for HEV simulation model development[C]//SAE. SAE paper 2001-01-0960. [S.l.]：SAE，2001.

[18] WIPKE K B，CUDDY M R，BURCH S D. ADVISOR 2.1：A user friendly advanced powertrain simulation using a combined backward/forward approach[J]. IEEE Transactions On Vehicular Technology. 1999，48（6）：1751-1761.

[19] GIPPS P G. A Behavioral car-following model for computer simulation[J]. Transportation Research Board，1981（15-B）：105-111.

[20] LEE K，PENG H. Identification and verification of a longitudinal human driving model for collision warning and avoidance systems[J]. International Journal of Vehicle Autonomous Systems，2004，2（1-2）：3-17.

[21] 罗禹贡，陈涛，李克强. 智能混合动力电动轿车整车控制系统[J]. 清华大学学报（自然科学版），2010，50（8）：29-39.

第8章 基于多源信息融合的智能电动汽车充电、换电调度实现

不同于智能混合动力车辆，由于存在着充电过程，智能电动车辆的优化控制需要综合保证交通系统与电网系统的高效与安全的运行，因此有必要对智能电动汽车进行充、换电调度。本章针对快充、慢充、换电电动汽车的不同充、换电特性，以及电动私家车、电动出租车和电动公交车的不同行驶特性，设计了智能电动汽车充、换电调度策略，以实现交通和电网的综合优化。

8.1 电动汽车充电、换电调度研究

随着全球人口的激增、经济的快速增长、化石燃料的消耗不断增大，环境污染问题越来越严重，电动汽车作为最理想的无污染交通工具应运而生，世界各大汽车厂商及高校正在大力发展电动汽车技术[1]。然而欲使电动汽车完全取代传统内燃机汽车，有许多问题需要解决。首先，由于电池技术的限制，电动汽车的一次充电的续驶里程短，其影响了驾驶电动汽车出行的可靠性和便利性。其次，大规模电动汽车的应用，可能造成局部交通拥堵，为出行带来不便。再次，由于电动汽车充电的时间、地点、功率的不确定性，当电动汽车大规模接入电网无序充电时，会造成局部电网压降过大、负荷过高、电能损失过大和电能质量下降等问题[2]。

基于交通、电网、电动汽车的位置和能量等信息对智能电动汽车的充、换电行为进行调度，不仅可以减缓电动汽车驾驶者的里程忧虑，同时也可以减少电动汽车大规模应用对交通和电网的影响。因此，结合道路交通网和电网的信息调度电动汽车充、换电，同时使得不同类型电动汽车、道路交通网和电网的性能达到最优，是本章的主要研究内容。

(1) 目前研究的不足

目前，国内外关于大规模电动汽车充电调度已有较多研究，对于提升驾驶电动汽车出行的便利性以及减小大规模电动汽车充电行为对于交通和电网的影响具有不同程度的作用，但还存在以下不足：

1) 电动汽车充电策略考虑的优化目标单一，不能保证整体系统的优化。目前，关于电动汽车的充电调度策略的研究大多数只考虑电网的优化或者只考虑驾驶电动汽车便利性的提升，缺乏同时考虑大规模电动汽车、道路交通网、电网和充电站运行的充电调度研究，不能保证系统总体性能的优化。

2）没有考虑大规模电动汽车实际的运行特点，电动汽车类型单一。现有的研究多数以快速充电的私家车作为研究对象，不能充分体现未来电动汽车大规模应用的实际情况。

（2）本书的研究策略

针对上述不足，本章以不同类型电动汽车作为研究对象，提出了充分考虑其行驶和充电特性，综合考虑交通信息和电网信息的大规模电动汽车充、换电调度策略，建立了"电动汽车-电网-交通网"仿真平台，并在此平台基础上验证了所提出策略的可行性。具体包括以下工作：

1）提出了基于交通和电网综合优化的电动汽车充电、换电调度策略。根据快充、慢充、换电电动汽车的充、换电特性，以及电动私家车、电动出租车和电动公交车的行驶特性，综合考虑交通效率、电网负荷、网损和电压偏移等运行性能以及充电站运行效率等因素，基于"电动汽车-电网-交通网"整体性能最优的目标，制定匹配车辆类型的电动汽车充、换电调度策略。

2）电动汽车充、换电调度仿真平台的搭建。在课题组前期研究中建立的"车-网-路"智能交互系统的基础上，根据不同类型电动汽车的特性、充/换电站的特性以及电网覆盖的区域和电动汽车的规模，建立了不同类型电动汽车模型及其对应的充、换电站模型，并扩充了电网模型，最终建立了"不同类型电动汽车-交通网-电网"仿真平台。

3）仿真验证电动汽车充、换电调度策略。针对不同类型电动汽车，结合其合理的应用环境，基于仿真平台，对所提出的面向交通和电网综合优化的电动汽车充、换电调度策略进行仿真，并且评价了所提出的策略在交通、电网和充电站优化方面的优劣性。

8.1.1 电动汽车充电、换电流程设计

针对电动汽车这样一个复杂的群体，在对其进行充、换电调度时不仅要考虑电动汽车当前的位置信息、能量信息，以及道路交通网、电网及充电站的运行情况，还需要同时考虑驾驶员的需求。因此，为满足合理性要求，本章设计了电动汽车充电、换电调度流程，如图 8.1 所示，包括充、换电需求判断，驾驶员决策以及充、换电调度三个部分。

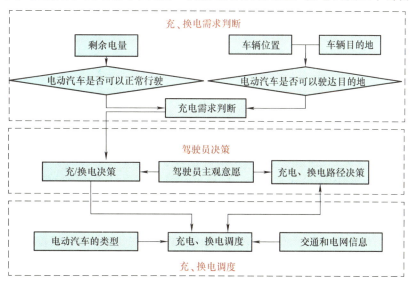

图 8.1 充电、换电调度流程图

充电、换电需求判断是电动汽车充、换电的先决条件，调度方根据电动汽车的剩余电量、当前位置、行驶目的地和所在区域的地图信息，判断电动汽车是否需要充、换电。驾驶员决策包括两个方面：一是驾驶员结合自己的实际情况和意愿，决定是否充、换电；二是在充、换电调度之后，驾驶员从系统给定的几条路径中选择车辆的行驶路径，整个过程体现了驾驶员的主导作用，保证了充、换电流程的合理性。在充、换电调度阶段，首先根据驾驶员第一次决策的结果，确定驾驶员是否要充、换电；如果驾驶员决定充、换电，再结合交通和电网信息为驾驶员规划几条充、换电路径；之后根据驾驶员第二次决策的结果，更新电网和路网的信息，以保证路网和电网信息的实时性和准确性。在电动汽车充、换电调度流程中，一方面，根据车辆自身的电量信息、车辆的位置、车辆目的地信息以及地图信息判断是否有充、换电需求；另一方面，还需要根据道路交通网和电网的实时运行信息为电动汽车推荐合适的充、换电站并规划合理充、换电路径，整个过程充分考虑了电动汽车与交通和电网信息的交互，保证了电动汽车、道路交通网和电网整体优化运行。

考虑未来电动汽车的应用场景，将电动汽车划分为不同的类型。根据电动汽车电量获得方式，分为充电和换电两种类型；而根据电动汽车的用途，可以分为私家车、出租车、公交车三种类型。其中，私家车的能量获得方式为充电和换电，出租车为充电，公交车为换电。由于不同用途的充电车辆和换电车辆的充、换电调度过程相近，所以，本章仅分别对电动汽车的充电行为和换电行为的调度进行研究，而不针对用途不同的电动汽车的调度进行区分。

在整个电动汽车充、换电调度流程中，调度电动汽车前往满足电动汽车行驶便利性需求且同时保证交通网和电网有序运行的充、换电站，是本节的关键内容。因此，本节将对充、换电需求判断及驾驶员决策、电动汽车充电调度、电动汽车换电调度三个方面进行阐述。

8.1.2 充电、换电需求判断及驾驶员决策

所设计的电动汽车充、换电调度流程，在调度电动汽车充、换电之前，需要进行充、换电需求判断和电动汽车的驾驶员决策，本节针对充、换电需求判断以及驾驶员决策的流程进行介绍。

（1）充、换电需求判断

电动汽车行驶过程中，每隔一段时间，会判断电动汽车是否有充、换电需求，图 8.2 所示为充、换电需求判断流程图。具体包括以下几个步骤：

1）地图信息初始化。在充电需求判断初始阶段，车辆会自行判断电动汽车的当前位置、期望目的地，并更新所在区域的地图信息，其中地图信息包括当前的道路交通网的路况。基于上述信息，利用路径搜索算法，计算电动汽车到达目的地的行驶距离和行驶时间，继而估算电动汽车到达目的地所需的电量（Power_req）。估算汽车到达目的地所需的电量，是判定电动汽车是否有充、换电需求的基础。

2）电动汽车剩余电量初始化。在充、换电需求判断过程中需要根据电动汽车剩余电量的状态，进行多次判断，从而确定电动汽车是否有充、换电需求。在电动汽车行驶过程中，电动汽车会利用电量监测装置实时监测剩余电量。

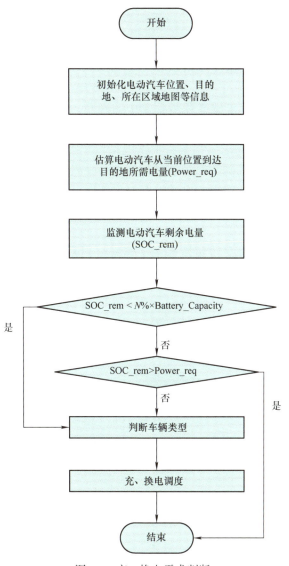

图 8.2 充、换电需求判断

3）判断电动汽车剩余电量是否满足其基本行驶需求。当电动汽车检测到自身的剩余电量（SOC_rem）小于自身电池容量（Battery_Capacity）的 $N\%$ 时，即：

$$SOC\_rem < N\% \times Battery\_Capacity \quad (8-1)$$

N 的取值范围一般为 25～35。此时系统判定电动汽车的剩余电量不能满足其基本行驶需求，即式（8-1）条件满足时转步骤 5，否则转步骤 4。

4）判断电动汽车是否能到达目的地。当系统判定电动汽车的剩余电量（SOC_rem）可以满足电动汽车的基本行驶需求时，即式（8-1）不成立，则系统继续判断其剩余电量能否支撑电动汽车到达目的地，判断电动汽车的剩余电量是否大于步骤 1 中估算的电动汽车到达目的地所需的电量（Power_req），若电动汽车的剩余电量（SOC_rem）大于电动汽车

到达目的地所需电量（Power_req），即

$$SOC\_rem > Power\_req \qquad (8-2)$$

则退出调度；若电动汽车的剩余电量（SOC_rem）小于等于电动汽车到达目的地所需电量（Power_req），即式（8-2）不成立，则系统判定电动汽车的剩余电量不足以支撑其到达目的地，转步骤5。

5）充、换电调度。结合步骤3和步骤4中的判断，当电动汽车剩余电量不满足其基本行驶需求，或者电动汽车剩余电量满足其基本行驶需求，但电动汽车不能到达目的地时，则判定电动汽车有充、换电需求，系统将根据电动汽车类型，对其进行充、换电调度；反之，通过系统判断电动汽车的剩余电量满足其基本行驶需求，同时电动汽车能到达目的地，则判定电动汽车没有充、换电需求，电动汽车退出调度，系统继续实时判断电动汽车的充、换电需求。

（2）驾驶员决策

图 8.3 为电动汽车的驾驶员决策流程图。当系统判断电动汽车有充、换电需求时，进入驾驶员决策模式，由驾驶员对电动汽车是否充、换电以及电动汽车的充、换电路径进行决策。

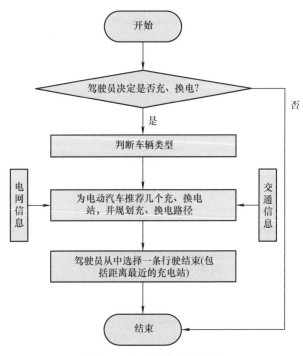

图 8.3　驾驶员决策流程图

决策过程的具体步骤如下：

1）驾驶员决策电动汽车是否充、换电。当电动汽车有充、换电需求时，考虑到驾驶员意愿，进入电动汽车驾驶员决策模式，驾驶员根据自己的实际情况，决定电动汽车是否进行充、换电，若驾驶员拒绝充、换电，则退出调度。

2）为电动汽车规划充、换电路径。若驾驶员同意电动汽车进行充、换电，则根据不

同充电方式（包括快充、慢充和换电）的电动汽车的充、换电特性，以及不同用途（包括私家车、出租车、和公交车）电动汽车的行驶特性，综合考虑交通、电网和充电站的信息，利用Dijkstra算法，为电动汽车推荐几个既保证其行驶便利性，又保证道路交通网和电网运行效率及运行经济性的充、换电站，并规划相应的充、换电路径。

3）驾驶员选择充、换电路径。系统经过计算后，得出满足交通和电网综合优化的电动汽车充、换电站及其对应的充、换电路径，然后系统为驾驶员推荐充、换电站，其中包括最近充电站（即距离车辆当前位置最近的充电站），同时还会为驾驶员提供当电动汽车行驶到各个推荐的充电站时，充电站的等待充电情况，然后驾驶员继续进行决策，从系统为其推荐的几条路径以及最近的充电路径中，选择一条行驶。是否充电以及电动汽车充、换电路径均由驾驶员自行选择。

8.1.3 电动汽车充电调度策略

本节提出的电动汽车充电调度策略除了保证驾驶电动汽车的便利性外，综合考虑了交通系统、配电网系统以及充电站的安全高效运行。在进行路径规划时，采用了Dijkstra算法，其规划路径的核心是寻找权值最小的路径。充电调度流程包括以下几个步骤：

1）电动汽车信息和道路交通网信息初始化。首先，初始化续驶里程/充电功率/耗电功率/剩余电量等电动汽车信息、路段长度/路段拥堵率/路段饱和度等道路交通网信息，以及电网的负荷、充电站的车辆数目等电网和充电站信息。这些信息用于衡量交通、电网和充电站实时的运行情况，用于计算路径搜索过程中权值。

2）判断电动汽车是否在充电站附近。对于需要充电的电动汽车，首先判断其是否位于充电站附近。

3）充电路径规划。有以下两种情况：

① 对于充电站附近的电动汽车，直接规划从车辆当前位置到该充电站的充电路径。

② 对于不在充电站附近的电动汽车，则计算考虑交通系统、电网系统和充电站运行性能的综合权值，然后利用Dijkstra算法，搜索综合权值最小的充电路径。

4）判断充电站的充电负荷是否超过其负荷阈值。对于已规划充电路径的电动汽车，根据车辆到达各个充电站的时刻，判断其到达各个充电站时，各个充电站的充电负荷是否超过其负荷限值。若超过，则排除此充电站，再寻找综合权值次之的充电站充电。

5）判断充电站是否在电动汽车剩余里程范围内。对于未超过其负荷阈值的充电站，则判断推荐的充电站是否在车辆的剩余里程范围内，若不在，则寻找行驶距离最短的充电路径；若在，则直接前往该充电站进行充电。

6）统计电动汽车的充电参量和各个路段的车流量。然后计算其充电时间，统计充电站的充电负荷和充电站的车辆数目，根据电动汽车当前行驶的路段，统计各个路段的车流量，并计算各个路段的通行速度。当所有车辆计算完毕时，退出调度。

充电调度流程图如图8.4所示。

（1）目标函数的确定

在保证交通网、电网以及充电站的安全高效运行的前提下，对大规模电动汽车进行充电调度，这是一个典型的多目标优化问题。在满足系统综合优化的前提下，确定一个合理的目标函数是解决多目标优化问题的关键。

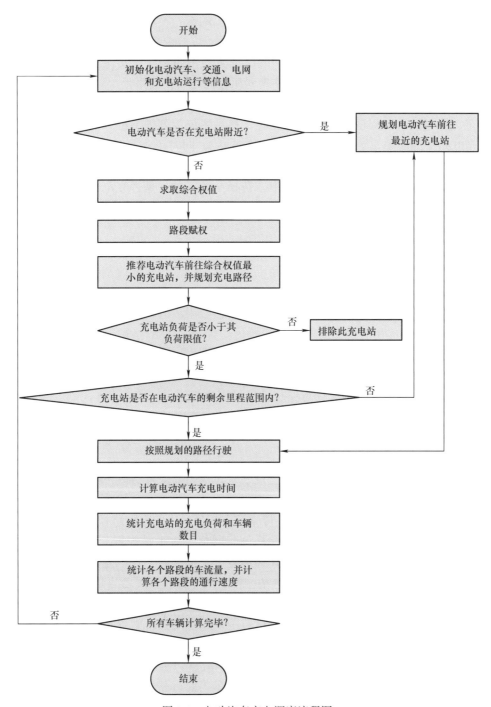

图 8.4 电动汽车充电调度流程图

解决多目标优化问题的常用方法是权重系数法[3],即对每一个目标赋予一个权重系数,然后把所有的目标都与其对应的权重系数相乘,再将其线性加和为一个新的目标函数。这种方法体现了充电调度对不同优化目标的偏重,通过改变权重系数,可以实现不同方面优化的解。

本节所提出的三个优化目标的量纲各不相同,需要对各个目标进行无量纲化[4],然后对各个目标进行加权求和,建立的优化目标函数见式(8-3)。

$$F = w_1 \frac{f_1}{\min f_1} + w_2 \frac{f_2}{\min f_2} + w_3 \frac{f_3}{\min f_3} \tag{8-3}$$

式中,f_1、f_2、f_3 分别为充电站附近的路段通行速度的倒数、充电负荷及充电站的车辆数目;$\min f_1$、$\min f_2$、$\min f_3$ 是在不考虑另外2个优化函数的前提下,单独优化路段通行速度、充电负荷及充电站的车辆数目,得到的最优路段通行速度、最优配电网负荷、最优充电站车辆数目的倒数。w_1、w_2、w_3 分别为三个优化目标对应的权重系数。

对于交通侧,对各个时刻的可通行路段的通行速度进行计算。对于道路交通网中的一条可通行路段 $(p,q) \in A$,通行速度 $V_{\text{road}}\{p,q\}(j)$ 由上一个时刻末该路段的车流量 $q\{p,q\}(j-1)$ 和 "经典车速 - 流量模型"[5] 得到,即:

$$V_{\text{road}}\{p,q\}(j) = \frac{V_m\{p,q\}}{1 + q\{p,q\}(j-1)/C\{p,q\}} \tag{8-4}$$

式中,路段的道路通行能力 $C\{p,q\}$ 和道路的零流速度 $V_m\{p,q\}$ 是路段的固有属性,为已知量;在最初时刻 ($j=0$),路段的车流量和路段的通行速度分别为零和路段的最高限速。因此,通过上一时刻末的车流量 $q\{p,q\}(j-1)$ 可以确定路段 $(p,q) \in A$ 的通行速度 $V_{\text{road}}\{p,q\}(j)$。通过统计车辆各个时刻行驶过的路段,可以统计各路段的车流量。

因此为保证交通系统的良好畅通运行,路段通行速度越大越好,即保证其倒数越小越好,见式(8-5)。

$$f_1 = 1/V_{\text{road}}\{p,q\}(j) \tag{8-5}$$

对于配电网侧,大规模电动汽车接入配电网后,将引起配电网网损增大、电压轮廓发生变化以及各个充电站的负荷增大。而配电网的运行性能与电网节点潮流相关,因此,限制充电站的充电负荷,可以提高配电网的运行性能、保证配电系统电能质量。电网充电负荷公式见式(8-6)。

$$f_2 = \text{Load\_Charging}(r, t_0) \tag{8-6}$$

式中,M 为配电网中充电站数目;t_0 为电动汽车到达充电站 r 的预测时间[6];Load_Charging(r, t_0) 为 t_0 时充电站 r 的负荷预测值(通过统计 t_0 时,在充电站 r 充电的电动汽车的充电功率得到)。

对于充电站侧,当电动汽车集群接入充电站时,不可避免会出现等待充电的情况,为保证电动汽车不出现等待充电时间过长的现象,要约束各个充电站的车辆数目。这里统计了不同时刻下充电站车辆数目,见式(8-7)。

$$f_3 = \text{Num\_Charging}(r, t_0) \tag{8-7}$$

式中,Num_Charging(r, t_0) 为 t_0 时充电站 r 车辆数量的估计值[6]。

由上述所制定的大规模电动汽车充电调度策略,使得电动汽车尽量前往路段通行速度高、充电负荷小、电动汽车数量小的充电站进行充电。

（2）基于模糊逻辑的目标函数权重系数确定

权重系数的确定是求解多目标优化问题的关键。由于优化目标函数中，三个优化目标之间的相关性不确定，而电动汽车行驶状况具有随机性和不确定性，因此提出了基于模糊逻辑的权重系数确定方法。

基于模糊逻辑的目标函数权重系数确定流程图如图 8.5 所示，该系统由输入值、输出值、模糊化、推理计算和清晰化 5 个部分组成。其中本文选取路段通行速度（$1/f_1$）、充电负荷（f_2）和充电站车辆数目（f_3）三个影响因素作为模糊推理过程的输入；输出为交通网、电网和充电站对应的权重系数，即 w_1、w_2、w_3。模糊推理流程的核心内容是模糊化隶属度函数和模糊规则的确定，本部分内容将对模糊化处理和模糊规则的确定过程进行详细介绍。

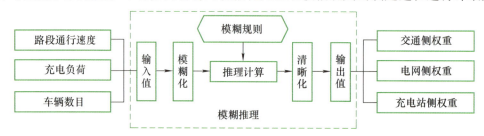

图 8.5　基于模糊逻辑的目标函数权重系数确定流程图

针对模糊化处理过程，这里将路段通行速度模糊化为三个模糊集合：低速（L）、中速（M）、高速（H）；将充电负荷模糊化为四个模糊集合：低负荷（L）、中负荷（M）、高负荷（H）、超高负荷（EH）；充电站车辆数目模糊化为三个模糊集合：小（S）、中（M）、大（B）。由于电网负荷过高会出现电网运行不安全的情况，所以在电网侧，除了"高负荷（H）"又将电网出现安全问题时的负荷设为"超高负荷（EH）"，当负荷"超高（EH）"时，应该特别关注。基于已有的相关研究结果，对输入输出隶属函数进行确定[7]。为了保证模糊逻辑推理过程的简单实用性，在满足提出的充电调度策略优化效果的前提下，采用三角形隶属度函数和梯形隶属度函数作为输入输出隶属度函数。下面分别介绍输入输出变量隶属度函数的确定过程。

首先是路段通行速度隶属函数，通过统计不同权重系数下各个时段的路段通行速度的平均值，对隶属度函数的特征值进行确定。将早晚高峰时段平均路段通行速度作为"低速（L）"隶属度函数的临界值，同时该值也是"中速（M）"隶属度函数的起点值；将平时时段平均路段通行速度作为"中速（M）"隶属度函数的临界值，同时该值也是"高速（H）"隶属度函数的起点值；将夜间时段平均路段通行速度作为"高速（H）"隶属度函数的临界值，同时该值也是"中速（M）"隶属度函数的终点值。最终得到的路段通行速度隶属度函数如图 8.6 所示。

随后，对于充电负荷隶属度函数，通过

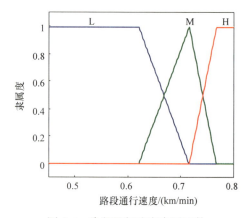

图 8.6　路段通行速度隶属函数

仿真验证得出，当充电负荷为20MW时，已有配电网存在危险，而当充电负荷达到23MW时，所有电网均出现危险，所以将20MW和23MW分别设为超高负荷（EH）隶属度函数的起点值和临界值。而高负荷（H）、中负荷（M）、低负荷（L）隶属度函数的确定与路段通行速度隶属度函数确定的过程相似，分别将早晚高峰时段、平时时段和夜间时段的平均充电负荷设为低负荷（L）、中负荷（M）、高负荷（H）隶属度函数的临界值，各个集合的起点值和终点值的确定依据与路段通行速度隶属度函数相同。其中充电车辆有两种类型，分别为私家车和出租车，这两种电动汽车分别在不同的充电站充电，所以需要分别计算其充电负荷隶属度函数，由此得到的私家车和出租车充电负荷隶属度函数图，如图8.7所示。

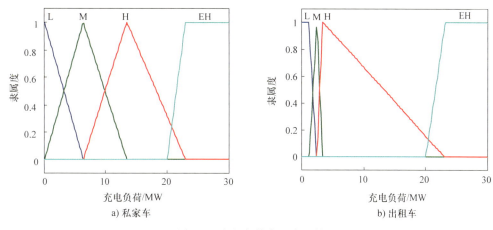

图 8.7　充电负荷隶属度函数

对于充电站车辆数目隶属度函数的确定，则根据充电站容量来设定其特征值，分别取其容量的0.3倍、0.5倍和0.7倍作为其"小（S）"、"中（M）"和"大（B）"车辆数目隶属度函数的临界值。私家车充电站和出租车充电站车辆数目隶属度函数分别如图8.8a和图8.8b所示。

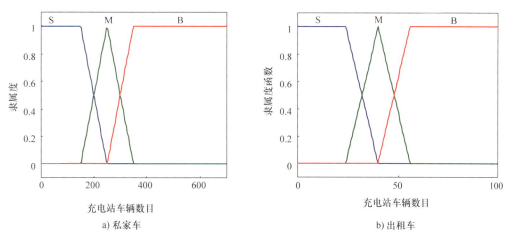

图 8.8　充电站车辆数目隶属函数

对于输出变量隶属度函数，由于交通侧和充电站侧权重均只有三级，所以设定 0.3、0.5、0.7 作为其特征值，而充电负荷权重为四级，所以设 0.2、0.4、0.6、0.8 为特征值。图 8.9 中的 a、b、c 图分别为交通侧、电网侧和充电站侧权重隶属度函数图。

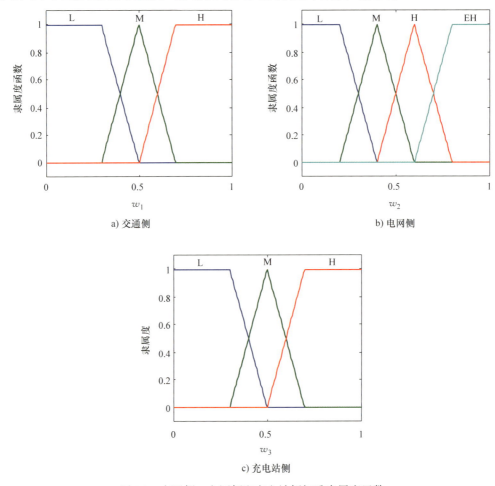

图 8.9 交通侧、电网侧和充电站侧权重隶属度函数

随后制定模糊规则，为了保证交通网和电网的有序运行，制定了 36 条模糊规则。模糊规则的制定原则如下：

1）充电负荷超高时，以电网侧权重为主，其余两方面权重取小，以保证电网系统的安全运行。

2）充电负荷非超高且车速低时，将交通侧权重设为高值，其余两方面权重取小，以保证交通系统的效率运行。

3）充电负荷非超高且车速不低时，按正常规则设定其权重系数。

（3）约束条件

首先考虑电动汽车可达范围约束。为保证算法的合理性，为电动汽车规划的充电站需在电动汽车的剩余里程范围内，若最优充电路径超出电动汽车的剩余里程，则选择距离最近的充电站进行充电。

$$\text{Mile\_rem}(i) \geqslant \text{Path\_Length}(i) \tag{8-8}$$

式中，Path_Length(i)为最优策略下为电动汽车i规划的充电路径长度。

随后，考虑到充电站所在区域的电动汽车用户的充电需求，设置合理的充电站阈值。

$$\text{Load\_Charging}(r,t_0) < \text{Power\_threshold}(r) \tag{8-9}$$

式中，Power_threshold(r)为充电站r的负荷阈值。

考虑到电网的安全运行后，当大规模电动汽车接入配电网后，将使得配电网网络损耗增大、电压轮廓发生变化以及各个充电站的负荷增大。为保证配电网的安全可靠运行，在调度电动汽车充电之前，需要对电动汽车可能前往充电站所在的配电网的经济性和安全性进行评估，即对配电网网损 $P_{\text{loss}}[\text{Load\_Charging}(r,t_0),t_0]$ 和电压偏移 $V_{\text{shift}}[\text{Load\_Charging}(r,t_0),t_0]$ 进行预判断，使其不能超过合理的限值。

其中，对于配电网网损来说，大规模电动汽车的应用会造成电动汽车充电站接入配电网的各个节点负荷分布的变化，同时会增大配电网的网损。在其余节点负荷、充电站接入位置、充电站容量一定的前提下，配电网的网损主要与充电站接入节点负荷 Load_Charging 相关，所以各个电网的网损可以描述为 $P_{\text{loss}}[\text{Load\_Charging}(r,t_0),t_0]$。基于已有研究[8]，确定电网网损满足如下条件：

$$P_{\text{loss}}[\text{Load\_Charging}(r,t_0),t_0] < 7\% \tag{8-10}$$

式中，t_0 为电动汽车到达充电站r的估算时间；Load_Charging(r,t₀) 为 t_0 时刻充电站r的估算负荷；$P_{\text{loss}}[\text{Load\_Charging}(r,t_0),t_0]$ 为 t_0 时刻充电站r所在配电网的估算网损（由MATPOWER潮流计算软件利用充电站估算负荷得到）。

大规模电动汽车的充电行为同样也会造成配电网电压偏差增大，电压偏移计算公式见式（8-11）。

$$V_{\text{shift}}[\text{Load\_Charging}(r,t_0),t_0] = \sum_{i}^{N} \frac{|V_i - V_0|}{V_0 N} \tag{8-11}$$

式中，N为配电网中节点数目；V_0 为平衡节点电压；V_i 为节点i的电压（由MATPOWER潮流计算软件利用充电站估算负荷得到）；$V_{\text{shift}}[\text{Load\_Charging}(r,t_0),t_0]$ 为 t_0 时刻充电站r所在配电网的估算电压偏差。

GB/T 12325—2008《电能质量 供电电压偏差》中要求，供电电压偏差的限值为"20kV及以下三相供电电压偏差应在标称电压的±7%"。为保证电网的电压偏移在合理的范围内，对各个电网的节点电压偏移进行约束：

$$V_{\text{shift}}[\text{Load\_Charging}(r,t_0),t_0] < 7\% \tag{8-12}$$

最后，考虑到充电过程的约束，本章所提出的充电策略，仅为剩余里程不足续驶里程的N%或者剩余里程不足以到达目的地的电动汽车充电：

$$\text{Mile\_rem}(i) \leqslant N\% \cdot \text{Mile\_ful}(i) \tag{8-13}$$

$$\text{Mile\_rem}(i) \leqslant \text{Path\_Length}(i) \tag{8-14}$$

式中，Mile_rem(i)为电动汽车 i 的剩余里程；Path_Length(i)为电动汽车 i 的续驶里程。

（4）目标函数求解

针对所提出的电动汽车充电调度策略，将道路交通网抽象成一个带权的有向图 $M=(V,S,W)$，道路交通网中的交叉路口为有向图中的节点 V，道路交通网中可通行的路段为有向图中的弧 S，各个路段的权值为有向图中的弧段长度 W。每一个路段 $S(p,q)$ 都对应一个路段权值 $W(p,q)$，并基于 Dijkstra 算法求解充电路径。在寻优过程中，将综合权值赋予对应的路段，为电动汽车规划从起点到各个充电站有向综合权值 F 最小充电路径，用 Dijkstra 算法搜索路径的流程，如图 8.10 所示。

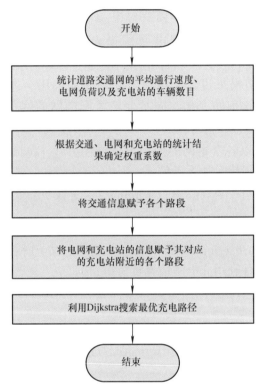

图 8.10 用 Dijkstra 算法求解充电路径流程图

用 Dijkstra 算法求解充电路径包括以下几个步骤：

1）确定各个目标的权重系数。在每个时刻初，统计道路交通网中所有路段的通行速度、电网中各个充电站的负荷以及充电站的车辆数目，将这三个参量输入基于模糊逻辑的目标函数权重系数推理流程中，得出各个优化目标的权重系数。

2）引入交通信息。道路交通网中路段权值，在初始时刻为路段长度，见式（8-15）。

$$W(p,q)=a(p,q) \qquad (8-15)$$

式中，$a(p,q)$ 为路段 (p,q) 的长度。

引入交通信息之后，各个路段的权值为通行时间，同时将此时的权值进行无量纲化处理，并将交通侧的权重系数赋予该权值，即：

$$W(p,q)=\frac{w_1 \times a(p,q)/V_{\text{road}}\{p,q\}(j)}{a(p,q)/\min f_1}=\frac{w_1 \times \min f_1}{V_{\text{road}}\{p,q\}(j)} \quad (8\text{-}16)$$

3）引入电网和充电站信息。将电网的负荷和充电站的信息赋予充电站附近的路段，同时对其进行无量纲化处理并与其对应的权重系数相乘，然后与交通侧的权值进行线性加权，即：

$$W'(p,q)=W(p,q)+\frac{w_2 \times \text{Load\_Charging}(r,j)}{\min f_2}+\frac{w_3 \times \text{Num\_Charging}(r,j)}{\min f_3} \quad (8\text{-}17)$$

式中，$W'(p,q)$ 为引入电网和充电站信息的路段权值；j 为当前时刻；(p,q) 为充电站 r 附近的路段。

4）利用 Dijkstra 算法搜索权值最小的路径。利用 Dijkstra 算法搜索从电动汽车当前位置到各个充电站权值最小的充电路径。

该方法的核心是利用实时的配电网、充电站、交通网反馈信息对综合权值进行计算，调度电动汽车前往综合权值最小的充电站进行充电，从而能实现大规模电动汽车、交通网、配电网以及充电站整体系统的优化。

8.1.4 电动汽车换电调度策略

目前电动汽车广泛使用快充和慢充的供能方式，但其续驶里程只能满足短途行驶需求，无法实现长距离连续行驶，而且电动汽车的充电时间较长，为电动汽车驾驶员带来诸多不便。因此，在电池技术尚无明显突破的前提下，可以推测，随着电动汽车的日益普及，电动汽车换电将更为普遍。其不仅可以解决驾驶员在时间紧张情况下的里程忧虑问题，使出行更为便利，同时对替换的电池集中有序充电也有利于减少电网损耗，降低电网的电压偏移，保证电网安全经济运行。

本节提出了针对换电车辆的换电调度流程，与充电调度流程不同的是，换电调度仅对车辆的行驶进行实时调度，对换下来的电池则进行离线调度。换电调度中对电动汽车行驶的调度过程，采用最短行驶时间路径规划策略，即路径规划的权值选为路段的行驶时间。换电调度策略的核心内容是规划换电电池充电时间和充电功率，结合电网中充电负荷的情况，通过制定合适的优化函数，并求解出合理的充电时间段。换电调度流程如图 8.11 所示，包括以下几个步骤：

1）信息初始化。初始化续驶里程等电动汽车的运行信息、路段拥堵率等道路交通网运行信息、电网的负荷等电网运行信息。基于上述信息，为电动汽车推荐换电路径并调度替换电池的充电。

2）为换电车辆推荐换电站并规划换电路径。基于已统计的各个路段的拥堵率，利用式（8-4）计算出各个路段实时通行速度，来计算路段通行时间。以路段通行时间作为权值，基于 Dijkstra 算法，搜索从换电车辆当前位置到换电站权值最小的路径，即为换电车辆推荐行驶时间最短的换电站和换电路径。

3）驾驶员选择换电路径。驾驶员结合自己实际情况，从系统为其规划的换电路径中，选择一条行驶。

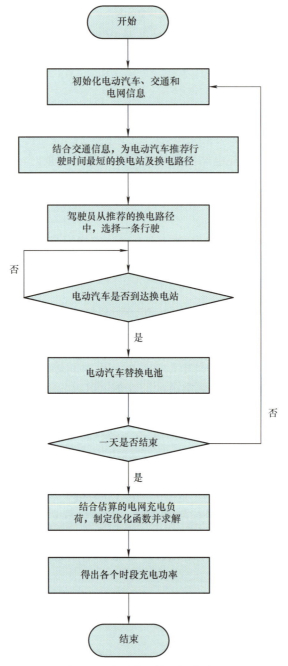

图 8.11 电动汽车换电调度流程

4) 判断电动汽车是否到达换电站。每个时段初始时刻，判断电动汽车是否到达换电站，直到电动汽车到达换电站为止，判断结束。

5) 判断一天是否结束。判断换电站是否停止营业，若停止，则准备调度一天之中替换的电池，对其进行充电功率和充电时间的安排；若不停止，则继续从初始化阶段对其他电动汽车进行换电调度。

6）估算电网的充电负荷并制定目标函数。根据历史数据预测第二天各个充电站的充电负荷，并根据预测的充电负荷，制定优化目标函数。

7）求解换电负荷调度优化目标函数。基于已预测的各个电网的充电负荷，利用换电负荷优化函数，对替换电池的充电时间和充电功率进行求解。

在电动汽车换电调度中，主要包括两方面内容：换电车辆前往换电站的路径规划和替换的电池的充电过程的优化。其中换电路径的规划，原理同充电路径的规划，基于Dijkstra算法，但是搜索路径时用到的权值不再是"综合优化权值"，而是路段的通行时间，即为换电车辆推荐行驶时间最短的换电站和换电路径。对替换的电池的充电过程的优化，即优化其起始充电时间和充电功率。由于大规模电动汽车应用时，换电电池数量巨大，若对每一块电池进行调度，对计算机的计算能力要求会很高，因此本文以充、换电站接入的电网作为调度研究的对象，在接入电网充电站充电负荷的基础上，优化替换电池的充电时间和充电功率。

（1）目标函数的确定

平滑电网整体负荷是实施有序换电调度的目的，制定了优化电网负荷的目标函数，分别制定了基于负荷标准差最小和基于负荷峰谷差最小的目标函数[6]。

基于负荷标准差最小的目标函数，即优化的目标为充电负荷标准差，见式（8-18）。

$$F = \min \sqrt{\frac{1}{n}\sum_{j=1}^{n}\left[P_j'(r) - \overline{P}(r)\right]^2} \quad (8-18)$$

式中，n 为时间段数；$\overline{P}(r)$ 为电网 r 日平均负荷；$P_j'(r)$ 为 j 时段电网 r 调度后的总负荷。

基于负荷峰谷差最小的目标函数，即优化的目标为充电负荷峰谷差，见式（8-19）。

$$F = \min\{\max[P_j'(r)] - \min[P_j'(r)]\} \quad (8-19)$$

式中，$\max[P_j'(r)]$、$\min[P_j'(r)]$ 分别为调度后电网 r 负荷峰值和负荷谷值。

（2）约束条件

在电动汽车行驶方面，为电动汽车规划的换电站需要在电动汽车的剩余里程范围内，见式（8-8）；同时设定电动汽车换电的条件为：剩余里程小于最高续驶里程的 $N\%$ 或者电动汽车的目的地不在电动汽车的剩余里程范围内，见式（8-13）和式（8-14）。

由于换电站可以利用电量低谷时段为替换的电池充电，所以不设定换电站的负荷阈值，但为了保证电网的安全经济运行，同样对电网的电压偏移和网损进行约束，见式（8-10）和式（8-12）。

（3）目标函数的求解

本节采用粒子群算法对换电调度目标函数进行求解，求解步骤如下。

1）初始化粒子的取值范围、数量以及加速度。即初始化各个时刻换电功率的取值范围、需要求解换电功率的时刻数目和换电功率的变化速度。由于上文中并没有对换电功率进行约束，将其范围设为较大。

2）初始化粒子的位置。即根据预测的充电负荷初始化各个时刻的充电功率。正常粒子群算法在初始化各个粒子时，是采取随机的方式，而本文为了加快算法收敛速度，在初始化阶段就根据各个时刻电网预测负荷，以平滑负荷曲线为原则，对各个时刻的换电负荷进行了初步设定。

3）评估每个粒子的适应度函数值。首先，将各个时刻的初始化充电功率，带入目标函数式（8-18）和式（8-19）中，分别计算此时的负荷标准差和负荷峰谷差。然后，根据各个粒子的加速度，计算粒子更新的速度和位置，即更新各个时刻的负荷，计算此时适应度函数值。

4）判断结果是否收敛。判断此次计算的结果与上一次的结果相比，是否收敛，如果收敛则停止计算；若不收敛，则继续更新粒子的速度和位置。

5）判断迭代次数是否到达上限 N。为防止计算量过大，通常利用粒子群算法求解时，会设定最大的计算次数，若超过该次数结果还不收敛，则停止计算，选取目前位置的最优值作为最终的优化结果。其求解流程如图 8.12 所示。

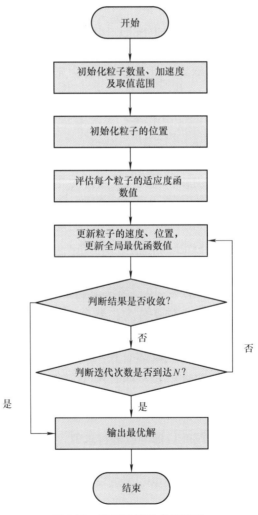

图 8.12 粒子群算法求解流程

8.2 电动汽车充电、换电调度仿真平台的搭建

为验证本章提出的面向交通和电网综合优化的大规模电动汽车充、换电调度策略的有效性,本节基于MATLAB仿真平台,搭建了大规模电动汽车充、换电调度仿真系统。该系统在交通和电网综合优化的前提下,对不同类型电动汽车充、换电调度进行仿真分析。该仿真平台包括:不同类型电动汽车模型、道路交通网模型、电网模型以及充、换电站模型。

8.2.1 仿真平台总体设计

本节基于MATLAB的软件环境,搭建了仿真平台。其中,利用MATLAB建立大规模电动汽车充、换电调度的总体系统,利用MATLAB中的仿真工具箱MATPOWER进行电网潮流分析,实现了交通、电网的实时综合优化。所建立的电动汽车充、换电调度仿真系统如图8.13所示。

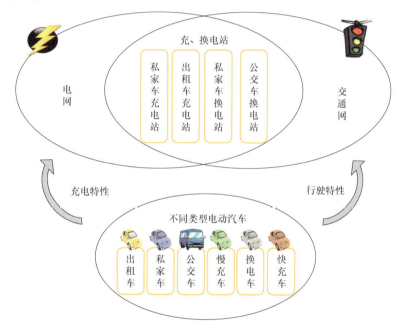

图8.13 电动汽车充、换电调度仿真系统

针对电动汽车、交通网、电网和充电站,分别提取各项属性特征,并分析四者相互影响机理,分别建立了电动汽车模型、交通网模型、电网模型和充电站模型,通过四者实时动态交互,建立了电动汽车充、换电调度仿真系统。

8.2.2 电动汽车模型的建立

电动汽车作为典型负载,对交通系统、电网、充电站产生直接影响。一方面,大规模电动汽车的行驶行为会造成局部交通拥堵;另一方面,大规模电动汽车的充电行为会引起电网负荷过大、电压偏移明显、电网损耗过高等电网安全与经济问题;同时,不同类型的电动汽车的不同特性对交通和电网的影响存在差异性。因此,在讨论电动汽车接入对交通及电网的影响时,需要对电动汽车的充电特性和行驶特性进行建模。考虑到实际应用中,

电动汽车分为不同种类且对应不同的充电特性和行驶特性,因此从电动汽车类型、充电特性和行驶特性三个维度对电动汽车进行建模,得到电动汽车的表征矩阵,见式(8-20)。其取值和意义见表8.1。

$$EV = \{EV\_Type, Charge, Travel\} \quad (8\text{-}20)$$

表8.1 电动汽车特性表

符 号	含 义
EV_Type	电动汽车类型
Charge	充电特性
Travel	行驶特性

仿真中,分别从用途特性和能量供给特性两个方面对电动车辆进行分类,其取值和意义见表8.2。

表8.2 电动汽车类型特性

符 号	含 义
Function_Type	用途特性
Power_Type	能量供给特性

从用途特性考虑,电动汽车主要包括私家车、出租车和公交车三大类。由于不同用途的公交车在运行时间和行驶路线等行驶特性方面的差异,不同用途的电动汽车要分门别类地进行描述。以 Function_Type 代表用途类型,1代表私家车,2代表出租车,3代表公交车。私家车使用功能最为多样,既包括工作日早、晚高峰往返于工作地点和居住地点,也包括时间与路线均不固定的随机出行;出租车属于规模化的商业营运车辆,其持续运行时间长且行驶路线相对灵活;公交车驾驶员要承担公共交通服务,其行驶路线及运行时间均相对固定。本节对公交车路线的选择,结合了北京市三环内实际运行的公交车所运行的路线,同时为了保证公交车的均匀分布,从中选择4条往返线路作为研究对象;此外,公交车的运行起始时间和投放规律也遵循公交公司的实际安排,清晨发车、夜间收车,根据不同时间段人流量的变化,调整公交车的投放时间间隔。

从能量供给方式考虑,电动汽车主要包括快速充电、慢速充电以及换电三大类。以 Power_Type 代表能量供给方式的类型,1代表快充,2代表慢充,3代表换电。快速充电车辆因其对充电功率要求高,对配电网和充电站的安全经济运行影响最大,而且采用快速充电方式的电动汽车的比例最高;慢速充电车辆的充电过程对电网影响相对温和,而且电动汽车利用常规市电就可以进行慢速充电,不需要前往充电站。因此,本文提出的充电调度策略仅调度快速充电的电动汽车,并不针对慢速充电的电动汽车。对于换电车辆来说,替换电池后不必对电池即时充电,则可借助低峰时段充电,实现对电网充电负荷的"削峰填谷"。

基于上述描述的分类规则,可根据用途和能量供给方式,得到电动汽车类型的表征矩阵,即

$$EV\_Type(i) = (Function\_Type, Power\_Type) \quad (8\text{-}21)$$

式中,i 表示第 i 辆电动汽车。

根据电动汽车的用途和能量供给方式的划分,电动汽车类型一共包括 $3 \times 3 = 9$ 种,但

还要根据实际情形合理取舍。事实上，尽管目前电动私家车广泛使用快充和慢充的供能方式，但其续驶里程只能满足短途行驶需求，无法实现长距离连续行驶。因此，在电池技术尚无明显突破的前提下，可以推测，随着电动汽车的日益普及，电动私家车换电将更为普遍。这不仅可以解决驾驶员在时间紧张情况下的里程忧虑问题，使出行更为便利，而且对替换的电池集中充电也有利于减少电网损耗，保证电网安全经济运行。为此定义私家车的能量供给模式包括快充、慢充和换电。对于出租车，在国内多个城市已展开的电动出租车示范运行工程中，大多采用快充的电能补给方式，因此将快充作为出租车的主要电能补给方式。对于公交车，考虑到其运行要严格遵守公交公司的调度安排，所以采用最省时的电能补给方式——换电，作为电动公交车电能补给方式。综上所述，所涉及的电动车辆类型共包括 5 类，见表 8.3。

表 8.3　电动车辆类型划分表

用途		Function_Type		
能量供给方式		1- 私家车	2- 出租车	3- 公交车
Power_Type	1- 快充	（1，1）	（2，1）	—
	2- 慢充	（1，2）	—	—
	3- 换电	（1，3）	—	（3，3）

（1）不同类型电动汽车的充/换电特性

为了描述上述电动汽车的充、换电行为，本文分别对电动汽车的充电特性和换电特性进行了建模。

对于充电车辆，其充电行为主要影响充电站的运行，因此本节选取的特征量包括充电站编号、到达充电站时间、等待充电时间、充电时间、充电功率和耗电功率来描述电动汽车充电行为。可得到电动汽车的充电特性表征矩阵，即

$$\text{Charge}(i) = (\text{CS}, \text{ArriveTime}, \text{WaitTime}, \text{Power\_Charge}, \text{Power\_Consume}, \text{ChargeTime}, \text{EndTime})$$
（8-22）

式中各符号的含义见表 8.4。下面分别对各个特性进行详细介绍。

表 8.4　电动汽车充电特性特征表

符　　号	含　　义
CS	充电站编号
ArriveTime	到达充电站时间
WaitTime	等待充电时间
Power_Charge	充电功率
Power_Consume	耗电功率
ChargeTime	充电时间
EndTime	充电结束时间

充电站编号代表系统为该辆电动汽车推荐的充电站的编号，通过系统为驾驶员推荐充电站，然后由驾驶员选择后生成。

$$\text{CS}(i) = \begin{cases} j, j \in [1, n], & \text{需要充电的车辆} \\ 0, & \text{不需要充电的车辆} \end{cases}$$
（8-23）

式中，i 为电动汽车编号；j 为充电站的编号；n 为充电站的数量；对于不需要充电的车辆，充电站编号为 0。

到达充电站时间指的是电动汽车由当前位置按规划路径驶达驾驶员选择充电站所需时间，可利用 Dijkstra 算法计算得到，路径搜索时权值为路段的通行时间。

等待充电时间指的是之前最晚到达充电站的车辆的充电结束时刻和该车到达充电站的时刻之差，见式（8-24）。

$$WaitTime(i) = EndTime(k) - ArriveTime(i) \quad (8\text{-}24)$$

式中，k 为电动汽车 i 到达充电站后最晚结束充电的车辆编号。

充电功率对某一辆电动汽车为定值，其值在初始化时在一定范围内随机确定。其中对于快充电动汽车来说，充电时间较短，所以充电功率较大，为 25～60kW。

耗电功率与电动汽车的用途相关，对于采用充电方式补给能量的电动私家车和电动出租车而言，耗电功率较小，为 0.15～0.2kW。

充电时间由该车电池总电量（Battery_Capacity）、剩余电量（SOC_rem）及充电站充电功率计算得到，见式（8-25）。

$$ChargeTime = \frac{Battery\_Capacity - SOC\_rem}{Power\_Charge} \quad (8\text{-}25)$$

充电结束时间由电动汽车到达充电站的时间、等待充电时间和充电时间相加得到，见式（8-26）。

$$EndTime = ArriveTime + WaitTime + ChargeTime \quad (8\text{-}26)$$

对于换电车辆，与充电车辆相似，不过由于换电车辆替换电池后，即可离开换电站，不会出现等待的情况，所以换电车辆的特征量仅包括换电站编号、到达换电站时间和充电功率和耗电功率。由此可以得到换电特性的表征矩阵，即

$$Battery\_switch(i) = (BSS, ArriveTime, Power\_Charge, Power\_Consume) \quad (8\text{-}27)$$

式中各符号的含义见表 8.5。

表 8.5 电动汽车换电特性特征表

符 号	含 义
BSS	换电站编号
ArriveTime	到达换电站时间
Power_Charge	充电功率
Power_Consume	耗电功率

换电站编号代表系统为该辆电动汽车推荐的换电站的编号，通过系统为驾驶员推荐换电站，然后由驾驶员选择后生成。

$$BSS(i) = \begin{cases} j, j \in [1, n], \text{需要换电的车辆} \\ 0, \text{不需要换电的车辆} \end{cases} \quad (8\text{-}28)$$

式中，i 为电动汽车编号；j 为换电站的编号；n 为换电站的数量；对于不需要充电的车辆，换电站编号为 0。

到达换电站时间指的是电动汽车由当前位置按规划路径驶达换电站所需时间,可利用 Dijkstra 算法计算得到,路径搜索时权值为路段的通行时间。换电特性中的充电功率指在换电站替换电池的充电功率,在一定范围内随机确定,对某一辆电动汽车为定值。对于换电电动汽车,采用集中充电的方式为其替换的电池进行充电,充电功率较为平缓,为 2 ~ 4kW。耗电功率与电动汽车的用途相关,对于采用换电方式补给能量的电动私家车而言,耗电功率较小,为 0.15 ~ 0.2kW;而对于电动公交车而言,由于其车型较大,所以耗电功率也较大,为 0.8 ~ 1.2kW。

(2)不同类型电动汽车行驶特性

电动汽车在道路交通网中行驶时,首先根据电动汽车的剩余电量判断电动汽车是否有充电需求,对于有充电需求的电动汽车而言,需要根据电动汽车在道路交通网中的位置、行驶速度等信息对其进行充、换电规划;对于没有充电需求的电动汽车,系统利用电动汽车的位置、行驶速度和行驶目的地等信息为其规划从起始位置到达车辆目的地的行驶路径,最终为需要充电的电动汽车规划到达充、换电站的行驶路径,为其余电动汽车规划出到达车辆目的地的行驶路径。图 8.14 描述的是电动汽车行驶调度过程中所需要的信息。

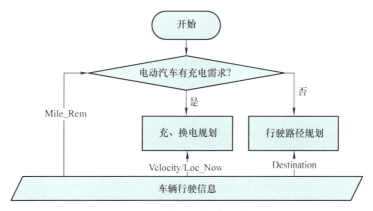

图 8.14 电动汽车行驶调度过程

选取车辆初始位置、当前位置、目的地位置、行驶速度、行驶路径、路径长度、续驶里程及每千米消耗电量作为特征量,以描述电动汽车的行驶特性,即

$$Travel(i)=(Loc\_Depart,Loc\_Now,Destination,Path,Path\_CS,Velocity,\\ Path\_Length,Mile\_Rem,Mile\_Ful,Power\_Consume) \quad (8-29)$$

车辆的出发点即电动汽车进入道路交通网的初始位置,在道路交通网中的各个节点中随机确定,为车辆已行驶路径的起点。

$$Loc\_Depart(i)=j, j \in [1,n] \quad (8-30)$$

式中,i 为电动汽车编号;j 为车辆的出发点;n 为路网中节点数量。

对于车辆在当前时刻的位置,当车辆被规划充、换电路径长度或者行驶路径长度后,根据车辆的行驶速度及行驶时间计算出行驶距离,从而得出车辆的当前地点。车辆行驶目的地在电动汽车投放初始时刻在道路交通网中随机生成。

$$Destination(i)=k, k \in [1,n] \quad (8-31)$$

式中，k 为车辆的目的地。

在行驶路径的定义中，对于不需要充电的车辆，行驶路径为系统为其规划的从当前位置到达目的地的行驶路线，包括对应道路的各个节点；对于需要充电的车辆，行驶路径为系统为其规划的到达充电站的行驶路线。

车辆的行驶速度为车辆所在路段的道路通行速度 $V_{road}\{p,q\}(j)$，其中 i 为车辆的标号。

$$\text{Velocity}(i) = V_{road}\{p,q\}(j) \tag{8-32}$$

路径长度指的是为车辆规划行驶路径或充电路径后，通过叠加路径中各个节点之间路段长度，得出的总路径长度，例如对于车辆 i 行驶路径 Path(i) 的长度，求解过程见式（8-33），n 为行驶路径中节点的数量。

$$\text{Path\_Length}(i) = \sum_{k=1}^{n} a[\text{Path}\{i\}(k), \text{Path}\{i\}(k-1)] \tag{8-33}$$

已行驶的里程即被规划行驶路径或充电路径后的车辆已经行驶的距离，见式（8-34），其中 $t\_interval$ 为单位时段的时间长度。

$$\text{Mile\_traveled}(i,j) = \text{Velocity}(i) \times t\_interval \tag{8-34}$$

续驶里程指车辆当前剩余电量支持的行驶里程，见式（8-35）。计算方法为车辆上一时刻的剩余里程 Mile_rem($i,j-1$) 与车辆当前时刻行驶距离 Mile_traveled(i,j) 之差，用于估算电动汽车是否可以正常行驶以及电动汽车是否可以到达目的地。

$$\text{Mile\_Rem}(i,j) = \text{Mile\_rem}(i,j-1) - \text{Mile\_traveled}(i,j) \tag{8-35}$$

最高续驶里程指在电池充满情况下，电动汽车依靠电量支持该车行驶的最大里程。仿真过程中，设定的电动汽车的最高行驶里程一般为 130~160km。

电动汽车每千米消耗电量指的是电动汽车行驶 1km 所消耗的电池电量。对于同一辆电动汽车，电动汽车每千米消耗电量设为常数。对于私家车和出租车，每千米消耗电量较低，大概为 0.15~0.2kW·h；公交车消耗电量较高，为 0.8~1.2kW·h。电动汽车行驶特性特征符号含义见表 8.6。

表 8.6 电动汽车行驶特性特征表

符号	含义
Loc_Depart	车辆出发点
Loc_Now	车辆当前位置
Destination	车辆目的地点
Path	为不需充电车辆所规划的行驶路径
Path_CS	为需要充电车辆所规划的充电路径
Velocity	行驶速度
Path_Length	路径长度
Mile_traveled	已行驶的里程
Mile_Rem	续驶里程
Mile_Ful	最高续驶里程
Power_Consume	电动汽车每千米消耗电量

8.2.3 充电、换电站模型的建立

充电站和换电站作为电动汽车与电网和交通网连接的纽带，通过对充、换电站的位置和供能特性建模可以建立电动汽车与交通和电网的联系。本节对电动私家车充电站、电动出租车充电站、电动私家车换电站以及电动公交车换电站进行建模，包括设定充、换电站地理位置，以及充、换电站接入电网的节点和充、换电站的供能特性。

（1）充电站模型

通过设定充电站在道路交通网的地理位置和其在电网接入的节点位置可以建立充电站与交通和电网的联系，充电站位置信息符号含义见表8.7。

表8.7 充电站位置信息符号特征表

符　号	含　义
Location_CS	道路交通网中的位置
Connection_CS	电网中的位置

为了建立充电站与交通网的联系，需要设定其地理位置。用道路交通网的节点表示充电站的地理位置，见式（8-36）。

$$\text{Location\_CS}(r) = [j] \tag{8-36}$$

式中，r 代表充电站编号；j 代表充电站 r 在道路交通网中的节点位置。

为了建立充电站与电网的联系，对充电站接入电网以及电网节点进行了设定，见式（8-37）。

$$\text{Connection\_CS}(r) = [g, k] \tag{8-37}$$

式中，g 代表充电站接入的电网编号；k 代表充电站 r 接入电网 g 节点的编号。

电动汽车到达充电站后，其聚集性充电会造成电动汽车充电负荷增大，而充电站又与配电网的节点相连，充电站负荷直接影响电网的运行，因此需要对充电站的供能特性进行描述。本节选取的特征量包括充电负荷、充电车辆数目、充电站容量、充电阈值，即

$$\text{Charge\_Station} = \{\text{Load\_Charging}, \text{Num\_Charging}, \text{Capacity\_CS}, \text{Power\_Threshold}\} \tag{8-38}$$

各个充电站供能特性与其符号之间对应关系见表8.8。

表8.8 充电站供能特性特征表

符　号	含　义
Load_Charging	充电负荷
Num_Charging	充电车辆数目
Capacity_CS	充电站容量
Power_Threshold	充电阈值

充电负荷指当前时刻在该充电站充电车辆的充电功率之和，即

$$\text{Load\_Charging}(r, j) = \sum \text{Power\_Charge}(r, i) \tag{8-39}$$

式中，$\text{Load\_Charging}(r, j)$ 为在 j 时刻在充电站 r 充电功率；$\text{Power\_Charge}(r, i)$ 为在 j 时刻在充电站 r 充电的车辆 i 的充电功率。

充电站车辆数目指当前在该充电站停留的电动车辆的数量，包括正在充电的车辆和等

待充电的车辆。通过计算各个电动汽车停留在充电站的时间段，统计各个时间段各个充电站的车辆数目。式（8-40）用于判断电动汽车是否被规划了充电站。

$$EV\_CS[r, Arrive(i):EndTime(i)]=1，被规划充电站的车辆$$
$$EV\_CS[r, Arrive(i):EndTime(i)]=0，未被规划充电站的车辆$$
（8-40）

$$Num\_Charging(r,j)=\sum EV\_CS(r,j)$$
（8-41）

式中，$EV\_CS[r, Arrive(i):EndTime(i)]$ 代表电动汽车 i 在充电站 r 停留的时间段内的充电标号，用于统计各个充电站各个时间段内车辆数目；$j \in \{Arrive(i):EndTime(i)\}$ 为电动汽车停留在充电站的时间。

充电站容量指充电站可同时容纳的充电电动汽车的数量，根据电动汽车投入量确定。充电阈值是指该充电站所能提供的最大充电功率，其中充电站容量和充电阈值是可变的，需要参考电动汽车投入的数目。在仿真过程中，通过调整充电阈值，可以使得各个充电站的充电功率分布更为合理。

（2）换电站模型

为了建立换电站与道路交通网和电网之间的连接关系，需要设定换电站在道路交通网中的地理位置和与电网连接的节点位置，换电站位置信息与其符号的对应关系见表 8.9。

表 8.9 换电站位置信息特征表

符　　号	含　　义
Location_BBS	道路交通网中的位置
Connection_BBS	电网中的位置

对于换电站地理位置的描述，同样采用道路交通网的节点，见式（8-42）。

$$Location\_BBS(r)=[j]$$
（8-42）

式中，r 代表换电站编号；j 代表换电站 r 在道路交通网中的节点位置。

换电站需要设定接入电网以及接入电网的节点，见式（8-43）。

$$Connection\_BBS(r)=[g,k]$$
（8-43）

式中，g 代表换电站接入的电网编号；k 代表换电站接入电网节点的编号。

采用替换电池的方式补给能量的电动汽车，到达换电站后，立即对电动汽车的电池进行更换，而对于替换下来的电池，采取集中充电的充电方式。对于换电站供能特性的描述，本文选取的特征量包括换电负荷和换电车辆数目，即

$$Battery\_Exchanging\_Station = \{Load\_Exchange, Num\_Exchange\}$$
（8-44）

各个换电站供能特性与其符号之间的对应关系见表 8.10。

表 8.10 换电站供能特性特征表

符　　号	含　　义
Load_Exchange	换电负荷
Num_Exchange	换电车辆数目

换电负荷指在当前时刻，换电站为换电电池充电的充电功率之和。

$$\text{Load\_Charging}(r,j) = \sum \text{Power\_Charge}(r,i) \qquad (8\text{-}45)$$

式中，$\text{Load\_Charging}(r,j)$ 为在 j 时刻在换电站 r 的充电功率；$\text{Power\_Charge}(r,i)$ 为 j 时刻在换电站 r 的车辆 i 替换电池的充电功率。

换电车辆数目是指当前在该换电站替换电池的电动车辆的数量。通过计算各个电动汽车到达换电站的时刻，统计各个时刻各个换电站的车辆数目。式（8-46）用于判断电动汽车是否被规划了换电站。

$$\begin{aligned}&\text{EV\_BBS}[r,\text{Arrive}(i)]=1,\ 被规划充电站的车辆\\&\text{EV\_BBS}[r,\text{Arrive}(i)]=0,\ 未被规划充电站的车辆\end{aligned} \qquad (8\text{-}46)$$

$$\text{Num\_Charging}(r,j) = \sum \text{EV\_BBS}(r,j) \qquad (8\text{-}47)$$

式中，$\text{EV\_BBS}[r,\text{Arrive}(i)]$ 代表电动汽车 i 在换电站 r 停留的时间段内的换电标号；j 为电动汽车停留在换电站的时刻。在本研究中假定，通过富余存储和循环充电的方式，在换电站储存的满电量电池永远满足换电需求，因而换电不需要等待，且换电时间视为零。

8.2.4 道路交通网模型及电网模型介绍

交通环境与电网模型参考已有研究在课题前期研究中，对交通和电网进行了建模，本节内容对道路交通网模型和电网模型进行介绍。

（1）道路交通网模型

道路交通网模型包括道路规模、路段等级、道路长度、道路的最高限速与道路通行能力等属性：

$$\text{Map} = \{\text{Node},\text{Connection},\text{Road\_grade},\text{Velocity},\text{Capacity}\} \qquad (8\text{-}48)$$

作为模型的表征矩阵，其中各个属性与其符号的对应关系见表 8.11。

表 8.11 道路交通网属性表

符 号	含 义
Node	节点
Connection	节点之间的连接关系
Road_grade	路段等级
Velocity	最高限速
Capacity	道路通行能力

Node 代表道路交通网中的各个节点，即实际路网中的各个交叉路口；Connection 表示各个节点之间的连接关系及节点之间的道路长度；Road_grade 表示路段的路段等级；Velocity 表示道路的最高限速，不同等级道路最高限速会有差异；Capacity 表示道路的通行能力。同时为了更真实地还原北京市的路况，以北京市某天真实的路况作为各个路段的基础拥堵率。所建路网的拓扑结构如图 8.15 所示。

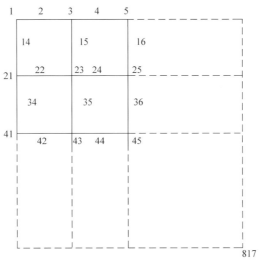

图 8.15 道路交通网的拓扑结构

（2）电网模型

电网模型用于验证大规模电动汽车应用对电网影响，是电动汽车充、换电调度仿真系统的关键部分。对于电网模型，以 IEEE_33 标准配电网模型为基础，建立了包括拓扑结构、配电容量、线路阻抗等属性在内的配电网模型，以式（8-49）表征配电网模型。

$$\text{Grid} = \{\text{Node}, \text{Branch}, \text{Generator}\} \quad (8\text{-}49)$$

其中，Node 用于表示电网中各个节点的类型、功率、电压等参量；Branch 用于表示电网中节点间支路的连接情况、电阻和传输功率等参量；Generator 表示电网的源节点，用于表示电网供能节点的位置、容量等信息。

本节沿用上述模型，建立了三种不同规模的配电网模型，分别为 25 节点、27 节点和 33 节点，如图 8.16 所示。

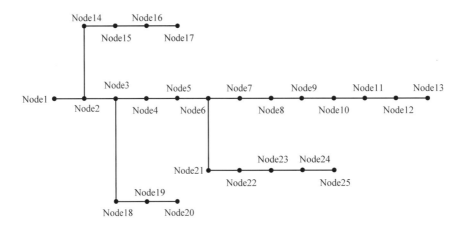

a) 25 节点配电网

图 8.16 配电网模型

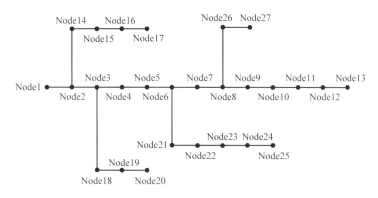

b) 27节点配电网

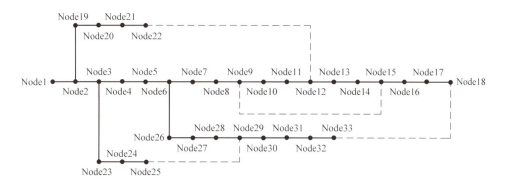

c) 33节点配电网

图 8.16 配电网模型（续）

8.3 电动汽车充电、换电调度策略仿真验证

为了验证上文中针对不同类型电动汽车提出的电动汽车充、换电调度策略的有效性，本节基于电动汽车充、换电调度仿真平台对所提出的策略进行了仿真验证。针对电动汽车充电调度策略和换电调度策略分别设计了仿真方案，并分别从交通、电网和充电站三个方面对仿真结果进行分析。仿真结果表明，大规模电动汽车的应用会造成局部交通拥堵、电网负荷过大、电网运行性能下降以及电动汽车等待充电时间过长等问题，而本章提出的电动汽车充、换电调度策略，减弱了上述问题的影响，实现了整体系统的优化运行。

8.3.1 仿真方案设计

本节针对提出的电动汽车充电调度策略和换电调度策略，分别设计了仿真方案，包括仿真规模的设计、仿真对比方案的设计和仿真评价指标的设定。

（1）仿真规模设计

对于道路交通网，根据北京市三环以内的实际城市道路情况，对其进行合理简化，建立了覆盖北京市三环以内道路的道路交通网模型，图 8.17 所示为北京市三环以内的道路缩略图。模型的规模参数见表 8.12。

图 8.17　北京市三环以内道路缩略图

表 8.12　道路交通网规模

面积	周长	平均路段长度	道路密度
165km²	45.5km	1.08km	1.63km/km²

对于电网模型，以三种配电网模型为基础，建立了 9 个 10kV 配电网，同时考虑到北京市三环以内的面积和用电负荷情况，引入了电压等级为 110kV、包含 118 个节点的输电网覆盖三环以内的用电区域，9 个配电网接在输电网的各个节点。各个配电网与输电网之间的连接关系见表 8.13。

考虑北京市的实际交通拥堵状况，进行了 24 小时仿真，并根据驾驶员不同时段的运行习惯，引入不同的车辆数目。仿真中是每 5min 向系统中引入一定数量的电动汽车，表 8.14 中所列为不同时段引入的电动车数量，共引入了 242880 辆电动汽车，包括电动私家车（快充、慢充、换电）、电动出租车（快充）以及电动公交车（换电），系统中引入的不同类型车辆的数量见表 8.15。

表 8.13　配电网与输电网之间的连接关系

配电网编号	配电网规模	接入输电网节点编号
1	33 节点	14
2	25 节点	22
3	25 节点	102
4	33 节点	44
5	33 节点	50
6	33 节点	58
7	27 节点	97
8	27 节点	84
9	27 节点	93

表 8.14　不同时段电动汽车的引入数量

时间段	引入车辆数目（每 5min）
7:00—9:00	2300
9:00—17:30	900
17:30—19:30	2300
19:30—23:00	900
23:00—7:00	30

表 8.15　不同类型电动汽车的数量

车辆类型	引入车辆数目（24h 内）
私家车（快充）	181840
私家车（快换）	20000
私家车（慢充）	10000
出租车	30000
公交车	1040

　　基于道路交通网规模、电网规模以及电动汽车的投入情况，对充、换电站的地理位置分布、与电网连接情况、容量和负荷阈值进行了设定。首先设定充、换电站的地理位置，为合理设置充电站位置，本节采取实际调研与合理假设相结合的原则。其中，对于电动私家车充电站，根据北京市三环以内充电站的实际建设位置，确定了 9 个电动私家车充电站；对于电动出租车充电站，由于北京市三环以内尚未建设专用的电动出租车充电站，考虑到出租车运行范围广且路线随机的特性，在三环内均布了 4 个电动出租车充电站，可在全区域内为电动出租车提供充电服务。所提出的充电站位置分布如图 8.18 所示，其中菱形代表电动私家车充电站，圆形代表电动出租车充电站。各个充电站在路网中的节点位置见表 8.16。

图 8.18　充电站位置分布图

表 8.16　充电站在路网中的位置

私家车充电站编号	出租车充电站编号	接入交通网节点编号	
		私家车充电站	出租车充电站
1	1	3	277
2	2	24	306
3	3	25	643
4	4	165	614
5	—	183	—
6	—	465	—
7	—	532	—
8	—	727	—
9	—	766	—

对于换电站模型的建立，同样需要定义换电站位置和供能特性。对于换电站的位置设定，与充电站一样，采取实际调研与合理假设相结合的原则。根据北京市三环以内换电站的实际建设位置确定了9个电动私家车换电站；同时，由于在北京三环以内尚未建设电动公交车换电站，针对公交车运行线路较长且具有固定的起点和终点的特性，设定两个电动公交车换电站分别位于道路交通网的西北角和东南角。换电站位置分布如图8.19所示，其

中三角形代表电动私家车换电站,矩形代表电动公交车换电站。各个换电站在路网中的节点位置见表8.17。

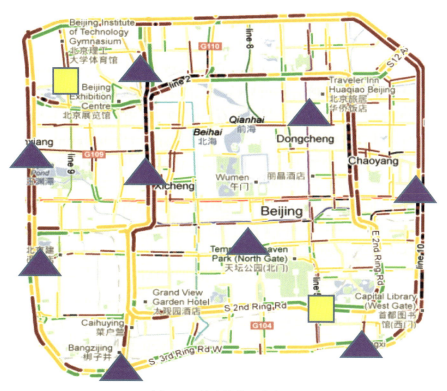

图 8.19　换电站位置分布图

表 8.17　换电站在路网中的位置

私家车换电站编号	公交车换电站编号	接入交通网节点编号	
		私家车换电站	公交车换电站
1	1	294	816
2	2	143	163
3	—	327	—
4	—	389	—
5	—	453	—
6	—	553	—
7	—	575	—
8	—	786	—
9	—	815	—

考虑充、换电站与电网的连接情况,需要对充电站接入配电网的节点进行设定。根据潮流计算可知,当充电站接入的节点靠近电网根节点时,对电网的影响较小,以此为依据,

对充电站在电网的接入节点进行设定,电动私家车充电站和电动出租车充电站接入配电网的情况见表 8.18 和表 8.19。

表 8.18 各个电动私家车充电站与配电网之间的连接关系

充电站编号	接入的配电网	接入配电网节点编号
1	1	23
2	2	4
3	3	4
4	4	4
5	5	14
6	6	18
7	7	4
8	8	4
9	9	18

表 8.19 各个电动出租车充电站与配电网之间的连接关系

充电站编号	接入的配电网	接入配电网节点编号
1	1	4
2	2	2
3	3	19
4	4	23

对换电站接入配电网进行设定,表 8.20 和表 8.21 所列为电动私家车换电站和电动公交车换电站接入电网的情况。

表 8.20 各个电动私家车换电站与配电网之间的连接关系

换电站编号	接入的配电网	接入配电网节点编号
1	1	19
2	2	19
3	3	14
4	4	14
5	5	18
6	6	14
7	7	18
8	8	14
9	9	4

表 8.21 各个电动公交车换电站与配电网之间的连接关系

换电站编号	接入的配电网	接入配电网节点编号
1	1	4
2	2	4

根据电动汽车的引入规模,对各个充电站的容量和负荷阈值进行了对应的设定。表 8.22 和 8.23 所列分别为私家车充电站和出租车充电站的容量和负荷阈值。

表 8.22　各个私家车充电站容量和负荷阈值

充电站编号	容量（Capacity_Charging）	负荷阈值（Power_Threshold）/MW		
		低谷时段	平时时段	高峰时段
1	500	0.05	4.06	8.8
2	500	0.075	4.35	10.8
3	500	0.075	4.35	10.8
4	500	0.05	4.06	9.6
5	500	0.05	4.06	9.6
6	500	0.05	4.205	10.4
7	500	0.08	4.35	10.8
8	500	0.08	4.35	10.8
9	500	0.09	4.495	11.2

表 8.23　各个出租车充电站容量和负荷阈值

充电站编号	容量（Capacity_Charging）	负荷阈值（Power_Threshold）/MW		
		低谷时段	平时时段	高峰时段
1	80	1	2.2	2.5
2	80	1	2.2	2.5
3	80	2.3	3.2	3.8
4	80	2.3	3.2	3.2

（2）仿真对比方案

1）与现在常用的"传统充电策略"对比，分析本文所提出的基于交通和电网综合优化的充电调度策略（下文中简称为"综合优化充电策略"）在改善交通拥堵、电网运行和充电站运行方面的效果。"传统充电策略"指最短距离充电站推荐策略。该策略利用 Dijkstra 算法搜索最短路径时，权值采用道路交通网的路段长度，即调度电动汽车前往距离电动汽车当前位置最近的充电站进行充电。

2）与针对替换电池的"无序充电策略"对比，分析换电调度策略（下文中简称为"有序充电策略"）在平衡电网负荷方面的作用。"无序充电策略"指调度电动汽车前往距离车辆当前位置最近的换电站替换电池；对替换的电池，不进行任何调度，换下后立即以一定的功率对其进行充电。

（3）评价指标

为对所提出的基于交通和电网综合优化的电动汽车充电调度策略和换电调度策略的优化效果进行量化分析，需要确定具体的评价指标。针对道路交通网的通行效率、电网和充电站运行方面的优化效果，从以下三个方面进行评价。

首先是交通侧，针对交通系统的评价，选取路段通行速度、路段饱和度以及道路拥堵率来评价交通系统的优化效果。路段饱和度用于表征路段的流量与实际通行能力的比值，见式（8-50）。路段饱和度越高，说明道路越拥堵。

$$Q\_\text{flow}\{p,q\}(j) = \frac{q\{p,q\}(j)}{C\{p,q\}} \quad (8\text{-}50)$$

$Q\_\text{flow}\{p,q\}(j)$ 为路段 (p,q) 在 j 时刻的路段饱和度。

路段通行速度代表在某一时刻该路段的最高通行速度，通过统计当前时刻的路段的车流量，可以求得路段通行速度，见式（8-51）。路段通行速度越低，说明车辆行驶在该路段上行驶速度越低，交通效率越低。

$$V_{\text{road}}\{p,q\}(j) = \frac{V_{\text{m}}\{p,q\}}{1+q\{p,q\}(j)/C\{p,q\}} \tag{8-51}$$

道路拥堵率代表某时刻拥堵道路数量占道路总数的比值；本节统计了充电站附近的道路拥堵率，见式（8-52）。路段拥堵率越高说明，交通越拥堵。

$$R\_CS(j) = \frac{\sum \text{Congestion}\{p,q\}(\alpha/\beta/\chi)}{N\_CS} \tag{8-52}$$

$R\_CS(j)$ 代表 j 时刻充电站附近道路的拥堵率；N_CS 充电站附近道路的总数量；Congestion$\{p,q\}(\alpha/\beta/\chi)$ 代表路段 (p,q) 轻度、中度和重度拥堵情况；由式（8-53）~式（8-55）可知，根据当前路段通行速度与路段最高通行速度对比，可获知该路段处于哪种拥堵状态或者是否拥堵。

$$\text{Congestion}\{p,q\}(\alpha) = \begin{cases} 1, v_{\text{road}}\{p,q\} \in \{0.5v_{\text{m}}\{p,q\}, 0.7v_{\text{m}}\{p,q\}\} \\ 0, v_{\text{road}}\{p,q\} \notin \{0.5v_{\text{m}}\{p,q\}, 0.7v_{\text{m}}\{p,q\}\} \end{cases} \tag{8-53}$$

$$\text{Congestion}\{p,q\}(\beta) = \begin{cases} 1, v_{\text{road}}\{p,q\} \in \{0.3v_{\text{m}}\{p,q\}, 0.5v_{\text{m}}\{p,q\}\} \\ 0, v_{\text{road}}\{p,q\} \notin \{0.3v_{\text{m}}\{p,q\}, 0.5v_{\text{m}}\{p,q\}\} \end{cases} \tag{8-54}$$

$$\text{Congestion}\{p,q\}(\chi) = \begin{cases} 1, v_{\text{road}}\{p,q\} \in \{0, 0.3v_{\text{m}}\{p,q\}\} \\ 0, v_{\text{road}}\{p,q\} \notin \{0, 0.3v_{\text{m}}\{p,q\}\} \end{cases} \tag{8-55}$$

对于电网侧，分别对电网负荷和电网运行性能两个方面进行了评价。电网负荷曲线可以直接表征电网运行状态，负荷曲线越平缓，峰谷差越小，则电网运行性能越好。对于电网运行的安全性和经济性运行指标，选取电网的电压偏移率和电网网损率两个指标，分别衡量电网运行的安全性和经济性，电网的电压偏移率越低、网损率越低，则代表电网运行的安全性和经济性越好。

对于充电站侧，选取充电站的车辆数目和充电站的等待充电时间来衡量充电站的运行情况。首先，通过比较各个充电站服务的车辆数目，可以判断充电站的资源配置是否合理，由于设定各个充电站的充电桩数量相同，说明各个充电站的车辆数目越平均，则充电站资源分配越合理，充电效率越高。而且，电动汽车的等待充电时间，能够反映驾驶员驾驶电动汽车的便利性，对驾驶员而言，可以直观反应"综合优化充电策略"的优势。电动汽车的等待充电时间越短，需要等待的车辆数目越少，说明驾驶电动汽车出行就越方便。

（4）仿真验证流程

本节分别对充电调度策略和换电调度策略设计了仿真验证流程。充电调度策略仿真验证流程如图 8.20 所示。

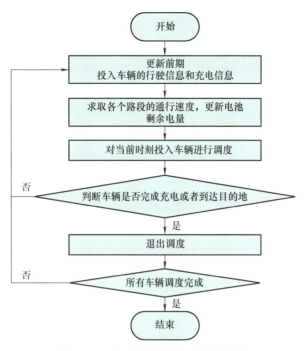

图 8.20 充电调度策略仿真验证流程

对"综合优化充电策略"进行验证时,只考虑快充车辆的行驶和充电行为,不考虑慢充车辆和换电车辆。每 5min 向系统中投入一定数量的电动汽车,在投入电动汽车之后,对之前投入车辆的行驶信息和充电信息进行更新,然后对电动汽车的充电需求和充电决策进行判断,之后调用充电调度策略。其流程如图 8.20 所示。

对于换电调度策略进行仿真验证,考虑充电站的充电负荷,通过改变换电车辆的比例,证明换电调度策略对配电网造成的影响。换电调度分为两方面内容:一是调度电动汽车前往便于到达的换电站进行换电;二是对替换的电池进行充电规划。它是以电网为单位进行调度,以平滑电网的负荷曲线。同时,为避免数据量过大,以 1h 为单位进行规划。其流程如图 8.21 所示。

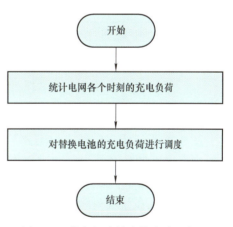

图 8.21 换电调度策略仿真验证流程

8.3.2 交通侧仿真结果分析

在通过统计北京市三环以内道路某日实际交通状况后,在此基础上引入电动汽车,进而比较了采用"传统充电策略"和所提出的"综合优化充电策略"下,电动私家车充电站和电动出租车充电站周围的交通拥堵情况。考虑到北京市早晚高峰时段的拥堵情况较为严重,分别统计了早晚高峰时段的充电站附近路段的路段流量饱和度、通行速度以及拥堵率作为评价指标。

（1）路段流量饱和度

图8.22所示为采用"传统充电策略"和"综合优化充电策略"时，某路段早晚高峰时的流量饱和度的对比结果。选择充电站附近的路段{162，163}作为研究对象，分别统计了该路段的实时流量饱和度和平均流量饱和度，这里的实时流量饱和度为高峰时段中各个时刻的流量饱和度，平均流量饱和度为高峰时段实时流量饱和度的算术平均值；这里的实时路段通行速度为高峰时段中各个时刻的路段通行速度，平均路段通行速度为高峰时段实时路段通行速度的算术平均值。

如图8.22所示，在"综合优化充电策略"的调度下，早、晚高峰时段的实时流量饱和度普遍低于采用"传统充电策略"调度时的流量饱和度；与"传统充电策略"相比，"综合优化充电策略"的早高峰的流量饱和度均值由3.34下降为3.10，下降了7.19%，而晚高峰的流量饱和度均值由3.42下降为3.17，下降了7.31%。

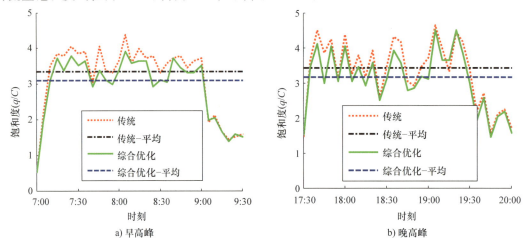

图8.22 路段{162，163}流量饱和度

（2）路段通行速度

图8.23所示为"传统充电策略"和"综合优化充电策略"下道路交通网中某路段的路段通行速度的仿真结果，同样选取充电站附近路段{162，163}作为研究对象，统计了在两种充电策略下，该路段的早、晚高峰时段各个时刻实时通行速度和平均通行速度。如图8.23所示，在早晚高峰时段，采用"传统充电策略"调度下路段{162，163}的实时通行速度普遍高于采用"综合优化充电策略"调度时的路段通行速度；对比两种策略的通行速度均值，与"传统充电策略"相比，采用"综合优化充电策略"调度时早高峰路段通行速度均值由16.84km/h上升到17.59km/h，晚高峰路段通行速度均值由16.57km/h上升为17.35km/h。

（3）道路拥堵率

通过对比充电站附近道路的不同程度的拥堵情况，反映出道路拥堵率。图8.24～图8.29对比了充电站附近道路的不同程度的拥堵情况，分别为早、晚高峰时段两种充电策略下，电动私家车充电站、电动出租车充电站以及所有充电站附近道路的轻度拥堵情况、中度拥堵情况和重度拥堵情况的仿真结果。这里的实时拥堵率为高峰时段中各个时刻的拥堵率，平均拥堵率为高峰时段实时拥堵率的算术平均值。

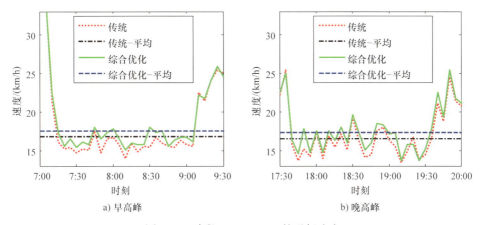

图 8.23 路段 {162，163} 的通行速度

图 8.24 和图 8.25 所示分别为早、晚高峰时段，两种充电策略下，电动私家车充电站、电动出租车充电站以及所有充电站附近道路的实时轻度拥堵率曲线和平均轻度拥堵率曲线。

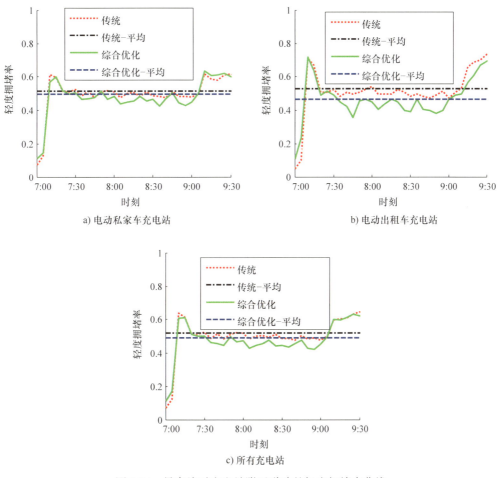

图 8.24 早高峰时充电站附近道路的轻度拥堵率曲线

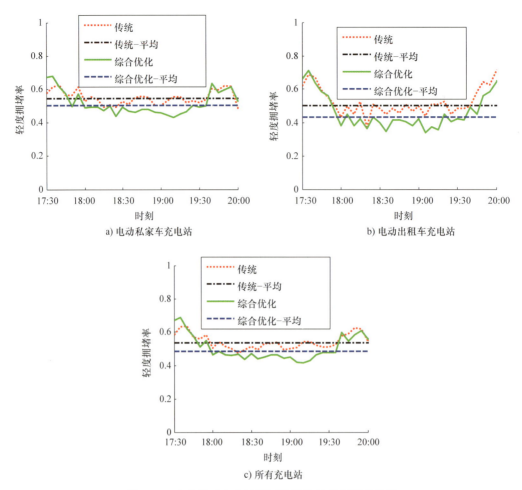

图 8.25 晚高峰时充电站附近道路的轻度拥堵率曲线

从图 8.24 中可以看出，在早高峰时段的大多数时间里，"传统充电策略"的轻度拥堵率高于"综合优化充电策略"。对于电动私家车充电站来说，采用"传统充电策略"调度下的平均轻度拥堵率为 0.517，而"综合优化充电策略"的轻度拥堵率为 0.499；对于电动出租车充电站而言，采用"综合优化充电策略"调度时的轻度拥堵率为 0.393，比采用"传统充电策略"时上升了 15.302%；对比两种充电策略下所有充电站附近的平均轻度拥堵率，采用"综合优化充电策略"调度时使其由 0.521 下降为 0.491。

由图 8.25 可知，在晚高峰时段的大部分时间里，在"传统充电策略"调度中的电动私家车充电站、电动出租车充电站以及所有充电站附近的实时轻度拥堵率高于采用"综合优化充电策略"调度下的拥堵率。比较两种策略下的平均拥堵率曲线可以看出，对于电动私家车充电站而言，采用"传统充电策略"时的平均轻度拥堵率为 0.546，而采用"综合优化充电策略"调度的平均轻度拥堵率为 0.502，下降了 8.059%；对于电动出租车充电站而言，采用"传统充电策略"时的平均轻度拥堵率为 0.502，采用"综合优化充电策略"调度的平均轻度拥堵率为 0.433，下降了 13.745%；对于所有充电站而言，采用"传统充电策略"时的平均轻度拥堵率为 0.535，采用"综合优化充电策略"调度的平均轻度拥堵率为 0.485，下降了 9.346%。

通过上述对充电站附近的轻度拥堵情况的比较可知，与"传统充电策略"相比，采用"综合优化充电策略"可以显著降低早晚高峰时段充电站附近路段的轻度拥堵率。

对于中度拥堵率来说，图 8.26 和图 8.27 所示分别为早、晚高峰时段，两种充电策略下，电动私家车充电站、电动出租车充电站以及所有充电站附近道路的实时中度拥堵率和平均中度拥堵率的对比结果。

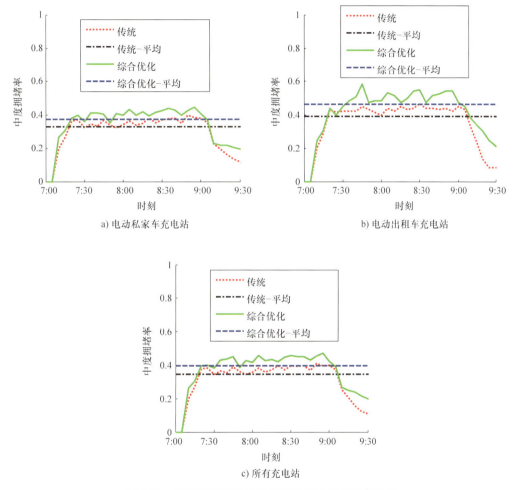

图 8.26 早高峰时充电站附近道路的中度拥堵率曲线

由图 8.26 可知，在早高峰时段的大部分时间里，在"传统充电策略"调度中的电动私家车充电站、电动出租车充电站以及所有充电站附近的实时中度拥堵率低于采用"综合优化充电策略"调度下的拥堵率。比较两种策略下的平均拥堵率曲线可以看出，对于电动私家车充电站而言，采用"传统充电策略"时的平均中度拥堵率为 0.329，而采用"综合优化充电策略"调度的平均中度拥堵率为 0.375；对于电动出租车充电站而言，采用"传统充电策略"时的平均中度拥堵率为 0.393，采用"综合优化充电策略"调度的平均中度拥堵率为 0.464；对于所有充电站而言，采用"传统充电策略"时的平均中度拥堵率为 0.345，采用"综合优化充电策略"调度的平均中度拥堵率为 0.397。

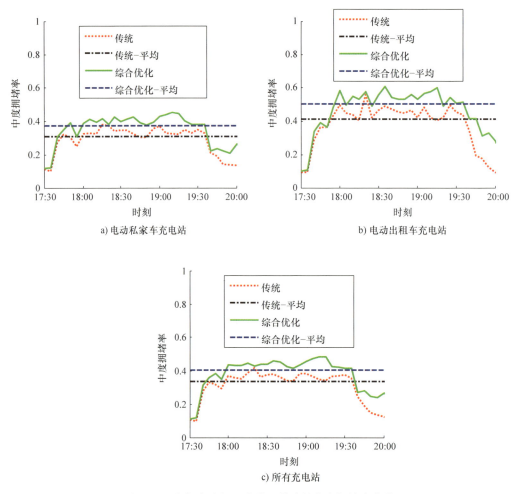

图 8.27 晚高峰时充电站附近道路的中度拥堵率曲线

从图 8.27 可以看出，在晚高峰时段的大部分时间里，在"传统充电策略"调度中的电动私家车充电站、电动出租车充电站以及所有充电站附近的实时中度拥堵率低于采用"综合优化充电策略"调度下的拥堵率。比较两种策略下的平均拥堵率曲线可以看出，对于电动私家车充电站而言，采用"传统充电策略"的平均中度拥堵率为 0.309，而采用"综合优化充电策略"调度的平均中度拥堵率为 0.373；对于电动出租车充电站而言，采用"传统充电策略"时的平均中度拥堵率为 0.393，用"综合优化充电策略"调度的平均中度拥堵率为 0.464；对于所有充电站而言，采用"传统充电策略"时的平均中度拥堵率为 0.335，用"综合优化充电策略"调度的平均中度拥堵率为 0.406。

通过上述对充电站附近道路中度拥堵情况的分析可知，与"综合优化充电策略"相比，采用"传统充电策略"可以降低早晚高峰时段充电站附近道路的中度拥堵率。

对于重度拥堵率，图 8.28 和图 8.29 所示分别为早、晚高峰时段，两种充电策略下，电动私家车充电站、电动出租车充电站以及所有充电站附近道路的实时重度拥堵率曲线和平均重度拥堵率曲线的对比结果。

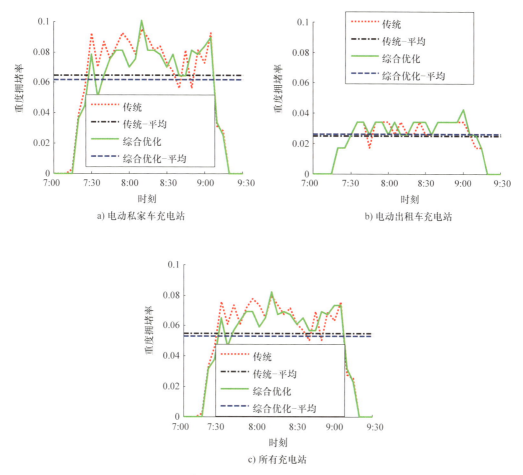

图 8.28 早高峰时充电站附近道路的重度拥堵率曲线

由图 8.28 可知早高峰时,在"传统充电策略"调度中的电动私家车充电站、电动出租车充电站以及所有充电站附近的实时重度拥堵率与采用"综合优化充电策略"调度下的拥堵率相比,并没有体现出明显的优劣。不过通过比较两种策略下的平均拥堵率曲线可以看出,对于电动私家车充电站而言,采用"传统充电策略"时的平均重度拥堵率为 0.0648,而采用"综合优化充电策略"调度的平均重度拥堵率为 0.0617,下降了 4.784%;对于电动出租车充电站而言,采用"传统充电策略"时的平均重度拥堵率为 0.0242,用"综合优化充电策略"调度的平均重度拥堵率为 0.0273,上升了 1.104%;对于所有充电站而言,采用"传统充电策略"时的平均重度拥堵率为 0.0549,用"综合优化充电策略"调度的平均重度拥堵率为 0.0528,下降了 3.825%。

由图 8.29 可以看出,在晚高峰时段,"传统充电策略"调度中的电动私家车充电站、电动出租车充电站以及所有充电站附近的实时重度拥堵率与采用"综合优化充电策略"调度下的拥堵率相比,同样也没有体现出明显的优劣。不过通过比较两种策略下的平均拥堵率曲线可以看出,对于电动私家车充电站而言,采用"传统充电策略"时的平均重度拥堵率为 0.0627，而采用"综合优化充电策略"调度的平均重度拥堵率为 0.0608；对于电动出租车充电站而言，采用"传统充电策略"时的平均重度拥堵率为 0.0242，用"综合优化充电策略"调度的平均重度拥堵率为 0.0273；对于所有充电站而言，采用"传统充电策略"时的平均重度拥堵率为 0.0531，用"综合优化充电策略"调度的平均重度拥堵率为 0.0525，下降了 1.130%。

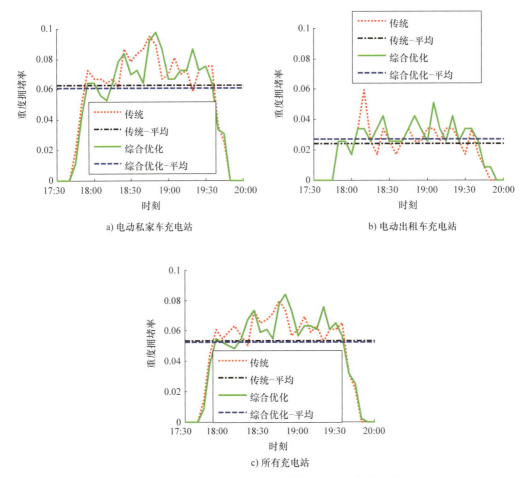

图 8.29 晚高峰时充电站附近道路的重度拥堵率曲线

通过上述分析可知，与"传统充电策略"相比，在"综合优化充电策略"下，电动私家车充电站在早、晚高峰时段的重度拥堵情况得到缓解，而电动出租车的重度拥堵率上升，但由于电动出租车的拥堵率本身就较低，所以所有充电站附近的道路拥堵情况还是得到了缓解。因此，"综合优化充电策略"在缓解充电站附近重度拥堵方面有一定程度的效果。

综上可知，当电动汽车大规模应用时，会造成充电站附近不同程度的拥堵。对于电动私家车充电站和电动出租车充电站总体而言，采用"综合优化充电策略"一定程度上降低充电站附近道路的轻度拥堵率和重度拥堵率，由于重度拥堵得到了缓解，造成充电站附近中度拥堵率上升，但总体而言还是缓解了充电站附近的拥堵情况。

8.3.3 电网侧仿真结果分析

本部分内容,对电网侧的仿真结果进行了分析,分别分析了在采用所提出的充、换电调度策略下,各个充电站的负荷调度结果和各个换电站的负荷调度结果,并对比分析了各个电网的负荷情况以及电网的运行情况。

(1)充电站负荷分布

图 8.30 和图 8.31 所示分别为不同调度策略下,各个电动私家车充电站和各个电动出租车充电站的充电负荷在一天中的变化情况。其中,图 8.30a 和图 8.30b 分别为"传统充电策略"和"综合优化充电策略"下,各个电动私家车充电站的充电负荷时空分布情况,图 8.31a 和图 8.31b 分别为"传统充电策略"和"综合优化充电策略"下各个电动出租车充电站的充电负荷曲线。

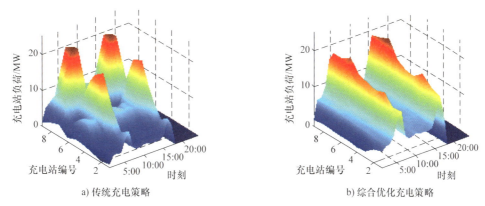

图 8.30 电动私家车充电站充电负荷时空分布

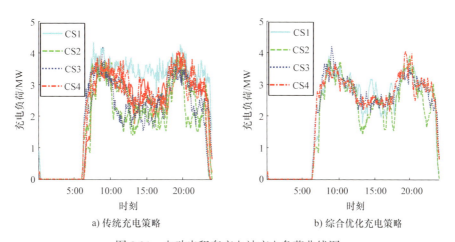

图 8.31 电动出租车充电站充电负荷曲线图

从图 8.30 中可以看出,在"传统充电策略"下,各个充电站的充电负荷峰谷差较大,比如在高峰时段,充电站 7 的负荷最高、充电站 2 的负荷最低,充电站 7 的最高充电负荷高达 24.46MW，而充电站 2 在高峰时段的最高负荷仅为 6.72MW，使得负荷分布出现了明显的不均匀；而在"综合优化充电策略"下，同样在高峰时段，充电站 7 的峰值负荷降为 20.45MW，同时，充电站 2 的峰值负荷上升为 14.25MW，缩小了充电站的负荷峰谷差，使得各个充电站的充电负荷分布更为平均，有利于电网和充电站的运行。

从图 8.31 中可以看出，在早晚高峰时段，两种策略下的负荷分布难分优劣；不过在白天平时时段，"传统充电策略"下的充电负荷峰谷值差别较大，所以取白天 9:00—17:30 之间的负荷分布详细分析。

图 8.32 所示为两种充电策略下白天平时时段的负荷分布，可以看出，采用"综合优化充电策略"下的负荷分布更为均匀，同一时刻负荷峰谷差仅为 1.753MW，同一时刻最大负荷峰谷差最高可达 3.192MW，增大了 1.821 倍。

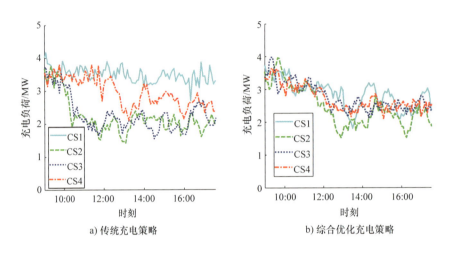

图 8.32　电动出租车平时时段充电站充电负荷曲线图

所提出的电动汽车充电调度策略，使得电动私家车充电站和电动出租车充电站的充电负荷分布更为均匀，实现了良好的资源配置。

（2）换电站负荷分布

本节比较了分别采用"无序充电策略"和"有序充电策略"时，换电站负荷和充电站负荷的分布情况。以电网 7 为例，对换电站负荷的分布进行分析。根据对充、换电站在电网中的布置说明，可知电动私家车充电站 7 和电动私家车换电站 7 均连接在电网 7 中。

从仿真规模可知，换电车辆数目为 10000 辆左右，约占车辆总数目的 4%，车辆比例太低，不足以体现所提出的换电调度策略（"有序充电策略"）的优化效果。因此，本部分内容对不同比例换电车辆换电调度的结果进行探讨。

图 8.33 ~ 图 8.36 所示分别为换电车辆比例为 4%、30%、50% 和 70% 时，不同换电策略下的换电调度结果。其中，各个图中的 a 图、b 图和 c 图分别为采用"无序充电策略"、基于最小峰谷差的"有序充电策略"和基于最小标准差的"有序充电策略"时，电网 7 的充、换电负荷分布情况。

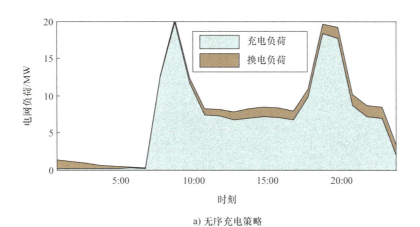

a) 无序充电策略

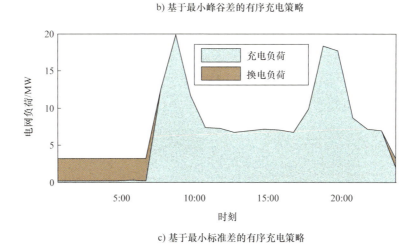

b) 基于最小峰谷差的有序充电策略

c) 基于最小标准差的有序充电策略

图 8.33　换电车辆比例为 4% 的调度结果

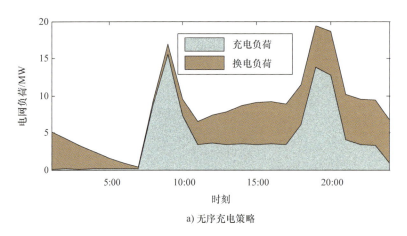

a) 无序充电策略

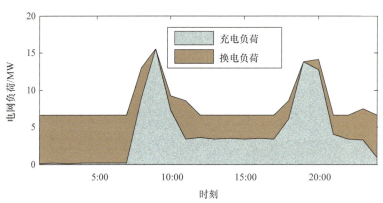

b) 基于最小峰谷差的有序充电策略

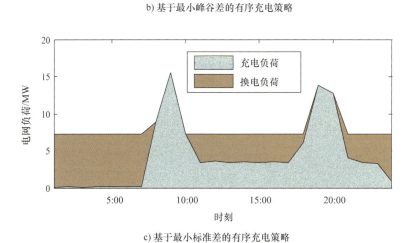

c) 基于最小标准差的有序充电策略

图 8.34　换电车辆比例为 30% 的调度结果

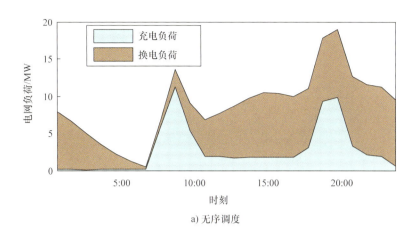

a) 无序调度

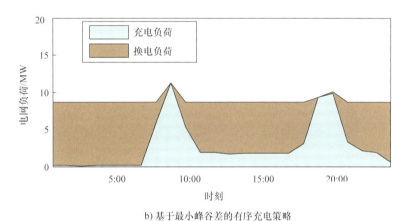

b) 基于最小峰谷差的有序充电策略

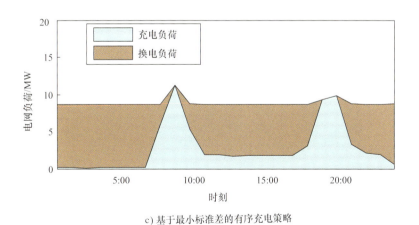

c) 基于最小标准差的有序充电策略

图 8.35 换电车辆比例为 50% 的调度结果

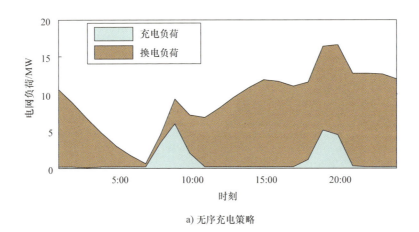

a) 无序充电策略

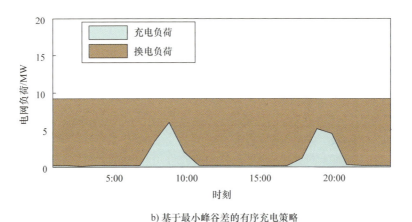

b) 基于最小峰谷差的有序充电策略

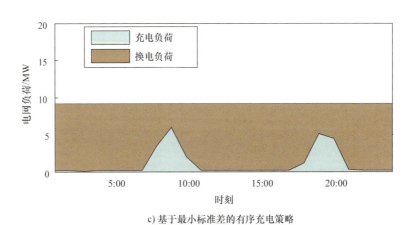

c) 基于最小标准差的有序充电策略

图 8.36　换电车辆比例为 70% 的调度结果

图 8.33 所示为换电车辆占总车辆数目 4% 时，分别采用"无序充电策略"、基于峰谷差最小的"有序充电策略"和基于标准差最小的"有序充电策略"时，电网 7 的充、换电

站负荷分布情况。从图 8.33a 中可以看出，采用"无序充电策略"调度换电站替换电池充电，使得电网 7 的晚高峰负荷上升，加剧了电网负荷峰谷差距；而采用基于最小峰谷差的"有序充电策略"和基于最小标准差的"有序充电策略"，使得换电站都集中在负荷低谷时段为电池充电，并没有增加电网的负荷高峰。

图 8.34 所示为换电车辆数目为总车辆数目 30% 时，采用不同电池充电策略下电网负荷的分布情况。在"无序充电策略"下，电网的负荷高峰值为 19.45MW，低谷值为 0.39MW；而采用基于最小峰谷差，电网的负荷高峰值下降为 15.49MW，下降了 20.36%，低谷值上升为 6.65MW，上升了 16.05 倍；采用最小标准差的有序充电策略，与"无序充电策略"对比，使得电网负荷高峰值下降了 20.3%，低谷值上升了 17.7 倍。

图 8.35 所示为换电车辆数目为总车辆数目 50% 时，采用不同电池充电策略下电网负荷的分布情况。在"无序充电策略"下，电网的负荷高峰值为 18.96MW，低谷值为 0.47MW；而采用基于最小峰谷差，电网的负荷高峰值下降为 11.24MW，下降了 40.72%，低谷值上升为 8.68MW，上升了 17.47 倍；采用最小标准差的有序充电策略，与"无序充电策略"对比，使得电网负荷高峰值同样下降了 40.72%，低谷值上升了 17.53 倍。

图 8.36 所示为换电车辆数目为总车辆数目 70% 时，采用不同电池充电策略下电网负荷的分布情况。在"无序充电策略"下，电网的负荷高峰值为 16.63MW，低谷值为 0.58MW；而采用基于最小峰谷差，使得电网的负荷分布处于均匀状态，电网负荷峰谷差不足 0.01MW；采用最小标准差的有序充电策略，与"无序充电策略"对比，使得电网负荷高峰值同样下降了 44.44%，低谷值上升了 14.90 倍。

如图 8.33～图 8.36 所示，随着换电车辆比例的增加，充电站负荷逐渐下降，换电站负荷逐渐上升，而且充电负荷高峰值逐渐下降。从仿真结果可知，采用无序充电策略时，当电池被换下后，换电站立即对其进行充电，会导致在充电站负荷高峰的基础上，再叠加换电站的负荷，对电网运行无益。而采用基于峰谷差和标准差的有序充电策略，在充电站充电负荷的基础上对换电站的充电时间和充电功率进行调度，最大程度上降低了电网负荷峰值的增长，使得电网总体负荷分布更为均匀，提高了电网的运行性能。

表 8.24 所列为换电车辆为 4%、30%、50% 和 70% 时，换电站的充电负荷采用无序充电策略和有序充电策略下的电网负荷的峰谷差和标准差的统计结果。由表中数据可知，所提出的基于最小峰谷差的有序充电策略和基于最小标准差的有序充电策略，一定程度上可以降低电网负荷的标准差和峰谷差，优化了电网负荷曲线。

表 8.24 不同换电调度策略下电网负荷峰谷差和标准差

替换电池充电策略	4%		30%		50%		70%	
	峰谷差	标准差	峰谷差	标准差	峰谷差	标准差	峰谷差	标准差
无序充电	20.039	6.093	19.063	5.0308	18.489	4.539	16.058	4.215
基于最小峰谷差的有序充电	16.667	4.982	8.846	2.814	2.554	0.586	6.71×10^{-5}	2.22×10^{-5}
基于最小标准差的有序充电	16.667	4.982	8.214	2.307	2.556	0.564	0.015	0.004

（3）电网运行分析

电网的电压偏移和电网网损是分别评价电网安全性能和经济性能的主要指标，以这两个指标来评价电网的运行情况，对一天中的各个电网的网损和电压偏移进行了统计，同时对输电网的运行状况进行了检查。

由于电网网损是表征电网运行的经济性指标，所以选取一天中各个时刻的平均网损进行评价，而又由于电压偏移是衡量电压运行安全性的指标，所以对一天中各个时刻各个电网最大电压偏移进行评价。图 8.37 和图 8.38 分别为一天 24 小时仿真中，各个电网各个时刻的平均网损率和各个电网各个时刻最大电压偏移率的统计图。

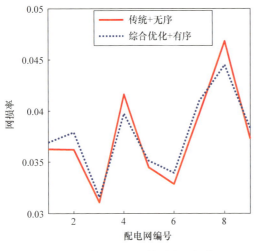

图 8.37　各个配电网的平均网损率　　　　　图 8.38　各个配电网的最大电压偏移率

如图 8.37 所示，在"传统充电调度策略"和"无序充电策略"的调度下，配电网 8 和配电网 4 的平均网损率较高，分别为 4.68% 和 4.16%；不过在所提出的"综合优化充电策略"和"有序充电策略下"，配电网 8 和配电 4 的平均网损率下降为 4.44% 和 4.00%，分别下降了 5.13% 和 3.85%。同时从图中可看出各个电网的平均网损率也更加均匀。

如图 8.38 所示，在"传统充电调度策略"和"无序充电策略"的调度下，配电网 4 和配电网 8 的最大电压率较高，分别为 5.82% 和 5.81%；不过在所提出的"综合优化充电策略"和"有序充电策略下"，配电网 4 和配电 8 的平均网损率下降为 5.31% 和 5.53%，分别下降了 8.76% 和 4.82%，降低了电网最大电压偏移水平，使电网运行更加安全。

对输电网运行的安全性进行评价，最大的电网偏移率为 2.08%，在合理的范围内，表明电网运行安全。

（4）充电站侧仿真结果分析

本节内容对不同充电调度策略下，充电站侧的仿真结果进行了分析，分别统计和分析了"传统充电策略"和"综合优化充电策略"的充电站车辆数目和电动汽车的等待充电时间，并比较两种策略的优劣。

1）充电站车辆数目结果分析。图 8.39 和图 8.40 所示分别为不同充电调度策略下，各个电动私家车充电站和电动出租车充电站充电的车辆数目情况。

图 8.39a 和图 8.39b 所示分别为"传统充电策略"和"综合优化充电策略"下各个电动私家车充电站的充电车辆数目。从图中可以看出，在"传统充电策略"下充电站 7 和 8 的充电车辆数目较大，分别为 1.21 万辆和 1.02 万辆，而充电站 2 的充电车辆数目仅为 0.24 万辆；而采用"综合优化充电策略"调度电动私家车充电后，使得充电站 7 和充电站 8 的充电车辆数目分别降低为 0.73 万辆和 0.70 万辆，分别降低了 39.67% 和 31.37%，而且使得

充电站 2 的充电车辆数目上升为 0.55 万辆,上升了 1.29 倍,从而使得各个电动私家车充电站的充电车辆数目更为平均。

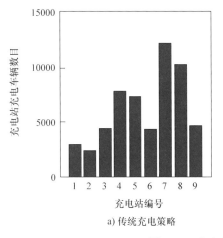 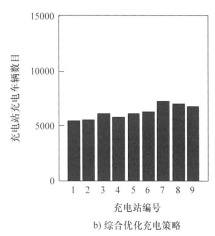

a) 传统充电策略　　　　　　　　　　b) 综合优化充电策略

图 8.39　私家车充电站车辆数目

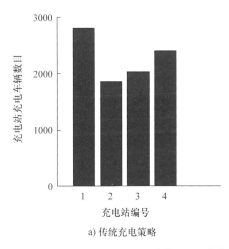 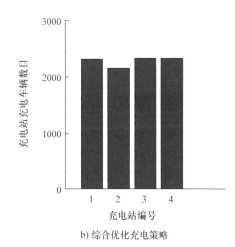

a) 传统充电策略　　　　　　　　　　b) 综合优化充电策略

图 8.40　出租车充电站车辆数目

图 8.40a 和图 8.40b 所示分别为"传统充电策略"和"综合优化充电策略"下各个电动出租车充电站的充电车辆数目。从图中可以看出,与"传统充电策略"相比,采用"综合优化充电策略"调度电动出租车充电使得电动出租车充电站充电车辆数目的峰值由 0.28 万辆降低为 0.23 万辆,谷值由 0.19 万辆升高为 0.21 万辆,使得充电站车辆数目高峰值下降了 17.86%,低谷值上升了 10.53%,使得各个电动出租车充电站的充电车辆数目更为平均。

综上所述,在"传统充电策略"调度下,各个充电站充电车辆数目差别较大,而通过"综合优化充电策略"的调度,使得各个充电站车辆数目更为平均,提高了充电站和电网的运行性能。

由于私家车充电站 7 和出租车充电站 1 在两种充电策略下,车辆数目均较高,所以选取其作为对比对象,比较了不同时刻充电的车辆数目的分布。图 8.41 和图 8.42 所示为私家车充电站 7 和出租车充电站 1 各个时刻充电站车辆数目的分布情况。

如图8.41所示，在早晚高峰时段，采用"传统充电策略"调度电动汽车充电时，私家车充电站的最大车辆数目达526辆，而采用"综合优化充电策略"调度电动汽车充电时，最大车辆数目仅为333辆；在平时时段，与采用"传统充电策略"相比，采用"综合优化充电策略"降低了充电站7的充电车辆数目。

从图8.42可以看出，在早晚高峰时段，采用"传统充电策略"时，出租车充电站1的充电车辆数目峰值为275辆，而采用"综合优化充电策略"使其车辆数目峰值降为217；而在平时时段，与采用"传统充电策略"相比，在"综合优化充电策略"下，出租车充电站1的充电车辆数目显著降低了。

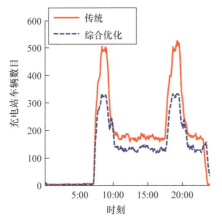

图8.41　私家车充电站7充电车辆数目　　　图8.42　出租车充电站1充电车辆数目

综上所述，采用"综合优化充电策略"可以显著地降低电动汽车的车辆数目，有效避免了充电站过载的现象。

2）等待充电时间结果分析。本节分别统计了不同充电策略下，电动出租车和电动私家车等待充电时间的对比结果。

表8.25为电动私家车的等待充电时间统计结果，由表中数据可知，在"传统充电策略"调度下，存在等待充电的私家车占电动私家车总量的4.38%，而最长的等待充电时间长达45min；而在"综合优化充电策略"下，存在等待充电的私家车仅占私家车总量的0.06%，最长的等待充电时间也仅为5min。

表8.25　电动私家车等待充电时间

时间/min	传统充电策略	综合优化充电策略
0~10	3296	156
10~30	6127	0
30~45	1276	0

表8.26为电动出租车的等待充电时间情况，由表中数据可知，采用"综合优化充电策略"调度电动出租车充电后，最长的等待充电时间为40min，而存在等待充电的车辆数目仅占总车辆数目的0.08%；而在"传统充电策略"，最长的等待充电时间长达70min，而高达2.2%车辆需要等待充电。

表 8.26　电动出租车等待充电时间

时间 /min	传统充电策略	综合优化充电策略
0～10	1160	957
10～30	696	915
30～60	1565	93
60～70	203	0

综上所述,"综合优化充电策略"可以显著提高电动私家车和电动出租车的充电效率,方便了电动私家车和电动出租车的驾驶和充电。

参 考 文 献

[1] 项顶,宋永华,胡泽春,等.电动汽车参与V2G的最优峰谷电价研究[J].中国电机工程学报,2013,33(31):15-25.

[2] 高赐威,张亮.电动汽车充电对电网影响的综述[J].电网技术,2011,35(02):127-131.

[3] 王治国,刘吉臻,谭文,等.基于快速性与经济性多目标优化的火电厂厂级负荷分配研究[J].中国电机工程学报,2006,26(19):86-92.

[4] 王辉,王贵斌,赵俊华,等.考虑交通网络流量的电动汽车充电站规划[J].电力系统自动化,2013,37(13):63-69,98.

[5] 陈燕,刘春,辛飞飞,等.城市交通路网模型的更新方案与实现[J].交通信息与安全,2010,28(4):39-42,48.

[6] 朱陶.融合路网信息和电网信息的大规模电动汽车充电调度[D].北京:清华大学,2014.

[7] 罗禹贡,严弈遥,朱陶,等.智能电动车辆最优充电路径规划方法[J].工程研究-跨学科视野中的工程,2014,6(1):92-98.

[8] 严弈遥,罗禹贡,朱陶,等.融合电网和交通网信息的电动车辆最优充电路径推荐策略[J].中国电机工程学报,2015,35(02):310-318.

第 9 章　基于多网融合与车路协同的电动车辆智能出行规划

9.1　应用背景

为了解决传统内燃机车辆广泛应用带来的能源安全、环境污染、交通拥堵、交通事故等诸多社会问题，世界各国均大力推广清洁环保的新能源车辆，其中以纯电动车辆为主要代表。与内燃机汽车相比，电动汽车的电能来源广泛，包括风能、太阳能、核能等均可作为电能的来源，因此可大幅降低化石燃料燃烧产生的二氧化碳排放。另外，电动汽车的能量效率高，并且可利用制动能量回收功能进一步降低行驶过程中的能耗。然而，目前电动车辆的续驶里程尚存在一定的局限，储能电池循环寿命有限，充电时间长，充电站数目少，这些问题限制了电动车辆的快速发展。因此，提升电动车辆的使用性能，使之能够满足驾驶员的出行计划和使用习惯，是目前电动车辆发展所面临的首要问题。

伴随着近年来的智能交通系统（Intelligent Transportation Systems，ITS）的快速发展，包括车 - 车通信（Vehicle to Vehicle，V2V）、车 - 路通信（Vehicle to Infrastructure，V2I）、地理信息系统（Geographic Information System，GIS）、全球定位系统（Global Position System，GPS）等在内的多种交通信息均能提供给车辆，有效提高了车辆对于前方交通环境的感知能力，有助于车辆合理安排未来的出行过程。对于电动车辆而言，从长时间尺度的出行规划角度，可以获得前方路网的交通环境信息、道路地形信息，以及充电站分布等能源网络信息，能够使电动车辆更为合理地优化出行策略，实现减少行驶时间、优化出行路径、降低出行能耗的目的。而在电动车辆行驶控制的过程中，通过获知前方与周围车辆在当前时刻的位置、速度、加速度、踏板信号等信息，电动车辆对周围车辆运动行为进行建模并预测，并结合前方道路坡度变化信息，合理优化车辆的功率输出与行驶速度，保证在安全行驶的同时，节约行驶过程中的能量消耗。因此，通过车联网、道路网、交通网、能源网等多网系统异质信息的融合与车路协同的协调控制，电动车辆的出行策略优化和行驶过程控制的效果均存在着进一步提升的潜力。对于纯电动车辆来说，考虑到当前电动车辆的诸多固有局限，如何通过合理利用智能交通系统的信息，进而提高电动车辆的使用性能，满足驾驶员的使用需求，是电动车辆的一个重要的研究课题与前沿研究方向。

基于"道路 - 交通 - 能源"多网络融合与"人 - 车 - 路"多系统协同的电动车辆出行决策与驾驶控制的研究主要包括以下关键内容。

（1）电动车辆出行规划

电动车辆的出行约束、出行目标和出行策略三者之间存在强相互耦合关系，其出行策略优化结果的优劣程度直接决定了电动车辆出行过程是否能够满足驾驶员需求。然而由于交通环境存在时变随机特性，同时出行策略中的出行路径与行驶速度、充电行为决策、电附件使用等行为相互影响制约，故需要设计相应的电动车辆出行优化方法，通过车-路通信获知前方道路交通信息、充电站信息、天气变化信息等多种信息，并合理考虑多个出行目标和出行约束，对电动车辆的出行策略进行优化设计，以优化得到更为优秀的出行方案。

（2）电动车辆的节能驾驶控制

电动车辆行驶过程中的能量消耗受到道路坡度和前方车辆运动的共同影响，在实际行驶过程中，往往不能够预先获知前方车辆的全程运动行为，因此，在对电动车辆进行节能辅助控制时，一般仅能利用前方车辆在当前时刻的运动信息。基于车-车通信和车-路通信等无线交互通信信息，电动车辆在行驶过程中不仅能够获得前方道路信息、当前时刻前方多辆车的运动信息，还能够获得前方车辆的历史行驶数据与运动模型信息。因此，需要设计合理的电动车辆节能控制方法，在满足行车安全性和舒适性的前提下，合理利用坡度信息和前方车辆当前运动信息与运动模型信息，实现优化电动车辆行驶过程中的驱动/制动过程以及行驶速度，达到降低行驶能量消耗的目的。

（3）电动车队的节能驾驶控制

利用车-车通信与车-路通信信息，不仅可以降低单辆电动车辆的行驶能耗，还可以为电动车队优化行驶过程，降低车队能量消耗。考虑到电动车辆存在集中式驱动和分布式驱动两种结构，因此电动车队优化控制方法需要能够协同考虑两种电动车辆构型。电动车队的节能控制优化方法需要降低车队总行驶能耗并考虑安全行驶与舒适性能目标，同时能够考虑到不同的电动车辆构型、多种通信架构与信息输入，为电动车队实现安全节能行驶。

车辆出行规划问题，一般可简化为网络中最短路径问题（Shortest Path，SP），是图论和网络优化问题中的一类典型问题。早在20世纪50年代，已有学者针对SP问题进行了深入的研究，主要研究思路为在静态确定性网络中利用Bellman[1]原理计算得到精确最短路径，其中代表算法包括Dijkstra[2]算法、Ford[3]算法和A*[4-5]算法等。

对于网联电动车辆而言，车辆通过与交通系统的信息交互可以得到包括前方道路交通情况、充电站位置与状态、天气变化情况等信息，进而可为电动车辆合理规划其出行方案，包括出行路径、行驶速度、充电站推荐、充电模式、充电时间、电附件使用等，从而提高电动车辆的使用性能，同时满足驾驶员的出行需求。在网联电动车辆的出行规划问题研究中，根据优化问题建立形式，可以分为单目标出行规划和多目标出行规划两类。其中单目标出行规划仅对电动车辆出行过程中的某一主要目标进行优化，忽略其他出行目标，这种方式旨在得到该单一目标下的最优出行方案。与之相对应的多目标出行规划在搜索出行方案时，需要协调考虑多个出行目标，制定优化目标的权重系数，或搜索多目标意义下的前锋面解集，使得搜索优化得到的出行方案综合协同考虑了多个出行目标。

电动车辆在行驶过程中的能量消耗受到行驶速度、道路坡度、前方车辆运动、交通灯信号等多种因素的影响。随着智能交通系统的快速发展，网联电动车辆能够与周围车辆、道路基站、交通灯基站、GPS和GIS等信息源进行信息互通，使得电动车辆能够获得更为准确的前方交通环境信息，并依据此信息进一步有效地优化电动车辆的行驶速度和电机转矩，在保证行车安全的情况下，降低电动车辆的行驶能量消耗。

利用车-车通信与车-路通信技术，道路中行驶的车辆可以获得周围车辆的速度、位置、加速度、方向盘转角等信息，以及道路曲率、道路坡度、路面附着、交通灯配时等道路信息，这些信息为车辆的节能辅助控制提供了信息基础，有助于降低车辆的能量消耗。对于电动车辆而言，由于其行驶距离受限，利用车-车通信与车-路通信技术实现电动车辆的节能辅助控制，提高电动车辆的能量利用率，对于提升电动车辆的使用性能有着积极的意义。

为利用信息互联技术提高电动车辆的使用性能，已有学者针对电动车辆出行规划、节能辅助驾驶等相关内容展开了一定的研究，但仍存在很多问题尚未解决，主要体现在以下两方面：

1）现有电动车辆出行规划方法忽视了多个出行目标、出行行为和出行约束间的复杂耦合关系，并且忽视了交通环境的动态变化特性。现有电动车辆出行规划研究中往往仅考虑了单个出行目标，忽略了多个出行目标、出行行为以及出行约束之间的强相互耦合性，对这三者间的相互关系探讨不全面，使得出行规划结果难以满足驾驶员的出行任务需求。而且，以往的电动车辆的出行规划相关研究中，往往假设道路中交通环境为静态确定性网络，即道路中通行速度（或道路权重）为确定值，且不随时间变化。这一假设忽视了交通环境中道路平均通行速度的动态随机变化特性，使得出行优化结果不满足真实交通环境。

2）现有电动车辆的节能辅助控制方法尚未充分利用车-车通信技术，仅考虑到使用当前周围车辆信息，尚未对于前方车辆运动进行提前预测。现有研究对传统车辆及新能源车辆进行节能驾驶控制时，一般假设前方没有车辆或者自车运动在出行前全程已知，这种假设常能保证针对自车优化目标得到全局最优控制策略，但是由于这一类方法忽视了前方车辆运动的不可知性，不适用于前车运动未知的工况。在现有考虑到前车运动行为的相关研究中，控制过程尚未充分利用车-车通信信息，没有充分利用前车历史行驶数据以及前方多辆车的运动数据，缺乏对于前车未来运动行为的预先判断，降低了电动车辆的控制效果。

9.2　网联电动车辆出行规划与节能控制系统总体设计

网联电动车辆的出行规划和智能节能控制系统通过利用无线通信系统提供的各种交通环境信息，为电动车辆的出行全过程进行优化设计。针对现有的电动车辆在出行规划领域内体系不完善、在纵向控制领域内信息利用不充分等问题，设计了一种充分利用无线通信信息的电动车辆出行规划与智能节能控制系统，综合优化电动车辆的出行方案制定和行驶节能效果。

9.2.1　系统架构设计

网联电动车辆即利用无线通信信息技术增强电动车辆对于交通环境的感知能力，从包括交通道路信息、充电站信息、天气变化信息的长时间尺度信息，到包括周围车辆当前运动信息和当前道路坡度的短时间尺度信息，均能够基于车-路通信和车-车通信传递给电动车辆，随后电动车辆可有效利用这些信息，合理规划未来的出行安排，并实现安全节能的行驶过程。根据所获得信息的时间尺度，网联电动车辆关键技术包括两部分：基于交通环境信息的网联电动车辆出行规划,以及基于周围车辆运动信息的网联电动车辆节能控制。系统示意图如图 9.1 所示。

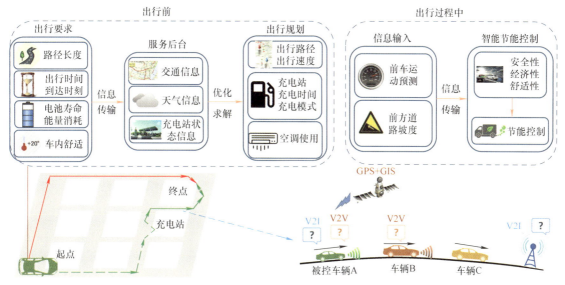

图 9.1 出行规划和智能节能控制系统示意图

从图 9.1 中可以看出,在网联电动车辆出行前,需要明确其出行需求,包括目的地、预计到达时间、到达目的地 SOC 值等,随后基于车-路通信技术获得交通环境信息、充电站信息以及天气情况信息,合理规划电动车辆的出行方案、充电方案、电附件使用方案。随后,在网联电动车辆的出行过程中,需要根据实时获得的周围车辆运动信息与道路坡度信息,进行智能节能控制,实时优化电机转矩与行驶车速,降低行驶过程中的能量消耗。由此可以看出,在从出行前到出行过程中的完整出行任务中,车-车通信与车-路通信技术均能够为电动车辆提供交通环境信息,为其出行规划与行驶控制提供信息基础,使其能够合理地规划出行方案并优化行驶过程中的能量消耗,改善电动车辆现有的使用性能。

在确认了上述的系统功能后,设计了网联电动车辆多目标出行规划与智能节能控制系统的整体结构,如图 9.2 所示。根据本章所设计系统的各项功能,明确了各子部分间的信息传输与逻辑关系,综合建立了多目标出行规划及智能节能控制总体方案。

网联电动车辆利用无线通信技术获得路网信息 $\varsigma = (\Gamma, \gamma, P, T, \phi)$,包括路网节点集合 Γ、节点连接关系 γ、充电站信息 P、时间区间集合 T、路网平均速度 ϕ 等信息。随后结合电动车辆的出行任务,采用合适的出行规划方法,对电动车辆的出行方案、充电方案、电附件使用方案等进行协同优化。网联电动车辆的出行方案优化为其行驶控制过程提供了基础。结合出行规划优化方案中所选路径的道路长度 l 与坡度信息 α,可对网联电动车辆和网联电动车队进行智能节能控制。针对单辆电动车辆的智能节能控制,除了利用已有的道路信息外,还需利用前方两辆前车 p 和 pp 的运动信息,包括速度 v_p 和 v_{pp}、加速度 a_p 和 a_{pp}、位置 s_p 和 s_{pp}、踏板位置 p_{p_brake} 和 p_{p_drive} 等,预测紧邻前方车辆 p 的未来运动行为,并进而对自车进行节能控制,优化得到分布式电动车辆的前后轮驱动转矩 T_1 和 T_2。针对电动车队的智能节能控制,同样利用车队前方多辆车 L1 和 L2 的运动信息,对车辆 L1 的未来运动进行预测，同时考虑到不同的车队通信结构，对车队内的集中驱动电动车辆的转矩 T 和档位 i_g，以及分布式驱动电动车辆的转矩 T_1 和 T_2 进行优化控制，以降低电动车队的总能量消耗。

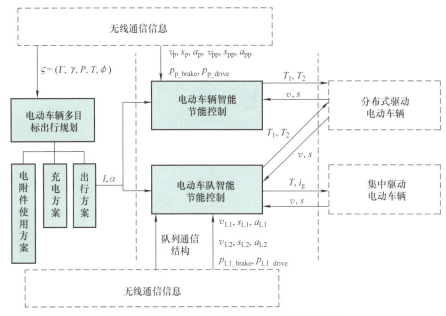

图 9.2　出行规划和智能节能控制系统整体结构

9.2.2　电动车辆出行规划方案设计

考虑到电动车辆出行规划问题的独有特性，以及其出行目标、约束限制和出行计划间存在的复杂相互耦合关系，对电动车辆的出行问题框架进行了整理，如图 9.3 所示。

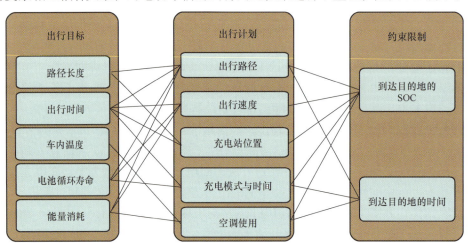

图 9.3　电动车辆出行规划问题框架

从图 9.3 中可以看出，电动车辆的出行过程主要需要考虑五个目标，它们分别是出行路径长度、出行时间、车内温度、电池循环寿命以及车辆能量消耗。对于出行路径目标，由于电动车辆行驶里程有限，可能需要途中前往充电站进行充电，因此其与传统车辆不同，最优出行路径不再是起点与终点间的最短路径，而与出行路径和充电站位置均相关。对于出行时间目标，其由充电时间和行驶时间两部分组成，其中行驶时间与行驶道路长度以及在各条道路上的通行速度相关。对于车内的平均温度，其与在行驶过程中的空调开启关闭情况以及天气变化情况相关，将会影响车内的舒适性。对于电池的循环寿命，其与电池的充电过程和放电过程均相关，其中充电过程由充电电流（即充电等级）和相应的充电时间决定，放电过程由放电电流大小（即出行速度）和放电时间（出行时间）决定。对于能量消耗目标，由行驶能量消耗和电附件能量消耗组成，行驶能量消耗与出行策略中的出行路径选择和出行速度均相关，而在电附件能量消耗中的空调占比较大，因此出行过程中的空调使用情况也将影响到车辆的总能量消耗。

对于电动车辆的出行约束，考虑到驾驶员在到达目的地时的需求，一般包括到达目的地的 SOC 值和到达目的地的时间约束。对到达目的地的 SOC 值进行约束，即保证电动车辆能够完成未来的潜在出行任务，该约束与出行过程的能量消耗过程和充电过程均相关。例如，当到达目的地的 SOC 约束值要求较高时，出行方案将倾向于降低出行过程中的能量消耗，选择合适位置的充电站、较高等级的充电模式和较长的充电时间，以及降低空调使用以节约电池能量。因此这一约束与出行策略中的多个出行行为均相关。对于到达目的地的时间约束，即保证电动车辆到达目的地的时间不晚于预定到达时间，以满足驾驶员的出行需求，避免迟到。到达时间约束也与多个出行策略相关，其中影响行驶时间的主要因素是出行路径和出行速度，同时考虑到电池储能低，出行途中可能存在充电行为，所以充电站的位置、充电时间也会对总的出行时间产生影响。同理，减少电附件使用（空调使用）也能够牺牲舒适性以减少充电时间。因此，从图 9.3 中可以看出，电动车辆的出行策略制定同时要受到多个出行目标和出行约束的影响，需要考虑到出行路径、出行速度、充电站选择和充电时间选择、空调使用等多个行为，是一个典型的多目标多约束的优化问题。

更重要的是，在现有的出行规划研究中，往往假设道路环境为静态确定性网络，忽略了交通道路平均通行速度值随时间的动态随机变化特性，与实际交通环境不相符。为此，本研究中提出了利用动态随机路网模型描述交通环境，使得交通环境模型更为接近实际情况。本章提出的网联电动车辆多目标出行规划方法的结构如图 9.4 所示。

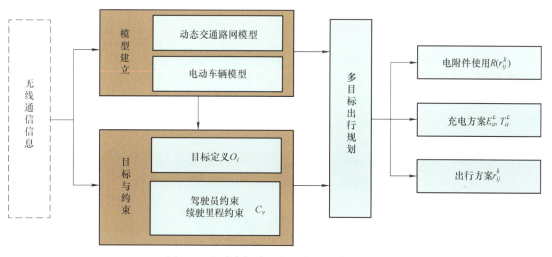

图 9.4　电动车辆多目标出行规划求解方案

从图 9.4 中可以看出，网联电动车辆的多目标出行规划问题主要包括三个部分，分别是模型建立、优化目标及约束建立，以及多目标出行方案优化求解。

1）结合无线通信信息获得道路环境信息，模型建立部分包括能够描述动态随机变化特性的交通路网模型，和计及车辆能耗与充电特性的电动车辆模型。

2）优化目标及约束建立部分对出行规划问题中涉及的各个目标 O_i 进行了定义，并且定义了驾驶员约束和车辆续驶里程约束等各个约束条件 C_v。

3）多目标出行规划方法用于求解电动车辆的出行方案解集，当云端服务平台获得了模型信息以及目标及约束信息后，优化得到包括在各条路径 r_{ij}^k 上空调开启情况 $R(r_{ij}^k)$，充电站的选择以及充电能量 E_a^c 和时间 T_a^c，以及出行路径选择 r_{ij}^k 等。随后云端服务平台将得到的出行方案传输回电动车辆，优化算法的计算时间由云端服务平台来保证。

9.2.3 电动车辆智能节能控制

利用车-路通信与车-车通信实时获知前方道路中的坡度信息与周围车辆的运动信息，在保证安全性的前提下，合理优化电动车辆的驱动转矩与行驶速度，将有助于降低电动车辆行驶过程中的能量消耗。在本研究中，电动车辆的智能节能控制的应用场景如图 9.5 所示。

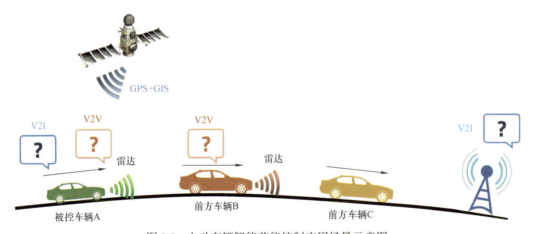

图 9.5 电动车辆智能节能控制应用场景示意图

在图 9.5 中，车辆 A 是被控电动车辆，前方存在两辆前车 B 和 C。一方面，车辆 A 的行驶能量消耗受到前方道路的坡度影响，因此车辆 A 需要基于 GPS、GIS、车路通信等获取前方道路坡度信息。另一方面，车辆 A 的运动会受到前车 B 运动的影响，而前车 B 的运动同时也会受到前车 C 运动的影响，因此需要基于车-车通信技术，使电动车辆 A 获得车辆 B 和车辆 C 的当前运动信息，以及车辆 B 的历史运动信息和运动行为模型信息，随后在车辆 A 的每个控制周期内均对前车 B 的运动进行预测，在保证与前车 B 合理的间距的基础上，优化控制自车 A 的运动，降低其行驶能量消耗。相比于传统的节能辅助驾驶方法，智能节能控制方法充分利用车-车通信技术，不仅获取当前时刻的周围车辆运动信息，还获得周围各辆车的运动行为模型信息，并依据此模型对周围车辆的未来运动行为进行预测，使得被控电动车辆能够更为准确地获知周围车辆的未来运动行为，提高自车的控制精度。电动车辆智能节能控制系统结构如图 9.6 所示。

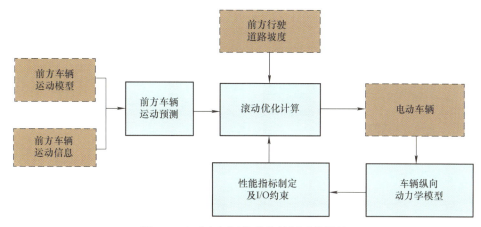

图 9.6　电动车辆智能节能控制系统结构

通过车-路通信获知前方道路坡度变化,并通过车-车通信获知前方车辆当前运动信息及运动模型信息,利用贝叶斯网络方法预测前车未来运动行为;智能节能控制器以电动车辆的纵向动力学模型为控制对象,结合前方坡度信息和前车运动预测信息,根据自车运行状态,建立协调安全性、经济性和舒适性的综合性能指标,以非线性模型预测控制(Nonlinear Model Predictive Control,NMPC)理论框架为设计基础,进行滚动优化求解最优控制量,在保证车间相对距离在合理范围内的前提下,实现降低电动车辆行驶能量,达到延长车辆行驶距离的目的。

9.2.4　电动车队智能节能控制

在对单辆电动车辆的智能节能控制系统展开研究后,将智能控制系统扩展到电动车队,本章中的电动车队智能节能控制功能的应用场景如图 9.7 所示。

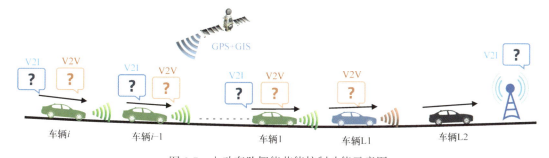

图 9.7　电动车队智能节能控制功能示意图

在图 9.7 中,编号为 i,i-1,$\cdots$,1 的电动车辆共同组成了电动车队,车队前方存在两辆前车 L1 和 L2。在行驶过程中,车队中各辆车的能量消耗受到前方道路的坡度影响,因此需要利用 GPS 和 GIS 系统将前方坡度信息传递给电动车队。同时,车队前方的车辆 L1 和 L2 的运动并不预先可知,其运动行为也会对电动车队的行驶能量消耗产生影响,因此需要利用车-车通信获得前方多辆车的运动信息,并对头车 L1 的运动行为进行建模并预测其未来运动,以保证在电动车队进行控制的每个周期内,能够获得更为准确的车辆 L1 的未来运动信息,以降低车队的总体能量消耗。电动车队智能节能控制系统结构如图 9.8 所示。

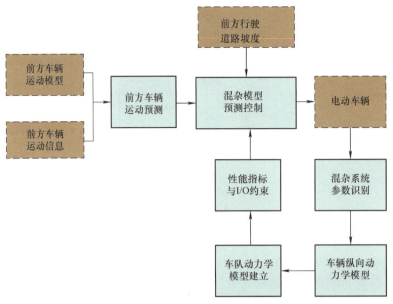

图 9.8　电动车队智能节能控制系统结构

利用车-路通信获得前方行驶道路坡度信息,并利用车-车通信获得车队前方多辆车的运动信息,利用已有的贝叶斯网络模型对前车 L1 的运动进行建模并预测其未来运动;考虑到电动车队中存在着集中驱动和分布式驱动两种构型的电动车辆,利用混杂系统参数辨识方法将纵向车辆动力学模型变为分段仿射化模型,以建立单车动力学模型并扩展为车队动力学模型;根据经济性、安全性和舒适性指标建立优化目标和约束函数,并以混杂模型预测控制方法建立优化问题,进行滚动时域优化求解最优控制量,实现降低车队总体能耗的目的。

9.2.5　技术难点与重点

网联电动车辆的出行规划和智能节能控制系统涉及的技术难点与重点可以分为多目标出行优化方法设计、电动车辆智能节能控制、电动车队智能节能控制三个部分。以下针对所提出的各个关键技术做进一步的说明。

（1）多目标出行优化方法设计

电动车辆进行出行规划的目的在于在出行前即为车辆推荐合理的出行方案,保证电动车辆完成出行任务。如果出行优化方法不能够得到较好的出行策略,将导致电动车辆的使用性能变差,甚至无法完成出行任务。因此,基于车-车通信和车-路通信的网联电动车辆的关键技术之一便是在出行前为电动车辆推荐合理的出行方案。考虑到电动车辆的行驶里程有限、电池寿命有限、电池储能少等特点,需要利用车-路通信技术获得前方交通信息、充电站位置与状态信息、天气变化信息等,对多个出行行为进行协同优化,以满足电动车辆的出行需求。所需进行优化的出行行为包括选择出行路径、出行速度、充电站位置选择、充电模式、充电时间、电附件使用等。对这些出行元素的合理规划,将会有助于改善电动车辆面临的诸多局限,提高电动车辆的使用性能。如何融合电动车辆的独有特性与多源交通信息,进行多种出行行为的联合优化,并得到满足各项出行约束的出行方案,是研究的难点与重点之一。

（2）电动车辆智能节能驾驶

智能节能控制的主要目的是依据周围车辆运动信息合理优化电动车辆的驱动转矩与行驶车速，以降低车辆能量消耗，扩大电动车辆可达范围。在现有的基于车-车通信进行行驶控制的相关研究中，通信信息尚未充分利用，一般仅考虑利用周围车辆的当前运动信息。通过利用车-车通信技术，可以获知周围车辆的运动行为模型，进而可以推测各辆车的未来运动状态，将有助于提高被控电动车辆的节能控制效果，进一步降低行驶能耗。基于历史行驶信息建立周围车辆的运动模型，并将运动预测信息应用到被控电动车辆的节能控制优化算法中，通过协同考虑经济性、安全性以及舒适性等优化指标，优化电动车辆的电机驱动转矩与行驶速度，实现节能安全行驶，是研究的另一重点和难点。

（3）电动车队智能节能驾驶

电动车队智能节能行驶控制的主要目的是，结合车-车通信与车-路通信信息，对车队内的各辆车进行控制，以实现在车队安全行驶的前提下，总能量消耗最低。考虑到电动车队中含有集中驱动与分布式驱动两种形式的电动车辆，即离散状态（换挡）与连续状态共存，系统需要利用合理的建模方法对电动车队进行统一描述。同时，所设计的电动车队智能节能控制器需要能够考虑到车队前方车辆的运动预测信息输入、车队不同通信结构、不同通信信息、不同道路坡度等不同工况，并能够描述不同电动车辆结构，实现在不同工况下优化各辆电动车的驱动转矩，保证车队安全行驶并降低行驶能量消耗，这也是研究的重点和难点之一。

9.3　网联电动车辆的多目标出行规划方法

考虑到纯电动车辆目前仍面临着许多使用局限，其性能尚不足以满足驾驶员的驾驶需求，通过充分利用多源交通环境信息，并协同多个出行目标与出行约束，对电动车辆出行过程中的出行行为、充电行为和电附件使用行为三者进行协同优化，是提高网联电动车辆使用性能的关键工作。

当前出行规划研究方法主要源自于传统车辆，缺乏对电动车辆出行过程的独有特性的考虑。针对所存在的缺点，本节对网联电动车辆的多目标出行规划方法展开研究，提出能够综合考虑各个出行目标、出行约束和出行策略的出行规划方法。在 9.2 节已经对网联电动车辆的出行规划方法的整体结构进行了设计。首先，建立动态随机路网模型以描述交通环境中的动态性与随机性，并建立包括能耗模型、电池寿命模型、空调模型等在内的电动车辆模型。然后，考虑到出行过程中的驾驶需求，对多个出行目标和出行约束进行定义。最后，提出基于赋时多目标的蚁群优化方法对电动车辆的出行方案进行优化。通过循环优化求解得到在多目标意义下的出行方案解集，为驾驶员提供包括出行路径、出行速度、充电模式和充电时间、空调使用等在内的出行方案。

9.3.1　出行规划方法系统模型

相比于现有出行规划方法，本研究考虑到交通环境的时变性与随机性，以及电动车辆出行过程中的电池寿命、充电过程等独有特性，建立出行规划优化问题系统模型，以保证优化得到的电动车辆出行方案合理有效。

9.3.1.1 动态随机路网模型建立

在实际的交通环境中,路网往往处于动态的不确定环境中,受到各种周期性(早高峰与晚高峰)与非周期性(天气变化、交通事故)等的影响,同时呈现出时变特性与随机特性。因此,本章中采用动态随机路网模型对交通环境进行建模,在该网络中,各条道路的平均通行速度同时具有时间依赖性和随机变化性[6-8],即在该网络中的道路平均通行速度是一个服从时变概率密度函数的随机变量。动态随机路网模型定义为 $\varsigma=(\varGamma,\gamma,P,T,\phi)$。$\varGamma$ 代表路网节点集合,$|\varGamma|$ 代表节点总数。$\gamma=\{\overrightarrow{pq}\mid p,q\in\varGamma\}$ 代表路网中节点连接关系,$\overrightarrow{pq}$ 代表节点 p 与节点 q 相连。$l(\overrightarrow{pq})$ 和 $\alpha(\overrightarrow{pq})$ 代表路径 $\overrightarrow{pq}$ 的长度和坡度。U_p 代表了与节点 p 直接相连的点的集合,共有 $|U_p|$ 个节点。在路网模型中共有 P 个充电站,每个充电站均有 C_w 个充电等级,并且遵循恒流充电。时间区间 $T=\{t_0+h\delta,t_0+(h+1)\delta\}$ 是时间段的集合,其中 $h=0,1,2,\ldots,H$,δ 为最小时间间隔,即当到达路网中某路段的时刻在同一时间间隔 δ 内时,通过该路段的平均通行速度服从相同的概率分布,反之则此概率分布不同。ϕ 代表了路网中平均通行速度的概率集合,包括了各路段处于各种可能状态的概率分布。

$$\phi = \bigcup_{\forall \overrightarrow{pq}\in\gamma, \forall t\in T} \phi_{pq,t} \qquad(9\text{-}1)$$

式(9-1)中 $\phi_{pq,t}$ 代表路段 $\overrightarrow{pq}$ 在时刻 t 时的平均通行速度所服从的概率密度函数分布。

若节点 i 和 j 不相邻,$R_{ij}=\{r_{ij}^k:k=1,2,\ldots,|R_{ij}|\}$ 表示节点 i 和 j 间的路径集合,其中,r_{ij}^k 代表连接节点 i 和 j 的第 k 条路径。该路径 r_{ij}^k 可表示为 $r_{ij}^k=\{r_{ij}^k(z):z=1,2,\ldots,|r_{ij}^k|\}$,说明该路径包括 $|r_{ij}^k|$ 个部分,每个部分 $r_{ij}^k(z)$ 可表示两种含义:第一种情况 $r_{ij}^k(z)$ 是代表行驶路径中的一个路段,此时 $r_{ij}^k(z)\in\gamma$;第二种含义是 $r_{ij}^k(z)$ 代表电动车辆停车充电的一个充电周期,此时 $r_{ij}^k(z)\notin\gamma$。因此,路径 r_{ij}^k 可以利用统一形式表示出行过程中的行驶行为和充电行为。

9.3.1.2 电动车辆模型建立

在传统车辆的出行方案优化过程中,一般以道路长度或者行驶能量消耗作为路网中的道路权重,并搜索行驶距离最短或行驶能耗最小的出行路径。在电动车辆的出行方案优化过程中,除了需要考虑行驶过程中的路径长度和电能消耗外,还需要考虑到电动车辆的充电需求、电池寿命、空调使用等独有特性。在电动车辆模型建立中,包括能耗模型、空调模型和电池模型三个部分。

(1)车辆能耗模型

当车辆沿路径 $r_{ij}^k(z)$ 行驶时,此时 $r_{ij}^k(z)\in\gamma$,行驶能量消耗 $E_D(r_{ij}^k)$ 与行驶时间消耗 $T_D(r_{ij}^k)$ 计算公式见式(9-2)和式(9-3)。

$$E_D(r_{ij}^k) = \sum_{r_{ij}^k(z)\in\gamma} E_D[r_{ij}^k(z)] \qquad(9\text{-}2)$$

$$T_D(r_{ij}^k) = \sum_{r_{ij}^k(z) \in \gamma} T_D[r_{ij}^k(z)] \qquad (9\text{-}3)$$

$E_D[r_{ij}^k(z)]$ 和 $T_D[r_{ij}^k(z)]$ 分别是路径 $r_{ij}^k(z) \in \gamma$ 上的行驶能量消耗和行驶时间消耗。在电动车辆减速和下坡的过程中，考虑到电动车辆的制动能量回收特性，电机能够回馈电能到电池内，并产生制动力矩使车辆制动。能量效率函数 $\eta(x)$ 定义见式（9-4）。

$$\eta(x) = \begin{cases} \dfrac{x}{\eta_m \eta_d}, & \text{如果 } x \geq 0 \quad \text{驱动工况} \\ \eta_{in} x, & \text{如果 } x \leq 0 \quad \text{制动工况} \end{cases} \qquad (9\text{-}4)$$

式中，η_d 代表主减速器的效率；η_m 代表输出效率；η_{in} 代表电机输入效率。当 $r_{ij}^k(z) \in \gamma$，在这一路段的能量消耗 $E_D[r_{ij}^k(z)]$ 和时间消耗 $T_D[r_{ij}^k(z)]$ 的定义见式（9-5）和式（9-6）。

$$\begin{aligned} E_D[r_{ij}^k(z)] = &\frac{1}{\eta_m \eta_d}\left\{ fG\cos\alpha\left[r_{ij}^k(z)\right] l\left[r_{ij}^k(z)\right] + \frac{C_D A \rho}{2} v\left\{t\left[r_{ij}^k(z)\right]\right\}^2 l\left[r_{ij}^k(z)\right] \right\} + \\ & \eta\left\{ Gl\left[r_{ij}^k(z)\right]\sin\alpha\left[r_{ij}^k(z)\right] \right\} + \frac{1}{2} m\eta \left\{ v_T\left\{t\left[r_{ij}^k(z+1)\right]\right\}^2 - v_T\left\{t\left[r_{ij}^k(z)\right]\right\}^2 \right\} \end{aligned} \qquad (9\text{-}5)$$

$$T_D(r_{ij}^k(z)) = \frac{l[r_{ij}^k(z)]}{v_T\{t[r_{ij}^k(z)]\}} \qquad (9\text{-}6)$$

式中，f 是滚动阻力系数；m 是整车质量；G 是整车重力；A 是整车迎风面积；C_D 是空气阻力系数；ρ 是空气密度。这里 $v_T\{t[r_{ij}^k(z)]\}$ 代表在 $t[r_{ij}^k(z)]$ 时刻到达该路段 $r_{ij}^k(z)$ 时，在该路段上的推荐行驶速度。$T_D[r_{ij}^k(z)]$ 代表通过路段 $r_{ij}^k(z)$ 的时间长度。如果车辆没有停车充电，则到达下一节点的时刻 $t[r_{ij}^k(z+1)]$ 的定义见式（9-7）。

$$t[r_{ij}^k(z+1)] = t[r_{ij}^k(z)] + T_D[r_{ij}^k(z)] \qquad (9\text{-}7)$$

$$t_0 + l\delta \leq t[r_{ij}^k(z)] < t_0 + (l+1)\delta, l \in N, z = 1, 2, \cdots, |r_{ij}^k|$$

（2）空调使用模型

电动车辆总能耗不仅包括行驶能耗，还需要考虑到电附件能量消耗，其中主要为空调能耗。空调能耗与车辆驾驶时间和外部温度变化均相关，因此首先建立车内温度变化模型，以反映电动车辆的车内温度变化[9]。

$$Q_T = Q_B + Q_I + Q_P + Q_A + \Delta Q_f \qquad (9\text{-}8)$$

$$Q_T = 1000 m_a \cdot \Delta h = 1000 \rho V_v c_p \Delta T \qquad (9\text{-}9)$$

$$Q_B = Q_1 + Q_2 + Q_3 + Q_4 \qquad (9\text{-}10)$$

$$Q_x = K_x F_x (T_o - T_i), \quad x = 1, 2, 3, 4 \qquad (9\text{-}11)$$

$$Q_{\mathrm{I}} = 1000(kIF_{\mathrm{I}} + K_{\mathrm{I}}F_{\mathrm{I}}\rho_{\mathrm{s}}I) \tag{9-12}$$

$$Q_{\mathrm{P}} = Q_{\mathrm{C}} + 116(n-1)n' \tag{9-13}$$

$$Q_{\mathrm{A}} = 1000G_0\rho c_{\mathrm{p}}(T_{\mathrm{o}} - T_{\mathrm{i}}), G_0 = 20n/3600 \tag{9-14}$$

式中，Q_{T} 是总的热量增量；Q_{B} 是车身吸收的热量；Q_{I} 是太阳辐射的热量；Q_{P} 是车内人体辐射出的热量；Q_{A} 是从车外空气进入车内所带入的热量；ΔQ_{f} 是由空调产生的热量，当空调关闭时，ΔQ_{f} 为零；m_{a} 是车内的空气总质量；Δh 是车内空气的焓变；V_{v} 是车内容积；c_{p} 是空气的比热容；ΔT 是车内的温度变化；K_1、K_2、K_3 和 K_4 分别是车辆顶部、边缘、地板、窗户的传热系数；F_1、F_2、F_3 和 F_4 分别是车辆顶部、边缘、地板、窗户传热面积；T_{o} 是车外温度；T_{i} 是车内温度；k 是太阳辐射透过玻璃指数；I 是车外太阳辐射强度；F_{I} 为太阳直射有效面积；ρ_{s} 是电动车辆车身外围结构的太阳辐射吸收指数；Q_{C} 是驾驶员人体的辐射能量；n 是车内的人员数目；n' 是集聚系数；116 是典型成人热量辐射值；G_0 是进入车辆内部的新鲜空气的体积。

针对空调系统的控制策略，首先设定舒适温度 T_{C}。在每段路径开始时，检测车内的温度，如果车内的温度高于舒适温度，则空调开启；如果车内的温度低于舒服温度，则空调关闭。定义空调状态变量 $R_{\mathrm{A}}[r_{ij}^k(z)]$，当 $R_{\mathrm{A}}[r_{ij}^k(z)]$ 为 1 时，空调以额定功率 P_{A} 在时间段 $T_{\mathrm{D}}[r_{ij}^k(z)]$ 内正常工作；当 $R_{\mathrm{A}}[r_{ij}^k(z)]$ 为 0 时，空调在时间段 $T_{\mathrm{D}}[r_{ij}^k(z)]$ 内不工作。空调状态变量 $R_{\mathrm{A}}[r_{ij}^k(z)]$ 和空调能耗 $E_{\mathrm{A}}(r_{ij}^k)$ 见式（9-15）和式（9-16）。

$$R[r_{ij}^k(z)] = \begin{cases} 1, & T_{\mathrm{i}} \geq T_{\mathrm{C}} \\ 0, & T_{\mathrm{i}} < T_{\mathrm{C}} \end{cases} \tag{9-15}$$

$$E_{\mathrm{A}}(r_{ij}^k) = \sum_{r_{ij}^k(z) \in r} E_{\mathrm{A}}[r_{ij}^k(z)] = \sum_{r_{ij}^k(z) \in r} T_{\mathrm{D}}[r_{ij}^k(z)] P_{\mathrm{A}} R_{\mathrm{A}}[r_{ij}^k(z)] \tag{9-16}$$

由式（9-16）可知，沿途各路段的空调能耗 $E_{\mathrm{A}}[r_{ij}^k(z)]$ 之和即为在路径 r_{ij}^k 上的空调能量消耗 $E_{\mathrm{A}}(r_{ij}^k)$。

（3）电池模型

电动车辆出行过程会导致电池 SOC 变化，并对电池寿命产生影响。电池模型包括两个部分，分别是电池 SOC 模型和电池寿命模型。

电池模型采用等效电路模型进行描述，该模型将电池简化成开环电路电压 V_{oc} 与一个内阻 R_{batt} 进行串联，并且开路电压和串联内阻值均是 SOC 值的连续函数。电池的功率和内阻分别定义为 P_{batt} 和 R_{batt}，可得到式（9-17）。

$$\dot{S}_{\mathrm{SOC}} = -\frac{V_{\mathrm{oc}} - \sqrt{V_{\mathrm{oc}}^2 - 4P_{\mathrm{batt}}R_{\mathrm{batt}}}}{2Q_{\mathrm{batt}}R_{\mathrm{batt}}} \tag{9-17}$$

式中，S_{SOC} 为电池 SOC 状态；Q_{batt} 为电池电荷容量。单体电池的电流和输出电压与电池组的串并联结构有关，定义串联电池数目为 n_{s}，并联电池数目为 n_{p}。假设电池性质完全相同，电池组带有电荷均衡系统，并且电池温度由恒温系统控制在25℃，可以得到单体电池电流 I 和电压 V_{cell} 见式（9-18）和式（9-19）。

$$I = \dot{S}_{\text{SOC}} Q_{\text{batt}} / n_{\text{p}} \quad (9\text{-}18)$$

$$V_{\text{cell}} = (V_{\text{oc}} - IR_{\text{batt}}) / n_{\text{s}} \quad (9\text{-}19)$$

电池开路电压和电池内阻随着电池 SOC 状态的变化规律如图 9.9 所示[10]。

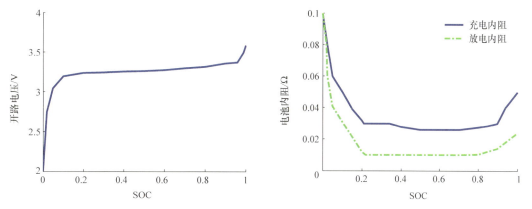

图 9.9　等效电池模型的开路电压及内阻随电池 SOC 变化关系[10]

考虑到电池的寿命问题，一般来说，电池经过循环使用会发生性能退化，造成容量和功率下降。电池性能衰减一般认为由以下原因引发：电池内部枝晶生长、电极结构或化学成分变化、电解液分解以及固体电解质膜（Solid Electrolyte Interphase，SEI）增长等[11-13]。第一个电池性能衰退的原因是电池内部枝晶生长，在锂电池或锂离子电池中，电池枝晶生长是锂金属的不平均生长。这些枝晶结构会最终刺穿隔离材料并造成短路，一旦发生短路，将使电池发生过热并可能产生爆炸。枝晶生长一般是由于过度充电或快速充电引起，锂沉积到枝晶结构中，而没有内嵌到负极电极材料中[14]。第二个电池衰退的原因是电极材料在阳极电极或阴极电极发生化学上或结构上的退化。例如，粒子进行嵌入和脱嵌的过程中产生的机械应力，将导致晶体结构扭曲[15]。根据电极材料和电解液的组合和运行条件，这一衰退过程在阳极或阴极均可能发生。第三个电池衰退的原因是电解液分解。电解液物质的分解将影响到电解液的扩散率和电导率，并且电解液分解还可能产生气体，导致电池内部压力升高，并最终可能引起爆炸。第四个电池衰退的原因是 SEI 膜增长，相关研究证明 SEI 膜增长是锂电池容量衰减的一个重要影响因素，该过程将消耗锂离子并增加内阻[16-22]。在本章中，采用相关文献中的电池寿命模型，以 SEI 膜的增长厚度作为电池寿命的评价标准[10]。根据文献[10]中的理论推导，得到 SEI 膜增长速率与 SOC 值和电池电流的相互关系，如图 9.10 所示。

在图 9.10 中，纵轴为 SEI 膜平均增长速率 $\dot{\delta}_{\text{film}}$，横轴为电池电流 I 和 SOC 值。从图 9.10 中可以看出，SEI 膜增长速率 $\dot{\delta}_{\text{film}}$ 随着 SOC 增长而变大，同时当电流从放电变为充电时，SEI 膜增长速率 $\dot{\delta}_{\text{film}}$ 也随之变大。在电动车辆出行规划过程中，利用行驶过程的放电电流和充电过程的充电电流，结合电池 SOC 值查表即可得到电池 SEI 膜平均增长速率 $\dot{\delta}_{film}$，随后利用此值随时间进行积分，即得到在整个出行过程中电池的 SEI 膜增长厚度，作为评价电池循环寿命衰减的量化指标。

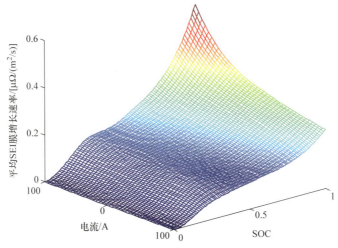

图 9.10　SEI 膜增长速度与电流和 SOC 关系图

对于电池的充电过程，即当 $r_{ij}^k(z) \notin \gamma$，说明在这一步内是充电动作，车辆停止在充电站内进行充电，$E_D[r_{ij}^k(z)]$ 和 $T_D[r_{ij}^k(z)]$ 为零。充电过程为恒流充电，当充电站为 a 时，充电时间为 T_a^c，充电能量为 E_a^c。因此，电动车辆从充电站离开，准备出发前往下一节点的出发时刻为

$$t[r_{ij}^k(z+1)] = t[r_{ij}^k(z)] + T_a^c \tag{9-20}$$

电动车辆通过路径 r_{ij}^k 的总能量消耗 $E(r_{ij}^k)$ 包括克服行驶过程中的阻力所消耗的能量 $E_D(r_{ij}^k)$ 以及空调能量耗能 $E_A(r_{ij}^k)$。

$$E(r_{ij}^k) = E_D(r_{ij}^k) + E_A(r_{ij}^k) = \sum_{r_{ij}^k(z) \in \gamma} \{E_D[r_{ij}^k(z)] + E_A[r_{ij}^k(z)]\} \tag{9-21}$$

定义 E_B 是出发前整车能量，E_{res} 是通过路径 r_{ij}^k 后的剩余能量，E_{res} 定义见式（9-22）。

$$E_{res} = E_B + \sum_{a=1}^P E_a^c - E(r_{ij}^k) \tag{9-22}$$

其中，考虑到电动车辆在一次出行过程中可能在多个充电站停留，因此 $\sum_{a=1}^P E_a^c$ 表示总的充电能量，$\sum_{a=1}^P T_a^c$ 表示总的充电时间。

9.3.2 出行目标与出行约束定义

在建立了电动车辆与交通环境模型后,需根据电动车辆的出行需求设定出行方案所要考虑到的出行目标与出行约束,其中出行约束条件包括两个部分,分别是驾驶员出行任务约束和电动车辆可达范围约束。

9.3.2.1 出行目标定义

根据电动车辆出行规划问题的总体架构,考虑到电动车辆出行过程中的独有特性,本研究选取了 5 个出行优化目标,见式(9-23)。

$$\begin{aligned}
\min \quad & O_1 = \sum_{z=1}^{r_{ij}^k} l[r_{ij}^k(z)], \quad r_{ij}^k(z) \in \gamma \\
\min \quad & O_2 = T_D(r_{ij}^k) + \sum_{a=1}^{P} T_a^c \\
\min \quad & O_3 = E(r_{ij}^k) \\
\min \quad & O_4 = \int_0^{O_2} \dot{\delta}_{\text{film}} \, dt \\
\min \quad & O_5 = \left| \overline{T}_i - T_c \right|
\end{aligned} \quad (9\text{-}23)$$

第一个目标 O_1 是行驶距离最短,使得行驶过程中的各条路段长度之和最小。第二个目标 O_2 是总行驶时间最短,该目标包含了总的行驶时间和总的充电时间两项。第三个目标 O_3 是总能量消耗最小,即出行过程中的总行驶能耗与总空调能耗的和最小。第四个目标 O_4 是电池循环寿命最长,即采用 SEI 膜的厚度在本次出行过程中的增长量作为评价标准,以 SEI 膜厚度增长最小为优化目标。第五个目标 O_5 是使车内温度舒适,该目标采用车内温度与平均温度之间的差的绝对值作为评价指标。由式(9-23)可以看出,电动车辆出行过程中的各个目标间存在相互耦合关系,因此制定出行方案需要将多个出行目标进行协同优化。

9.3.2.2 出行约束定义

在制定电动车辆的出行方案时,需要考虑到驾驶员出行任务需求和电动车辆可达范围这两方面的限制因素,因此分别定义驾驶员出行任务约束并估计电动车辆的续驶里程,以综合反映电动车辆出行过程中的各种约束限制。

(1)驾驶员出行任务约束

驾驶员出行任务约束条件包括到达目的地的时间不要晚于规定时间,以及到达目的地的 SOC 值不要低于预先规定的 SOC 限制,定义见式(9-24)。

$$\begin{aligned}
C_1 &= \max(t_0 + O_2 - t_j^d, 0) \\
C_2 &= \max(S_{\text{soc},j}^d - S_{\text{soc},j}, 0)
\end{aligned} \quad (9\text{-}24)$$

式中,t_j^d 为电动车辆到达目的地节点 j 的预定到达时刻;$S_{\text{soc},j}^d$ 为电动车辆到达目的地节点 j 的预定 SOC 值;$S_{\text{soc},j}$ 为电动车辆到达目的地节点 j 的实际 SOC 值。到达时间约束 C_1 用于保证电动车辆在预定时间点 t_j^d 前到达目的地，以避免驾驶员迟到。当该约束满足时，C_1 为零，当该约束未满足时，C_1 为超过限制的时间长度。到达目的地 SOC 约束 C_2 用于保证电动车辆到达目的地节点 j 时，SOC 值高于预定 SOC 值 $S_{soc,j}^d$，用于满足驾驶员在未来的潜在出行任务。当该约束满足时，C_2 为零，当该约束未满足时，C_2 为超过 $S_{soc,j}^d$ 值限制的 SOC 差值。

此外，考虑到交通路网中的动态随机变化特性，每条路段推荐的行驶速度需要满足当前时刻的该条道路上的平均行驶速度。设置置信水平 ρ_c，需要保证推荐的出行速度能够在以置信水平 ρ_c 的条件下满足各条道路的平均通行速度。

$$g(x) = \begin{cases} 1, & x > 0 \\ 0, & x \leq 0 \end{cases} \tag{9-25}$$

$$G_c^n = \sum_{z=1}^{r_{ij}^k} g\{v_T\{t[r_{ij}^k(z)]\} - v^n\{t[r_{ij}^k(z)]\}\}, \quad n = 1, 2, \cdots, N_c, \quad r_{ij}^k(z) \in \gamma \tag{9-26}$$

$$N_c^x = \sum_{n=1}^{N_c} g(G_c^n) \tag{9-27}$$

$$\rho_{N_c} = \frac{N_c^x}{N_c} \tag{9-28}$$

其中，$v^n\{t[r_{ij}^k(z)]\}$ 为在时刻 $t[r_{ij}^k(z)]$ 到达路段 $r_{ij}^k(z)$ 上，根据平均通行速度所服从的概率密度函数 $\phi_{r_{ij}^k(z),t[r_{ij}^k(z)]}$ 进行随机抽样的结果。当所得到的 ρ_{N_c} 不大于预先设定的 ρ_c 时，即说明在路段 $r_{ij}^k(z)$ 上的推荐速度值 $v_T\{t[r_{ij}^k(z)]\}$ 以置信水平 ρ_c 满足道路的平均通行速度。

（2）车辆续驶里程估计

除了驾驶员的约束条件外，电动车辆的可达范围在出行规划问题中也是必要的约束条件。在求解电动车辆的出行规划问题中，首先需要对电动车辆的可行驶距离进行估计，当电动车辆无法到达目的地，也无法到达最近的充电站时，说明电动车辆必然无法完成出行任务。只有当电动车辆能够到达二者之一时，才需要对其出行过程进行合理规划。电动车辆的续驶里程估计方法包括两个部分：①利用基于随机模拟的遗传算法求解到达路网各节点的能量消耗；②利用随机规划方法对电动车辆的续驶里程进行分析。

为得到电动车辆从当前节点 i 到路网中各个节点 j 的能量消耗 $E(i,j)$，需要计算电动车辆从节点 i 到节点 j 的各条路径的能量消耗 $E(r_{ij}^k)$。这里面临以下两个主要问题：

1）在电动车辆续驶里程估计阶段，由于尚未进行出行路径规划，从起点到达路网中任一节点 j 的路径集合 R_{ij} 内存在大量路径，其中绝大部分路径都是绕远和折返的路线，与真实的驾驶经验不符合，难以用于表征电动车辆到达该节点 j 的能量消耗。因此，需要排除掉连接节点 i 与节点 j 的路径集合 R_{ij} 中的大量折返或绕远路径。

2）在连接节点 i 与节点 j 的某条路径 k 中（$r_{ij}^k \in R_{ij}$），受到交通路网模型的动态性和随机性的影响，即使电动车辆在同一时刻从起点出发并沿同一路径行驶，行驶速度服从沿途道路的平均通行速度分布函数，电动车辆的总能量消耗结果 $E(r_{ij}^k)$ 也是一个随机采样结果，并不是一个确定值。因此，采用基于随机模拟的遗传算法，筛选从起点到达路网中各个节点的合理的出行路径，避免绕行和折返的行驶路线，随后计算得到电动车辆到达各个节点的能量消耗采样结果。图 9.11 为基于随机模拟的遗传算法的流程图。

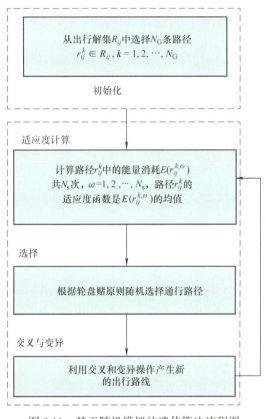

图 9.11　基于随机模拟的遗传算法流程图

针对路网中的每个节点 j，均需要利用基于随机模拟的遗传算法计算从起点 i 到达该节点 j 的能量消耗，即需要对路网中的所有节点进行循环遍历。此算法包括了初始化、适应度计算、选择、交叉和变异等步骤。在估计续驶里程的过程中，不考虑电动车辆停留充电行为，因此 $r_{ij}^k(z) \in \gamma$ 总成立。染色体由从起点到达目的地节点的路径节点序列组成，每当确定了一条染色体序列，也就确定了一条连接起点和该节点的通行路径。在该路径上，由于各个路段上的平均通行速度均具有动态随机特性，因此在同一时段同一路段上的通行速度呈现随机性，会导致到达下一节点的时间不同。因此，在同一时刻从起点出发沿同一路径前往终点，循环抽样 N_s 次。由于各个路段的平均通行速度均是随机抽样结果，在各个路径上的行驶时间不同，到达下一节点的时间不同，最终导致到达目的地的时候，得到的 N_s 个抽样结果的能量消耗和时间消耗均彼此不相同，表明在一条路径上的能量消耗与时间消耗呈现随机分布的特性。基于随机模拟的遗传算法区别于传统遗传算法的主要特点在于，当染色体的适应度函数存在概率分布特征时，即利用此概率分布的期望值作为染色体的适应度函数值。因此在本研究中，利用通过该条路径的能量消耗的期望值作为该染色体的适应度函数值。除了由每条路径上的能量消耗采样所引入的随机特性，还需考虑到在路网中存在着大量路径连接着起点与该节点。由于在电动车辆续驶里程估计阶段，并不知道到达目的地节点的具体行驶路线，这就使得用于表征到达某一节点能耗的路径存在多条。本研究中利用遗传算法将各条连接起点与节点 j 的路径根据平均能量消耗这一指标进行排序，排除平均能耗过高（即明显绕远）的路径，保留 K 条能耗低（即直达目的地）的路径。针对路网中的每个节点，在采用基于随机模拟的遗传算法优化后，将会得到 K 条出行路径，其中 $k=1,2,\cdots,K$，同时每条路径包含了 N_s 个采样结果，其中 $\omega=1,2,\cdots,N_s$，因此 $E_D(r_{ij}^{k,\omega})$ 共对应了 $K\times N_s$ 个能量消耗值。

由于从起点到达路网中任一节点的能量消耗 $E_D(r_{ij}^{k,\omega})$ 是一个随机采样结果，其集聚特性能够反映到达该节点 j 的能量消耗分布情况，为此需要计算从起点 i 到达节点 j 的能量消耗与时间消耗的二维概率密度 1 函数 $p_{ij}^{E,T}$。为综合考虑到达节点 j 的能量消耗特征，将 K 条被选中路径的所有能量消耗值与行驶时间值分别进行合并，并利用 Parzen 方窗核函数法[23]计算概率密度函数，见式（9-29）~式（9-32）。

$$p_{ij}^{E,T}(x)=\frac{1}{KN_s}\sum_{\varepsilon=1}^{KN_s}\frac{1}{V}\varphi(\frac{x-x_{ij}^\varepsilon}{h}) \qquad (9\text{-}29)$$

$$\varphi([u_1,u_2,\cdots,u_d]^T)=\begin{cases}1 & \text{若}|u_i|\leq\frac{1}{2}\\ 0 & \text{其他}\end{cases} \qquad (9\text{-}30)$$

$$V=h^d \qquad (9\text{-}31)$$

$$x_{ij}^\varepsilon=[E_D(r_{ij}^{k,\omega}),T_D(r_{ij}^{k,\omega})] \qquad (9\text{-}32)$$

其中：

$$\varepsilon=1,2,\cdots,K\times N_s$$

利用核函数变换方法将离散的随机采样点转换为连续的概率分布函数。该概率分布函数综合反映了到达该节点 j 的通行路径不唯一以及行驶速度时变随机变化这两方面所引入的随机特性。

考虑到在动态随机路网模型下，i 与 j 间的能量消耗 $E(i,j)$ 是一个服从 p_{ij}^E 的随机变量。因此，当利用在起点处的电池能量去判断电动车辆的可达范围时，需要采用合理的判断标准去比较初始能量值和带有随机特性的能量消耗这两者间的关系。本研究利用随机规划方法来评价能量消耗的概率密度函数，进而分析电动车辆的可达范围。随机规划方法包括期望值模型、机会约束模型和相关机会模型[24]等三种模型，每种随机模型均代表了在处理这一随机规划问题时的不同分析策略与评价标准。

在期望值模型中，采用到达节点 j 的能量消耗随机变量的期望值作为电动车辆到达该节点的能量消耗。为判断电动车辆是否能够到达地图中节点 j，即判断在起点处的当前电池能量 E_B 是否大于到达该节点的能量消耗 $E(i,j)$ 的期望值。若大于该期望值，则电动车辆可以到达该节点；若小于该期望值，说明电动车辆无法到达该节点。在此条件下，以起点为中心将路网以等角度分成若干个区域，每个区域角度是 β。$D(i,j,\beta)$ 表示各个方向区域 β 内的起点 i 与节点 j 的直线距离。在各个区域内找到可以到达的距离起点最远的点，随后各个区域内所对应的最远点进行包络，在此范围内即是电动车辆在期望值模型下的可达范围，见式（9-33）。

$$\text{area}_1 = \underset{j \in V}{\arg\max} \{D(i,j,\beta) \mid E_\text{B} - E[E(i,j)] > 0,$$
$$\sigma\theta \leq \beta < (\sigma+1)\theta, \text{mod}(360°,\theta) = 0, \sigma = 0,1,\cdots,\frac{360°}{\theta} - 1\} \quad (9\text{-}33)$$

在机会约束模型中，为判断电动车辆是否能够到达地图中的节点 j，预先设定置信水平 η，基于电池当前能量值 E_B，判断电动车辆是否能以这一置信水平 η 到达该节点 j。置信水平 η 的高低代表了对电动车辆可达范围估算结果的信任程度，设置高的置信水平代表驾驶员期望电动车辆将有较高的概率到达所得到的续驶里程估计范围内各节点，见式（9-34）。

$$\text{area}_2 = \underset{j \in V}{\arg\max} \{D(i,j,\beta) \mid \int_{\min E(i,j)}^{E_\text{B}} p_{ij}^E \text{d}E(i,j) > \eta,$$
$$\sigma\theta \leq \beta < (\sigma+1)\theta, \text{mod}(360°,\theta) = 0, \sigma = 0,1,\cdots,\frac{360°}{\theta} - 1\} \quad (9\text{-}34)$$

在相关机会模型中，为判断电动车辆能否到达地图中某一节点 j，需要将电池当前能量 E_B 与电动车辆到达这个节点的能量消耗的所有采样结果 $E(r_{ij}^{k,\omega})$ 进行比较，并计算 $p_{i_0 j}^E$ 在 E_B 附近微小区域 μ 内的积分。在此评价标准下，在各个方向区域 β 内得到的是最有可能将当前电池能量耗尽的可达范围。这一模型旨在找出路网中最有可能将电池能量消耗完毕的节点所包络的范围，即电动车辆最小的可达范围，见式（9-35）。

$$\text{area}_3 = \underset{j \in V}{\arg\max} \{\text{int}(i,j,\beta) \mid \text{int}(i,j,\beta) = \int_{E_\text{B}-\mu}^{E_\text{B}} p_{ij}^E \text{d}E(i,j),$$
$$E_\text{B} \geq E(r_{ij}^{k,\omega}), k = 1,2,\cdots,K, \omega = 1,2,\cdots,N_\text{s}, \sigma\gamma \leq \beta < (\sigma+1)\gamma, \quad (9\text{-}35)$$
$$\text{mod}(360°,\gamma) = 0, \sigma = 0,1,\cdots,\frac{360°}{\gamma} - 1\}$$

9.3.3 基于赋时多目标的蚁群优化算法求解

本研究提出基于赋时多目标的蚁群优化方法，旨在利用 S 只蚂蚁，同时优化 5 个出行目标，包括出行距离、出行时间、能量消耗、电池循环寿命、车内温度，并满足出行约束条件。优化得到电动车辆出行过程中的各种出行行为，包括出行路径、各条道路上的速度推荐、充电站选择、充电时间和模式制定，以及空调使用等。基于赋时多目标的蚁群优化算法结构如图 9.12 所示。

从图 9.12 中可以看出，算法结构主要包括两个部分，分别是初始化和循环求解。在初始化中，需要初始化路网中的各个信息素层；在循环求解中，要依次进行转移概率计算、蚁群搜寻、计算权重更新值、更新信息素层等几个步骤，并进行循环求解。

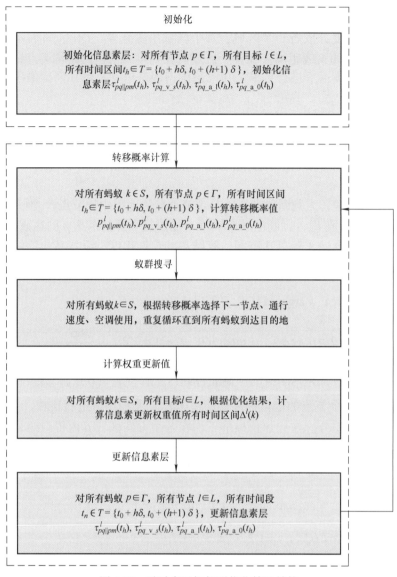

图 9.12 赋时多目标蚁群优化算法结构

所提出了基于赋时多目标蚁群优化方法有以下特点：

1）为考虑出行过程中的交通环境和充电行为的时间特性，本算法将时间因素引入到蚁群算法的信息素中，即信息素的计算与更新过程不只是与蚂蚁所在的搜索位置相关，还与搜索过程的时间点相关。这种方式保证了将时变交通信息以及充电时间长度信息引入出行规划算法中。

2）蚂蚁在每一步的搜索过程中，均需要依次决定前往下一节点（或停留在本节点充电）、在路径中的行驶速度（或充电过程的充电模式），以及在该路段中是否开启空调等行为。当蚂蚁搜索到达目的地时，即得到了一个完整的出行方案。这种方式使得蚂蚁在充电站节点既能够向下一节点进行转移，也能够在当前点停留进行充电，对节点转移策略赋予了双重含义。

3）为使驾驶员对于出行方案有全面了解，多目标优化方法的优化结果为一个出行方案解集。解集中的所有解均满足出行约束条件，并共同组成在多目标优化意义下的出行方案解集。该解集能够为驾驶员提供各种潜在的电动车辆出行方案，使其可以根据需求自由选择。

下面对算法的各个部分依次进行介绍。

9.3.3.1 信息素初始化

该算法中定义了三个信息素层，即位置信息素层 $\tau^l_{pq\|pm}(t_h)$，速度信息素层 $\tau^l_{pq\_v\_s}(t_h)$ 以及空调信息素层 $\tau^l_{pq\_a\_1}(t_h)$ 和 $\tau^l_{pq\_a\_0}(t_h)$。其中位置信息素层 $\tau^l_{pq\|pm}(t_h)$ 既表征了在目标 l 的影响下，在 t_h 时段内，蚂蚁从节点 p 移动到节点 q 的信息素值，也同时表示停留在节点 p，以充电等级 m 进行充电的信息素值（若 p 点设有充电站）。如果在节点 p 没有充电站，则信息素值仅为 $\tau^l_{pq}(t_h)$。其示意简图如图 9.13 所示。

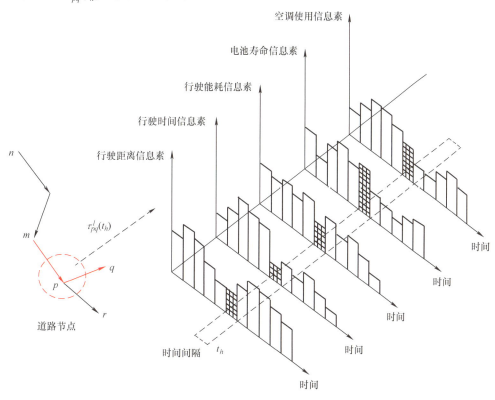

图 9.13 位置转移信息素层 $\tau^l_{pq}(t_h)$ 示意简图

从图 9.13 中可以看出，当蚂蚁想从 p 点前往 q 点时，即可观察到信息素 $\tau^l_{pq}(t_h)$，其中 l 为 1～5，分别对应了 5 个目标。这里认为行驶距离目标对应序号 1，则行驶距离信息素为 $\tau^1_{pq}(t_h)$，其他目标以此类推。可以从图 9.13 中观察到，该信息素在不同的时间间隔 t_h 中值是不同的。图 9.13 中行驶距离信息素的灰色部分，即代表在该时段内的行驶距离目标对应的信息素值。同理，在另外 4 个目标对应的信息素的灰色部分，也都是与时间区间相关。

通过这种信息素结构，使得用于描述从 p 点向 q 点转移的信息素与相应的时间间隔相关，即在不同的时间间隔下，从 p 点向 q 点转移的信息素也是不同的。

当在 p 点位置存在充电站时，信息素定义为 $\tau^{l}_{pq\|pm}(t_h)$，即在 p 点可以向下一邻接节点 q 进行位置转移，也可以停留在 p 点并以充电等级 m 进行充电。通过这种定义方式，使得蚂蚁在节点 p 可以自由选择继续前进还是停留在此处进行充电，其信息素示意图如图 9.14 所示。

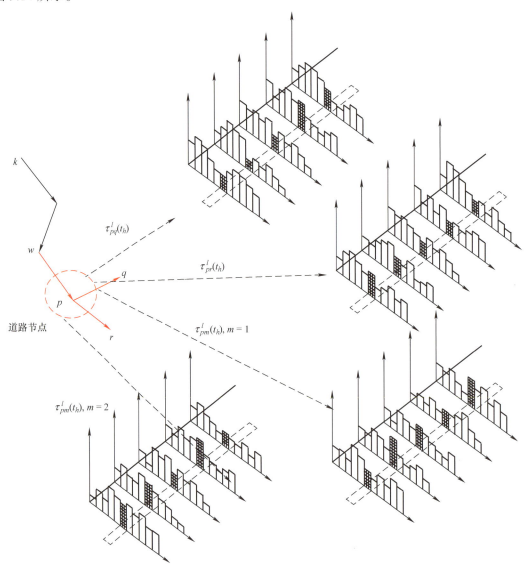

图 9.14　含有充电站的位置转移信息素层 $\tau^{l}_{pq\|pm}(t_h)$ 示意简图

从图 9.14 中可以看出，当 p 点存在充电站时，从 p 点向下一状态进行转移的信息素，包括了两种情况：第一种情况是从 p 点转移到下一节点 q 点，对应的信息素为 $\tau^{l}_{pq}(t_h)$，或者下一节点 r 点，对应的信息素为 $\tau^{l}_{pr}(t_h)$；第二种情况是停留在 p 点进行充电，这里考虑慢充（$m=1$）和快充（$m=2$）两种形式，分别对应了慢充信息素值 $\tau^l_{pm}(t_h), m=1$ 和快充信息素值 $\tau^l_{pm}(t_h)$，$m=2$。这种信息素的定义方式的优势有以下两点：

1）通过同一种信息素结构，即实现了向邻接节点转移和停留在当前节点以某种模式充电这两种行为。

2）该信息素结构将时间因素考虑到了信息素中，每个目标对应的信息素值与时间段相关，并不是一个固定值，这种与时间相关的信息素定义方式即是算法的"赋时"部分。例如，对于慢充信息素 $\tau^l_{pm}(t_h), m=1$ 来说，用于表征在 p 点停留进行充电，若在时间区间 $T_1 < t_h < T_2$ 内，$\tau^l_{pm}(t_h), m=1$ 的值较低，而在时间区间 $T_2 < t_h < T_3$，$\tau^l_{pm}(t_h), m=1$ 的值较高，即可表明在时间区间 $[T_2, T_3]$ 内，在 p 点进行慢充充电行为的信息素高于在时间区间 $[T_1, T_2]$。类似的情况是，对于从 p 点向下一节点 q 进行转移的时候，若在时间区间 $T_1 < t_h < T_2$ 内，$\tau^l_{pq}(t_h)$ 信息素的值较高，而在时间区间 $T_2 < t_h < T_3$ 内，$\tau^l_{pq}(t_h)$ 信息素的值较低，说明在 $[T_1, T_2]$ 时间区间内，信息素从节点 p 向下一点 q 进行转移的信息素更高。因此，通过这种信息素结构设计，时段不同会对同一行为产生不同的影响。

与之类似，在定义了位置信息素层 $\tau^l_{pq\|pm}(t_h)$ 后，算法定义了速度信息素层 $\tau^l_{pq\_v\_s}(t_h)$，如图 9.15 所示。对于速度信息素层 $\tau^l_{pq\_v\_s}(t_h)$ 来说，当蚂蚁在道路 $\overrightarrow{pq}$ 上运动时，推荐速度值由等级 s 决定，其中 $s=1,2,3,\cdots,V_k$，在不同的推荐等级下，速度信息素层是不同的。在某一推荐等级 s 下，在不同的时间段 t_h 内，速度信息素层的值也是不同的。这里设 V_k 为 4，即在每个出行路段，均有 4 个速度推荐等级，每一个速度等级对应了一个推荐行驶速度值。在各速度推荐等级下（如 $s=3$），信息素层仍然受到 5 个目标的影响（共有 5 层）。例如，对于速度推荐等级 $s=3$ 的能量消耗信息素层 $\tau^3_{pq\_v\_s}(t_h), s=3$ 来说，若在时间区间段 $T_1 < t_h < T_2$ 内，该信息素值较低，而在时间区间段 $T_2 < t_h < T_3$ 内，该信息素值较高，则说明在能量消耗信息素层的时段区段 $[T_2, T_3]$ 中，速度推荐等级为 3 的可能性要高于在 $[T_1, T_2]$ 时间段内。这种与时间相关的信息素定义方式，使得算法能够考虑到道路中通行速度的时变特性。例如，在同一条道路上，在 $[T_1, T_2]$ 时段的道路通行速度较高，而在 $[T_2, T_3]$ 时段的道路通行速度较低，因此在 $[T_1, T_2]$ 时段可以推荐一个较高车速，而在 $[T_2, T_3]$ 时段内倾向于推荐一个较低车速，这就需要在同一路段的速度推荐信息素值在不同时间段是不同的。

同理，定义空调信息素层 $\tau^l_{pq\_a\_1}(t_h)$ 和 $\tau^l_{pq\_a\_0}(t_h)$ 以反映蚂蚁在各个路段各个时段上是否需要开启空调，其中 1 表示空调正常工作，0 表示关闭空调。与速度信息素定义相类似，在路段 $\overrightarrow{pq}$ 上，不同时段的信息素值的不同，反映了在不同时段开启空调的信息素是不同的。例如，若时段 $T_1 < t_h < T_2$ 内的 $\tau^l_{pq\_a\_1}(t_h)$ 较高，而在时段 $T_2 < t_h < T_3$ 内 $\tau^l_{pq\_a\_1}(t_h)$ 的较低，说明在时段 $[T_1, T_2]$ 内空调正常开启的信息素更大，更倾向于开启空调。通过这种方式，使得在路段 $\overrightarrow{pq}$ 上开关空调这一行为受到时间因素的影响。

在对信息素进行定义后，这里需要对信息素进行初始化。位置转移信息素层 $\tau^l_{pq\|pm}(t_h)$ 的初始化定义见式（9-36）。

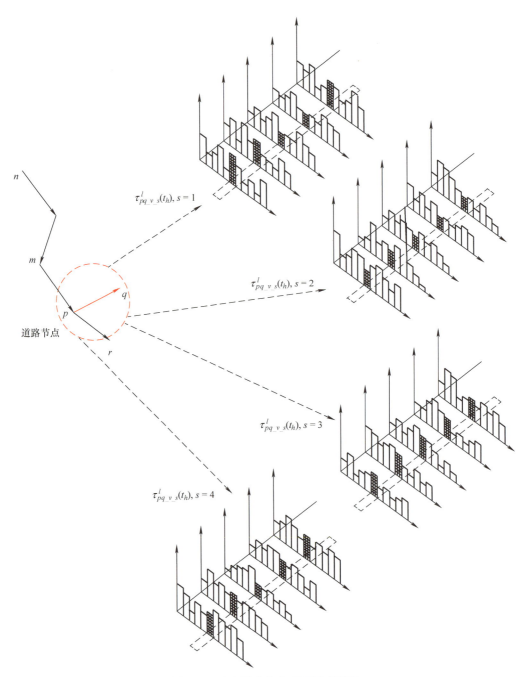

图 9.15 速度转移信息素层示意简图

$$\tau^l_{pq\|pm}(t_h) = \frac{1}{|U_p| + C_w} \quad (9\text{-}36)$$

$$p, q \in \Gamma, \overrightarrow{pq} \in \gamma, q \in R_p, m = 1, 2, \cdots, C_w, l = 1, 2, \cdots, L, \ t_h \in T$$

这里 $|U_p|$ 是节点 p 邻接的节点数目，C_w 是充电站的充电等级。该定义使得在 p 点向下一步进行转移的时候，并不对向邻接各点进行转移和以各个模式进行充电这两种行为进行区分，因此各个行为的信息素值是相同。当在 p 点没有充电站，则在 p 点的转移概率初始化为 $\tau_{pq}^l(t_h) = 1/|U_p|$。

与之类似，推荐速度信息素层的初始化过程见式（9-37）。

$$\tau_{pq\_v\_s}^l(t_h) = \frac{1}{V_k} \tag{9-37}$$

$$\vec{pq} \in \gamma, l=1,2,\cdots,L, s=1,2,\cdots,V_k, t_h \in T$$

V_k 代表了速度推荐等级。从定义中可以看出，在初始化推荐速度信息素阶段，并不对各种速度等级设定偏好，即在初始化阶段，算法认为各种通行速度等级的信息素是相同的。

对于空调信息素层，其初始化过程见式（9-38）。

$$\tau_{pq\_a\_1}^l(t_h) = \tau_{pq\_a\_0}^l(t_h) = 0.5 \tag{9-38}$$

$$\vec{pq} \in \gamma, l=1,2,\cdots,L, t_h \in T$$

从定义中可以看出，在信息素初始化阶段，开启和关闭空调的信息素值初始化结果是相同的。

9.3.3.2 转移概率计算

与信息素层定义相类似，这里定义了三种转移概率值，分别是位置转移概率 $p_{pq\|pm}^k(t_h)$、推荐速度转移概率 $p_{pq\_v\_s}^k(t_h)$、空调使用概率 $p_{pq\_a\_1}^k(t_h)$ 和 $p_{pq\_a\_0}^k(t_h)$。其中 $p_{pq\|pm}^k(t_h)$ 对应于蚂蚁 k 在时间段 t_h 内在 p 点，向下一邻接 q 点移动或停留在 p 点以等级 m 进行充电的概率；$p_{pq\_v\_s}^k(t_h)$ 对应于蚂蚁 k 在时间段 t_h 内到达 $\vec{pq}$ 路段上，以推荐速度等级 s 通过路段 $\vec{pq}$；$p_{pq\_a\_1}^k(t_h)$ 和 $p_{pq\_a\_0}^k(t_h)$ 表示蚂蚁 k 在时间段 t_h 内到达 $\vec{pq}$ 路段上，开启或关闭空调的概率。由此，可以利用各信息素层计算各个转移概率值，见式（9-39）~式（9-42）。

$$p_{pq\|pm}^k(t_h) = \frac{\left\{\prod_{l=1}^{L}[\tau_{pq\|pm}^l(t_h)]^{\alpha\lambda_k^l}\right\} \times (\eta_{pq\|pm})^{\beta}}{\sum_{|U_p|+C_w}\left\{\left\{\prod_{l=1}^{L}[\tau_{pq\|pm}^l(t_h)]^{\alpha\lambda_k^l}\right\} \times (\eta_{pq\|pm})^{\beta}\right\}} \tag{9-39}$$

$$p_{pq\_v\_s}^k(t_h) = \frac{\left\{\prod_{l=1}^{L}[\tau_{pq\_v\_s}^l(t_h)]^{\alpha\lambda_k^l}\right\}}{\sum_{V_K}\left\{\prod_{l=1}^{L}[\tau_{pq\_v\_s}^l(t_h)]^{\alpha\lambda_k^l}\right\}} \tag{9-40}$$

$$p_{pq\_a\_0}^k(t_h) = \frac{\prod_{l=1}^{L}[\tau_{pq\_a\_0}^l(t_h)]^{\lambda_k^l}}{\prod_{l=1}^{L}[\tau_{pq\_a\_0}^l(t_h)]^{\lambda_k^l} + \prod_{l=1}^{L}[\tau_{pq\_a\_1}^l(t_h)]^{\lambda_k^l}} \tag{9-41}$$

$$p_{pq\_a\_1}^k(t_h) = \frac{\prod_{l=1}^{L}[\tau_{pq\_a\_1}^l(t_h)]^{\lambda_k^l}}{\prod_{l=1}^{L}[\tau_{pq\_a\_0}^l(t_h)]^{\lambda_k^l} + \prod_{l=1}^{L}[\tau_{pq\_a\_1}^l(t_h)]^{\lambda_k^l}} \tag{9-42}$$

这里，L 是优化目标总数，共 5 个目标。$\eta_{pq\|pm}(t_h)$ 是蚂蚁从节点 p 移动到邻接节点 q 或以等级 m 进行充电的启发因子，α 和 β 分别代表了信息素和启发因子的权重值。当蚂蚁从当前节点移动到下一节点，启发因子为下一节点与目的地节点之间的直线距离；当蚂蚁在当前节点充电，启发因子为当前节点与目的地节点之间的直线距离。因此，在进行位置状态转移时，启发因子能够使得离终点更近的节点的概率值高于其他邻接节点，提高算法收敛速度。

为扩展蚁群的搜索范围，每个蚂蚁 k 均带有不同的搜索偏好 λ_k^l，各个蚂蚁对于各个目标的搜索权重是不同的。X_{ant} 代表蚁群搜索分度值，λ_k^l 的定义见式（9-43）。

$$\sum_{l=1}^{L} \lambda_k^l = 1 \tag{9-43}$$

$$\lambda_k^l \in \{0, \frac{1}{X_{\text{ant}}}, \frac{2}{X_{\text{ant}}}, \cdots, 1\} \tag{9-44}$$

$$(\lambda_k^1, \cdots, \lambda_k^l, \cdots, \lambda_k^L) \neq (\lambda_q^1, \cdots, \lambda_q^l, \cdots, \lambda_q^L), \quad \forall k, q \in S$$

因此，蚁群中的每个蚂蚁的搜索偏好向量都是互不相同的，通过这种方式以扩展蚁群的搜索范围。

9.3.3.3 蚁群搜寻

在定义了路网中的各个行为的转移概率后，即可使得蚁群中的蚂蚁从起点出发，搜索出行方案，直至该蚂蚁到达最终的目的地，则该蚂蚁在本轮的搜索结束。当所有的蚂蚁均到达目的地时，说明本轮蚁群优化方法的搜索过程结束。在搜索过程中，每只蚂蚁在路网当前节点均需要根据节点转移概率采用轮盘赌方法决定下一步的行为：

1）当根据轮盘赌方法确定下一步是移动到邻接节点 q 时，需要根据当前时间段 t_h 以及当前路段的速度推荐概率和空调使用概率，分别利用轮盘赌方法确定推荐速度等级和空调是否开启，然后蚂蚁前往下一个节点 q。

2）当根据轮盘赌方法确定下一步是停留在当前点 p 以等级 m 进行充电，则该蚂蚁在当前点停留一个时间段进行充电。当该时间段结束后，重新在当前点进行轮盘赌选择，确定是运动到下一个节点还是继续在当前点进行充电。当蚂蚁到达最终目的地点时，本轮搜索结束。根据搜索过程沿途的各路径长度、推荐速度、充电模式和充电时间、空调动作等，即可计算出这只蚂蚁在本次出行过程中的出行路径总长度、总行驶时间、能量消耗、电池循环寿命、车内平均温度等 5 个目标值。当所有蚂蚁均到达目的地后，即可得到所有蚂蚁在本次搜索过程的出行方案对应的各个目标值，同时本轮蚁群搜索结束。

9.3.3.4 计算权重更新值

本算法采用多目标分析方法,通过 Pareto 准则评价在多目标意义下的各个出行方案的好坏。通过对解集中的各个解的优化目标和约束条件进行相互比较,根据各个解的优秀程度进行排序,并利用优秀的解来指导后续的搜索循环。定义蚂蚁 k 的目标向量表示为 $(O_k^1, O_k^2, \cdots, O_k^L)$,违反约束向量表示为 $(C_k^1, C_k^2, \cdots, C_k^V)$。

本算法中评价 Pareto 解集的原则如下:

1)蚂蚁 k 的出行方案是可行解,蚂蚁 t 的出行方案是不可行解。此情况下,蚂蚁 k 的出行方案优于蚂蚁 t 的出行方案。

2)蚂蚁 k 的出行方案和蚂蚁 t 的出行方案都是可行解。此情况下需要比较这两个蚂蚁的出行方案所对应的各个目标值。

$$\forall O_k^l \leq O_t^l, l=1,\cdots,L \quad \exists O_k^l < O_t^l, l=1,\cdots,L \tag{9-45}$$

由于本问题结构是一个最小化问题,因此目标值越小,解的效果越好。当蚂蚁 k 的各个目标均不大于蚂蚁 t 的各个目标值,并且蚂蚁 k 的至少一个目标绝对的小于蚂蚁 t 的目标时,认为蚂蚁 k 的出行方案优于蚂蚁 t 的出行方案。当蚂蚁 k 的各个目标并不都小于蚂蚁 t 的各个目标,同时蚂蚁 t 的各个目标也并不都小于蚂蚁 k 的各个目标时,则说明蚂蚁 k 和蚂蚁 t 处于同一层次,无法进行下一步的优劣比较。

3)蚂蚁 k 和蚂蚁 t 都是不可行解。在这种情况下,需要考虑到两只蚂蚁对应的出行方案的约束违反量的相对大小,约束违反量小的解的效果更好。

$$\forall C_k^v \leq C_t^v, v=1,\cdots,V \quad \exists C_k^v < C_t^v, l=1,\cdots,V \tag{9-46}$$

如果蚂蚁 k 的每个约束违反量都不大于蚂蚁 t 的约束违反量,并且蚂蚁 k 中存在至少一个约束违反量小于蚂蚁 t 的约束违反量,则认为蚂蚁 k 优于蚂蚁 t。如果蚂蚁 k 的所有约束违反量没有都小于蚂蚁 t 的约束违反量,同时蚂蚁 t 的所有约束违反量也没有都小于蚂蚁 k 的约束违反量,说明两者在同一层次。在优化求解的过程中,并没有排除掉所有的不可行解,所有的不可行解仍然进入了排序过程,这是因为过早地排除掉不可行解将导致整个优化算法过早收敛到局部可行解。所有的不可行解将在算法求解结束后排除掉。

当完成了搜索过程后,根据本轮搜索到的解的结果,对解集进行排序,优秀的解的排序要高于次优的解。因此,对于处在高排序的解,其沿途信息素更新效果要高于处于低排序的解,进而能够保证算法在向着较优解进行收敛的同时,考虑到了次优解的搜索结果。信息素的更新示意图如图 9.16 所示。

从图 9.16 中可以看出,在更新信息素的过程中一般包括两个方向:①垂向来看,希望在更新过程中,对于优秀解的出行方案的更新权重更大,以保证算法能够向优秀解进行收敛,同时又考虑到了次优的出行方案,使得整个算法不至于过早地收敛到当前代的最优解;②横向来看,希望算法能够扩展搜索范围,保证能够搜索尽可能大的范围。因此对于同一等级的解来说,如果某个解与其他的解的相对距离较远,为了鼓励这一搜索结果,需要对较远解进行加强。

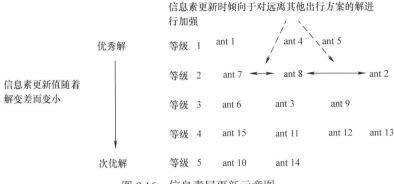

图9.16 信息素层更新示意图

定义路径选择、速度推荐和空调使用的信息素更新值为 Ω。从垂直来讲，为了加强较优解的更新效果，减弱次优解的更新效果，每层解的更新值定义为 $I(i), i=1,2,\cdots,e$，其中 e 是层号。

$$I(i) = \Omega \times (\frac{e-i+1}{e})^{\mu}, i=1,2,\cdots,e, 0<\mu<1 \tag{9-47}$$

μ 是调整各层间更新权重的相对大小的调整系数，从式（9-47）中可以看出，处于高位的解的更新权重要大于处于低位的解的更新权重。

对于处于同一层的各个解来说，为了扩展算法搜索范围，需要对聚集的若干解的更新值进行减弱，而为处于较远位置的解的更新值进行加强，因此这里需要定义同一层内的各个解之间的相对距离。在同一层 i 内，统计在这一层内的各个解的目标 l 的最大值 $\max[O^l_{rank(i)}]$ 和最小值 $\min[O^l_{rank(i)}]$。在同一层内，蚂蚁 k 和蚂蚁 t 的相对距离 d^l_{kt} 为：

$$d^l_{kt} = \left| \frac{O^l_k - O^l_t}{\max[O^l_{rank(i)}] - \min[O^l_{rank(i)}]} \right| \tag{9-48}$$

因此，对于同一层内的各个蚂蚁 k，其信息素更新值 $\Delta^l(k)$ 计算公式如下：

$$\text{Sh}(d^l_{kt}) = \begin{cases} 1-(\frac{d^l_{kt}}{\alpha_{share}})^{\omega}, & \text{若} \quad d^l_{kt} \leq \sigma_{share} \\ 0, & \text{否则} \end{cases} \tag{9-49}$$

$$nc^l_k = \sum_{t \in rank(i)} \text{Sh}(d^l_{kt}) \tag{9-50}$$

$$\Delta^l(k) = \frac{I(i)}{nc^l_k} \tag{9-51}$$

9.3.3.5 更新信息素层

在得到了每个出行方案 k 在目标 l 上的信息素更新值 $\Delta^l(k)$ 后，需要将此更新值反映到各信息素层中，以指导下一轮循环优化。需要注意的是，对每个解来说，仅需对在该解对应的出行方案上的信息素进行更新,由此即可利用本轮蚁群搜索到的解集来更新各个信息素层,见式(9-52)~式(9-55)。

$$\tau_{pq\|pm}^l(t_h) = \tau_{pq\|pm}^l(t_h) + \Delta^l(k) \tag{9-52}$$

$$\tau_{pq\_v\_s}^l(t_h) = \tau_{pq\_v\_s}^l(t_h) + \Delta^l(k) \tag{9-53}$$

$$\tau_{pq\_a\_1}^l(t_h) = \tau_{pq\_a\_1}^l(t_h) + \Delta^l(k) \tag{9-54}$$

$$\tau_{pq\_a\_0}^l(t_h) = \tau_{pq\_a\_0}^l(t_h) + \Delta^l(k) \tag{9-55}$$

$$t_0 + h\delta \leq t(\overrightarrow{pq}) \leq t_0 + (h+1)\delta, \overrightarrow{pq} \in r_{ij}^k, k \in s$$

这里 $t(\overrightarrow{pq})$ 代表蚂蚁从当前节点开始移动到下一节点的时刻,并且 $t(\overrightarrow{pq})$ 在时段 t_h 内。如果车辆在这一步并没有移动,而是停留在节点 p 以等级 m 进行充电,则位置转移信息素的更新则定义为 $\tau_{pm}^l(t_h)$,并且不更新在这一时段 t_h 的速度推荐以及空调使用信息素。

为了避免各信息素层过早收敛,保证算法的搜索广度,在每个更新循环后,需要为各个信息素层进行衰减,见式(9-56)~式(9-59)。

$$\tau_{pq\|pm}^l(t_h) = \rho \times \tau_{pq\|pm}^l(t_h) \tag{9-56}$$

$$\tau_{pq\_v\_s}^l(t_h) = \rho \times \tau_{pq\_v\_s}^l(t_h) \tag{9-57}$$

$$\tau_{pq\_a\_1}^l(t_h) = \rho \times \tau_{pq\_a\_1}^l(t_h) \tag{9-58}$$

$$\tau_{pq\_a\_0}^l(t_h) = \rho \times \tau_{pq\_a\_0}^l(t_h) \tag{9-59}$$

$$pq \in V, \quad m = 1, 2, \cdots, C_w, \quad l = 1, 2, \cdots, L, \quad s = 1, 2, \cdots, V_k, \quad 0 < \rho < 1$$

至此蚁群完成了一次完整的搜索过程。循环迭代该优化过程,并保留在搜索过程中的优秀解集,作为本算法最终输出的结果。

9.3.3.6 最优解更新

在本次蚁群搜索循环结束后,蚁群中每一个蚂蚁对应了一个出行方案。将所有的出行方案放到最优出行方案解集中,并对解集内的解进行优劣比较。比较策略与计算权重更新值的策略相同,仅将处于第一层即最优解集进行保留,作为本代的最终搜索结果。随着算法的不断迭代,该最优解集将不断引入新的最优解,并将次优解排除,始终保存了算法搜索过程中发现的所有最优解,它们共同组成了优化算法的最优解集。

9.3.4 出行规划算法仿真分析

针对本章所提出的基于赋时多目标的蚁群优化方法,对电动车辆出行方案进行优化设计,结合多目标优化方法评价体系,对算法性能进行仿真分析,以验证该方法在处理电动车辆出行问题中的有效性。

9.3.4.1 出行规划仿真平台搭建

首先为验证出行规划方法的有效性,对其计算结果进行合理评价,建立仿真分析平台,如图9.17所示。建立150km×150km路网仿真模型,并设有充电站,在图9.17中用菱形表示。路网模型中各条道路的平均通行速度遵循动态随机路网特性,速度数据来自于文献中对于北京市四环道路的平均通行速度的统计结果[25]。这个速度数据通过统计四环道路的平均通行速度,每5min采样一次,每天共288个数据,采集时间长达两个月。文献[25]对原始的速度谱进行分析后,发现其较为接近一个时变的正态分布,此正态分布能够每5min更新一个均值和方差。因此,在本研究中,每个时间段δ设定为5min。车外的温度变化以文献[26]中的北京的夏天平均温度变化规律作为依据。路网中的各充电站遵循恒流充电方式,包括两个充电等级,分别是1C快充(1h内充满)以及0.1C慢充(10h内充满)。另外,该路网结构还服从两项基本假设:①网络中各边的状态彼此独立,互不影响;②电动车辆可以在带有充电站的节点停留充电,但在路网中的其他节点不允许等待停留。

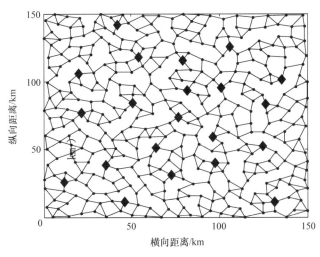

图9.17 仿真分析中的路网结构图

9.3.4.2 出行规划算法性能仿真分析

针对本章提出的电动车辆出行规划方法,对其计算效果进行仿真分析评价。

(1)续驶里程估算方法仿真分析

在电动车辆出行前,需要首先判断车辆是否能够到达最近的充电站或者目的地,因此,需要对电动车辆的续驶里程估计方法进行仿真评价。如图9.18所示,续驶里程估计区域S_e与车辆真实可达区域S_r存在相互交叉的关系。S_e与S_r相互重合的部分称为重合区域S_c,S_r超出S_e的范围称为低估区域S_u,S_e超出S_r的范围称为高估区域S_o。

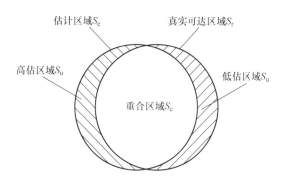

图 9.18 续驶里程估计结果评价方法

从图 9.18 中可以看出，高估区域 S_o 代表了估计可达区域超过真实可达区域的范围，低估区域 S_u 代表了估计可达区域缺失了真实可达区域的范围，重合区域 S_c 是估计可达区域和真实可达区域互相重合的范围。这里定义续驶里程估计结果低估比例 λ_u、高估比例 λ_o 和重合比例 λ_c，见式（9-60）～式（9-63）。理想的续驶里程估计结果希望估计可达区域与真实可达区域尽量重合，并且高估区域和低估区域同时最小化。因此这里定义综合估计准确率 λ_e 用于表征算法的计算效果，当该值越高，说明算法的续驶里程估计结果越好。

$$\lambda_c = S_c / S_r \times 100\% \qquad (9\text{-}60)$$

$$\lambda_u = S_u / S_r \times 100\% \qquad (9\text{-}61)$$

$$\lambda_o = S_o / S_r \times 100\% \qquad (9\text{-}62)$$

$$\lambda_e = \lambda_c - \lambda_o - \lambda_u \qquad (9\text{-}63)$$

在仿真分析过程中，首先利用本章提出的续驶里程估计方法，计算车辆到达路网中各个节点的能量消耗的概率密度函数 p_{ij}^E，其中 $j \in V$。随后，采用基于过去驾驶信息和当前交通信息的估计方法作为对比算法。对于基于过去驾驶信息的估计方法，通过收集在过去一个时间段内的驾驶数据，计算行驶距离与能量消耗的关系比率，即可根据当前电池剩余能量来估算未来的行驶能耗与可达范围。对于基于当前交通信息的估计方法，根据在出发时刻的路网交通信息计算车辆到达各节点的能量消耗，进而得到车辆的可达范围。这两种对比方法的估计结果都是确定性结果，可以明确电动车辆是否可以到达路网中的各个节点。这里设定电动车辆电池初始能量为 8kW·h，并且在各个出发时刻均利用仿真模型生成 100 次的电动车辆实际行驶节点范围。将基于过去驾驶信息的估计结果、基于当前交通信息的估计结果、本节提出的考虑动态随机交通信息的三种续驶里程估计结果，分别与真实行驶范围进行比较，随后记录下各种里程估算方法的重合比例 λ_c、低估比例 λ_u 与高估比例 λ_o 的均值与方差，得到仿真分析结果如图 9.19 所示。

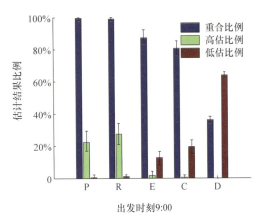

a) 出发时刻为9:00的仿真结果

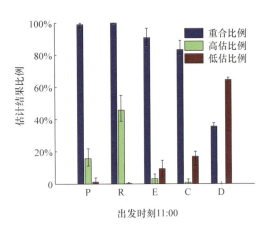

b) 出发时刻为11:00的仿真结果

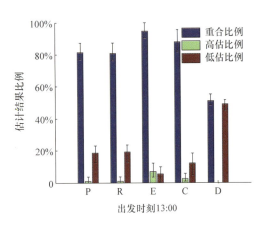

c) 出发时刻为13:00的仿真结果

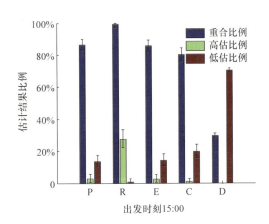

d) 出发时刻为15:00的仿真结果

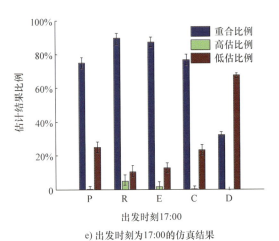

e) 出发时刻为17:00的仿真结果

图 9.19　多种里程估计方法结果比较

一个好的里程估计方法需要能够保证在重合比例高的同时，尽量降低高估和低估的比例。从仿真结果中可以看出，相比于基于过去行驶信息和当前交通信息的估计方法，本章所提出的里程估计方法能够在保证重合比例高的前提下，有效地控制高估和低估的比例。如在出发时刻13:00，基于过去驾驶信息和当前交通信息的估计方法的重合比例均低于基于动态交通路网的期望值模型的重合比例。在其他情况下，如在9:00、11:00、15:00的出发时刻，尽管前两种估计方法的重合比例比较高，但是它们的高估比例和低估比例同时也十分高，导致估计结果与真实可达范围差距较大。仿真结果同时得到了所提出的期望值模型（E）、机会约束模型（C）和相关机会模型（D）的三种评价指标的续驶里程估计结果。对于期望值模型和机会约束模型，其重合比例较高的同时低估比例和高估比例受到抑制，并且期望值模型的重合比例在各种工况下均较高。相比于其他的估计方法，相关机会模型的高估比例是最低的，说明相关机会模型在各种方法中的估计可达范围是最小的，给出让驾驶员最有信心的可达范围。

估计结果的一致性对于续驶里程估计方法也是十分重要的，即无论车辆何时出发，都能够使得驾驶员信任里程估计结果。对比不同出发时刻的综合估计准确率λ_c，结果如图9.20所示。

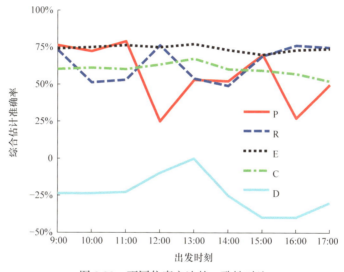

图9.20　不同仿真方法的一致性对比

在图9.20中，各种方法在不同出发时刻的综合估计准确率进行比较，可以看到期望值模型的综合估计准确率λ_c较高，并且保持了较好的稳定性。

考虑到电动车辆在行驶过程中可能使用空调系统，会对车辆总能耗以及可达范围产生影响，因此需要对各种续驶里程估计方法在使用和不使用空调的情况下的续驶里程估计精度进行分析。好的估计方法需要能够在有无空调系统的条件下，均能够准确地估计出电动车辆的续驶里程。为了验证各个方法的估计结果，这里分别分析了使用和不使用空调时的各种续驶里程估计算法的估计精度。其中，空调的开启与否取决于车辆在出行沿途到达各个路段时的车内温度，当车内温度高于车外温度，则开启空调，当车内温度低于车外温度，则关闭空调。ξ代表估计了使用和不使用空调情况下，重合比例的绝对误差、低估比例的绝对误差和高估比例的绝对误差的和。

表 9.1 有无空调使用的续驶里程估计结果对比

出发时刻	ξ_P（%）	ξ_R（%）	ξ_E（%）	ξ_C（%）	ξ_D（%）
9:00	23.21	8.45	2.88	2.03	1.83
10:00	101.43	19.37	2.85	6.71	0.68
11:00	58.13	13.91	0.34	4.73	1.36
12:00	58.65	0.80	1.96	4.31	4.89
13:00	41.16	7.31	0.71	4.66	2.03
14:00	44.42	12.43	6.87	5.17	1.39
15:00	36.60	4.40	6.88	2.54	2.44
16:00	37.03	2.43	5.51	3.94	0.67
17:00	44.10	1.40	3.62	6.93	2.01

从表 9.1 中看出，估计结果表明在使用或不使用空调时，对于基于过去行驶信息和当前交通信息的仿真结果估计误差出现了较大的波动，如第 1、2 栏所示。而在基于动态随机路网模型中的各个评价标准下的估计结果的误差较小，如第 3、4、5 栏所示。这是由于车外温度随着时间推移会持续地变化，传统方法仅利用当前交通环境信息，没有考虑到温度随时间变化的情况，难以考虑到空调在出行过程中的开启关闭状态。同时，在同一出行路径，当从不同时刻出发时车外温度变化规律也会不同，使得在不同时刻出发沿同一路径出行的估计精度也会存在差异。从表 9.1 中可以看出，在第 1、2 栏的估计误差在不同的出发时刻波动较大。

采用"内外圈"的方式来给出最终的里程估计结果，如图 9.21 所示。利用相关机会模型估计结果所围成的"内圈"描述电动车辆确定可达的范围，这一估计方法通过有效抑制高估比例，使驾驶员能够充分信任这一保守的估计结果，明确电动车辆的最小可达范围。由期望值模型估算结果所得到的"外圈"则为驾驶员提供了考虑到行驶能量消耗期望值的可达范围，由于期望值模型能够在保证在多数情况下重合比例比较高的情况下，同时有效抑制高估及低估比例，这一"外圈"估计结果为驾驶员提供了一个统计意义上精度最高的电动车辆能够到达的范围。

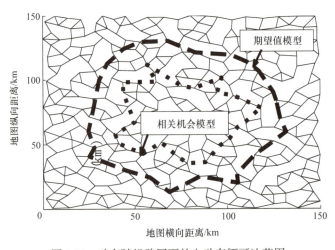

图 9.21 动态随机路网下的电动车辆可达范围

（2）出行规划方法性能分析

多目标优化的主要优势是在优化过程中，在满足出行约束的条件下，对多个出行目标进行协同优化，得到在多目标意义下的最优出行解集。与单目标优化策略相比，由于在优化过程中没有对原有多目标优化问题进行简化，多目标优化方法能够同时兼顾多个出行优化目标，保证了所得到的优化解集中能够完整地反映各种出行目标侧重的组合，使驾驶员能够从更为丰富的出行方案中进行选择。为对比单目标与多目标优化结果中可行解的优劣，定义式（9-64）对各目标的对比结果进行归一化。

$$y_i^k = \frac{O_i^s - O_i^{m,k}}{O_i^s} \quad (9-64)$$

式中，O_i^s 代表单目标优化的第 i 个目标；$O_i^{m,k}$ 代表多目标优化解集中的第 k 个解的第 i 个目标；y_i^k 代表多目标解集中第 k 个解的第 i 个目标优于单目标优化的第 i 个目标的百分比。设电动车辆初始 SOC 为 0.95，出发时间为 8:30。在路网中随机选取 3 组起终点对，分别设置到达目的地的 SOC 值约束以及到达目的地的时刻约束。利用多目标优化方法求解出行方案，并分别利用以距离最短目标和时间最短目标的单目标优化方法来作为对比方法，得到对比结果见表 9.2 和表 9.3。

表9.2 路径最短目标与多目标优化方法对比结果

工况	距离（%）	时间（%）	能量（%）	Film（%）	温度（%）
80km，SOC=0.2	0	8.02	1.17	16.98	2.10
80km，SOC=0.5	0	3.88	-3.92	14.87	2.87
80km，SOC=0.9	0	2.11	2.65	6.37	-4.46
120km，时间无约束	3.17	-1.16	0.74	1.66	-1.98
120km，13:30 前到	0	2.43	-2.22	7.82	-4.20
150km，时间无约束	0	-3.48	0.3	2.54	1.13
150km，17:00 前到	0	-2.91	-2.4	13.59	1.66

表9.3 时间最短目标与多目标优化方法对比结果

工况	距离（%）	时间（%）	能量（%）	Film（%）	温度（%）
80km，SOC=0.2	3.09	-4.43	1.74	-8.84	14.19
80km，SOC=0.5	4.23	0.51	0.46	0.24	18.86
80km，SOC=0.9	0	-0.17	-8.78	4.42	18.50
120km，时间无约束	0.77	0.88	-5.81	4.48	0.80
120km，13:30 前到	0.77	1.19	-7.29	5.90	1.06
150km，时间无约束	0	0.57	-5.49	9.19	4.65
150km，17:00 前到	0	0.42	-5.90	11.63	8.13

其中表 9.2 是以距离最短作为目标进行单目标优化，在各工况下单目标方法与多目标方法的对比结果；表 9.3 是以时间最短作为目标进行单目标优化，在各工况下单目标方法与多目标方法的对比结果。从表 9.2 和表 9.3 中的对比结果中可以看出，在多目标优化的出行方案解集中，含有至少在 3 个目标不差于或优于单目标优化结果的解，这说明利用多目

标优化方法对电动车辆出行方案进行优化，能够有效协调多个出行目标，扩展搜索范围以找到更为合理的解，体现了多目标优化方法的优势。

（3）基于赋时多目标蚁群算法与其他蚁群方法对比

为验证本章提出的出行方法相比于传统多目标蚁群优化方法的有效性，对路网模型进行了扩展，并选用两种常见多目标蚁群优化算法以比较计算效果。对比方案采用两个常用的多目标蚁群优化方法，对比方法 1 来自于文献 [27] 中提出的第四种方法，带有 L 个信息素层，这里用 ACO1 标记该方法。对比方法 2 来自于文献 [28] 中的多目标蚁群算法，这里用 ACO2 标记该方法。地图模型采用百度地图提供的经纬度坐标，对北京市内主要道路进行建模，路网对各个节点的连接关系进行了保留，并在其中均匀分布了 31 个充电站。路网结构如图 9.22 所示。

a) 北京道路示意图

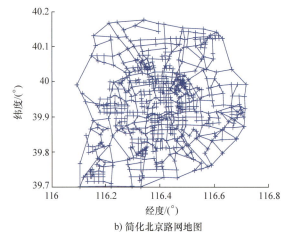

b) 简化北京路网地图

图 9.22 北京路网结构图

用 $Q_{\text{T-MACO}}$ 代表在本研究中提出的赋时多目标蚁群优化方法（Temperal Multi-Objective Ant Colony Optimization，T-MACO）搜索得到的出行方案解集，Q_{ACO1} 和 Q_{ACO2} 表示对比方法 ACO1 和对比方法 ACO2 在搜索结束后得到的出行方案解集，$|Q_{\text{T-MACO}}|$、$|Q_{\text{ACO1}}|$、$|Q_{\text{ACO2}}|$ 表示各个解集中解的数目。对于 ACO1 和 ACO2 这两种方法，当搜索得到的解不满足约束条件时，利用惩罚函数对违反约束限制的情况进行惩罚，并加到优化目标中，以体现对该出行方案的惩罚，见式（9-65）。

$$O_{k\_f}^l = O_k^l + f_1^l \times [\max(C_k^1, 0)] + f_2^l \times [\max(C_k^2, 0)] \cdots + f_V^l \times [\max(C_k^V, 0)] \tag{9-65}$$

式中，O_k^l 代表第 k 个蚂蚁搜索得到的出行方案对应的 l 个目标值；$O_{k\_f}^l$ 代表考虑到了对约束条件进行惩罚后的新的优化目标。对于 ACO1 和 ACO2 而言，惩罚因子 f_V^l 是不同的。

针对多目标优化的三个评价标准，本研究采用了相应的三个评价指标。

第一个评价指标用于评价各个方法是否有效的搜索到较优的解。在同样的优化条件下，各种多目标优化方法均能够优化得到一个前锋解集（Pareto Set），因此可以将这几个解集中的所有解综合在一起，将这个总解集中的次优解进行删除后，得到一个新的解集。统计在这个新解集中各个方法的解的数目所占的百分比，某一蚁群优化方法的百分比越高说明该方法相比于其他方法能够找到更多优秀解，即可表征各个优化方法所寻找到的解集的好坏程度[29]。

第二个评价指标用于评价解集中的解的分布是否均匀。一个好的多目标优化算法需要避免所得解集过于集中在某几个解的附近，希望各个解能够尽量地做到等距均匀的分布，因此这里采用解集间距作为评价指标，该值越小，说明解集中各个解的相互距离越一致，分布越均匀，见式（9-66）和式（9-67）。

$$o_k^l = \frac{O_k^l - \min\limits_{i=1}^{|Q|}(O_i^l)}{\max\limits_{i=1}^{|Q|}(O_i^l) - \min\limits_{i=1}^{|Q|}(O_i^l)} \tag{9-66}$$

$$S_{\text{spacing}} = \sqrt{\frac{1}{|Q|}\sum_{i=1}^{|Q|}(d_i - \bar{d})^2} \tag{9-67}$$

其中，$d_i = \min\limits_{k \in Q \land k \neq i}\sum_{l=1}^{L}|O_k^l - O_i^l|$；$\bar{d}$ 代表相互距离之间的平均值，即 $\bar{d} = \sum_{i=1}^{|Q|}d_i/|Q|$。$d_i$ 的标准差代表了解集间距 S_{spacing}，此值越小，说明解集中的解分布更为均匀。

第三个评价指标，旨在评价每个解集的覆盖范围。解集的范围越大，说明解集搜索得到更大的 Pareto 前锋面范围，有利于更全面地描述出行方案解集。根据此指标的定义，需要利用本文提出的优化方法的解集和对比方法的解集进行相互比较，得到最大分布指数 $\bar{D}$。当该比值大于 1 时，说明本课题提出的方法的搜索范围大于对比算法的搜索范围。对比公式见式（9-68）。

$$\overline{D}_{\substack{\text{T-MACO}\\\text{ACO1}}} = \sqrt{\frac{1}{L}\sum_{l=1}^{L}\left(\frac{\max_{i=1}^{|Q_{\text{T-MACO}}|} O_i^l - \min_{i=1}^{|Q_{\text{T-MACO}}|} O_i^l}{\max_{i=1}^{|Q_{\text{ACO1}}|} O_i^l - \min_{i=1}^{|Q_{\text{ACO1}}|} O_i^l}\right)^2}$$

$$\overline{D}_{\substack{\text{T-MACO}\\\text{ACO2}}} = \sqrt{\frac{1}{L}\sum_{l=1}^{L}\left(\frac{\max_{i=1}^{|Q_{\text{T-MACO}}|} O_i^l - \min_{i=1}^{|Q_{\text{T-MACO}}|} O_i^l}{\max_{i=1}^{|Q_{\text{ACO2}}|} O_i^l - \min_{i=1}^{|Q_{\text{ACO2}}|} O_i^l}\right)^2}$$

(9-68)

对比工况根据约束定义分成了两种情况：到达目的地节点的 SOC 约束工况和到达目的地节点的时间约束工况。对于 SOC 进行约束将保证未来的潜在的出行计划，对于到达时间的约束将保证满足驾驶员的到达时间需求，避免迟到。

对于到达目的地的 SOC 约束情况，选择了两个起点 - 终点对，起点 - 终点的直线距离分别约为 30km 和 45km。出发时刻电池的 SOC 为 0.5，终点 SOC 约束分别为 0.5 和 0.2。仿真结果如图 9.23 和图 9.24 所示。从仿真结果中可以看出，在图 9.23a 和图 9.24a 中，本文所提出的赋时多目标蚁群优化方法的前锋面百分比高于其他两种方法，表明所提出蚁群优化方法能够搜寻到更多的前锋解集中的解。如图 9.23b 和图 9.24b 所示，本文所提出的优化方法的解集间距 S_{spacing} 相比其他两种方法在大多数情况下更小，说明了所提出的 T-MACO 方法的解集内部分布更均匀。在图 9.23c 和图 9.24c 中，图中水平红线值为 1，从图中可以看出本章所提出的优化方法的最大分布指数 $\overline{D}$ 在大多数情况下，均大于 1，说明了所提出的方法能够得到更广的前锋面解集。

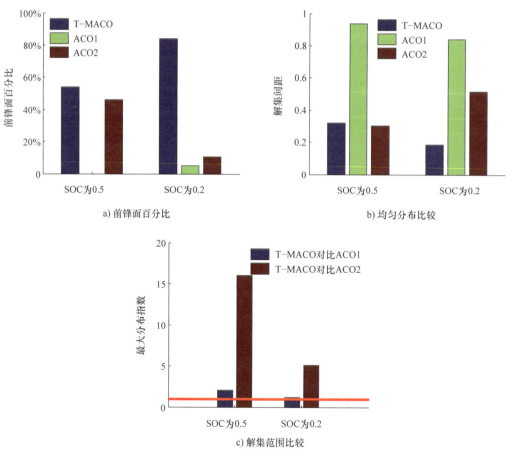

图 9.23 起点与终点为 30km 的仿真结果

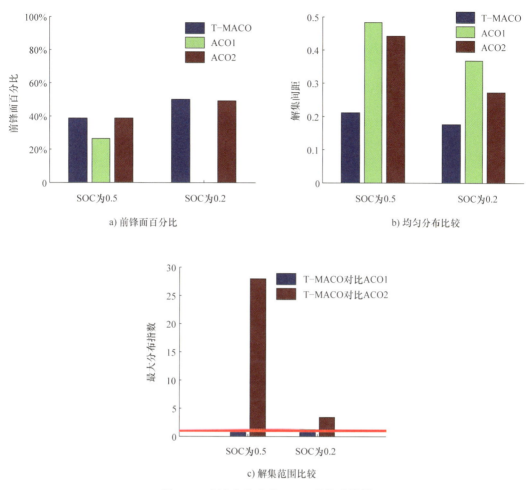

图 9.24 起点与终点为 45km 的仿真结果

对于时间约束情况，为了反映驾驶员的到达时间需求，选择了两个不同的时间起点-终点对。直线距离约为 35km 和 20km。对于直线距离约为 35km 的起点-终点对的时间限制是 2.5h，对于直线距离约为 20km 的起终点对的时间限制是 1.5h。仿真结果如图 9.25 和图 9.26 所示。

从仿真结果可以看出，在图 9.25a 和图 9.26a 中，除了在图 9.25a 中的时间限制的约束情况外，所提出的 T-MACO 优化方法仍然保持了较高的前锋面百分比。同时在图 9.25 和图 9.26 的 b、c 中，T-MACO 方法的解集中的各个解仍然保持了较均匀的分布特性，同时解集整体分布较广，说明了赋时多目标蚁群算法能够搜索到较好的解。从以上仿真结果中可以看出，相比现有多目标蚁群优化方法，本章所提出的赋时多目标蚁群优化方法能够有效地搜索到更优秀的出行方案解集，验证了所提出方法的有效性。

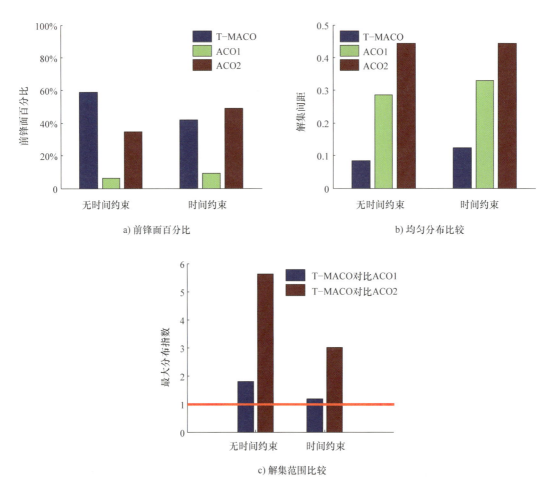

c) 解集范围比较

图 9.25 起点与终点为 35km 的仿真结果

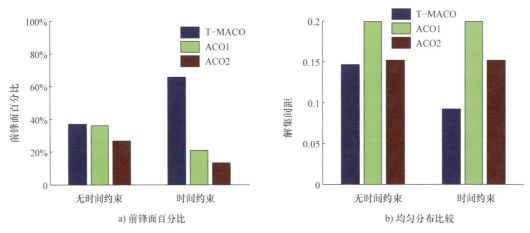

图 9.26 起点与终点为 20km 的仿真结果

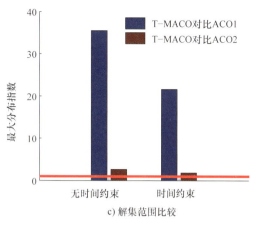

c) 解集范围比较

图 9.26 起点与终点为 20km 的仿真结果（续）

参 考 文 献

[1] BELLAN R. On a routing problem[J]. Quarterly of Applied Mathematics，1958，16：87-90.

[2] DIJKSTRA E W. A Note on Two Problems in Connection with Graphs[J]. Numerische Mathematik，1959，1：269-271.

[3] FORD L，FULKERSON D. Flows in Networks[M]. Princeton NJ：Princeton University Press，1962.

[4] HART P E，NILSSON N J，RAPHAEL B. A Formal Basis for the Heuristic Determination of Minimum Cost Paths[J]. IEEE Transactions on Systems Science and Cybernetics，1968，4：100-107.

[5] NILSSON N J. Artificial Intelligence：a New Synthesis[M]. Beijing：China Machine Press，1999.

[6] GAO S，CHABINI I. Optimal Route Policy Problems in Stochastic Time-Dependent Networks[J]. Transportation Research Part B：Methodological. 2006，40（2）：93-122.

[7] GAO S. Modeling Strategic Route Choice and Real-Time Information Impacts in Stochastic and Time-Dependent Networks[J]. IEEE Transactions on Intelligent Transportation System. 2012，13（3）：1298-1311.

[8] 俞峰. 复杂动态随机网络最短路径问题研究 [D]. 杭州：浙江大学，2009.

[9] 方贵银，李辉. 汽车空调技术 [M]. 北京：机械工业出版社，2002.

[10] MOURA S. Techniques for Battery Health Conscious Power Management via Electrochemical Modeling and Optimal Control[D]. Michigan：University of Michigan，2011.

[11] AURBACH D. Review of Selected Electrode-Solution Interactions Which Determine the Performance of Li and Li ion Batteries[J]. Journal of Power Sources，2000，89（2）：206 -218.

[12] ARORA P，WHITE R E，DOYLE M. Capacity Fade Mechanisms and Side Reactions in Lithium-ion Batteries[J]. Journal of the Electrochemical Society，1998，145（10）：3647 - 3667.

[13] KANEVSKII L，DUBASOVA V. Degradation of Lithium-ion Batteries and How to Fight It：A Review[J]. Russian Journal of Electrochemistry，2005，41（1）：1-16.

[14] BHATTACHARYYA R，KEY B，CHEN H，et al. In situ NMR Observation of the Formation of Metallic Lithium Microstructures in Lithium Batteries[J]. Nature Materials，2010，9（6）：504-510.

[15] ZHANG X，SASTRY A M，SHYY W. Intercalation-Induced Stress and Heat Generation within Single Lithium-ion Battery Cathode Particles[J]. Journal of the Electrochemical Society，2008，155（7）：

A542-A552.

[16] WU H C, SU C Y, SHIEH D T, et al. Enhanced High-Temperature Cycle Life of LiFePO4-based Li-ion Batteries by Vinylene Carbonate as Electrolyte Additive[J]. Electrochemical and Solid-State Letters, 2006, 9（12）: 537-541.

[17] STRIEBEL K, SHIM J, SIERRA A, et al. The Development of Low Cost LiFePO4-based High Power Lithium-ion Batteries[J]. Journal of Power Sources, 2005, 146（1-2）: 33-38.

[18] LIU P, WANG J, HICKS-GARNER J, et al. Aging Mechanisms of LiFePO4 Batteries Deduced by Electrochemical and Structural Analyses[J]. Journal of the Electrochemical Society, 2010, 157（4）: A499-A507.

[19] DUBARRY M, LIAW B Y. Identify Capacity Fading Mechanism in a Commercial LiFePO4 Cell[J]. Journal of Power Sources, 2009, 194（1）: 541-549.

[20] ZHANG Y, WANG C Y, TANG X. Cycling Degradation of an Automotive LiFePO4 Lithium-ion Battery[J]. Journal of Power Sources, 2011, 196（3）: 1513-1520.

[21] AMINE K, LIU J, BELHAROUAK I. High-Temperature Storage and Cycling of C-LiFePO4/graphite Li-ion cells[J]. Electrochemistry Communications, 2005, 7（7）: 669-673.

[22] CHANG H H, WU H C, WU N L. Enhanced High-Temperature Cycle Performance of LiFePO4/carbon Batteries by an Ion-Sieving Metal Coating on Negative Electrode[J]. Electrochemistry Communications, 2008, 10（2）: 1823-1826.

[23] DUDA R O, HART P E, STORK D G. Pattern Classification[M]. New York: Wiley-Interscience, 2001.

[24] LIU B. Uncertain Programming: A Unifying Optimization Theory in Various Uncertain Environments[J]. Applied Mathematics and Computation, 2001, 120（1-3）: 227-234.

[25] ZHANG Z, YANG D, LI T, et al. Real-time Dynamic Traffic information for Urban Navigation Electronic Map[J]. Recent Advances in Computer Science and Information Engineering, 2012, 129（1）: 459-464.

[26] 王晓丹. 纯电动客车空调系统参数匹配与设计研究[D]. 长春: 吉林大学, 2009.

[27] ALAYA I, SOLNON C, GHEDIRA K. Ant Colony Optimization for Multi-Objective Optimization Problems[C]//IEEE. 19th IEEE International Conference on Tools with Artificial Intelligence. Paris: IEEE, 2007.

[28] DOERNER K, GUTJAHR W J, HARTL R E, et al. Pareto Ant Colony Optimization: A Meta Heuristic Approach to Multiobjective Portfolio Selection[J]. Annals of Operations Research, 2004, 131（1）, 79-99.

[29] SIDDIQI U F, SHIRAISHI Y, SAIT S M. Multi-objective Optimal Path Selection in Electric Vehicles[J]. Artificial Life Robotics, 2012, 17（1）: 113-122.